建筑业企业“营改增”操作实务

本书编委会　编写

中国财经出版传媒集团
中国财政经济出版社

图书在版编目（CIP）数据

建筑业企业“营改增”操作实务/《建筑业企业“营改增”操作实务》编写编委会编写．—北京：中国财政经济出版社，2016.8

ISBN 978－7－5095－6939－9

Ⅰ．①建…　Ⅱ．①建…　Ⅲ．①建筑企业－增值税－税收管理－中国　Ⅳ．①F812.423

中国版本图书馆CIP数据核字（2016）第198020号

责任编辑：李昊民　　　　责任校对：张　凡

封面设计：北京兰卡绘世　　　　版式设计：兰　波

“扫描二维码免费下载《现行建筑业定额材料增值税税率参照表》”

中国财政经济出版社 出版

URL：http：//www.cfeph.cn

E－mail：cfeph@cfeph.cn

社址：北京市海淀区阜成路甲28号　邮政编码：100142

营销中心电话：88190406　北京财经书店电话：64033436　84041336

北京富生印刷厂印刷　各地新华书店经销

787×1092毫米　16开　26.5印张　436 000字

2016年10月第1版　2016年10月北京第1次印刷

定价：92.00元

ISBN 978－7－5095－6939－9/F·5562

（图书出现印装问题，本社负责调换）

本社质量投诉电话：010－88190744

打击盗版举报热线：010－88190492，QQ：634579818

编写委员会

主编： 缪长江

编委：（姓氏笔画排序）

马　慧　王晓玲　韦桂华　叶　华　刘高峰

许孟斌　许　鹏　邢　丽　何佰洲　张宁宁

张云富　张　霞　时建民　李竹霞　李昊民

李易红　李惠平　杨　柳　陈向辉　孟宝良

罗怀林　姜顺朝　胥　玲　钱绍宁　高凤玲

章再勤　黄大友　谢　刚　韩宝君　解彦辉

蔡　昌　魏志伟

参 编 单 位

北京市装饰协会
重庆市建筑业协会
广西壮族自治区建筑业联合会
河北省建筑业协会
河北省建设科技协会模板脚手架分会
河南省建设科技模板脚手架委员会
江苏省建筑安全与设备管理协会
辽宁省建筑业协会
辽宁山泰泽涛建筑工程有限公司
江西省建筑业协会
宁夏回族自治区建筑业联合会
山东省建筑业协会
新疆维吾尔自治区建筑安全设备管理协会
中国建筑金属结构协会
中国建筑装饰装修材料协会
中国建筑第二工程局
中国建筑第六工程局
中国新兴建筑工程总公司

广西建工集团第三建筑工程有限公司
河北建工集团
大连三川建设集团
中恒建设集团
正太集团有限公司
江苏宇睿建设园林有限公司
中央财经大学
北京建筑大学
中国财政经济出版社
北京思泰工程造价咨询有限公司
北京中铭洲会计师事务所
北京百瑞律师事务所

序

2016年是全面实施我国经济社会发展第十三个五年规划开局之年，也是贯彻落实中央经济工作会议提出的去产能、去库存、去杠杆、降成本、补短板五大任务的关键之年。要降低制度性交易成本和企业税费负担，推动实体经济发展，全面推行营业税改增值税势在必行。《建筑业企业“营改增”操作实务》正是在这种背景下应运而生。

对建筑业而言，“营改增”新政的实施既是挑战也是机遇，是企业管理体制的创新和经营机制的再造。本着编写一部实用性较强的建筑业企业“营改增”操作指南的愿望，本书力求体现四性原则，即政策性：本书对涉及建筑业相关“营改增”政策进行解读，引导企业依法照章纳税；适用性：本书满足了建筑业企业财会人员、主管领导和相关人员了解“营改增”相关信息的需要，企业所遇税务问题在本书中均能找到答案；可操作性：本书能够指导企业财会人员及相关人员进行实际操作，论述内容覆盖企业“营改增”后面临的全部问题；前瞻性：本书充分考虑后“营改增”时代可能发生的情况变化，尤其是盲点政策的补充和完善。

本书是一部聚焦建筑企业应对“营改增”实操性财税管理的案头工具书。此书将专业政策与实务工作紧密结合，逻辑严密、条理清晰。内容涵盖了增值税基础政策、建筑业日常增值税业务会计核算及税务处理、国际业务实务操作、税收优惠、特殊业务处理以及税务风险管控等方面知识，案例鲜活、内容翔实，适用于建设工程管理和建筑业企业高层管理人员、财务会计、工程技术人员、专业管理人员和高等院校相关专业师生学习参考。

由于时间仓促，编者水平有限，疏漏和谬误之处在所难免，敬请读者批评指正。

编　者

2016 年 7 月

目　录

第一章 “营改增”背景及对建筑业的影响

自2016年5月1日起，“营改增”试点已在全国范围相关行业全面推开。“营改增”是我国财税体制深刻变革的重要举措。李克强总理曾表示：“全面实施‘营改增’，是深化财税体制改革、推进经济结构调整和产业转型的‘重头戏’。‘营改增’不只是简单的税制转换，它有利于消除重复征税，减轻企业负担，促进工业转型、服务业发展和商业模式创新，是一项‘牵一发而动全身’的改革。”

第一节 “营改增”宏观背景

21世纪初期，我国经济社会发展呈现新的阶段性特征。综合判断国际国内形势，我国发展仍处于可以大有作为的重要战略机遇期，既面临难得的历史机遇，也面对诸多风险挑战。

从国际看，国际环境总体上有利于我国和平发展。同时，围绕市场、资源、人才、技术、标准等竞争更加激烈，我国发展的外部环境更趋复杂。从国内看，随着国力显著增强，国家完全有条件推动经济社会发展和综合国力再上新台阶。但同时，我国发展中不平衡、不协调、不可持续矛盾依然突出。

为了适应国际国内经济形势的变化，更好地促进国内经济的发展，《中华人民共和国国民经济和社会发展第"十二五"规划纲要》提出要加快财税体制改革，理顺各级政府间财政分配关系，健全公共财政体系，完善预算制度和税收制度，积极构建有利于转变经济发展方式的财税体制。

财政部和国家税务总局根据"十二五"规划扩大增值税征收范围的要求，于2011年11月16日发布了《营业税改征增值税试点方案》，上海市于2012年1月1日开始营业税改征增值税试点。此项改革在一定程度上改变了现时中国流转税制度，被普遍认为是自1994年税制改革以来最大规模的税改。试点地区先在交通运输业、部分现代服务业等生产性服务业开展试点。

增值税和营业税都是流转税，工业和商业企业主要征收增值税，服务业、不动产、无形资产等行业主要征收营业税。但随着我国经济的发展，两税并存的弊端日益显现。

1. 重复征税。营业税按照企业的营业额征收，无法抵扣，这就造成了重复征税。对一些中间环节偏多的行业，因每一道环节都征收营业税，会加重企业的税负。

2. 增值税链条不完整。理想的增值税是建立在普遍征收的基础上的，征收抵扣各环节紧密相连、相互制约，形成一条完整的增值链条，任何一个环节的中断都会对增值税的运行产生不良影响。增值税和营业税并存，增值税无法形成一个完整的链条，销项税额与进项税额之间不匹配，从而导致重复征税。

3. 第三产业国际竞争力不足。国际上绝大多数发达国家及部分发展中国家对三大产业均普遍征收增值税，如欧洲、美洲、大洋洲，亚洲的韩国、印尼、土耳其及我国的台湾地区等。我国第三产业主要征收营业税，在出口环节无法进行出口退税，增加了劳务产品出口的难度，降低了第三产业的国际竞争力。

营业税改征增值税，能消除重复征税的现象，从而减轻社会整体的税负压力。但是针对个体企业而言，由于目前增值税并非全行业、全国性征收，不同行业之间的税率也不同，因而增值税的进项税抵扣也不相同，从而对不同企业的税负变化造成了不同的影响。但总的来说，不论是通过对税率的调整，还是进一步深化税制改革，对各行业采用统一增值税税率，都能有效地平衡各行业的税负，减轻企业负担。全面征收增值税，取消营业税，会减轻第三产业的税负压力，同时第三产业劳务产品出口时可以实行增值税出口退税，使我国劳务产品在税负方面保持与欧盟国家同一水平，以利增强我国第三产业的国际竞争力。

基于上述原因，经国务院批准，自 2012 年 8 月 1 日开始，将交通运输业（不包括铁路运输）和部分现代服务业营业税改征增值税试点，由上海市分批扩大至北京市、天津市、江苏省、安徽省、浙江省（含宁波市）、福建省（含厦门市）、湖北省、广东省（含深圳市）等。

自 2013 年 8 月 1 日起，在全国范围内开展交通运输业和部分现代服务业“营改增”试点。

自 2014 年 1 月 1 日起，将铁路运输和邮政服务业纳入“营改增”试点。

自 2014 年 6 月 1 日起，电信业纳入“营改增”试点。

自 2016 年 5 月 1 日起，全面推开“营改增”试点，将建筑业、房地产业、金融业、生活服务业等行业全部纳入试点范围。

第二节
“营改增”对建筑业的影响

“营改增”不仅宏观上将给国家总体经济运行带来影响，从微观层面看对建筑业企业也带来巨大冲击。首先，“营改增”将使企业纳税程序及会计核算发生显著改变；其次，“营改增”还将导致企业税负变化，从而进一步影响企业的财务管理。

“营改增”对建筑业企业的影响主要体现在以下方面：

一、建筑业企业税负影响

从理论上讲，营业税是按照企业营业额的一定比例来征收的，而营业额中可能有部分营业额在之前的环节中已征过税，如建筑业的上游行业：钢筋、水泥、混凝土等材料原本征收的是增值税，即在企业购进这些原材料时已经缴纳了增值税，但由于建筑业缴纳营业税，因此购进原材料的增值税进项税额不能抵扣，反而还要再缴营业税，从而导致重复征税。实行“营改增”之后，由于增值税的进项税额可以抵扣，能够抵消重复征税的环节，因而可以避免之前重复征税的问题，使建筑业的征税方式趋于合理。

同时，在实施“营改增”后的短时期内，政府也实行了过渡性税收优惠政策，对“营改增”后税负明显增加的建筑业企业进行财政补贴和对一些建筑业企业纳税人或征税对象进行特殊照顾，以利用税收调节经济。政府可以通过税收优惠政策对某些产品或产业进行扶植，如建立专项资金补贴地方财政，对符合标准的企业给予财政补贴或者实行税率优惠政策等。对于申请税收补贴的企业，由其主管税务机关进行核实，若企业因税收政策的变更而导致税负大幅增长，主管机关可按照其增长的幅度确定给予一定的优惠政策。若企业因一些原因无法取得增值税专用发票进项税抵扣凭证，主管机关可酌情给予相应的财政补贴。对于从事商品出口的企业，国家给以更多的优惠，如出口退税或对出口产品采用零税率等，促进企业积极投身国际市场，参与国际市场的竞争。可见，建筑业“营改增”在理论上是有利于降低企业税负的。

据《人民日报（海外版）》2016 年 1 月 27 日统计结果，截至 2015 年 6 月底，全国纳入“营改增”试点的纳税人共计 509 万户。据不完全数据统计，从 2012 年试点到 2015 年年底，“营改增”累计减税 5 000 多亿元，后续产业链减税效果持续体现。

但从建筑行业的实际执行结果来看，高达 90% 的企业税负不降反增。这是由于建筑行业的特殊性造成的，因为购买材料的增值税专用发票难以取得，不能进行增值税进项税额的抵扣，同时，人工成本比重较大且不能进行抵扣。具体原因包括以下方面：

（一）进项税额抵扣难

“营改增”后，大多数建筑业企业的税负不降反增，主要原因是增值税进项税额抵扣难造成的。一般情况下，企业缴纳增值税时，其税负主要靠可抵扣的进项税额来决定。若企业增值税发票较少且可抵扣的进项税税额较少，就会导致企业税负的增加。由于建筑业企业的设备一般规模较大，设备更新慢，购进固定资产数量少，且建筑行业的上游供应商复杂，存在大量的小规模纳税人或个体工商户，很多材料如泥沙、混凝土等，均从小规模纳税人或个体工商户处购买，难以取得增值税专用发票。相当部分企业在购买材料时不能获得增值税专用发票，造成进项税额较少。营业税虽然对建筑业会造成重复征税的问题，但其税率较低，而改征增值税后，由于建筑业企业不能抵扣的成本占比大，因此税率较高的弊端便显露出来，造成税负增加。另外，水电费支出也不能取得增值税专用发票，因此，建筑行业增值税进项税额的抵扣，只是在理论上可行，在实际操作中企业难以享受进项税额抵扣带来的优惠，这是企业税负增长的最重要的原因。

（二）人工成本比重较大

建筑业属于劳动密集型产业，在其成本构成中，人工成本的比重较大，企业需支付大量的劳动薪酬，主要包括职工薪酬和外聘劳务人员工资。而人工费用不允许进项抵扣，因而劳动报酬在总成本中比重越大，材料采购等可能获得进项税额的成本比重就越少，导致税负加重。现实中，采用劳务分包的方式较为普遍，劳务公司可开票给施工单位，但其产生的税费仍然需由施工单位承担，且职工福利和保险等费用也无法进行抵扣，因而人工费用最终还是落到施工单位身上。若企业采取将工程外包给劳务公司的做法，即将人工成本转移到企业外部，企业的人工成本占比可能会进一步上升。

（三）企业内部管理难度增加

造成建筑行业税负增加还包括企业的内部管理原因，如企业在征收营业税时，纳税管理和财务核算较简单，因此企业容易忽视健全内部财务管理制度。实行“营改增”之后，税改制度在短期内没有有效衔接，财务人员对增值税的理论与实际操作还没有完全掌握，如增值税的进项税额抵扣有时间限制，而财务人员容易忽视这一问题，加剧了税务管理难度，增加了纳税风险，导致税负增加。

二、建筑业企业纳税程序影响

（一）税务征收机关的变化

营业税属于地方税，建筑业实行“营改增”之前，其税收的征收和清缴通常由地方税务机关负责，营业税的纳税机关为企业所在地的税务机关，比较符合建筑业的行业流动性大及施工复杂的特点，便于进行税收征管。而增值税属于国税，主要由国税局负责征收和清缴。纳税人销售取得的不动产和其他个人出租不动产的增值税，国家税务局暂委托地方税务局代为征收。由于增值税的金额一般较大，容易被不法分子利用，因此国家实施了严格的增值税发票管理制度。

（二）纳税地点的变化

根据《营业税改征增值税试点实施办法》第四十六条规定，增值税纳税地点为：

1. 固定业户应当向其机构所在地或者居住地主管税务机关申报纳税。总机构和分支机构不在同一县（市）的，应当分别向各自所在地的主管税务机关申报纳税；经财政部和国家税务总局或其授权的财政和税务机关批准，可以由总机构汇总向总机构所在地的主管税务机关申报纳税。

2. 非固定业户应当向应税行为发生地主管税务机关申报纳税；未申报纳税的，由其机构所在地或者居住地主管税务机关补征税款。

3. 其他个人提供建筑服务，销售或者租赁不动产，转让自然资源使用权，应向建筑服务发生地、不动产所在地、自然资源所在地主管税务机关申报纳税。

（三）纳税义务发生时间的变化

建筑业实行"营改增"之前，按照营业税的税收政策规定，纳税义务发生时间为纳税人提供应税劳务、转让无形资产或销售不动产并收讫营业收入款项或者取得营业收入款项凭据的当天。对于建筑行业来说，由于其施工周期长，且工程金额巨大，结算方式复杂，存在预付部分工程款、合同完成后结算价款和按工程进度支付款项以及竣工后清算等结算方式。因此，纳税义务发生的时间难以统一。

根据《营业税改征增值税试点实施办法》第四十五条规定，增值税纳税义务、扣缴义务发生时间为：纳税人发生应税行为并收讫销售款项或者取得索取销售款项凭据的当天；先开具发票的，为开具发票的当天。增值税扣缴义务发生时间为纳税人增值税纳税义务发生的当天。

另外，建筑业增值税采取先缴费后抵扣的政策。对于增值税进项税额的抵扣也有时间限定，纳税人须在增值税发票开具之日起 180 日内到税务机关进行认证，若超过规定时间，则增值税专用发票不能再抵扣。

（四）纳税人身份的变化

根据《营业税改征增值税试点实施办法》第一条规定，在中华人民共和国境内（以下称“境内”）销售服务、无形资产或者不动产（以下称“应税行为”）的单位和个人，为增值税纳税人，应当按照本办法缴纳增值税，不缴纳营业税。根据《办法》第二条的规定，单位以承包、承租、挂靠方式经营的，承包人、承租人、挂靠人（以下统称“承包人”）以发包人、出租人、被挂靠人（以下统称“发包人”）名义对外经营并由发包人承担相关法律责任的，以该发包人为纳税人。否则，以承包人为纳税人。一般纳税人与小规模纳税人的划分标准如表1－1所示。

表1－1　　一般纳税人与小规模纳税人划分标准

纳税人	从事货物生产或提供应税劳务以及以从事货物生产或者提供应税劳务为主，并兼营货物批发或者零售	批发或零售	销售服务、无形资产或不动产
一般纳税人	年应税销售额≥50万元	年应税销售额≥80万元	应税服务年销售额≥500万元
小规模纳税人	年应税销售额＜50万元	年应税销售额＜80万元	应税服务年销售额＜500万元

根据《办法》的规定，除国家税务总局另有规定外，一经登记为一般纳税人后，不得转为小规模纳税人。应当办理一般纳税人资格登记而未办理的，应当按照销售额和增值税税率计算应纳税额，不得抵扣进项税额，也不得使用增值税专用发票。

三、建筑企业会计核算影响

（一）会计科目设置的变动

营业税的会计科目主要是“营业税金及附加”，而增值税涉及的科目较多且较为复杂。同时，企业还要注意区分增值税一般纳税人和小规模纳税人。一般纳税人应在“应交税费”一级科目下设置五个二级明细科目，包括：“应交增值税”、“未交增值税”、“增值税留抵税额”、“待抵扣进项税额”以及“增值税检查调整”。同时，一般纳税人二级科目“应交增值税”科目下应设置“进项税额”、“已交税金”、“转出未交增值税”、“减免税款”、“销项税额”、“出口退税”、“进项税额转出”、“出口抵减内销产品应纳税额”、“转出多交增值税”、“‘营改增’抵减的销项税额”、“预缴税款”等十多个三级科目。小规模纳税人应在“应交税费”一级科目下设置“应交增值税”和“增值税检查调整”两个二级科目。

“营改增”后，企业会计人员需要对收入与销项税额、成本与进项税额分开确认，由于增值税涉及的会计科目多，导致会计处理难度增加。同时，会计人员还要区分兼营、视同销售以及进项税额转出等较复杂的情况，因此，“营改增”加大了会计处理的难度。

（二）应纳税额计算方法的改变

营业税与增值税都是流转税的性质，但计算应纳税额的方法不同。营业税和增值税税率也不同，营业税税率是3%，而建筑业“营改增”后的一般纳税人增值税税率为11%，小规模纳税人以及一般纳税人采用简易方法计税的征收率为3%；应纳税额计算的方法营业税为乘法，增值税为减法；营业税是按合同收入独立纳税，增值税是项目预缴法汇总纳税。

1. 营业税属于价内税，其计算公式是：

应纳税额 = 营业额（工程造价）×营业税税率

2. 增值税属于价外税，其计算公式是：

应纳税额 = 当期销项税额 - 当期进项税额

= 不含税收入×销项税率 - 不含税外购成本×进项税率

销项税额 = 销售额（税前造价）×增值税税率

3. 简易计税方法。简易计税方法是指用当期的不含税销售额乘以适用征收率计算出当期应纳税额的计税方法。其计算公式是：

应纳税额 = 当期销售额（不含增值税）×征收率

这里所说的“销售额”和前面一般计税方法中所说的“销售额”概念相同，都是不含税金额，如果纳税人采用销售额和销项税合并定价的，应该换算为不含税销售额。简易计税方法适用于下列情形：

（1）小规模纳税人发生应税行为适用简易计税方法。

（2）建筑业企业一般纳税人特定情况下可选择适用简易计税方法。

（3）一般纳税人销售“旧项目”[①] 可选择简易计税方法。

表 1-2　　增值税纳税人计税方法与计算公式

	一般纳税人		小规模纳税人
计税方法	一般计税方法	简易计税方法	简易计税方法
计算公式	应纳税额＝当期销项税额－当期进项税额	应纳税额＝不含税销售额×征收率	应纳税额＝不含税销售额×征收率

（三）计算应纳税额的基础不同

营业税应纳税额的计算以营业额（工程造价）为基础，现行计价规则的营业额包括增值税进项税额，增值税税制要求进项税额不进成本，不是销售额（税前造价）的组成。销项税额的计算基础是不含进项税额的“税前造价”，而现行工程计价规则中“税前造价”已包括增值税进项税额，不是计算销项税额的基础。根据增值税税制要求，采用“价税分离”的原则，调整现行建设工程计价规则，即将营业税下建筑安装工程税前造价各项费用，包含可抵扣增值税进项税额的“含增值税税金”计算的计价规则，调整为税前造价各项费用，不包含可抵扣增值税进项税额“不含增值税税金”的计算规则。

（四）企业财务指标的变动

建筑业“营改增”后，不仅相应的会计科目有所变动，对于收入、成本、利润以及现金流等账面金额的大小都有影响。如增值税销项税额和进项税额的出现，导致企业原材料和存货入账数额的下降，进而会直接引发收入和成本的下降。同时，企业资产负债率及资产周转率等财务指标也会产生一系列的变化。

四、建筑企业财务管理影响

（一）企业税收筹划的变化

税收具有强制性和固定性的特征，对于偷税、漏税、骗税、抗税等行为会

① “旧项目”是指“营改增”之前取得或签订合同尚未执行完毕的项目。

受到法律的制裁。“营改增”之后，国家对于增值税的管理更是严格，但这并不意味着企业完全没有税收自主权，企业应当在遵循我国税收政策的基础上加强税收筹划，使企业的利益达到最大化。税收筹划是指企业在遵循国家税收法律的前提下，用合理的方法少缴或迟缴税的行为。“营改增”之前，由于营业税与企业的收入是成正比的，企业的税收筹划空间有限。“营改增”给建筑业企业带来了较大的税收筹划空间，如企业可以选择从一般纳税人或小规模纳税人或从个体工商户处购入原材料；也可以选择是融资租赁还是直接购买工程设备等。这取决于建筑企业的预测核算。

“营改增”加大了企业税务管理的难度以及涉税风险。建筑企业以法人为单位作为纳税主体来汇总缴纳增值税，大型建筑企业一般拥有多个子公司、分公司及项目部，在管理上呈现内部每层分包、多层级管理的特点。多重交易环节和管理层级引发了多重的增值税征收管理环节，加大了企业税务管理的难度及成本。税务部门对增值税专用发票特别是进项税额抵扣发票的管理更加严格，且严格规定了增值税专用发票的开具、使用和保管等环节。另外，《刑法》对于伪造、虚开及非法出售增值税专用发票等行为的处罚措施也作了相应的规定。

1. 优化财务管理。建筑业实施“营改增”以后，企业的各项财务指标会受到不同程度的影响。由于建设工程长期性，存在着大量拖欠工程款的情形，从银行借款以及企业之间内部挂账的情况较为常见。企业应该根据不同的情况来选择融资渠道以避免融资成本过高，减少使用资金的机会成本，提高企业资金利用率，缩小企业财务资金的管理成本。企业在进行成本预算时，应根据增值税相关征收标准，采取全面预算方式，同时还要对企业财务管理加强监控以保证资金安全和高效性。在签订合同时，必须注意增值税专用发票的提供时间，在取得增值税专用发票之后，还应该尽量测算出使企业税负达到最小的进项税额。企业在测算如何降低税负时要加强对资金的管理，做到优化应收账款管理、优化资金预算管理以及优化资金集中管理。

2. 加强增值税专用发票管理。建筑业“营改增”之后，税负是否增加的关键因素是能否取得增值税专用发票。由于建筑行业中许多环节无法取得增值税专用发票，进项税无法抵扣，造成企业税负增加，因此，企业应尽可能多地取得增值税专用发票。如企业可以建立专门的物资采购机构或者独立的子公司，在选择采购货物供应商时尽可能地选择一般纳税人而不是小规模纳税人或个体工商户。在付款时要注意看对方是否能够提供增值税专用发票，只有在确认对方可以提供时才能确认签合同。

在“营改增”之前，对于营业税的管理较为简单，企业在成本管理上不会给予重视，基本上仅考虑所得税的因素即可。而“营改增”之后，企业在成本管理上不得不高度重视与增值税的联系。如在“营改增”之前对于供应商的选择，若材料基本情况相同，则企业会选择小规模纳税人或个体工商户，因为一般纳税人往往会因规模大而价格偏高。但是在“营改增”之后，企业必须考虑增值税进项抵扣的因素，综合分析利弊后再进行选择。因此，企业的采购部门及合同造价部门要做好预测，提高供应商资格审核力度，供应商应为增值税一般纳税人，以增加进项税额的抵扣。

3. 产品定价的变化。实行“营改增”后，建筑业企业的财务指标如收入、成本和利润等会相应发生一系列的变动，但这些变动基本上是受增值税的进项和销项税额影响的，不为企业所控制的，而企业在产品定价上具有一定的能动性，因而，合理的定价能够使企业的利润达到最大化。由于营业税属于价内税，而增值税是价外税，且价外税的税收负担由消费者承担，改变了以往的产品定价模式，因此企业产品的价格及内部预算都需要重新调整。可见，“营改增”的推行不仅会导致企业产品定价变化，还会导致房地产价格及企业的招投标管理等发生较大的变化。

（二）企业财会人员的变动

建筑业推行“营改增”之前，由于营业税的核算及管理较为简单，企业对财会人员的税务管理能力要求不高。“营改增”之后，由于增值税的复杂性及管理核算等方面都有较高要求，财务人员不仅要掌握新的核算收入、成本、费用的技能，还要对增值税的抄税、报税等环节进行审核，而且由于增值税发票的管理复杂，法律责任重大，还需要专人进行登记和核查等。因此，企业的财务人员需要有更高的专业素质，如对现有财务人员进行培训或者从企业外部吸收高级财务管理人员，从而导致企业财务人员发生变化。企业应该积极组织财会人员学习增值税的相关理论知识，强化财务管理人员的税务意识，加强对增值税纳税人的管理工作。

建筑业“营改增”是顺应时代潮流和行业发展要求的一项变革，尽管“营改增”短期内会给建筑业行业带来税务增加的阵痛，但从长远来看“营改增”能够规范行业的竞争，最终将降低企业的税负，有利于建筑业持续健康发展。企业财会人员应当充分认识“营改增”政策的重要性，加强学习和迅速掌握增值税相关知识和技能。学习“营改增”之后的会计核算以及建筑合同的相关内容，掌握增值税进项税额与销项税额的核算，了解纳税时间和地点的变更，必要时可开发新的增值税发票管理系统，克服由于工程施工的分散性导致的信息不畅现象，并主动与税务机构人员进行沟通，防止增值税发票管理环节上的漏洞。企业的竞争归根到底是人才的竞争，因此，企业的人事变动能够促使企业更好更快地适应这一新政策，掌握建筑行业竞争的主导权，促进企业自身的发展。

第二章

建筑业“营改增”前后对比

“营改增”政策的出台是针对营业税实施过程中逐渐显露出来的弊端而设计的，具有非常强的目的性和针对性，尤其对建筑业有深远的影响。“营改增”前后的对比主要体现在转变经济发展方式，深化经济体制改革，推动建筑业税务管理与国际接轨等方面。

第一节 概　　述

建筑业是国民经济的支柱产业，为社会创造了大量就业岗位，在社会发展中占有十分重要的地位。但是，由于建筑业是劳动密集型产业，长期以来，我国建筑行业的利润率仅维持在2%～3%，属于微利行业，企业在相当长一段时期内未能对其机械设备进行更新改造，严重限制了产业升级。近年来随着人力成本上升和行业竞争的加剧激烈，利润空间更呈下滑趋势，这也限制了行业的科技投入，影响了行业的竞争力。

建筑业实行“营改增”之前，营业税计征是以全额为基础，基本上无抵扣项目，购进大型机械设备必将导致成本的上升，这在企业的会计报表上直接体现为利润的下降，因此，企业购买大型机械设备承担的风险较大，倾向于产品或服务内包的经营模式。专业分包管理方式不规范，且运营方式混乱，不利于资源的优化配置和产业升级。实行“营改增”之后，增值税抵扣链条完整了，有利于重塑供应商、分包商管理体制，规范建筑业的管理，改变之前建筑业普遍存在的“小而全”或“大而全”的经营模式，提高建筑业的专业化水平。同时由于外购成本的进项税额可以抵扣，大大提高了企业购买机械设备的积极性，大型设备的更新改造有利于提高建筑行业的科技能力和企业的专业化水平，减少能耗、降低污染，提升建筑行业的综合竞争力，实现由粗放型到集约型的经济发展方式的转变。

建筑业实行“营改增”之前，营业税与增值税并行，这不仅导致出现重复征税，而且由于建筑业是我国第二产业中唯一征收营业税的行业，其上游行业，如钢铁、水泥、化工等，下游行业如交通运输行业以及房地产行业，均缴纳的是增值税，而建筑业处于中间环节，缴纳的却是营业税，这导致了增值税抵扣链条的中断。同时，由于建筑业缴纳营业税采取全额征税制度，前一环节的税额无法抵扣，还存在着重复征税的问题。营业税与增值税并行还会导致中央与地方在税收的征管和税源划分上产生矛盾，国税局和地税局相互争夺资源或推卸责任，影响行业经济的正常运行。

实行“营改增”以来，由于增值税属于价外税，其征税对象主要是生产和服务过程中新增的价值，一般不会出现重复征税的现象，具有税收中性的特点。增值税只对产品或服务增值额进行征税，这就有效避免了营业税重复征税的问题。同时，增值税的征收是以增值税专用发票为依据，“以票管税”，国家对于建筑业产业链能够更好地掌握，上下游之间的销项和进项税额环环相扣，存在内部制约机制，能够有效避免偷税漏税现象的发生。此外，增值税发票管理制度比营业税严格，虚开、滥用增值税等行为将受到法律的惩处，有利于促使企业加强对增值税专用发票的管理。因此，改征增值税能够促进建筑业税收制度的完善。

第二节 "营改增"前后投标人的变化

由于营业税与销售有关，而与采购无关，采购总支出就是成本，所以营业税阶段的采购策略就是"谁的售价低就买谁的"。实行增值税制后，采购支出将被分为不含税采购成本和进项税额，因此能否拿到增值税专用发票、能拿到多少进项税额以及什么时间能拿到发票都直接影响到企业的增值税税负水平，进而影响到企业的成本，最终影响到企业的利润。也就是所谓的比价原则。

一、执行一般计税方法的单位比价原则

执行一般计税方法的单位，要求投标人的报价实行价税分离，需要考虑不同进项税率对附加税费的影响，所以应该按照评估价来进行比较。比价公式为：

评审价格 = 净价 - 净价 × 投标人开具发票可抵扣的税率 × 附加税率之和

式中：评审价格为当前采购实际成本。

净价：是指对能提供增值税扣税凭证的投标人，其净价指增值税专用发票的不含税价格；对于只能提供普通发票的投标人，其净价指含税价格，其进项抵扣税率为0。

净价 × 投标人开具发票可抵扣的税率 × 附加税率之和，是计算投标人开具的发票对附加税的影响。

【例2-1】某公司为增值税一般纳税人，现需要采购一批材料，甲乙丙三家供应商进行了投标，假设三家材料质量相同且符合采购标准，三家均不收取运费等，城建税7%、教育附加3%、地方附加2%。

甲供应商为一般纳税人，可以提供17%税率的增值税专用发票，其报价117万元（含税）；

乙供应商为小规模纳税人，可以提供3%税率的增值税专用发票，其报价103万元（含税）；

丙供应商为个人，只能提供普通发票，其报价100万元。

则通过上方公式计算出三家投标人的评审价格分别为

甲：净价 =117/1.17 =100（万元）

评审价格 =100 - 100 ×17% ×12% =97.96（万元）

乙：净价 =103/1.03 =100（万元）

评审价格 =100 - 100 ×3% ×12% =99.64（万元）

丙：净价 =100（万元）

评审价格 =100 - 100 ×0% ×12% =100（万元）

通过计算比较后可发现，甲供应商评审价格最低，所以虽然采购甲供应商材料支付的价款最高，但是实际成本最低、最合算。

二、执行简易计税方法的单位比价原则

执行简易计税方法的单位，因为简易计税征收的项目是无法进行进项税额抵扣的，所以在投标人均可提供符合法律、行政法规和国家税务总局规定的合法凭证的基础上，可以直接按照各投标人报价的含税价比较即可。

第三节 "营改增"前后签订合同的变化

增值税征收特点决定了合同签订的审批流程，尤其建筑业企业多为跨区域提供建筑服务，重要经济合同应该纳入法人集中管控范围，合同审批流程必须增加财税审核环节。

一、关于单位信息的审查

增值税体系下合同签订的规范要求高于营业税体系的要求，合同签订必须使用公司全称，并对招投标时取得的对方单位信息进行核对（单位全称、纳税人识别号、公司地址、电话、开户行、银行账号）及纳税资格的审查。

二、关于涉及多种服务内容的明确

签订合同时，合同中如果涉及兼营的多种不同税率的服务，应该在合同中

逐项明确具体服务内容和不同税率服务的金额，以免带来税务风险。

例：甲项目部向乙供应商采购一批材料，乙供应商同时提供材料到施工现场的运输服务。

合同签订时应明确：（1）提高材料单价，甲项目部不承担运费；（2）甲项目部承担运费。乙供应商提供17%税率材料发票（含运费成本），乙供应商提供17%税率的材料发票及6%税率的运费发票。

三、关于发票的约定

因为增值税专用发票涉及抵扣的问题，为了防止造成税务风险及公司经济损失，企业应该在合同中作以下但不仅限于以下内容的约定：

1. 在合同中约定对方开具发票类型、开具发票时间或者条件，规避在支付款项后发现发票认证不了、虚假发票或者无法及时取得发票，以至于无法及时抵扣或抵减，造成公司损失。

2. 在合同中应约定发票传递方式，保证票据及时安全送达，如逾期或其他原因造成公司损失，应进行相应的违约赔偿。

3. 在合同中应约定如果涉及发票开具有误或者因货物质量问题发生销售折让、中止、退回等情形，对方有义务按照相关法律规定开具红字增值税专用发票。

综上所述，在合同审批流程中建议增加税务管理审核环节。建议对各类合同范本进行修订，分类描述合同标的，明晰合同价款、税金，约定付款与提供发票时间的安排，明确发票类型、代收代付等事项，增加纳税人身份识别及信息变动、涉税违约责任等条款，适应增值税下的管理要求，避免税款对企业资金的占用以及税务稽查风险。

第四节
"营改增"前后会计核算的变化

增值税会计核算相比营业税来说，科目设置层级多、子目多、税率多、核算业务种类多、核算依据要求严格，而且存在各类不得抵扣、计算抵扣以及视同销售、混合经营、兼营等多种情况。因此，对于销项税额核算是否正确、及时，对于进项税额的抵扣依据是否准确、充分，不仅关系到会计信息的真实反映，还与税费缴纳正确与否、税务管理风险息息相关。因此财务人员要与相关业务人员密切配合，及时准确地取得相关核算资料，同时深入研究相关财税政策，准确把握，规范核算。

一、选择一般计税方法的建筑企业增值税会计核算变化

选择一般计税方法的建筑施工单位，增值税会计核算需要设置的科目有："进项税额"、"销项税额"、"已交税金"、"进项税额转出"、"转出未交增值税"、"转出多交增值税"、"减免税款"、"预征税额"、"未交增值税"、"留抵税额"、"增值税检查调整"等。

营业税应纳税款只跟销售额有关，增值税应纳税款会计核算不仅跟销售额有关，还与采购或支出时取得的进项税额有关。进项税额的确认为"发票取得的同时"，销项税额的确认为"收讫销售款项或者取得销售款项凭据的当天"，如果是先开具发票的，为开具发票的当天。

二、选择简易计税方法的建筑业企业增值税会计核算变化

选择简易计税方法的建筑施工单位，增值税会计核算需要设置的科目有："应纳税额"、"预征税额"、"结转增值税"、"转出未交增值税"等。

增值税应纳税款会计核算，不仅跟销售额有关，还与支出时取得的分包款发票有关。

第五节 "营改增"前后征管模式的变化

建筑业企业营业税征管模式是："工程项目所在地开票、申报和纳税"；建筑业企业增值税征管模式是："企业所在地开票、工程项目所在地预缴税款、企业所在地汇总纳税申报"。建筑企业增值税的核算既不同于一般工商企业，又有别于航空运输业实施的机构汇总、年末清算的汇总纳税模式，是具有一定独特性的纳税方式。由于建筑业企业工程项目点多分布广的特点，增值税

征管模式增加了核算申报方面的难度。

根据国家税务总局公告2016年17号《纳税人跨县（市、区）提供建筑服务增值税征收管理暂行办法》的规定，纳税人跨县（市、区）提供建筑服务，应按照财税〔2016〕36号文件规定的纳税义务发生时间和计税方法，向建筑服务发生地主管国税机关预缴税款，向机构所在地主管税务机关申报纳税。即：

- 各项目部负责日常对销项税额、进项税额、预缴税款的核算；
- 各纳税主体即各集团公司及其子分公司负责对所属项目部增值税按月进行汇总清算和申报纳税。

因此，各项目部一方面需要做好进项、销项、预缴税额的台账登记及纳税资料的收集工作；另一方面要做好开出增值税专用发票的申请和购进增值税专用发票、预缴税款完税凭证的及时传递工作。建议制定完整的内部纳税申报制度，以确保法人机构准确及时地完成各期汇总纳税申报工作。

第六节 “营改增”前后发票管理变化

“营改增”前，企业接收和使用的是普通发票，发票管理相对简单；“营改增”后增值税发票管理变得复杂，发票管理方式也发生了巨大变化。尤其是大型企业，进项税发票管理工作量大，认证要求技术水平高，给企业带来更大挑战，提出了更高、更严的要求。

一、发票的取得

《营业税改征增值税试点实施办法》第二十五条规定下列进项税额准予从销项税额中抵扣：

（1）从销售方取得的增值税专用发票上注明的增值税额。

（2）从海关取得的海关进口增值税专用缴款书上注明的增值税额。

（3）购进农产品，除取得增值税专用发票或者海关进口增值税专用缴款书外，按照农产品收购发票或者销售发票上注明的农产品买价和13%的扣除率计算的进项税额。

（4）从境外单位或者个人购进服务、无形资产或者不动产，自税务机关或者扣缴义务人处取得的解缴税款的完税凭证上注明的增值税额。

二、发票认证

1. 需要经过认证后才能抵扣增值税进项税额的凭证：增值税专用发票、货物运输业增值税专用发票、税控机销售统一发票。

2. 认证发票和抵扣税额的时间规定：

（1）发票认证期限：自发票开具之日起（注意：不是自发票取得之日）180 日内的任意一天均可认证，超过期限将无法认证（除非客观原因导致逾期）。如：发票开具日期是 2016 年 1 月 1 日，那么该发票自 2016 年 6 月 29 日前均可认证。

（2）抵扣期限：一般纳税人在发票认证的当月抵扣，即当月认证当月抵扣。例如，8 月 1 日认证，8 月份就必须抵扣，9 月初向税务局申报。

根据《国家税务总局关于调整增值税扣税凭证抵扣期限有关问题的通知》（国税函〔2009〕617 号）规定：一般纳税人取得增值税专用发票应在开具之日起 180 日内到税务机关办理认证，并在认证通过的次月申报期内，向主管税务机关申报抵扣进项税额。逾期未认证、未申报抵扣的，不能抵扣进项税。

3. 认证发票方式：

（1）直接通过网上认证软件认证；

（2）携带发票到税务局认证。

4. 海关进口增值税专用缴款书的认证：经税务机关稽核比对相符后，增值税额方能作为进项税额在销项税额中抵扣。具体操作方法是：先通过一般纳税人网上申报系统上传缴款书信息，待系统稽核比对相符之后，下载稽核结果通知书，按通知书提示信息申报抵扣进项税额。

三、发票管理

发票形式规定：

- 全面“营改增”以后，所有纳税人都将使用国家税务局监制的发票，主要的发票票种有两种：增值税专用发票和增值税普通发票。
- 增值税小规模纳税人只能核定增值税普通发票，增值税一般纳税人可以申请增值税专用发票和增值税普通发票。

• 使用电子发票的营业税纳税人，需要变更为增值税电子普通发票，申请流程与增值税普通发票相同。

增值税一般纳税人必须自己申请税控设备，自行开具发票；增值税小规模纳税人如果需要开具增值税专用发票的，可以到办税服务厅代开。

第七节
“营改增”前后财务指标的变化

随着建筑业“营改增”政策的推行，建筑业不仅会面临财务方面的巨大变化，在经营管理方面也有新的要求。从宏观层面来看，“营改增”有利于转变经济发展方式，深化经济体制改革，避免重复征税，规范建筑市场的竞争秩序，提升建筑产业的整体竞争力，使建筑业与国际接轨等；从微观方面来说，“营改增”会直接导致企业短期内税负的增加和会计核算等方面的变化，进而对企业的税务管理和经营等方面带来深刻变化。

总体来看，“营改增”前后的不同，从显性上来说主要体现在税率、纳税机关、纳税时间、纳税额及会计科目的设置等方面，是刚性的变动；从隐性上来说主要体现在企业税负、企业的各项财务指标以及财务管理、税收筹划等方面，其主要变化如表 2 – 1 所示。

表 2 – 1　　建筑业“营改增”前后对比

项目	“营改增”之前（营业税）	“营改增”之后（增值税）
税率	3%	一般纳税人：11% 小规模纳税人：3%
计税依据	价内税，直接用收入乘以税率，存在重复征税	价外税，将含税收入换算成不含税收入，以流转过程中新增加的价值为依据，不重复征税
纳税机关	中央与地方税务局共同征收	国家税务局负责征收
纳税义务发生时间	纳税人销售不动产并收讫营业收入款项或取得索取营业收入款项凭据的当天	纳税人发生应税行为并收讫销售款项或者取得索取销售款项凭据的当天；先开具发票的，为开具发票的当天
应纳税额计算公式	应纳税额 = 当期营业额 × 征收率	一般纳税人：应纳税额 = 当期销项税额 – 当期进项税额 小规模纳税人：应纳税额 = 销售额 × 征收率

续表

项目	“营改增”之前（营业税）	“营改增”之后（增值税）
会计科目	主要科目为“营业税金及附加”。	在“应交税费”下设置“应交增值税”、“未交增值税”等五个二级科目。同时，在“应交增值税”科目下设有十余个明细科目
税负	存在重复征税问题，税负较大	可避免重复征税，降低企业税负，但实际操作中存在进项税额抵扣难等问题，短期来看会增加企业税负
财务指标	税额与营业额成正比，相对稳定	收入、成本等需剔除增值税，金额有所下降，导致利润等一系列指标变动
税务管理	较为简单，税收筹划空间有限	较大的税收筹划空间，如供应商的选择、投资决策等有很大影响

此外，“营改增”前后变化还体现在：

一、成本

由于营业税是价内税，在采购材料时，所花费的全部成本即为材料采购成本。而增值税属于价外税，在采购材料时，应按照价税分离的原则分别确认原材料的入账价值以及增值税额，若取得增值税专用发票，则所花费的全部成本还包含增值税进项税额，应记入“应交税费——应交增值税（进项税额）”科目来核算。“营改增”前，建筑业营业税税率为3%，实行“营改增”之后，建筑业一般纳税人适用增值税税率为11%，小规模纳税人适用增值税税率为3%。企业的营业成本的变动测算如下：

“营改增”前：

当月应缴纳营业税 = 销售收入 ×3%

“营改增”后：

当月应缴纳增值税 = 销项税额 - 进项税额 = 销售收入/（1 + 11%）×11% - 各项成本之和/（1 + 成本增值税税率）×成本增值税税率

【例2-2】A建筑公司承包了某建筑施工合同，其总价格为1 000万元，总成本为800万元，其中，人工费用200万元，材料费用500万元，其他费用100万元。材料费用中，从小规模纳税人购入材料220万元，从一般纳税人购入材料280万元。“营改增”前，A公司的营业税税率为3%；“营改增”后，A公司为一般纳税人，其增值税税率为11%。

（1）“营改增”前 A 公司需缴纳营业税为：

A 公司需缴纳营业税 =1 000×3% =30（万元）

（2）“营改增”后 A 公司需缴纳增值税为：

销项税额 =1 000/（1+11%）×11% =99.1（万元）

进项税额 =280/（1+17%）×17% =40.68（万元）

应纳增值税 =99.10 -40.68 =58.42（万元）

由此可见，A 公司实行“营改增”后，将多缴纳税款 28.42 万元。由于 A 公司主要成本中，人工费用没有进项税抵扣，且大部分材料没有取得增值税专用发票，因此收入按照 11% 的税率缴纳增值税后企业的税负大大增加。

若增值税抵扣制度进一步完善，则 A 公司将所采购材料均可取得增值税专用发票，则其可抵扣进项税额增大，企业税负将低于缴纳营业税的税负。此外，“营改增”后，若企业购进大型机器设备，则可以通过发票进行抵扣，税负还将大大降低。

【例 2-3】 A 建筑公司采购一批工程材料甲材料，共计 100 吨，其不含税价格为 1 万元每吨，A 公司取得由供货方开具的增值税专用发票，增值税税率为 17%，发票上价税合计 117 万元。

（1）“营改增”前 A 公司的账务处理如下：

借：原材料——甲材料 117

　贷：银行存款 117

（2）“营改增”后 A 公司的账务处理如下：

借：原材料——甲材料 100

　应交税费——应交增值税（进项税额） 17

　贷：银行存款 117

【例 2-4】 承例 2-2，A 公司续建了立交桥施工项目，将 100 吨甲材料全部领用。

（1）“营改增”前 A 公司的账务处理如下：

借：工程施工——立交桥——合同成本（材料） 117

　贷：原材料——甲材料 117

（2）“营改增”后 A 公司的账务处理如下：

借：工程施工——立交桥——合同成本（材料） 100

　贷：原材料——甲材料 100

从上例可以看出，“营改增”后“工程施工——合同成本”是减少的，因为扣除了增值税进项税额，同时若采用成本加成法，则合同成本科目的变动还会直接影响到企业利润。

二、收入

“营改增”之前，由于营业税是价内税，销售商品或劳务的全部款项即为收入，营业税的计算直接用收入乘以税率。“营改增”之后，由于增值税是价外税，销售商品或劳务的全部款项既包括收入，也包括增值税，因此，在计算增值税的收入时应该先将实际收到价款转换为不含税收入。“营改增”之后，企业的收入测算如下：

营业收入 = “营改增”前营业收入/（1 + 11%） = 合同总价款 ×90.09%

增值税销项税额 = 合同总价款 ×（1 - 90.09%） = 合同总价款 ×9.91%

“营改增”后营业成本 = “营改增”前营业成本 - 进项税额

【例 2 - 5】假设 B 建筑公司收入款项为 100 万元，“营改增”前，适用的营业税税率为 3%，实行“营改增”之后，适用增值税税率为 11%。则“营改增”前后，B 公司的财务报表分别如下：

“营改增”前：收入为 100 万元，税务支出 3 万元；

“营改增”后：收入为 100 万元/（1 + 11%） = 90.09 万元，应交增值税为 9.91 万元。

由此可得营业收入减少 9.91 万元，占比 9.91%。

三、利润

推行“营改增”以来，建筑业企业会计报表中营业收入和营业利润减少。其中，营业收入减少是由于企业确认收入时已将增值税额扣除。而利润减少的原因主要包含两个方面：其一是因为营业收入减少进而导致利润减少；其二是由于建筑行业的进项税额抵扣不足而导致税负大幅上升，导致企业的利润下降。

建筑业企业利润计算过程如下：

（1）“营改增”前净利润 =（含税的收入 - 含税的成本费用 - 营业税额）×（1 - 25%）

（2）“营改增”后净利润 =（不含税的收入 - 不含税的成本费用）×（1 - 25%）

（3）“营改增”后净利润变化 = [含税收入 - 不含税收入 -（含税成本 - 不

含税成本）－营业税］×25% =（营业税－增值税）×（1－25%）

【例2－6】某建筑企业签订一个固定造价合同，在“营改增”前及“营改增”后其利润分别如下：

1. “营改增”前：

当期确认的合同收入 = 合同总收入×累计完工进度－以前会计期间累计已确认费用

当期确认的合同费用 = 合同预计总成本×累计完工进度－以前会计期间已确认费用

当期确认合同毛利 = 当期确认合同收入－当期确认合同费用

2. “营改增”后：合同收入不含增值税，并且合同预计总成本中的原材料等相关费用增值税进项税额也包含于实际成本中，因此，合同预计总成本小于实行“营改增”之前的总成本。由于合同总价等于该项目的实际成本加上其一定比例的定额费用，“营改增”之后，以合同总价扣除可以抵扣的增值税进项税额，而实际成本费用少于“营改增”之前，进而导致合同总价大于实行“营改增”之前的总价。

四、现金流

国家对增值税的管理较营业税更为严格，实行“营改增”之后，随着主营业务收入的确认，企业的增值税纳税义务已经产生。由于建筑行业施工的长期性及复杂性，工程款项往往会预留一部分，待竣工验收后清算，这与确认主营业务收入有相当长的时间差。但税收具有刚性，因此，企业必须在现金尚未完全流入的情况下预先缴纳增值税，加重了企业现金支出的负担，可能会造成现金短缺的局面。而且“营改增”之后，企业缴纳的税率由3%增长到11%，纳税义务一旦发生，必须在一段时间内及时缴纳，这对企业的库存现金带来较大的压力。因此，企业在支付增值税时，首先要考虑支付税款与收取增值税专用发票的时间差，若时间差越大，则企业能够占用资金的机会成本也会相应增加，不利于企业的资金成本。在实务中，企业应尽量缩短两者的时间差。若现金流不足，可能导致材料款不能及时支付，不能及时取得进项发票，造成税负的增加。

“营改增”对现金流量表的影响也体现在投资活动增加。在我国建筑项目工程持续时间长且较为分散，大部分的机械设备是租赁的，在“营改增”之前，机械设备的账面价值是含税的，实行“营改增”后，购进大型设备可以产生增值税进项税额，当期抵扣不完的可以待后期继续抵扣。因此，企业在税负过重的情况下，会考虑购进一批机械设备来增加增值税的抵扣项目，固定资产的购买对企业税负的影响可能会比较大，对于地理位置较好交通便利的项目部，很有可能采用购买而不是租赁的形式取得固定资产，从而对现金流产生影响。

【例2－7】“营改增”对企业现金流量的影响测算如下：

“营改增”前净现金流量＝（含税的收入－含税的成本费用－营业税）×（1－25%）

“营改增”后净现金流量＝（含税的收入－含税的成本费用）－（不含税的收入－不含税的成本费用）×25%－增值税

“营改增”后现金流变化＝0.75×营业税－0.75×增值税

【例2－8】某建筑公司承包一工程项目，准备购买水泥1 000吨，其采购人员了解到甲公司为一般纳税人，可开具增值税专用发票，税率为17%，价格为100元/吨；乙公司为小规模纳税人，可代开3%专用发票，其价格为95元/吨。若考虑最终现金净流出量，则采购人员应该选择哪家公司？

（1）在甲公司购买：

材料价款＝1 000吨×100元/吨＝10（万元）

可抵扣增值税＝10/（1＋17%）×17%＝1.453（万元）

可抵扣附加税＝1.453×12%＝0.174（万元）

多缴所得税＝0.174×25%＝0.04（万元）

现金净流出＝10－1.453－0.174＋0.04＝8.413（万元）

（2）在乙公司购买：

材料价款＝1 000吨×95元/吨＝9.5（万元）

可抵扣增值税＝9.5/（1＋3%）×3%＝0.277（万元）

可抵扣附加税＝0.277×12%＝0.033（万元）

多缴所得税＝0.033×25%＝0.008（万元）

现金净流出＝9.5－0.277－0.033＋0.008＝9.198（万元）

综上，在甲公司购买水泥的现金净流出小于乙公司，应选择甲公司。

从上例可以看出，企业采购物资的现金净流出不仅受价格的影响，供货商的类型也很重要。一般纳税人由于规模较大，管理更规范，可以开具增值税专用发票作为进项税额抵扣，即使价格比小规模纳税人稍高，最终给企业带来的现金净流出却较低。因此，企业在选择供应商时应综合考虑成本、质量及现金净流出等因素。

显而易见，增值税替代营业税不单单只是税种的变化，除上述变化外，建筑行业的宏观政策环境、企业经营模式、管理方式、组织架构、内控制度等各个方面都将发生巨大变化。所以“营改增”不单纯只对财务人员提出了新的更高要求，同时对上至企业领导人、下到业务人员也提出了全新的要求。必须树立企业全员纳税意识，以积极的姿态迎接全民纳税时代的到来。

第三章

“营改增”政策解读

财政部、国家税务总局于2016年3月24日联合颁布《关于全面推开营业税改征增值税试点的通知》（财税〔2016〕36号），宣布自2016年5月1日起，在全国范围内全部行业全面推开“营改增”试点，将建筑业、房地产业、金融业和生活服务业全部纳入“营改增”试点范围。至此，增值税将全面覆盖各行各业。

第一节 纳税人和扣缴义务人

一、纳税人

在中华人民共和国境内销售服务、无形资产或者不动产（以下称“应税行为”）的单位和个人，为增值税纳税人，应当按照本办法缴纳增值税，不缴纳营业税。

单位，是指企业、行政单位、事业单位、军事单位、社会团体及其他单位。

个人，是指个体工商户和其他个人。

【解读】销售服务、无形资产或者不动产，包括三个税目：一是销售服务，具体包括销售交通运输服务、邮政服务、电信服务、建筑服务、金融服务、现代服务、生活服务；二是销售无形资产；三是销售不动产。

这里的“企业”包括国有经济、集体经济、私营经济、联营经济、股份制经济、外商投资经济、港澳台投资经济、其他经济等形式的企业。

对于行政单位、事业单位、军事单位、社会团体即其他单位，只要发生了增值税应税行为，就是增值税的纳税人，就应当依法缴纳增值税。

【例3－1】某市地税局将闲置的办公楼对外出租，取得的租金收入是否需要缴纳增值税？

解答：增值税的纳税人，是指应当缴纳增值税的单位或者个人，即在中华人民共和国境内销售服务、无形资产或者不动产的单位和个人。地税局取得租金收入，符合上述政策，需要缴纳增值税，因此地税局是增值税的纳税人。

二、承包、承租、挂靠经营方式下的纳税人

单位以承包、承租、挂靠方式经营的，承包人、承租人、挂靠人（以下统称“承包人”）以发包人、出租人、被挂靠人（以下统称“发包人”）名义对外经营并由发包人承担相关法律责任的，以该发包人为纳税人。否则，以承包人为纳税人。

【解读】

（一）承包、承租经营

1. 承包经营。企业承包经营是发包方在不改变企业所有权的前提下，将企业发包给经营者承包，经营者以企业名义从事经营活动，并按合同分享经营成果的经营形式。

2. 承租经营。企业租赁经营，是在所有权不变的前提下，出租方将企业租赁给承租方经营，承租方向出租方交付租金并对企业实行自主经营，在租赁关系终止时，返还所承租的财产。

承包经营与承租经营的差异

● 基本内容不同。企业承包合同的基本内容，是承包上缴利润指标以及由此产生的当事人之间的其他权利义务关系；企业租赁合同的基本内容，是承租方对企业财产进行租赁经营，并向出租方缴纳租金。

● 适用范围不同。从适用范围上看，承包经营合同多适用于大中型企业，而承租经营合同则多适用于小型企业。

● 抵押财产的提供与否不同。在承包经营合同中，承包方提供抵押财产不是合同的有效条件；而在承租经营合同中，一般会明确提供抵押财产。

● 对亏损的补偿来源不同。发生亏损时，承包企业只要用企业的自有资金补偿即可，而租赁合同的承租方则须以抵押财产进行补偿。

● 新增资产的归属不同。在承包经营的情况下，承包期间新增资产的所有权性质与承包前的企业所有权性质是一致的；而在租赁经营的情况下，租赁期间承租方用其收入追加投资所添置的资产，属于承租方。

（二）挂靠经营

1. 挂靠经营的涵义。挂靠经营是指企业、合伙组织等与另一个经营主体达成依附协议，挂靠方通常以被挂靠方的名义对外从事经营活动，被挂靠方提供资质、技术、管理等方面的服务并定期向挂靠方收取一定管理费用的经营方式。

2. 挂靠经营的主要特征：

第一，挂靠经营是一种借用行为。挂靠经营是挂靠方以被挂靠人的名义进行经营，所以，挂靠经营的关系实质上是一种借用关系，这种借用关系的内容主要表现为资质、技术、管理经验等无形财产方面的借用，而不是有形财产方面的借用。

第二，挂靠经营是一种独立核算行为。挂靠经营是一种自主经营的行为，而自主经营的最大的特点在于独立核算。

第三，挂靠经营是一种临时性行为。挂靠经营是一种借用行为，而这种借用的性质决定了挂靠经营的暂时性。

《建筑法》第二十六条第二款规定：禁止建筑施工企业超越本企业资质等级许可的业务范围或者以任何形式用其他建筑施工企业的名义承揽工程，禁止建筑施工企业以任何形式允许其他单位或个人使用本企业的资质证书、营业执照，以本企业的名义承揽工程。可见，挂靠对建筑企业而言属于违法行为。

（三）承包、承租、挂靠方式下的纳税人界定的原则

采用承包、承租、挂靠经营方式下，纳税人的界定分为如下两种情况：

1. 同时满足以下两个条件的，以发包人为纳税人：一是以发包人名义对外经营；二是由发包人承担相关法律责任。

2. 不同时满足上述两个条件的，以承包人为纳税人。

【例 3－2】甲房地产开发公司下设的全资子公司承租了一栋办公楼，由于全资子公司不具有管理能力，全资子公司以甲公司名义进行管理。如果全资子公司承担相关的法律责任，请问谁是纳税人？如果乙建筑公司承担相关的法律责任，请问谁是纳税人？

解答：根据规定：如果全资子公司承担相关的法律责任，则全资子公司为纳税人；如果是甲公司承担相关的法律责任，则甲公司为纳税人。

三、纳税人的分类

（一）纳税人的分类

纳税人分为一般纳税人和小规模纳税人。

应税行为的年应征增值税销售额（以下称应税销售额）达到或超过财政部和国家税务总局规定标准的纳税人为一般纳税人，未达到规定标准的纳税人为小规模纳税人。

年应税销售额超过规定标准的其他个人不属于一般纳税人。年应税销售额超过规定标准但不经常发生应税行为的单位和个体工商户可选择按照小规模纳税人纳税。

【解读】按照我国现行增值税的管理制度，对增值税纳税人实行分类管理。在本次“营改增”改革中，仍予以沿用，将纳税人分为一般纳税人和小规模纳税人。小规模纳税人与一般纳税人的划分，以发生应税行为年应税销售额为标准。对于一般纳税人和小规模纳税人作区别对待，规定了不同的计税方法和凭证管理要求。

（二）纳税人分类的标准

纳税人发生应税行为，当年应税销售额超过 500 万元（含）的纳税人为

一般纳税人；年应税销售额未超过500万元的纳税人为小规模纳税人。

年应税销售额，是指纳税人在连续不超过12个月的经营期内累计应征增值税销售额，含减、免税销售额、发生境外应税行为销售额以及按规定已从销售额中差额扣除的部分。如果该销售额为含税的，应按照适用税率或征收率换算为不含税的销售额。

试点纳税人"营改增"试点实施前的应税行为年销售额按以下公式换算：

应税行为年销售额 = 连续不超过12个月应税行为营业额合计 ÷（1 + 3%）

按规定差额征收营业税的试点纳税人，上述公式中"应税行为营业额"按未扣除前的营业额计算。

【例3-3】 A企业2016年5月开始增收增值税，5~12月份取得销售额为1 236万元。

该企业应登记为一般纳税人。应税行为年销售额 = 1 236 ÷（1 + 3%）= 1 200（万元），超过了年销售额500万元的标准，故应登记为一般纳税人。

（三）小规模纳税人申请为一般纳税人的条件

年应税销售额未超过规定标准的纳税人，会计核算健全，能够提供准确税务资料的，可以向主管税务机关办理一般纳税人资格登记，成为一般纳税人。

【解读】 实践中，很多小规模纳税人建立健全了财务会计核算制度，能够提供准确的税务资料，满足了凭发票注明税款抵扣的管理需要。这时如果小规模纳税人向主管税务机关提出申请，可登记为一般纳税人。

"会计核算健全"，是指能够按照国家统一的会计制度规定设置账簿，根据合法、有效凭证核算。会计核算健全主要是指纳税人具备以下条件：有专业财务会计人员，能按照财务会计制度规定设置总账和有关明细账进行会计核算，能准确核算增值税销售额、销项税额、进项税额和应纳税额等。

"能够准确提供税务资料"，是指能够规定如实填报增值税纳税申报表及其他相关资料，并按期进行申报纳税。

（四）特殊规定

1. 增值税一般纳税人认定规则的例外情形见表3-1。

表 3－1 增值税一般纳税人认定规则的例外情形

例外规定	原增值税业务的纳税人	“营改增”业务的纳税人
选择认定	非企业性单位（如行政事业单位、团体）、不经常发生应税行为的企业，可以选择按小规模纳税人纳税	应税服务年销售额超过规定标准但不经常提供应税服务的非企事业性质单位、企业和个体工商户，可以选择按照小规模纳税人纳税
必须认定	对从事成品油销售的加油站，无论是否达到一般纳税人标准，一律认定为一般纳税人	
不能认定	超过规定标准的其他个人（指自然人）不属于一般纳税人	

2. 年应税销售额超过规定标准的其他个人不属于一般纳税人。

3. 不经常发生应税行为的单位和个体工商户可选择按照小规模纳税人纳税。另外，兼有销售货物、提供加工修理修配劳务以及应税行为，且不经常发生应税行为的单位和个体工商户也可选择按照小规模纳税人纳税。

4. 增值税小规模纳税人偶然发生的转让不动产的销售额，不计入应税行为年销售额。

5. 试点纳税人兼有销售货物、提供加工修理修配劳务和应税行为的，应税货物及劳务销售额与应税行为销售额应分别计算，分别适用增值税一般纳税人资格认定标准。

四、扣缴义务人

中华人民共和国境外（以下称“境外”）的单位或者个人在境内发生应税行为，在境内未设有经营机构的，以购买方为增值税扣缴义务人。

【解读】

1. 以购买方为增值税扣缴义务人的前提，是境外单位或者个人在境内未设立经营机构，如果境外单位或者个人在境内设立了经营机构，应以其经营机构为增值税纳税人，不存在由扣缴义务人扣缴税款的问题。

2. 扣缴义务人在扣缴增值税时，应按照以下公式计算应扣缴税额：

应扣缴税额 = 购买方支付的价款 ÷ （1 + 税率） × 税率

这里需要注意的是，按照上述公式计算应扣缴税额时，无论购买方支付的价款是否超过500万元的一般纳税人标准，无论扣缴义务人是一般纳税人或者小规模纳税人，一律按照境外单位或者个人发生应税行为的适用税率予以计算。

3. 境内购买方从境外单位或者个人购进服务、无形资产或者不动产的，其取得的解缴税款的完税凭证上注明的增值税额，准予从销项税额中抵扣。

4. 扣缴义务发生时间为纳税人增值税纳税义务发生的当天。扣缴义务人应当向其机构所在地或者居住地主管税务机关申报缴纳扣缴的税款。

【例3-4】境外某企业为境内A企业提供工程管理咨询服务，境外某企业在境内未设立机构场所，A企业就支付给境外企业的咨询服务费需要代扣代缴增值税吗？

解答：A企业需要代扣代缴增值税，按现代服务业6%的税率代扣代缴。境外单位或者个人在境内发生应税行为，在境内未设有经营机构的，以购买方为增值税扣缴义务人。

五、合并纳税

两个或者两个以上的纳税人，经财政部和国家税务总局批准可以视为一个纳税人合并纳税。

【解读】合并纳税的批准主体是财政部和国家税务总局。

合并纳税是增值税的一种优惠待遇，不同法人机构可以实现进项税额和销项税额的抵扣，合理控制税负。

第二节 征税范围

一、增值税的征税范围

1. 增值税应税行为的具体范围

增值税应税行为包括销售交通运输服务、邮政服务、电信服务、建筑服务、金融服务、现代服务、生活服务、转让无形资产或者销售不动产。

此次“营改增”改革是将全部营业税行业纳入增值税征收范围，因此，《销售服务、无形资产、不动产注释》涵盖了原营业税税目注释中的所有应税行为。

《销售服务、无形资产、不动产注释》是在《营业税改征增值税试点实施办法》所附《应税服务范围注释》基础上，结合《营业税税目注释（试行稿）》（国税发〔1993〕149 号）以及《国民经济行业分类》（GB/T4754－2011），主要依据涉税行为属性进行了税目划分，调整了《应税服务范围注释》中个别应税服务的税目归属，梳理完善了原营业税税目注释中金融保险业、建筑业、其他服务业、转让无形资产和销售不动产的具体范围，新增了原营业税税目注释中未能直接列明的新兴经济行为，以及未能纳入营业税征税范围的经济权益转让行为。同时，考虑到现代服务和生活服务存在新兴业态较多、新兴经济行为不断涌现的情况，写入了“其他现代服务”和“其他生活性服务”作为政策兜底。

二、“有偿”的概念

销售服务、无形资产或者不动产是指有偿提供服务、有偿转让无形资产或者不动产，但属于下列非经营活动的情形除外：

1. 行政单位收取的同时满足以下条件的政府性基金或者行政事业性收费：

（1）由国务院或者财政部批准设立的政府性基金，由国务院或者省级人民政府及其财政、价格主管部门批准设立的行政事业性收费；

（2）收取时开具省级以上（含省级）财政部门监（印）制的财政票据；

（3）所收款项全额上缴财政。

2. 单位或者个体工商户聘用的员工为本单位或者雇主提供取得工资的服务。

3. 单位或者个体工商户为聘用的员工提供服务。

4. 财政部和国家税务总局规定的其他情形。

【解读】如何理解“有偿”？

（1）有偿，是确立一项经济行为是否缴纳增值税的前置条件之一。

（2）有偿，包括取得货币、货物或者其他经济利益。

（3）例外情形。按照《试点实施办法》第十四条规定，单位或者个体工商户向其他单位或者个人无偿提供服务、无偿转让无形资产或者不动产，除用于公益事业或者以社会公众为对象的外，应视同销售服务、无形资产或者不动产，征收增值税。

无偿转让无形资产或不动产，包括以无形资产和不动产投资入股的情况。

提醒注意，单位或者个体工商户聘用的员工为本单位或者雇主提供取得工资的服务，虽然发生有偿行为，但不属于增值税的征收范围。

【例 3-5】 A 房地产开发企业委托 B 建筑工程公司建造房屋，2016 年 5 月 10 日双方在结算价款时，A 房地产企业将若干套不含税价格为 1 000 万元的房屋用于冲抵应付建筑公司的工程款，同时另外支付工程款 200 万元。假设工程款是完工时一次支付的。

A 企业会计处理：

借：开发成本	12 500 000	
贷：主营业务收入		10 000 000
应交税费——应交增值税		500 000
银行存款		2 000 000

本案例中，A 房地产开发企业委托 B 建筑工程公司建造房屋，双方在结算价款时，房地产企业将若干套房屋给建筑公司冲抵工程款，看上去没有资金往来，但实际上 A 房地产开发企业取得的好处是接受了 B 建筑工程公司的建筑服务，同样 B 建筑工程公司获得了房屋所有权，双方都取得了经济利益，因此必须计算缴纳增值税。

【例 3-6】 2016 年 5 月 20 日，A 公司用房屋与 B 公司的土地进行等价交换，经评估土地和房屋的价格均为 1 000 万元（不含税价格）。A 公司的房屋和 B 公司的土地均为 2014 年取得，双方选择采用简易计税方法。

- A 公司会计处理：

应交增值税 = 1 000 × 5% = 50（万元）

借：无形资产	10 500 000	
贷：固定资产清理		10 000 000
应交税费——应交增值税		500 000

- B 公司会计处理：

应交增值税 = 1 000 × 5% = 50（万元）

借：固定资产	10 500 000	
贷：无形资产		10 000 000
应交税费——应交增值税		500 000

本案例中，A 公司将不动产换取了 B 公司的土地使用权，此时虽没有取得货币资金，但 A 公司取得了 B 公司的土地使用权；同样 B 公司也是以土地为代价换取了 A 公司的房屋所有权，这里的土地使用权和房屋所有权就是我们所说的"其他经济利益"。所以，非货币资产交换行为同样需要缴纳增值税。

三、“境内”的概念

在境内销售服务、无形资产或者不动产，是指：

1. 服务（租赁不动产除外）或者无形资产（自然资源使用权除外）的销售方或者购买方在境内；

2. 所销售或者租赁的不动产在境内；

3. 所销售自然资源使用权的自然资源在境内；

4. 财政部和国家税务总局规定的其他情形。

【解读】

1. 服务（租赁不动产除外）或者无形资产（自然资源使用权除外）的销售方或者购买方在境内。即：境内的单位或者个人作为销售方或购买方发生上述应税行为属于在境内发生应税行为，境外的单位或个人作为购买方或销售方在境内发生上述应税行为也属于在境内发生应税行为。例如，境内单位向境外单位购买的咨询服务属于发生在境内的应税服务。

2. 所销售或者租赁的不动产在境内，以及所销售自然资源使用权的自然资源在境内。强调的是应税行为所对应的标的物在境内，即，无论是境内单位或者个人，还是境外单位或者个人，只要其发生上述应税行为的标的物在境内，均属于在境内发生应税行为。

3. 下列情形不属于在境内销售服务或者无形资产：

（1）境外单位或者个人向境内单位或者个人销售完全在境外发生的服务。例如：境外单位向境内单位提供完全发生在境外的会展服务。

（2）境外单位或者个人向境内单位或者个人销售完全在境外使用的无形资产。例如：境外单位向境内单位销售完全在境外使用的专利和非专利技术。

（3）境外单位或者个人向境内单位或者个人出租完全在境外使用的有形动产。

【例3－7】境外单位A向境内单位B出租完全在境外使用的挖掘机。该行为是否要在中国境内申报缴纳增值税？

解答：境外单位A向境内单位B出租完全在境外使用的挖掘机不属于境内提供劳务，不需在境内缴纳增值税。

对上述三项规定的理解把握三个要点：一是应税行为的销售方为境外单位或者个人；二是境内单位或者个人在境外购买；三是所购买的应税行为的必须完全在境外使用或消费。

四、视同销售

下列情形视同销售服务、无形资产或者不动产：

1. 单位或者个体工商户向其他单位或者个人无偿提供服务，但用于公益事业或者以社会公众为对象的除外。

2. 单位或者个人向其他单位或者个人无偿转让无形资产或者不动产，但用于公益事业或者以社会公众为对象的除外。

3. 财政部和国家税务总局规定的其他情形。

【解读】

第一，从税制设计和加强征管的角度看，将无偿提供服务、转让无形资产或者不动产与有偿提供服务、转让无形资产或者不动产同等对待，均纳入征税范围，既可以体现税收的公平性，也可以堵塞税收漏洞，防止纳税人利用无偿行为不征税的规定逃避税收。

第二，将以公益活动为目的或者以社会公众为对象的无偿提供服务、无偿转让无形资产或者不动产，排除在视同销售范围之外，主要是为了促进社会公益事业的发展。

第三，要注意以下三者的区别：（1）提供服务、转让无形资产或者不动产；（2）视同提供服务、转让无形资产或者不动产；（3）非经营活动，准确把握征税与不征税的处理原则。

第四，根据国家指令无偿提供的航空运输服务、铁路运输服务，属于本条规定的以公益活动为目的的服务，不征收增值税。

第三节 税率和征收率

一、增值税税率

1. 提供交通运输、邮政、基础电信、建筑、不动产租赁服务，销售不动产，转让土地使用权，税率为11%。

2. 提供有形动产租赁服务，税率为17%。

3. 境内单位和个人发生的跨境应税行为，税率为零。具体范围由财政部和国家税务总局另行规定。

4. 纳税人发生应税行为，除以上 1～3 项规定外，税率为 6%。

5. 除部分不动产销售和租赁行为的征收率为 5% 以外，小规模纳税人发生的应税行为以及一般纳税人发生特定应税行为，增值税征收率为 3%。

【解读】

1. 增值税税率适用于一般纳税人按照一般计税方法计税的情况。即：一般纳税人销售服务、无形资产或者不动产，除按规定可以选择简易计税方法外，应按照一般计税方法和适用税率计算增值税应纳税额。

2. 销售服务的增值税税率：

（1）提供增值电信服务、金融服务、现代服务（租赁服务除外）、生活服务，税率为 6%。

（2）提供交通运输服务、邮政服务、基础电信服务、建筑服务、不动产租赁服务，税率为 11%。

（3）提供有形动产租赁服务，税率为 17%。

（4）境内单位和个人跨境提供应税服务，符合规定条件的，税率为零。

3. 销售无形资产的增值税税率：

（1）转让土地使用权，税率为 11%。

（2）转让土地使用权以外的其他无形资产，税率为 6%。

（3）境内单位和个人跨境转让无形资产，符合规定条件的，税率为零。

4. 销售不动产的增值税税率为 11%。

5. 特例情况：

（1）兼营。试点纳税人销售货物、加工修理修配劳务、服务、无形资产或者不动产适用不同税率或者征收率的，应当分别核算适用不同税率或者征收率的销售额，未分别核算销售额的，按照以下方法适用税率或者征收率：

• 兼有不同税率的销售货物、加工修理修配劳务、服务、无形资产或者不动产，从高适用税率。

• 兼有不同征收率的销售货物、加工修理修配劳务、服务、无形资产或者不动产，从高适用征收率。

• 兼有不同税率和征收率的销售货物、加工修理修配劳务、服务、无形资产或者不动产，从高适用税率。

【例 3－8】 某试点一般纳税人既销售不动产，又提供经纪代理服务，如果该纳税人能够分别核算，但没有分别核算，应按什么税率缴纳？

解答： 如果该纳税人能够分别核算上述两项应税行为的销售额，则销售不动产适用11%的增值税税率，提供经纪代理服务适用6%的增值税税率；如果该纳税人没有分别核算上述两项应税行为的销售额，则销售不动产和提供经纪代理服务均从高适用11%的增值税税率。

（2）混合销售。一项销售行为如果既涉及服务又涉及货物，为混合销售。

从事货物的生产、批发或者零售的单位和个体工商户的混合销售行为，按照销售货物缴纳增值税；其他单位和个体工商户的混合销售行为，按照销售服务缴纳增值税。

上述从事货物的生产、批发或者零售的单位和个体工商户，包括以从事货物的生产、批发或者零售为主，并兼营销售服务的单位和个体工商户在内。

第四节 应纳税额的计算

一、增值税的计税方法

增值税有两种计税方法，分别是一般计税方法和简易计税方法。

这两种计税方法的基本适用情况如下：

1. 一般计税方法是按照销项税额减去进项税额的差额计算应纳税额，适用于增值税一般纳税人。

2. 简易计税方法是按照销售额与征收率的乘积计算应纳税额，一般适用于小规模纳税人，一般纳税人销售服务、无形资产或者不动产的情况，符合规定的，也可以适用简易计税方法。

一般纳税人发生财政部和国家税务总局规定的特定应税行为，可以选择适用简易计税方法计税，但一经选择，36个月内不得变更。小规模纳税人销售服务、无形资产或者不动产，一律按照简易计税方法计税。

一般纳税人选择简易计税方法的情形

一般纳税人销售服务、无形资产或者不动产，可以选择简易计税方法计税的情形，下面按照《试点有关事项的规定》进行归纳，主要包括以下内容：

（1）公共交通运输服务。

（2）经认定的动漫企业为开发动漫产品提供的动漫脚本编撰、形象设计、背景设计、动画设计、分镜、动画制作、摄制、描线、上色、画面合成、配音、配乐、音效合成、剪辑、字幕制作、压缩转码（面向网络动漫、手机动漫格式适配）服务，以及在境内转让动漫版权（包括动漫品牌、形象或者内容的授权及再授权）。

（3）电影放映服务、仓储服务、装卸搬运服务、收派服务和文化体育服务。

（4）以纳入“营改增”试点之日前取得的有形动产为标的物提供的经营租赁服务。

（5）在纳入“营改增”试点之日前签订的尚未执行完毕的有形动产租赁合同。

（6）以清包工方式提供的建筑服务。

（7）为甲方工程提供的建筑服务。

（8）销售 2016 年 4 月 30 日前取得的不动产。

（9）房地产开发企业销售自行开发的房地产老项目。

（10）出租 2016 年 4 月 30 日前取得的不动产。

（11）其他情形。

因此，除财政部和国家税务总局规定的特定应税行为外，一般纳税人应按照一般计税方法计算缴纳增值税。

【例 3-9】某房地产开发企业为一般纳税人，2016 年 6 月销售已开发完成的旧项目，取得销售收入 12 600 万元。

该公司的账务处理如下：

借：银行存款	126 000 000	
贷：主营业务收入		120 000 000
应交税费——应交增值税		6 000 000

房地产开发企业销售老项目可以选择按简易办法计算征收增值税，具体的计算如下：

应交增值税 = 12 600/（1 + 5%）× 5% = 600（万元）

【例 3-10】某建筑劳动服务公司为小规模纳税人，2016 年 5 月份取得销售收入 103 000 元，购进税控收款机一台，支付 3 510 元。

该餐饮公司的会计处理如下：

（1）取得销售收入：

借：银行存款　　103 000

　　贷：主营业务收入　　100 000

　　　　应交税费——应交增值税　　3 000

（2）购入税控设备：

借：固定资产——电子设备　　3 510

　　贷：库存现金　　3 510

借：应交税费——应交增值税

　　510（=3 510/（1+17%）×17%）

　　贷：递延收益　　510

增值税小规模纳税人购进税控收款机，取得增值税专用发票的，可抵免税额是专用发票上注明的增值税税额；取得普通发票的，按照普通发票上注明的价款，依下列公式计算可抵免税额：

可抵免税额=价款/（1+17%）×17%

二、应纳税额的计算

（一）境外单位或个人应纳税额的计算

境外单位或者个人在境内发生应税行为，在境内未设有经营机构的，以购买方为增值税扣缴义务人。扣缴义务人按照下列公式计算应扣缴税额（即境外单位或个人的应纳税额）：

应扣缴税额=购买方支付的价款÷（1+税率）×税率

【例3-11】境外公司为某纳税人工程管理提供咨询服务，合同价款106万元，且境外公司没有在境内设立经营机构，应以服务购买方为增值税扣缴义务人，则购买方应当扣缴的税款计算如下：

应扣缴增值税额=106÷（1+6%）×6%=6（万元）

（二）一般计税方法的应纳税额

应纳税额计算公式为：

应纳税额=当期销项税额-当期进项税额

当期销项税额小于当期进项税额不足抵扣时，其不足部分可以结转下期继续抵扣。

目前我国增值税实行购进扣税法，也就是纳税人发生应税行为时按照销售额计算销项税额，购进货物、劳务、服务、无形资产或不动产时，以支付或负担的税款为进项税额，同时允许从销项税额中抵扣进项税额。这样，就相当于仅对发生应税行为的增值部分征税。

【例 3－12】 某一增值税一般纳税人 2016 年 8 月取得交通运输收入 111 万元（含税），当月外购汽油 10 万元（不含税金额，取得增值税专用发票上注明的增值税额为 1.7 万元），购入运输车辆 1 台 20 万元（不含税金额，取得机动车销售统一发票上注明的增值税额为 3.4 万元）。

该一般纳税人的会计处理如下：

（1）取得交通运输收入：

借：银行存款	1 110 000	
贷：主营业务收入		1 000 000
应交税费——应交增值税（销项税额）		110 000

（2）当月外购汽油：

借：管理费用	100 000	
应交税费——应交增值税（进项税额）	17 000	
贷：银行存款		117 000

（3）购入运输车辆：

借：固定资产	200 000	
应交税费——应交增值税（进项税额）	34 000	
贷：银行存款		234 000

该纳税人应纳增值税税额 ＝111÷（1＋11%）×11% －1.7－3.4

＝5.9（万元）

三、销项税额

销项税额，是指纳税人发生应税行为按照销售额和增值税税率计算并收取的增值税额。销项税额计算公式为：

销项税额＝销售额×税率

从上述销项税额的计算公式中可以看出，销项税额是应税行为的销售额和增值税税率的乘积，是该环节提供应税行为的增值税整体税金，抵扣当期进项税额之后，形成当期增值税应纳税额。

一般纳税人应在“应交税费”科目下设置“应交增值税”明细科目。在

“应交增值税”明细账中，应设置“销项税额”等专栏。

“销项税额”专栏，记录一般纳税人销售服务、无形资产或者不动产应收取的增值税额。一般纳税人销售服务、无形资产或者不动产应收取的销项税额，用蓝字登记；退回以及中止或者折让应冲销销项税额，用红字登记。

一般计税方法的销售额不包括销项税额，纳税人采用销售额和销项税额合并定价方法的，按照下列公式计算销售额：

销售额 = 含税销售额 ÷ （1 + 税率）

四、进项税额

进项税额，是指纳税人购进货物、加工修理修配劳务、服务、无形资产或者不动产，支付或者负担的增值税额。

关于进项税额的概念需从以下三方面理解：

1. 必须是增值税一般纳税人，才涉及进项税额的抵扣问题；

2. 产生进项税额的行为是纳税人购进货物、服务、无形资产、不动产或者接受加工修理修配劳务；

3. 必须是购买方支付或者负担的增值税额。

一般纳税人应在“应交税费”科目下设置“应交增值税”明细科目。在“应交增值税”明细账中，应设置“进项税额”等专栏。

“进项税额”专栏，记录一般纳税人购进货物、服务、无形资产、不动产或者接受加工修理修配劳务而支付的、准予从销项税额中抵扣的增值税额。一般纳税人购进货物、服务、无形资产、不动产或者接受加工修理修配劳务支付的进项税额，用蓝字登记；退回中止或者折让应冲销的进项税额，用红字登记。

五、允许抵扣的进项税额

下列进项税额准予从销项税额中抵扣：

1. 从销售方取得的增值税专用发票（含税控机动车销售统一发票，下同）上注明的增值税额。

2. 从海关取得的海关进口增值税专用缴款书上注明的增值税额。

3. 购进农产品，除取得增值税专用发票或者海关进口增值税专用缴款书外，按照农产品收购发票或者销售发票上注明的农产品买价和13%的扣除率计算的进项税额。计算公式为：

进项税额＝买价×扣除率

买价，是指纳税人购进农产品在农产品收购发票或者销售发票上注明的价款和按照规定缴纳的烟叶税。

购进农产品，按照《农产品增值税进项税额核定扣除试点实施办法》抵扣进项税额的除外。

4. 从境外单位或者个人购进服务、无形资产或者不动产，自税务机关或者扣缴义务人取得的解缴税款的完税凭证上注明的增值税额。

六、不允许抵扣的进项税额

下列项目的进项税额不得从销项税额中抵扣：

1. 用于简易计税方法计税项目、免征增值税项目、集体福利或者个人消费的购进货物、加工修理修配劳务、服务、无形资产和不动产。其中涉及的固定资产、无形资产、不动产，仅指专用于上述项目的固定资产、无形资产（不包括其他权益性无形资产）、不动产。

纳税人的交际应酬消费属于个人消费，不得抵扣。

2. 非正常损失的购进货物，以及相关的加工修理修配劳务和交通运输服务。

3. 非正常损失的在产品、产成品所耗用的购进货物（不包括固定资产）、加工修理修配劳务和交通运输服务。

4. 非正常损失的不动产，以及该不动产所耗用的购进货物、设计服务和建筑服务。

5. 非正常损失的不动产在建工程所耗用的购进货物、设计服务和建筑服务。

纳税人新建、改建、扩建、修缮、装饰不动产，均属于不动产在建工程。

6. 购进的旅客运输服务、贷款服务、餐饮服务、居民日常服务和娱乐服务。

7. 财政部和国家税务总局规定的其他情形。

本条第4项、第5项所称“货物”，是指构成不动产实体的材料和设备，包括建筑装饰材料和给排水、采暖、卫生、通风、照明、通讯、煤气、消防、中央空调、电梯、电气、智能化楼宇设备及配套设施。

【解读】

（1）采用简易计税方法的计税项目、免征增值税项目、集体福利或者个人消费的购进货物、加工修理修配劳务、服务、无形资产和不动产不能抵扣的原因：

①增值税遵循征扣税一致的原则，征多少扣多少，未征税或免税则不扣税。

②购进的用于集体福利或个人消费的货物及其他应税行为，并非用于企业生产经营，也就无权要求抵扣税款，而应负担相应的税金。

（2）交际应酬消费不得抵扣的原因：交际应酬消费不属于生产经营中的生产投入和支出，是一种生活性消费活动，而增值税是对消费行为征税的，消费者即是负税者。因此，交际应酬消费需要负担对应的进项税额。同时，交际应酬消费和个人消费难以准确划分，征管中不易掌握界限，如果对交际应酬消费和个人消费分别适用不同的税收政策，容易诱发偷避税行为。因此，为了简化操作，公平税负，对交际应酬消费所用的货物、加工修理修配劳务、服务、无形资产和不动产不得抵扣进项税额。

（3）固定资产、无形资产、不动产进项税额的处理原则。固定资产、无形资产、不动产的进项税额抵扣原则与其他允许抵扣的项目相比有一定的特殊性。一般情况下，对纳税人用于适用简易计税方法计税项目、免征增值税项目、集体福利或者个人消费的购进货物、加工修理修配劳务、服务、无形资产和不动产的进项税额不得从销项税额中抵扣。但是，涉及的固定资产、无形资产、不动产，仅指专用于简易计税方法计税项目、免征增值税项目、集体福利或者个人消费的情况，对属于兼用于允许抵扣项目和不允许抵扣项目情况的，其进项税额准予全部抵扣。

之所以如此规定，主要是因为，固定资产、无形资产、不动产项目发生上述兼用情况的较多，且比例难以准确区分。以固定资产进项税额抵扣为例，纳税人购进一台发电设备，既可以用于增值税应税项目，也可以用于增值税免税项目，二者共用，且比例并不固定，难以准确区分。如果按照对其他项目进项税额的一般处理原则办理，不具备可操作性。因此，选取了有利于纳税人的如下特殊处理原则：

对纳税人涉及的固定资产、无形资产、不动产项目的进项税额，凡发生**专用于**简易计税方法计税项目、免征增值税项目、集体福利或者个人消费项目的，该进项税额不得予以抵扣；发生**兼用于**上述不允许抵扣项目情况的，该进项税额准予全部抵扣。

另外，由于“其他权益性无形资产”涵盖面非常广，往往涉及纳税人生产经营的各个方面，没有具体使用对象，因此，将其从专用于简易计税方法计税项目、免征增值税项目、集体福利或者个人消费的购进的无形资产不得抵扣进项税额范围中剔除，即：纳税人购进其他权益性无形资产，无论是专用于简易计税方法计税项目、免征增值税项目、集体福利或者个人消费，还是兼用于上述不允许抵扣项目，均可以抵扣进项税额。

2. 虽然取得合法的扣税凭证，但是，以下涉及的进项税额是不能抵扣的：

（1）非正常损失的购进货物，以及相关的加工修理修配劳务和交通运输服务；

（2）非正常损失的在产品、产成品所耗用的购进货物（不包括固定资产）、加工修理修配劳务和交通运输服务；

（3）非正常损失的不动产，以及该不动产所耗用的购进货物、设计服务和建筑服务。

非正常损失，是指因管理不善造成货物被盗、丢失、霉烂变质，以及因违反法律法规造成货物或者不动产被依法没收、销毁、拆除的情形。

3. 一般纳税人购进的旅客运输服务、贷款服务、餐饮服务、居民日常服务和娱乐服务的进项税额不得从销项税额中抵扣。

这是因为，一般意义上，旅客运输服务、餐饮服务、居民日常服务和娱乐服务主要接受对象是个人。对于一般纳税人购买的旅客运输服务、餐饮服务、居民日常服务和娱乐服务，难以准确界定接受劳务的对象是企业还是个人，因此，一般纳税人购进的旅客运输服务、餐饮服务、居民日常服务和娱乐服务的进项税额不得从销项税额中抵扣。

4. 自2013年8月1日起，纳税人购进的应征消费税的摩托车、汽车、游艇视同购进固定资产允许抵扣进项税额。

【例3-13】企业支付中央空调、电梯等不动产附属设施的保养费用、维修配件等日常维护费用，取得增值税专用发票的进项税额可否抵扣？

解答：可以抵扣。根据《中华人民共和国增值税暂行条例》（国务院令第538号）第十条规定：“下列项目的进项税额不得从销项税额中抵扣：（一）用于非增值税应税项目、免征增值税项目、集体福利或者个人消费的购进货物或者应税劳务；（二）非正常损失的购进货物及相关的应税劳务；（三）非正常损失的在产品、产成品所耗用的购进货物或者应税劳务；（四）国务院财政、税务主管部门规定的纳税人自用消费品；（五）本条第（一）项至第（四）项规定的货物的运输费用和销售免税货物的运输费用。”

该企业支付空调、电梯等不动产附属设施的保养费用、维修配件等日常维护费用，不属于上述范围，所以该企业取得的进项税额可以抵扣。

七、进项税额抵扣的特殊情形

（一）兼营简易计税方法计税项目、免税项目而无法划分的进项税额的划分

1. 在纳税人现实生产经营活动中，兼营行为是很常见的，经常出现进项税额不能准确划分的情形，比较典型的就是耗用的水和电力。因此，对不能准确划分的进项税额进行划分计算的方法，应按照下列公式计算：

$$\text{纳税人全部不得抵扣的进项税额} = \text{当期可以直接划分的不得抵扣的进项税额} + \text{当期无法划分的全部进项税额} \times \left(\text{当期简易计税方法计税项目销售额} + \text{免税增值税项目销售额}\right) \div \text{当期全部销售额}$$

2. 纳税人计算进项税额转出应按月进行，但由于月度间取得进项税额的不均衡性，有可能会造成按月计算的进项转出数失真，因此，主管税务机关可在年度终了对纳税人进项转出进行清算，对相应差异进行调整。

（二）已抵扣进项税额发生用途改变而需要扣减的处理

已抵扣进项税额的购进货物（不含固定资产）、劳务、服务，发生特殊情形（出现简易计税方法计税项目、免征增值税项目）的，应当将该进项税额从当期进项税额中扣减。

由于经营情况复杂，纳税人有时会先抵扣进项税额，然后发生不得抵扣进项税额的情形，例如将购进货物申报抵扣后，又将其分配给本单位员工作为福利。为了保持征、扣税一致，税法规定了相应的进项税额应当从已申报的进项税额中予以扣减。方法为：

1. 对于能够确定的进项税额，直接将该进项税额从当期进项税额中扣减。

2. 对于无法确定的进项税额，统一按照当期实际成本来计算应扣减进项税额。

（三）因销售折让、中止或者退回而退还增值税的处理

纳税人适用一般计税方法计税的，因销售折让、中止或者退回而退还给购买方的增值税额，应当从当期的销项税额中扣减；因销售折让、中止或者退回

而收回的增值税额，应当从当期的进项税额中扣减。

如发生销货退回、开票有误、应税行为中止以及发票抵扣联、发票联均无法认证等情形但不符合作废条件，或者因销货部分退回及发生销售折让，需要开具红字专用发票的，必须按《国家税务总局公告》2015 年第 19 号规定的以下方法处理：

1. 专用发票已交付购买方，购买方可在增值税专用发票系统升级版中填开并上传《开具红字增值税专用发票信息表》（以下统称《信息表》）。《信息表》所对应的蓝字专用发票应经税务机关认证（所购货物或服务等不属于增值税扣税项目范围的除外）。

● 经认证结果为“认证相符”并且已经抵扣增值税进项税额的，购买方在填开《信息表》时不填写相对应的蓝字专用发票信息，应暂依《信息表》所列增值税税额从当期进项税额中转出；未抵扣增值税进项税额的可列入当期进项税额，待取得销售方开具的红字专用发票后，与《信息表》一并作为记账凭证。

● 经认证结果“无法认证”、“纳税人识别号认证不符”、“专用发票代码、号码认证不符”，以及所购货物或服务不属于增值税扣税项目范围的，购买方不列入进项税额，不作进项税额转出，填开《信息表》时应填写相对应的蓝字专用发票信息。

2. 专用发票尚未交付购买方或者购买方拒收的，销售方应于专用发票认证期限内在增值税发票系统升级版中填开并上传《信息表》。

主管税务机关通过网络接收纳税人上传的《信息表》，系统自动校验通过后，生成带有“红字发票信息表编号”的《信息表》，并将信息同步至纳税人端系统中。

销售方凭税务机关校验通过的《信息表》开具红字专用发票，在增值税发票系统升级版中以销项负数开具。红字专用发票应与《信息表》一一对应。

纳税人也可凭《信息表》电子信息或纸质资料到税务机关对《信息表》内容进行系统校验。

纳税人需要开具红字增值税普通发票的，可以在所对应的蓝字发票金额范围内开具多份红字发票。红字机动车销售统一发票需与原蓝字机动车销售统一发票一一对应。

【例 3-14】某企业 2016 年 3 月份会计凭证记载，销售给甲企业产品一批，开具增值税专用发票销售额为 20 万元，销项税额 34 000 元，货已发出，货款及税款已委托银行托收，企业作如下会计分录：

借：应收账款　　234 000
　　贷：产品销售收入　　200 000
　　　　应交税费——应交增值税（销项税额）　　34 000

4月份企业收到银行转来甲企业部分货款拒付理由书，称“发来的产品因含量不够不能按一级品付款，按二级品付款，让价15%”，并收到甲企业货款198 900元。企业经研究同意甲企业的意见，企业开具红字增值税专用发票销售额30 000元，销项税额5 100元，企业作如下会计分录：

借：银行存款　　198 900
　　产品销售收入　　30 000
　　应交税费——应交增值税（销项税额）　　5 100
　　贷：应收账款　　234 000

经税务人员检查，企业在没有收到购货方主管税务机关开具的《进货退出及索取折让证明单》的情况下，就擅自开具红字增值税专用发票，抵减产品销售收入30 000元，相应地抵减了销项税额5 100元，违反了增值税的有关规定，应调增销项税额，补缴增值税。

分析：销售折让是指企业在货物销售以后，由于货物质量、品种等不符或其他原因而事后发生的应给予购买方额外的减让。根据《增值税专用发票使用规定》第十二条，“销售货物并向购买方开具专用发票后，如发生退货或销售折让，应视同不同情况分别按以下规定办理：

第一，在发票开具当月，购买方须将原发票联和税款抵扣联主动退还销售方。销售方收到后，应在该发票联和税款抵扣联及有关的存根联、记账联上注明“作废”字样，作为扣减当期销项税额的凭证。未收到购买方退还的专用发票前，销售方不得扣减当期销项税额。属于销售折让的，销售方应按折让后的货款重开专用发票。

第二，在开具发票不符合作废条件的情况下，购买方应向主管税务机关填报《开具红字增值税专用发票申请单》，送交销售方，作为销售方开具红字专用发票的依据。销售方收到证明单后，根据退还货物的数量、价款或折让金额向购买方开具红字专用发票。红字专用发票的记账联作为销售方扣减当期销项税额的凭证，其发票联、税款抵扣联作为购买方扣减当期销项税额的凭证。

第三，购买方收到红字专用发票后，应将红字专用发票所注明的增值税额从当期进项税额中扣减，如不扣减，造成不纳税或少纳税的，属于偷税行为。销售方还应在开具红字专用发票后将该笔业务的相应记账凭证复印件报送主管税务机关备案。

八、销售额

销售额，是指纳税人发生应税行为取得的全部价款和价外费用，财政部和国家税务总局另有规定的除外。

价外费用，是指价外收取的各种性质的收费，但不包括以下项目：

1. 代为收取并符合《办法》第十条规定的政府性基金或者行政事业性收费。

2. 以委托方名义开具发票代委托方收取的款项。

关于价外费用的具体范围，在《增值税暂行条例实施细则》中作了较详尽的列举，但是由于纳税人实际业务的复杂性，仍然会存在列举不尽的情况。因此，本条规定只对价外费用进行了概括性描述，没有进行逐一列举。同时，本条明确了对代收的符合条件的政府性基金和行政事业性收费以及以委托方名义开具发票代委托方收取的款项不属于价外费用范畴。

纳税人按照人民币以外的货币结算销售额的，应当折合成人民币计算，折合率可以选择销售额发生的当天或者当月1日的人民币汇率中间价。纳税人应当在事先确定采用何种折合率，确定后12个月内不得变更。

九、兼营

纳税人兼营销售货物、劳务、服务、无形资产或者不动产，适用不同税率或者征收率的，应当分别核算适用不同税率或者征收率的销售额；未分别核算的，从高适用税率。

例如，某试点一般纳税人既有不动产销售业务，又有物业管理业务（但不属于混合销售）。如果该纳税人能够分别核算上述两项应税行为的销售额，则销售不动产适用11%的增值税税率，物业管理服务适用6%的增值税税率；如果该纳税人没有分别核算上述两项应税行为的销售额，则销售不动产和提供物业管理服务均应从高适用11%的增值税税率。

十、混合销售

一项销售行为如果既涉及服务又涉及货物，为混合销售。从事货物的生产、批发或者零售的单位和个体工商户的混合销售行为，按照销售货物缴纳增值税；其他单位和个体工商户的混合销售行为，按照销售服务缴纳增值税。

“营改增”后，混合销售的内涵也发生一定程度的改变。混合销售行为成立的标准有两点：一是销售行为既涉及服务又涉及货物；二是购买方是同一个纳税人，且在同一笔销售业务中完成服务与货物的交易，才称之为“混合销售”。

混合销售适用的税目税率根据纳税人所从事的业务内容的主要方面来决定，凡是从事货物的生产、批发或者零售的单位和个体工商户（包括以从事货物的生产、批发或者零售为主，并兼营销售服务的单位和个体工商户），按照销售货物缴纳增值税；其他单位和个体工商户的混合销售行为，按照销售服务缴纳增值税。例如，生产货物的单位，在销售货物的同时附带运输，其销售货物及提供运输的行为属于混合销售行为，所收取的货物款项及运输费用应一律按照货物销售计算缴纳增值税。

十一、价格调整规则

纳税人发生应税行为价格明显偏低或者偏高且不具有合理商业目的的，主管税务机关有权按照下列顺序确定销售额：

1. 按照纳税人最近时期销售同类服务、无形资产或者不动产的平均价格确定。

2. 按照其他纳税人最近时期销售同类服务、无形资产或者不动产的平均价格确定。

3. 按照组成计税价格确定。组成计税价格的公式为：

组成计税价格 = 成本 ×（1 + 成本利润率）

成本利润率由国家税务总局确定。

【解读】“不具有合理商业目的”是指违背立法意图，且主要目的在于获得包括减少、免除、推迟缴纳税款或者税法规定的其他支付款项，或者增加返还、退税收入或者税法规定的其他收入款项等税收利益的、人为规划的一个或者一系列行动或者交易，包括任何明确或者隐含的、实际执行或者意图执行的合同、协议、计划、谅解、承诺或者保证等，以及根据它们而付诸实施的所有行动和交易。

【例 3－15】 A 公司是一家生产建筑机械配件的企业，全国各地的很多维修站均在使用、销售该公司配件。2015 年 2 月，A 公司将购进的一批配件作为实物奖励无偿赠送给北京、沈阳、哈尔滨等地的各个维修站，配件的不含税金额为2 000 000元，取得增值税专用发票。该公司上述业务账务处理如下：

A公司的会计处理：

- 购进配件时：

借：库存商品　　2 000 000
　　应交税费——应交增值税（进项税额）　　340 000
　　贷：应付账款　　2 340 000

- 将配件对外赠送时应当确认收入、计提销项，并同时结转该配件的成本：

借：销售费用　　2 340 000
　　贷：主营业务收入　　2 000 000
　　　　应交税费——应交增值税（销项税额）　　340 000
借：主营业务成本　　2 000 000
　　贷：库存商品　　2 000 000

将自产、委托加工或购进的货物无偿提供给其他单位或个人，属于视同销售，要确认销项税额。

第五节
纳税义务、纳税时间、纳税地点

一、增值税纳税义务、扣缴义务发生时间

1. 纳税义务、扣缴义务发生时间，为纳税人发生应税行为并收讫销售款项或者取得索取销售款项凭据的当天；先开具发票的，为开具发票的当天。

收讫销售款项，是指纳税人销售服务、无形资产、不动产过程中或者完成后收到款项。

取得索取销售款项凭据的当天，是指书面合同确定的付款日期；未签订书面合同或者书面合同未确定付款日期的，为服务、无形资产转让完成的当天或者不动产权属变更的当天。

2. 纳税人提供建筑服务、租赁服务采取预收款方式的，其纳税义务发生时间为收到预收款的当天。

3. 纳税人从事金融商品转让的，纳税义务发生时间为金融商品所有权转

移的当天。

4. 纳税人发生属《办法》第十四条规定情形的，其纳税义务发生时间为服务、无形资产转让完成的当天或者不动产权属变更的当天。

5. 增值税扣缴义务发生时间为纳税人增值税纳税义务发生的当天。

6. 纳税义务发生时间中的特殊规定：

（1）纳税人提供建筑服务、租赁服务采取预收款方式的，其纳税义务发生时间为收到预收款的当天。如何理解这句话？纳税人提供建筑服务和租赁服务与提供其他应税服务的处理原则有所不同，如果纳税人采取预收款方式的，以收到预收款的当天作为纳税义务发生时间。

【例3-16】某试点纳税人为小规模纳税人，2016年8月出租一辆混凝土泵车，租金5 000元/月，一次性预收了对方两年的租金共120 000元。假设该租金收入均为不含税，该企业会计处理如下：

借：银行存款	123 600	
贷：其他业务收入——租赁收入		60 000
预收账款——预收租金		60 000
应交税费——应交增值税		3 600

纳税人提供建筑服务、租赁服务采取预收款方式的，其纳税义务发生时间为收到预收款的当天，即应在收到120 000元租金的当天确认纳税义务发生，并按60 000元确认收入，但是要按120 000元计算缴纳增值税，而不能按月分摊确认收入计算缴纳增值税。

（2）纳税人从事金融商品转让，纳税义务发生时间为金融商品所有权转移的当天。

（3）纳税人发生《办法》第十四条视同发生应税行为的，其纳税义务发生时间为应税行为完成的当天。

《办法》第十四条规定：除以公益活动为目的或者以社会公众为对象外，向其他单位或者个人无偿提供服务，以及向其他单位或者个人无偿转让无形资产或者不动产，应视同发生应税行为缴纳增值税。由于无偿提供应税服务、无偿转让无形资产或者不动产不存在收讫销售款项或者取得索取销售款项凭据的情况，因此，将其纳税义务发生时间确定为应税行为完成的当天。

二、纳税地点

1. 固定业户应当向其机构所在地或者居住地主管税务机关申报纳税。总机构和分支机构不在同一县（市）的，应当分别向各自所在地的主管税务机关申报纳税；经财政部和国家税务总局或者其授权的财政和税务机关批准，可以由总机构汇总向总机构所在地的主管税务机关申报纳税。

2. 非固定业户应当向应税行为发生地主管税务机关申报纳税；未申报纳税的，由其机构所在地或者居住地主管税务机关补征税款。

3. 其他个人提供建筑服务，销售或者租赁不动产，转让自然资源使用权，应向建筑服务发生地、不动产所在地、自然资源所在地主管税务机关申报纳税。

4. 扣缴义务人应当向其机构所在地或者居住地主管税务机关申报缴纳扣缴的税款。

三、纳税期限

增值税的纳税期限分别为 1 日、3 日、5 日、10 日、15 日、1 个月或者 1 个季度。纳税人的具体纳税期限，由主管税务机关根据纳税人应纳税额的大小分别核定。以一个季度为纳税期限的规定适用于小规模纳税人、银行、财务公司、信托投资公司、信用社，以及财政部和国家税务总局规定的其他纳税人。不能按照固定期限纳税的，可以按次纳税。

纳税人以 1 个月或者 1 个季度为一个纳税期的，自期满之日起 15 日内申报纳税；以 1 日、3 日、5 日、10 日或者 15 日为一个纳税期的，自期满之日起 5 日内预缴税款，于次月 1 日起 15 日内申报纳税并结清上月应纳税款。扣缴义务人解缴税款的期限，按照前两款规定执行。

第六节
税收减免的处理

一、减免税规则

纳税人发生应税行为适用免税、减税规定的，可以放弃免税、减税，依照《办法》的规定缴纳增值税。放弃免税、减税后，36 个月内不得再申请免税、减税。纳税人发生应税行为同时适用免税和零税率规定的，纳税人可以选择适用免税或者零税率。

现行的增值税税收优惠主要包括：直接免税、减征税款、即征即退（税务机关负责退税）、先征后返（财政部门负责退税）等形式。销售服务、无形资产或者不动产由营业税改征增值税后，为实现试点纳税人原享受的营业税优惠政策平稳过渡，《营业税改征增值税试点过渡政策的规定》明确了在试点期间试点纳税人可以享受的有关增值税优惠政策。

纳税人发生适用零税率的应税行为，应当按期向主管税务机关申报办理退（免）税，具体办法由财政部和国家税务总局制定。

在满足《办法》规定的纳税义务发生时间有关规定以及国家对应税行为出口设定的有关条件后，免征其出口应税行为的增值税，对实际承担的增值税进项税额，抵减应纳税额，未抵减完的部分予以退还。具体免抵退税额计算按照《关于发布〈营业税改征增值税试点地区适用增值税零税率应税服务免抵退税管理办法（暂行）〉的公告》（国家税务总局〔2012〕13号公告）等文件执行。

二、起征点

个人发生应税行为的销售额未达到增值税起征点的，免征增值税；达到起征点的，全额计算缴纳增值税。增值税起征点不适用于登记为一般纳税人的个体工商户。

（一）适用范围

增值税起征点仅适用于《办法》规定的个人，包括：个体工商户和其他个人，但不适用于认定为一般纳税人的个体工商户。即：增值税起征点仅适用于按照小规模纳税人纳税的个体工商户和其他个人。

（二）销售额的确定

增值税起征点所称的“销售额”是指纳税人销售服务、无形资产或者不动产的销售额（不包括销售货物和提供加工修理修配劳务的销售额），销售额不包括其应纳税额，采用销售额和应纳税额合并定价方法的，按照下列公式计算销售额：

销售额 = 含税销售额 ÷ （1 + 征收率）

（三）达到增值税起征点的征税规定

纳税人达到增值税起征点的，应全额计算缴纳增值税，不应仅就超过增值税起征点的部分计算缴纳增值税。

【例 3－17】 纳税人提供应税服务的起征点为 20 000 元，某劳务公司（小规模纳税人）本月取得交通运输服务收入 20 000 元（含税），该劳务公司本月应缴纳多少增值税？

解答： 因为提供应税服务的起征点为 20 000 元，该劳务公司本月交通运输服务不含税收入为 20 000 ÷ （1 + 3%） = 19 417.48（元）。交通运输服务取得的收入未达到起征点，因此对该部分收入无须缴纳增值税。

增值税起征点幅度如下：（1）按期纳税的，为月销售额 5 000 ~ 20 000 元（含本数）；（2）按次纳税的，为每次（日）销售额 300 ~ 500 元（含本数）。

起征点的调整由财政部和国家税务总局规定。省、自治区、直辖市财政厅（局）和国家税务局应当在规定的幅度内，根据实际情况确定本地区适用的起征点，并报财政部和国家税务总局备案。

对增值税小规模纳税人中月销售额未达到 2 万元的企业或非企业性单位，免征增值税。2017 年 12 月 31 日前，对月销售额 2 万元（含本数）至 3 万元的增值税小规模纳税人，免征增值税。

第七节 建筑业增值税制

一、建筑业增值税纳税人与扣缴义务人

（一）建筑业增值税纳税人

建筑业增值税纳税人分为一般纳税人和小规模纳税人。建筑业应税行为的年应征增值税销售额超过财政部和国家税务总局规定标准的纳税人为一般纳税人，未超过规定标准的纳税人为小规模纳税人。

（二）建筑业增值税扣缴义务人

中华人民共和国境外单位或者个人在境内发生应税行为，在境内未设有经营机构的，以购买方为增值税扣缴义务人，财政部和国家税务总局另有规定的除外。

二、建筑服务的增值税应税范围

（一）应税建筑服务的具体范围

建筑服务，是指各类建筑物、构筑物及其附属设施的建造、修缮、装饰，线路、管道、设备、设施等的安装以及其他工程作业的业务活动。包括工程服务、安装服务、修缮服务、装饰服务和其他建筑服务。

1. 工程服务，是指新建、改建各种建筑物、构筑物的工程作业，包括与建筑物相连的各种设备或者支柱、操作平台的安装或者装设工程作业，以及各种窑炉和金属结构工程作业。

2. 安装服务，是指生产设备、动力设备、起重设备、运输设备、传动设备、医疗实验设备以及其他各种设备、设施的装配、安置工程作业，包括与被安装设备相连的工作台、梯子、栏杆的装设工程作业，以及被安装设备的绝缘、防腐、保温、油漆等工程作业。

固定电话、有线电视、宽带、水、电、燃气、暖气等经营者向用户收取的安装费、初装费、开户费、扩容费以及类似收费，按照安装服务缴纳增值税。

3. 修缮服务，是指对建筑物、构筑物进行修补、加固、养护、改善，使之恢复原来的使用价值或者延长其使用期限的工程作业。

4. 装饰服务，是指对建筑物、构筑物进行修饰装修，使之美观或者具有特定用途的工程作业。

5. 其他建筑服务，是指上列工程作业之外的各种工程作业服务，如钻井（打井）、拆除建筑物或者构筑物、平整土地、园林绿化、疏浚（不包括航道疏浚）、建筑物平移、搭脚手架、爆破、矿山穿孔、表面附着物（包括岩层、土层、沙层等）剥离和清理等工程作业。

（二）应税建筑服务的特殊规定

下列情形视同销售建筑服务，应按规定缴纳增值税：

1. 单位或者个体工商户向其他单位或者个人无偿提供建筑服务，但用于公益事业或者以社会公众为对象的除外。

2. 财政部和国家税务总局规定的其他情形。

三、建筑服务增值税税率和征收率

纳税人提供建筑服务的年应征增值税销售额超过500万元（含本数）的为一般纳税人，未超过规定标准的纳税人为小规模纳税人。

一般纳税人适用税率为11%；小规模纳税人提供建筑服务以及一般纳税人提供的可选择简易计税方法的建筑服务，征收率为3%。境内的购买方为境外单位和个人扣缴增值税的，按照适用税率扣缴增值税。

可见，对于一般纳税人来说，"营改增"之后，其税率有较大程度的提高。建筑业企业一般纳税人必须获得足够多的可抵扣进项税额，才能防止税负增长。

四、建筑服务增值税应纳税额的计算

建筑业增值税的计税方法，分为一般计税方法和简易计税方法。一般纳税人发生应税行为适用一般计税方法，小规模纳税人适用简易计税方法。一般纳税人发生财政部和国家税务总局规定的特定应税行为，可以选择适用简易计税办法计税，但一经选择，36个月内不得变更。

（一）一般计税方法

一般计税方法下：

应纳增值税 = 当期销项税额 − 当期进项税额

其中销项税额 = 销售额 × 11%。此处销售额不包括销项税额，纳税人采用销售额和销项税额合并定价方法的，按照下列公式计算销售额：

销售额 = 含税销售额 ÷ （1 + 11%）

进项税额，是指纳税人购进货物、加工修理修配劳务、服务、无形资产或者不动产，支付或者负担的增值税额。纳税人取得的增值税扣税凭证不符合法律、行政法规或者国家税务总局有关规定的，其进项税额不得从销项税额中抵扣。因此，建筑业企业应加强增值税专用发票管理，防止出现发票无效的情况。

（二）简易计税方法

简易计税方法下，提供建筑服务的试点纳税人，应以取得的全部价款和价外费用扣除支付的分包款后的余额为销售额计算缴纳增值税。简易计税方法的销售额不包括其应纳税额，纳税人采用销售额和应纳税额合并定价方法的，按照下列公式计算销售额：

销售额 = 含税销售额 ÷ （1 + 征收率）

一般情况下，小规模纳税人才可以使用简易计税办法，但有以下几种情形，一般纳税人可以选择简易计税办法：

1. 一般纳税人以清包工方式提供的建筑服务。

【注释】以清包工方式提供建筑服务，是指施工方不采购建筑工程所需的材料或只采购辅助材料，并收取人工费、管理费或者其他费用的建筑服务。

2. 一般纳税人为甲供工程提供的建筑服务。

【注释】甲供工程，是指全部或部分设备、材料、动力由工程发包方自行采购的建筑工程。

3. 一般纳税人为建筑工程老项目提供的建筑服务。

【注释】建筑工程老项目，是指：（1）《建筑工程施工许可证》注明的合同开工日期在2016年4月30日前的建筑工程项目；（2）未取得《建筑工程施工许可证》的，建筑工程承包合同注明的开工日期在2016年4月30日前的建筑工程项目。

【延伸】建筑工程分两类，一类叫“土建工程”，一类叫“非土建工程”（安装工程、装修工程）。所有的土建工程必须到当地建委备案，所以只有在建委备案的建筑工程承包合同才能办理建筑工程施工许可证，所以工程施工许可证是在总承包合同在建委备案之后才能办理。分包不用办理工程施工许可证，但分包合同也必须在当地建委备案。所以，工程施工许可证一定是在签订建筑承包合同后获取的，如果没有签订建筑承包合同，就不可能有工程施工许可证。

（三）销售不动产的税务处理

建筑企业销售取得或自建的不动产，分为以下情况：

1. 销售2016年4月30日前取得的不动产；
2. 销售2016年5月1日后取得的不动产；
3. 销售2016年4月30日前自建的不动产；

4. 销售2016年5月1日后自建的不动产。

表3-2 一般纳税人销售其取得或自建的不动产（含建筑、房地产企业）
的计税方法与税率

纳税人/企业	不动产来源	取得或自建时间	计税方法与税基、税率
一般纳税人	取得	2016年4月30日前	（可以选择） 简易计税方法： • 差额征税，征收率5%
一般纳税人	取得	2016年5月1日后	一般计税方法： • 全额征税，适用税率11% • 差额预缴，预征率5%
一般纳税人	自建	2016年4月30日前	（可以选择） 简易计税方法： • 全额征税、征收率5%
一般纳税人	自建	2016年5月1日后	一般计税方法： • 全额征税、适用税率11% • 全额预缴，预征率5%

上述2016年4月30日前取得或自建的不动产，也可以采用一般计税方法，具体规定如下：

（1）销售2016年4月30日前取得的不动产：适用一般计税方法的，全额计税，差额预缴，预征率5%。

（2）销售2016年4月30日前自建的不动产：适用一般计税方法的，全额计税，全额预缴，预征率5%。

（四）建筑服务增值税销售额的确定

1. 基本规定。建筑业纳税人的销售额为纳税人提供建筑服务收取的全部价款和价外费用。财政部和国家税务总局另有规定的除外。

价外费用，是指价外收取的各种性质的收费，但不包括以下项目：

（1）代为收取并符合《办法》第九条规定的政府性基金或者行政事业性收费；

（2）以委托方名义开具发票代委托方收取的款项。

2. 具体规定。建筑业纳税人提供建筑服务适用简易计税方法的，以取得的全部价款和价外费用扣除支付的分包款后的余额为销售额。

建筑业纳税人按照上述规定从全部价款和价外费用中扣除的价款，应当取得符合法律、行政法规和国家税务总局规定的有效凭证。否则，不得扣除。

有效凭证是指：

（1）从分包方取得的2016年4月30日前开具的建筑业营业税发票。上述建筑业营业税发票在2016年6月30日前可作为预缴税款的扣除凭证。

（2）从分包方取得的2016年5月1日后开具的，备注栏注明建筑服务发生地所在县（市、区）、项目名称的增值税发票。

（3）国家税务总局规定的其他凭证。

3. 试点前后业务处理。建筑业纳税人发生应税行为，按照国家有关营业税政策规定差额征收营业税的，因取得的全部价款和价外费用不足以抵减允许扣除项目金额，截至纳入“营改增”试点之日前尚未扣除的部分，不得在计算试点纳税人增值税应税销售额时抵减，应当向原主管地税机关申请退还营业税。

五、建筑业增值税的征收管理

（一）增值税纳税义务、扣缴义务发生时间

纳税人提供建筑服务并收讫销售款项或者取得索取销售款项凭据的当天；先开具发票的，为开具发票的当天。扣缴义务人扣缴义务发生时间与纳税义务发生时间相同。

收讫销售款项，是指纳税人提供建筑服务过程中或者完成后收到款项。

取得索取销售款项凭据的当天，是指书面合同确定的付款日期；未签订书面合同或者书面合同未确定付款日期的，为建筑服务完成的当天。

税人提供建筑服务采取预收款方式的，其纳税义务发生时间为收到预收款的当天。

建筑企业必须注意这一点，尽量不提前开发票、不采用预收账款方式，以推迟纳税义务发生时间，获得资金的时间价值。

（二）纳税地点

1. 销售建筑服务的纳税人若是固定业户，应向其机构所在地或者居住地主管税务机关申报纳税。总机构和分支机构不在同一县（市）的，应当分别向各自所在地的主管税务机关申报纳税；经财政部和国家税务总局或

者其授权的财政和税务机关批准，可以由总机构汇总向总机构所在地主管税务机关申报纳税。

2. 非固定业户应当向应税行为发生地主管税务机关申报纳税；未申报纳税的，由其机构所在地或者居住地主管税务机关补征税款。

3. 其他个人提供建筑服务，应向建筑服务发生地主管税务机关申报纳税。

4. 扣缴义务人应当向其机构所在地或者居住地主管税务机关申报缴纳扣缴的税款。

（三）建筑业“营改增”过渡政策

1. 建筑业纳税人发生应税行为，按照国家有关营业税政策规定差额征收营业税的，因取得的全部价款和价外费用不足以抵减允许扣除项目金额，截至纳入“营改增”试点之日前尚未扣除的部分，不得在计算试点纳税人增值税应税销售额时抵减，应当向原主管地税机关申请退还营业税。

2. “营改增”试点之日前已缴纳营业税，“营改增”试点后因发生退款减除营业额的，应当向原主管地税机关申请退还营业税。

3. 建筑业纳税人纳入“营改增”试点之日前发生的应税行为，因税收检查等原因需要补缴税款的，应按照营业税政策规定补缴营业税。

相关链接

纳税人跨县（市、区）提供建筑服务增值税如何缴纳?

《国家税务总局公告》2016 年第 17 号规定，单位和个体工商户（不包括其他个人）在其机构所在地以外的县（市、区）提供建筑服务，应按照财税〔2016〕36 号文件规定的纳税义务发生时间和计税方法，向建筑服务发生地主管国税机关预缴税款，向机构所在地主管国税机关申报纳税。

纳税人跨县（市、区）提供建筑服务，按照以下公式计算应预缴税款：

适用一般计税方法计税的：

应预缴税款 =（全部价款和价外费用 − 支付的分包款）÷（1 + 11%）×2%

适用简易计税方法计税的：

应预缴税款 =（全部价款和价外费用 − 支付的分包款）÷（1 +3%）×3%

纳税人按照上述规定从取得的全部价款和价外费用中扣除支付的分包款，应当取得符合法律、行政法规和国家税务总局规定的合法有效凭证，否则不得扣除。上述凭证是指：

1. 从分包方取得的2016年4月30日前开具的建筑业营业税发票。上述建筑业营业税发票在2016年6月30日前可作为预缴税款的扣除凭证。

2. 从分包方取得的2016年5月1日后开具的，备注栏注明建筑服务发生地所在县（市、区）、项目名称的增值税发票。

3. 国家税务总局规定的其他凭证。

小规模纳税人不能自行开具增值税发票，可申请税务局代开增值税发票。

纳税人取得的全部价款和价外费用扣除支付的分包款后的余额为负数的，可结转下次预缴税款时继续扣除。

纳税人应按照工程项目分别计算应预缴税款，分别预缴。

纳税人跨县（市、区）提供建筑服务，向建筑服务发生地主管国税机关预缴的增值税税款，可以在当期增值税应纳税额中抵减，抵减不完的，结转下期继续抵减。

纳税人以预缴税款抵减应纳税额，应以完税凭证作为合法有效凭证。

对跨县（市、区）提供的建筑服务，纳税人应自行建立预缴税款台账，区分不同县（市、区）和项目逐笔登记全部收入、支付的分包款、已扣除的分包款、扣除分包款的发票号码、已预缴税款以及预缴税款的完税凭证号码等相关内容，留存备查。

一般纳税人跨省（自治区、直辖市或者计划单列市）提供建筑服务，在机构所在地申报纳税时，计算的应纳税额小于已预缴税额，且差额较大的，由国家税务总局通知不动产所在地省级税务机关，在一定时期内暂停预缴增值税。

六、建筑业税收优惠

1. 个人销售建筑服务的销售额未达到增值税起征点的，免征增值税；达到起征点的，全额计算缴纳增值税。增值税起征点的规定不适用于登记为一般纳税人的个体工商户。增值税起征点幅度如下：

（1）按期纳税的，为月销售额5 000~20 000元（含本数）。

（2）按次纳税的，为每次（日）销售额300~500元（含本数）。

2. 对增值税小规模纳税人中月销售额未达到2万元的企业或非企业性单位，免征增值税。2017年12月31日前，对月销售额2万（含本数）~3万元的增值税小规模纳税人，免征增值税。

3. 境内的单位和个人销售的工程项目在境外的建筑服务免征增值税，但财政部和国家税务总局规定适用增值税零税率的除外。

（1）工程项目在境外的建筑服务。

（2）工程项目在境外的工程监理服务。

（3）工程、矿产资源在境外的工程勘察勘探服务。

第四章

建筑业“营改增”操作指引

“营改增”操作指引以合法性为首要原则，严格遵守国家各项法律法规，特别是增值税相关的政策法规，以此保障企业合法经营各项涉税业务。充分认识当前建筑市场经营环境，符合国家建设投资项目的政策导向，切合建筑企业经营管理实际状况，适用于建筑企业各层面财会人员和经营管理人员。以具体业务为着力点，主要从企业管理、财务管理和税务管理三个方面展开，重点以一般纳税人企业实务操作人员为对象，注重操作流程和管理要点的介绍，解决日常涉税问题。

第一节
企 业 管 理

一、投标报价管理

投标报价人员应掌握"营改增"后报价原则和报价调整方法，符合工程项目投标报价要求，项目中标后应及时搜集业主相关信息，同时进行项目效益预测和税负分析。

（一）报价原则

住建部《关于做好建筑业"营改增"建设工程计价依据调整准备工作的通知》（建办标〔2016〕4 号文件），要求对工程造价计算方式进行调整，即工程造价 = 税前工程造价 ×（1 + 11%）。其中 11% 为建筑业增值税价外税率，税前工程造价包括人工费、材料费、施工机具使用费、企业管理费、利润和规费之和，各费用项目均以不包含增值税可抵扣进项税额的价格计算，相应计价依据按上述方法调整。

（二）新旧工程报价税金的计算区别

1. 营业税与增值税计算应纳税额的方法不同。营业税与增值税都是流转税，但计算应纳税额的方法不同。营业税属于价内税，应纳税额 = 营业额（工程造价）× 营业税税率。

增值税属于价外税，应纳税额 = 当期销项税额 - 当期进项税额。销项税额 = 销售额（税前造价）× 增值税税率。

2. 营业税与增值税计算应纳税金的基础不同。营业税应纳税金的计算以营业额（工程造价）为基础，现行计价规则的营业额包括增值税进项税额。增值税税制要求进项税额不计入成本，不是销售额（税前造价）的组成，销项税额计算基础是不含进项税额的"税前造价"。而现行工程计价规则中"税前造价"已包括增值税进项税额，不是计算销项税额的基础，即从现行工程计价规则中，将其所含增值税分离出来，计算出税前工程造价总额。

（三）工程报价主要调整方法

根据住建部《建筑业"营改增"建设工程计价规则调整实施方案》（建标造〔2014〕51号），"营改增"后建筑安装工程税前造价构成各项费用均不包括进项税额，主要调整内容和方法如下：

1. 要素价格。

（1）人工单价。人工单价的组成内容是工资，一般没有进项税额，不需要调整。

（2）材料价格。材料价格的组成内容包括材料原价、运杂费、运输损耗费、采购及保管费等。

材料单价 = [（材料原价 + 运杂费）×〔1 + 运输损耗率（%）〕]×[1 + 采购保管费率（%）]

材料单价的各项组成调整方法见表4－1。

表4－1

序号	材料单价组成内容	调整方法及适用税率
1	"两票制"材料	材料原价、运杂费及运输损耗费按以下方法分别扣减
1.1	材料原价	以购进货物适用的税率（17%、13%）或征收率（6%、3%）扣减
1.2	运杂费	以接受交通运输业服务适用税率11%扣减
1.3	运输损耗费	运输过程所发生损耗增加费，以运输损耗率计算，随材料原价和运杂费扣减而扣减
2	"一票制"材料	材料原价和运杂费、运输损耗费按以下方法分别扣减
2.1	材料原价 + 运杂费	以购进货物适用的税率（17%、13%）或征收率（6%、3%）扣减
2.2	运输损耗费	运输过程所发生损耗增加费，以运输损耗率计算，随材料原价和运杂费扣减而扣减
3	采购及保管费	主要包括材料的采购、供应和保管部门工作人员工资、办公费、差旅交通费、固定资产使用费、工具用具使用费及材料仓库存储损耗费等。以费用水平（发生额）"营改增"前后无变化为前提，参照本方案现行企业管理费调整分析测定可扣除费用比例和扣减系数调整采购及保管费，调整后费率一般应适当调增

表4－1中："两票制"材料，是指材料供应商就收取的货物销售价款和运杂费向建筑业企业分别提供货物销售和交通运输两张发票的材料；"一票

制”材料，是指材料供应商就收取的货物销售价款和运杂费合计金额向建筑业企业仅提供一张货物销售发票的材料。

调整基本公式（参考）：

$C_{\Delta} = C_b \cdot T/(1+T)$；$C_v = C_b/(1+T)$；$K = 1/(1+T)$

式中：C_{Δ}——营业税下材料可抵扣进项税额；

C_b——营业税下材料价格；

C_v——扣减进项税额材料价格；

T——材料适用的平均税率；

K——材料扣减系数。

【例4-1】 以“两票制”的32.5级水泥价格扣减进项税额为例，说明材料价格调整过程见表4-2。其中采购及保管费费用考虑了30%的可扣除费用，费率则由“2.2%”变化为“2.5%”。

表4-2 金额单位：元

材料名称	价格形式	单价	原价	运杂费	运输损耗费	采购及保管费	平均税率
32.5级水泥	含税价格	319.48	285.93	25	1.55	7	(319.48 - 274.90) ÷ 274.90 = 16.22%
	不含税价格	274.90	285.93/1.17 = 244.38	25/1.11 = 22.52	1.33	7.00 × (70% + 30%/1.17) = 6.69	

注：32.5级水泥不含税价=含税价格/（1+平均税率）=319.48/（1+0.1622）=274.90元。

（3）施工机具台班单价。施工机具包括施工机械和仪器仪表。施工机械台班单价=台班折旧费+台班大修费+台班经常修理费+台班安拆费及场外运费+台班人工费+台班燃料动力费+台班车船税费；仪器仪表台班单价=工程使用的仪器仪表摊销费+维修费。施工机具台班单价的具体调整方法见表4-3。

表4-3

序号	施工机具台班单价	调整方法及适用税率
1	机械台班单价	各组成内容按以下方法分别扣减，扣减平均税率小于租赁有形动产适用税率17%
1.1	台班折旧费	以购进货物适用的税率17%扣减

续表

序号	施工机具台班单价	调整方法及适用税率
1.2	台班大修费	以接受修理修配劳务适用的税率17%扣减
1.3	台班经常修理费	考虑部分外修和购买零配件费用，以接受修理修配劳务和购进货物适用的税率17%扣减
1.4	台班安拆费	按自行安拆考虑，一般不予扣减
1.5	台班场外运输费	以接受交通运输业服务适用税率11%扣减
1.6	台班人工费	组成内容为工资总额，不予扣减
1.7	台班燃料动力费	以购进货物适用的相应税率或征收率扣减，其中自来水税率13%或征收率6%，县级及以下小型水力发电单位生产的电力征收率6%，其他燃料动力的适用税率一般为17%

费用调整时同材料价格的调整公式。

【例4-2】以履带式液压单斗挖掘机（$1m^3$）台班单价扣减进项税额为例，其中台班经常修理费考虑了70%的可扣除费用，台班安拆费及场外运输费考虑了60%的可扣除费用，调整过程见表4-4。

表4-4 金额单位：元

机械名称	价格形式	台班单价	折旧费	大修理费	经常修理费	安拆费及场外运输费	人工费	燃料动力费	平均税率
履带式液压单斗挖掘机 $1m^3$	含税价格	1 088	286	75	158	0	127	442	(1 088 − 955) ÷ 955 = 13.9%
	不含税价格	955	286 ÷ 1.17 = 244	75 ÷ 1.17 = 64	158 × (30% + 70% ÷ 1.17) = 142	0 × (40% + 60% ÷ 1.11) = 0	127	442 ÷ 1.17 = 378	

注：履带式液压单斗挖掘机 $1m^3$ 不含税价格 = 含税价格/(1 + 平均税率) = 1 088/(1 + 0.139) = 955 元。

(4) 其他。定额中以金额“元”表示的其他材料费（或零星材料费）、小型机具使用费（或其他机具使用费），应以增值税适用税率扣减其进项税额；以百分比“%”表示的，鉴于其扣除率与计算基础——材料费、施工机具使用基本相当，一般不作调整。

2. 费用定额。

（1）企业管理费。企业管理费包括 14 项。其中办公费、固定资产使用费、工具用具使用费、检验试验费等 4 项内容所包含的进项税额应予扣除，其他项内容不做调整。管理费中可扣减费用内容见表 4－5。

表 4－5

序号	可扣减费用内容	调整方法及适用税率
1	办公费：是指企业管理办公用的文具、纸张、账表、印刷、邮电、书报、办公软件、现场监控、会议、水电、烧水和集体取暖、降温（包括现场临时宿舍取暖、降温）等费用	以购进货物适用的相应税率扣减，其中购进图书、报纸、杂志适用的税率 13%，接受邮政和基础电信服务适用的税率 11%，接受增值电信服务适用的税率 6%，其他一般为 17%
2	固定资产使用费：是指管理和试验部门及附属生产单位使用的属于固定资产的房屋、设备、仪器等的折旧、大修、维修或租赁费	除房屋的折旧、大修、维修或租赁费不予扣减外，设备、仪器的折旧、大修、维修或租赁费以购进货物或接受修理修配劳务和租赁有形动产服务适用的税率扣减，均为 17%
3	工具用具使用费：是指企业施工生产和管理使用的不属于固定资产的工具、器具、家具、交通工具和检验、试验、测绘、消防用具等的购置、维修和摊销费	以购进货物或接受修理修配劳务适用的税率扣减，均为 17%
4	检验试验费	以接受试点"营改增"的部分现代服务业适用的税率 6% 扣减

（2）利润及规费。利润和规费均不包含进项税额。

（3）措施费。安全文明施工费、夜间施工增加费、二次搬运费、冬雨季施工增加费、已完工程及设备保护费等措施费，应在分析各项措施费组成内容的基础上，参照现行企业管理费费率的调整方法调整。

（四）中标后业主信息整理

1. 建立业主信息档案。工程项目业主是指未来工程项目的所有者和建设市场上的买方，对项目目标实现起主导作用，如业主类型可分为政府机关、房地产商、中央企业、国有企业、军队、事业单位等；业主信息是施工企业重要的客户信息档案。业主信息档案应包括：（1）业主全称；（2）业主类型；（3）纳税人性质（是否为小规模纳税人、一般纳税人、所属行业、适用税率、税务登记证号、一般纳税人识别号、社会信用代码等）；（4）企业基本信息（注册地址、联系人、电话、开户银行及银行账号等）。业主信息档案台账：见表4-6。

表4-6　　业主信息档案台账

填表单位：

序号	业主全称	业主类型	所属行业	是否为一般纳税人	税率	税务登记证号	一般纳税人识别号	社会信用代码	注册地点	开户银行	银行账号	联系人	电话	备注
1														
2														
3														
4														
5														
6														
7														
8														
9														

2. 及时获取业主相关资料。对于需开具增值税专用发票的增值税一般纳税人业主，应提前收集开票所需的证件资料扫描件，包括营业执照、税务登记证及一般纳税人资格证明等，同时按类别整理成纸制文档或电子文档，作为税务档案保管。

（五）选择增值税计税方法

建筑业增值税计税方法有两种：一般计税方法，税率为11%；简易计税方法，征收率3%。

（1）新项目——总包方式。建筑企业以总包方式提供建筑服务的，原则上按一般计税方法缴纳增值税。

（2）新项目——甲供工程。业主提供甲供材料的项目，是指全部或部分设备、材料、动力由业主自行采购，不计入工程总造价，导致施工单位可取得进项税不足，应与业主沟通谈判，尽可能选择简易税方法。

（3）新项目——清包工程。建筑业企业以清包工方式提供建筑服务的，施工单位发生的成本费用中可取得的进项税不足，应选择简易计税方法。

（六）建立工程项目税负测算模型

在确认业主纳税身份并选择计税方法的前提下，依据合同价款和预算成本的价税明细，按照“价税分离”的原则，建立增值税测算模型，用于测算“营改增”后工程项目的税负率。建筑企业工程项目税负分析表，见表4－7。

表4－7　　建筑业企业工程项目税负分析表

项目名称：　　合同编号：　　项目类型：　　金额单位：

内　容	适用税率/征收率	税价总额	增值税销项税	增值税进项税	增值税发生额	备注
栏次		1	2	3	4＝2－3	
1. 项目预计总收入（销项）		A1	A2			对应关系
1.1 总承包工程收入						
1.2 甲供工程收入						
1.3 清包劳务收入						
2. 项目预计总支出（进项）		B1		B2		对应关系
2.1 自购材料支出						
2.1.1 钢材						
2.1.2 水泥						
2.1.3 商品混凝土						
2.1.4 钢模板						
2.1.5 沥青						
………						
2.1.9 无专票部分						
2.2 分包支出						
2.2.1 工程分包支出						
2.2.2 劳务分包支出						
2.3 临建支出						

续表

内　　容	适用税率/征收率	税价总额	增值税销项税	增值税进项税	增值税发生额	备注
2.3.1 购买临建支出						
2.3.2 自建临建支出						
2.4 机械设备租赁						
2.4.1 挖掘机						
2.4.2 推土机						
2.4.3 塔吊						
2.4.4 罐车						
2.4.5 龙门吊						
……						
2.4.9 其他						
2.5 油料支出						
2.5.1 柴油						
2.5.2 汽油						
2.5.3 其他						
2.6 加工修理修配劳务支出						
2.7 外购水电费支出						
2.8 交通运输业支出						
2.9 与不动产有关的租赁支出						
2.10 外购劳护用品支出						
2.11 折旧摊销支出						
2.12 拆迁工程（补偿）支出						
2.13 青苗补偿支出						
2.14 工程保险支出						
2.15 安全生产费支出						
2.16 资金占用费支出						
2.17 人工成本、绩效奖励						
2.18 差旅费支出（含住宿费）						
2.19 办公费支出						

续表

内　容	适用税率/征收率	税价总额	增值税销项税	增值税进项税	增值税发生额	备注
2.20 其他支出						
3. 增值税发生额小计		—	—	—		
4. 城建及教育费附加		—	—	—		
5. 项目税负		—	—	—		销项—进项
6. 项目利润		—	—	—		
7. 税负率（%）		—	—	—		

注：（1）项目成本费用支出明细可根据实际情况增减调整。

（2）城建及教育费附加 =（销项税额 - 进项税额）×适用税率

（3）项目利润 =（收入税价总额 - 销项税额）-（总支出税价总额 - 进项税额）- 城建及教育费附加

（4）税负率（%）= 项目税负/（收入税价总额 - 销项税额）×100%

1. 项目税负测算模型适用于项目初期、中期和完工等各个阶段，动态地分析和测算项目的税负情况。

2. 测算模型以项目预计总收入、预计总支出为基础，按增值税销项税额、增值税进项税额两条线进行测算。项目预计总收入在项目初期按合同造价填列；项目中期可根据工程变更情况，按现行市场采购成本进行修正。

3. 预计总收入涉税项目，按总包工程、甲供工程、清包工程进行细分，剔除非增值税项目收入后，再按适用税率计算得出增值税销项税额。

4. 预计总支出涉税项目，包括外购材料、分包支出、油料支出、加工修理劳务、机械设备租赁、交通运输支出、水电费支出、人工成本、办公费支出、差旅费、折旧摊销等等。各项支出按具体支出的实际和适用税率进行细化分布，剔除不可取得进项专用发票的项目，得出实际进项税发生额，力求做到不缺不漏，成本支出范围全覆盖，提升测算精度。

特别需要指出的是折旧摊销支出，为提升工程项目税负测算公平、合理。“营改增”前购进的自有机械设备折旧，均不可分享进项税额；“营改增”后购进的自有机械设备用于一般计税方法的项目，可按折旧额占比享受进项抵扣税额（折旧已摊销完的除外）。不动产、无形资产等可参照执行。

- 可享受进项税 = 折旧额 ÷（设备不含税原价 - 设备残值）×设备适用税率

5. 根据上述数据分析、计算得到增值税销项税额、进项税额差额，以此为基础测算出城建及教育费附加支出。

- 税负总额 =（增值税销项税发生额 - 增值税进项税发生额）×（1 + 附加税率）
- 税负率 = 税负总额 ÷（收入税价总额 - 销项税额）×100%

6. 虽然影响项目利润的因素很多，但在目前“营改增”环境下，建筑业企业能否取得足够的增值税专用发票，将会直接影响项目利润（不考虑企业所得税，下同）。为此，项目利润测算：

- 项目利润 =（总收入税价总额 - 销项税额）-（总支出税价总额 - 进项税额）- 附加税
- 利润率 = 项目利润 ÷（收入税价总额 - 销项税额）×100%

7. 根据测算模型，将增值税销项税发生额、进项税发生额、项目利润、税负总额等变动情况进行动态分析和评估。

二、工程物资管理

工程物资是指项目建造所需的建筑材料，包括钢材、水泥、砂石、混凝土、砖瓦、模板、结构件、五金等，品种繁杂，价格差异大。物资管理是项目成本管理的核心内容，特别是铁路、桥梁、城市轨道等基础设施项目，材料费往往要占整个项目成本的60%以上。建筑业企业要持续强化物资的采购、保管和消耗全过程管理，应首先从采购环节加强管理，创新物资采购模式，从源头上控制项目成本。目前部分建筑业企业总部成立了物资集中采购中心，对所属子、分公司物资需求进行统一谈判，集中采购，这种方式越来越体现出竞争优势。但“营改增”后，这种跨法人集中采购环节还存在一定的税务风险，企业应从合同关系、资金流向、内部流程等方面加以梳理，以适应增值税环境下的管理要求。

（一）传统物资采购与使用的管理

一般情况下，传统物资管理有以下流程环节：

1. 项目部根据工程材料用量、计划进度，编制物资需求计划，需求计划内容包括物资名称、规格型号、数量、计划订货时间、计划进场时间等，并报上级单位审批。

2. 经审批后，企业物资管理部门根据需求计划进行市场询价，组织采购招标，投标单位原则上不少于三家，企业商务合约部门、工程管理部门、财务部门、纪检部门等参与招标评审和监督。

3. 企业按招标程序进行评审，择优选择材料供应商，并与之签订分供合同、廉政责任书等；

4. 根据项目需求计划安排，材料供应商发出货物，项目物资部门组织物资进场验收，验收内容包括质量证明、产品合格证、规格型号、数量等，如合同要求现场抽检，还需要安排实验工程师进行选样检验。

5. 财务部门根据发票、验收单、资金审批单等资料支付资金。

6. 对已验收合格的物资安排入库，根据物资的特点选择合适的存放位置。

7. 材料人员对已进场入库的物资建立出入库台账，物资出库原则上按“先进先出”办理物资发放，并履行相关出库手续，严格遵守内控要求。

8. 项目部应对现场物资实行限额领料制度，控制使用，防止浪费，每月对物资保管和消耗情况进行盘点和分析，与已完实物工程量进行对比，对于存在较大差异的，要查找原因，及时提出改进措施。主要流程见图 4 -1。

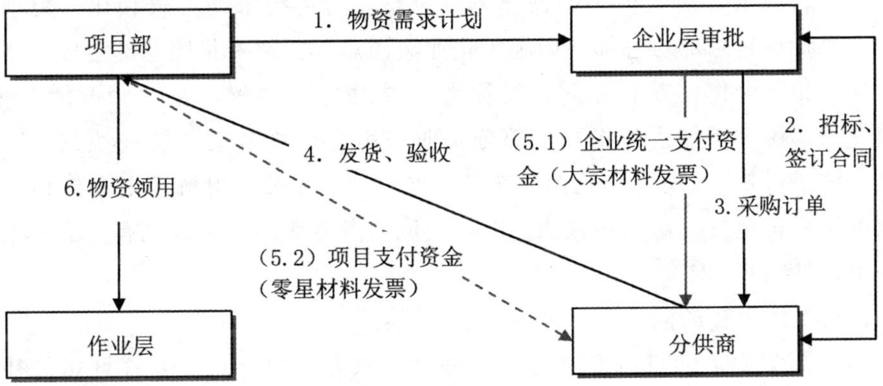

图 4 -1　流程图

注：关于支付资金有两种方式，如企业实行统收统支的资金管理制度，由企业层面集中支付，再与项目部进行往来账务处理，以实现项目独立核算要求。

传统的物资采购管理，以项目实际需求为起点，采购级次少，货物流、资金流、发票流、合同流较为清晰和单一，增值税管理难度小，风险小。但传统物资采购模式，单次采购量相对较小，所选择的分供商较为分散，分供商实力和信誉度参差不齐，采购成本难于得到有效控制，目前越来越多的建筑企业集团实行集中采购模式，效果较为显著。

（二）物资集中采购

1. 集中采购现状。目前越来越多的大型建筑集团企业利用互联网技术，建立了物资集中采购平台，按区域公开招标，以集团名义与供应商签订合作框架协议。主要集中采购物资包括钢材、水泥、商品混凝土、钢结构件、钢管、扣件、模板、机械租赁等。对于砂石、砖瓦、其他零星五金材料等，由于受供货渠道限制，不利于集中采购，也可以由工程项目部采购。实行集中采购模式的施工企业自身应具有一定的规模和实力，这样才能真正产生规模效益。此外，部分集团企业逐步将分包、劳务、设备采购等列入集中采购范围。

2. 集中采购优势。与传统材料采购方式相比，物资集中采购能整合企业的物资需求，统一采购、集中采购在价格折让、质量保证、规范标准、区域统筹、资金安排、人力成本等方面优势较为明显，集中采购方式为集团企业成本管控发挥了重要作用。从目前实行情况来看，采取集中采购模式的集团企业，物资采购成本均得到了有效下降。

3. “营改增”后集中采购操作方式调整。与传统采购方式相比，集中采购的主要特点是总部对总部，即施工企业集团总部与物资集团总部达成战略合作意向，相互合作，互利互赢，简称为“总对总”协议。在“营改增”前，建筑业采购税金不能进行抵扣，部分企业采用集团总名义“统一谈判、统一签约、统一付款”，简称“统谈、统签、统付”，再根据用料计划和申请，分拨给各子公司项目，这就导致物资的合同流、资金流不一致，也有可能发票流不一致，见图 4-2。

针对上述存在的问题，可采取以下方式：

（1）与集中采购供应商进行沟通谈判，双方达成共识，并签订相关补充合作协议。

（2）针对母子公司独立法律主体关系，将“统谈、统签、统付”变更为“统谈、分签、分付”，即“统一谈判、分别签订、分别付款”，见图 4-3。

（3）在实际操作过程中，供应商分别给各需求单位开具发票、分别供货，要求将发货单、运输单、验收单、发票等信息填写一致。在资金支付方面，各采购需求单位也可出具委托付款函由集团企业统一支付给供应商。

三、机械设备管理

随着建筑业“营改增”的全面实施，承租设备和采购设备进项税额可以

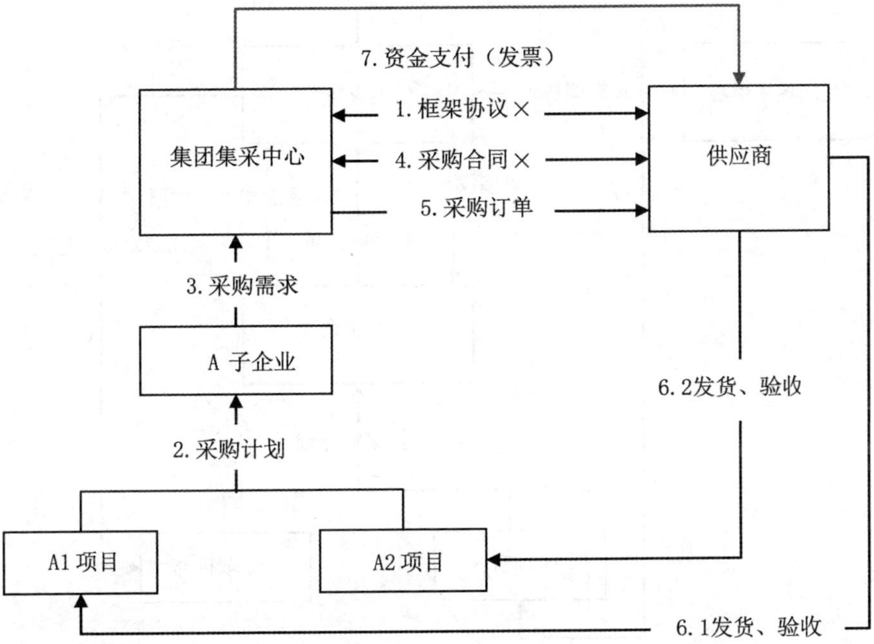

图 4－2 “总对总”协议图

进行抵扣（税率一般为 17%），从而进一步激发和提升工程项目机械化使用程度；另一方面，采购设备进项税额可以抵扣，降低了施工企业设备入账成本，在此背景下，将进一步提升企业采购设备的积极性。下面从机械设备资源整合和采购管理两个方面展开，为施工机械设备管理提供参考。

（一）设备资源整合

机械设备资源整合主要是针对大型建筑业企业集团来讲的，因为大型建筑业企业集团下属法人子公司较多、区域分布广泛，各自的采购实力较强，为了承接项目和施工生产需要，各子公司购买了大量的施工机械设备。但各个子企业之间工程项目的周期不同及信息不对称，造成同一型号的机械设备，有的企业处于闲置状态，而有的企业准备采购新设备，这对于整个集团层面来讲，机械设备不能高效利用，使用效率低下，造成设备和资金的极大浪费。另外，有些从外部租赁机械设备的所有人是个人或挂靠的，很难取得增值税专用发票，减少了进项税抵扣，增加了企业费用支出。综合上述因素，有必要对集团内部机械设备进行整合，实现资源共享、信息共享、高效利用、降本增效。主要应对措施是总部牵头、整合设备、统一管理，成立机械设备租赁公司（以下简

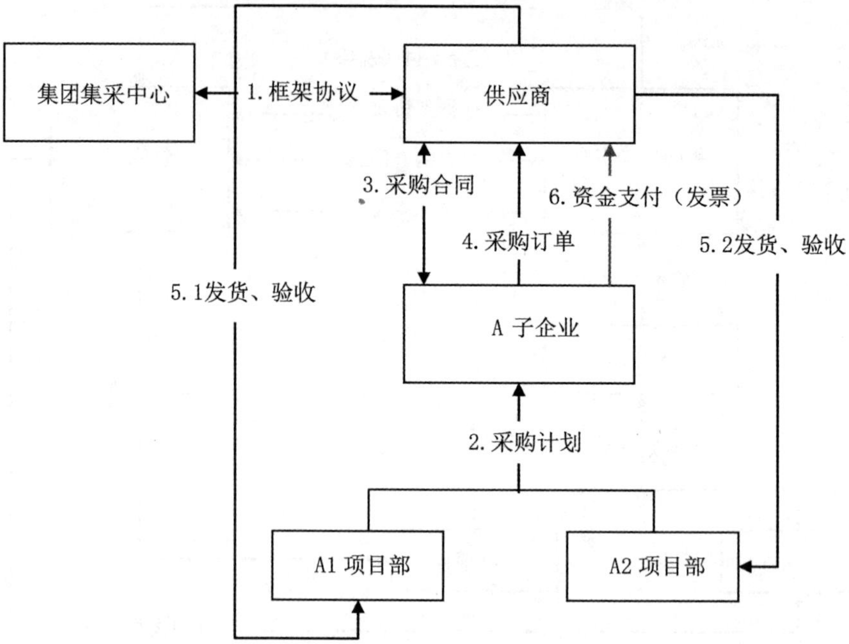

图 4-3 母子公司独立法律主体关系图

称租赁公司)。

1. 成立机械设备租赁公司方案。由集团总部牵头和协调，开展内部机械设备使用情况调研，论证成立租赁公司的必要性，并召集各子企业进行讨论。这里介绍一下成立方案：

（1）统计汇总集团各子企业主要自有机械设备情况表，包括名称、型号、购买价格、使用年限、折旧情况、功能状态、存放地点、所属单位等等。

（2）租赁公司股东结构由集团总部、相关子企业组成。

（3）选择其中一家子企业作为大股东主导租赁公司，进行日常管理。

（4）制定租赁公司章程，确定注册资本金，研究各子公司具体出资金额、各自权力、责任和收益分配。

（5）子公司以自有设备入股，不足部分用资金补充。建议集团总部以现金入股，但不作控股股东。

（6）所有方案经上级主要单位审批，并形成成立文件。

2. 租赁公司运营管理。一是租赁公司运营管理必须符合市场规则，租赁价格不应高于市场价格，这样才能调动内部租赁使用的积极性；二是设备资源区域分布要合理，尽可能减少设备进出场运输成本；三是建立设备保养和维护制度，加强设备维护和保养，保证设备的使用功能和安全运行；四是应向承租方提供符合要求的增值税发票；五是建立设备调度信息系统，所有设备信息录入系统内，对设备租赁合同到期、设备进出场状态、闲置状况等自动提醒和预警，做到设备高效运转、无缝连接。

（二）机械设备采购管理

机械设备是建筑业企业最重要的资产之一，特别是从事铁路、桥梁、轨道交通、公路、市政工程的建筑业企业，需采购必要的大型专用机械设备，以提升竞争实力，如盾构机、架桥机、提梁机、运梁车、摊铺机、铺轨机等等。这些设备制造周期长、金额大，企业往往采用融资租赁方式购买，分期支付租金，这样会有效缓解资金支付压力。

1. 融资租赁。

（1）直接融资租赁。出租人根据承租人所要求的规格、型号、性能等条件购入有形动产或者不动产租赁给承租人，合同期内租赁物所有权属于出租人，承租人只拥有使用权，合同期满付清租金后，承租人有权按照残值购入租赁物，以拥有其所有权。融资租赁合同可以签订三方合同（承租人、出租人、供货人），也可以签订两个合同（购买合同、融资租赁合同）。直接租赁流程见图4－4。

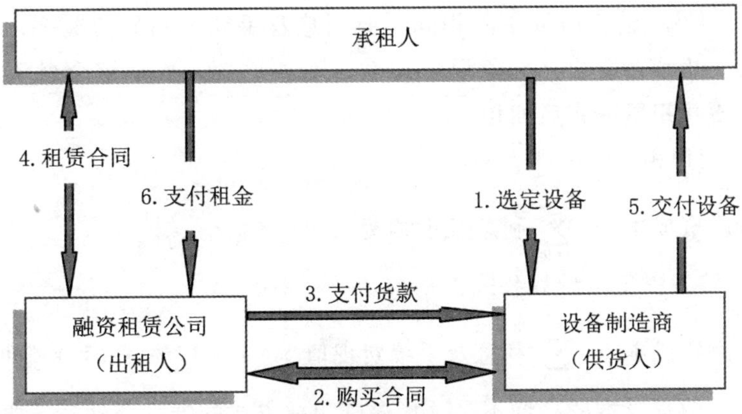

图4－4 直接租赁流程图

（2）融资性售后回租。是指承租方以融资为目的，将资产出售给租赁公司回租业务的企业后，租赁公司将该资产出租给承租方的业务活动，根据双方签订的融资租赁合同，承租人分期向融资租赁公司支付租金。售后回租流程见

图4－5。

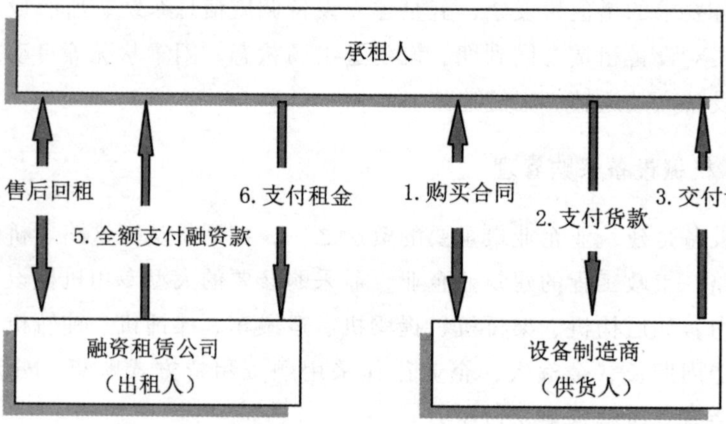

图4－5 售后回租流程图

2. 融资租赁方式选择。根据财税〔2016〕36号文件，融资性售后回租业务属于金融贷款业务，支付的租金及利息不得作为进项税额抵扣；直接融资租赁属于租赁服务，其支付租金总价可以全额进项税抵扣，一般纳税人适用税率为17%。可按综合融资成本选择租赁方式：

（1）在本金、租赁年限、利息及手续相同的条件下，选择直接融资租赁更合算，可抵扣进项税比售后回租要大，综合成本率低。

（2）如果本金、租赁年限相同，但利息及手续不同的情况下，通过比较利息支出、手续费支出、增值税抵扣额、附加税额，找到综合融资成本平衡点，选择直接租赁或售后回租：

• 售后回租计算公式：

$$综合融资成本 = \sum_{i=0}^{n} 利息及手续费$$

• 直接融资租赁计算公式：

$$综合融资成本 = \sum_{i=0}^{n} 利息及手续费现值 \times [1 - 17\% \times (1 + 附加税率)]$$

当然，融资成本的高低不是选择融资租赁方式的唯一条件，还要结合企业自身资金筹集能力等综合情况，选择适合自身的融资租赁方式。

四、分包分供商管理

分包分供商主要包括专业分包商、劳务分包商、设备租赁商、材料供应商等。分包分供商是增值税进项抵扣链的核心环节，通过对分包分供商的科学管理和筛选，将纳税人性质作为合格供应商准入条件之一；通过定期评估考核，改善分包分供商整体水平，逐步淘汰挂靠资质行为，提升进项税抵扣率，降低项目总体成本。

（一）“营改增”前分包分供选择条件

“营改增”前分包分供商准入条件主要包括企业资质、工程业绩、质量安全、工程履约、企业信誉、民工工资支付、法律诉讼等方面，“营改增”前只交营业税，总包方按总包收入抵减分包款后进行差额纳税，而材料、租赁等大部分项目成本中的税款不能抵扣，企业纳税性质对项目成本几乎不存在影响。

（二）增值税条件下分包分供商选择条件

在当前增值税政策环境下，除了考虑基本准入条件外，还应当考虑分包分供商是一般纳税人还是小规模纳税人，因为纳税性质直接影响进项税额抵扣的大小，对项目效益产生影响。虽然我们可以通过比价模型，测算出不同纳税性质情况下综合采购成本，但从企业长远来讲，主要分包分供商应选择一般纳税人，这样可以确保取得较多进项税抵扣，同时淘汰一批挂靠资质或个体经营行为，全面提升上下游供应链的综合实力。

（三）综合采购成本比价

1. 项目适用简易计税方法，不可抵扣增值税，可直接比较总价（价税合计）。

2. 项目适用一般计税方法，以综合采购成本最低为总体原则。

- 综合采购成本 = 不含税成本 - 进项税额 × 附加税率

根据上述测算公式，可以得出：一是如果不含税成本相同，原则上优选一般纳税人；二是如果不含税成本不同且抵扣率不同，则通过采购测算公式计算成本影响选择供应商。分包、劳务、租赁商选择可参照此测算公式。综合成本测算对比见表 4 - 8。

表 4-8　　综合采购成本测算对比表

供应商名称	供应商身份	发票类型	适用增值税税率/征收率	附加税率	供应商报价	可抵扣进项税	综合成本价格
	栏次	1	2	3	4	5	6=4-5×12%
A	一般纳税人	增值税专用发票	17%	12%	不含税价格		
B	一般纳税人	增值税普通发票	17%	12%	含税价格	0	
C	小规模纳税人	增值税专用发票	3%	12%	不含税价格		
D	小规模纳税人	增值税普通发票	3%	12%	含税价格	0	

3. 采购价格临界点。所谓采购价格临界点，即企业在什么情况下，不管是选择一般纳税人还是小规模纳税人，所得税税前扣除成本相等，是各自材料价格之间的平衡点。假设条件：有两家材料供应商分别是一般纳税人（税率17%）和小规模纳税人（征收率3%）；均能提供增值税专用发票；含税报价分别为A和C；综合附加税率12%。

（1）税前可扣除成本。

一般纳税人税前可扣除成本 = A - A÷（1+增值税税率）×增值税税率×（1+附加税率）

小规模纳税人税前可扣除成本 = C - C÷（1+征收率）×征收率×（1+附加税率）

（2）假设令两家税前可扣除成本相等：

A - A÷（1+增值税税率）×增值税税率×（1+附加税率）= C - C÷（1+征收率）×征收率×（1+附加税率）

（3）代入各自适用税率或征收率：

A - A÷（1+17%）×17%×（1+12%）= C - C÷（1+3%）×3%×（1+12%），即：C = A×86.55%

（4）结论。同样一种材料，从一般纳税人处采购含税价为100元，要使税前扣除成本相同，则从小规模纳税人处采购的含税价不能高于86.55元。同样，针对其他不同纳税人情况，可以采用上述方法得出价格临界点，如分包工程，一般纳税人（税率为11%）与小规模纳税人（征收率为3%）之间的价格临界比是100∶91.90。

（四）取票环节管理

坚持“先开票，后付款”，合同条款应注明在总包方款项支付时以开具符合要求的专用发票为前提。对于特别情形下需先付款后开票的，可按进项税额的一定比例扣减部分分包分供款项，扣减比例应不低于进项税额的一倍，以此督促其尽快开具专用发票，具体细节双方协商解决，也可在合同中事先约定。

（五）建立分包分供商信息台账

分包分供商台账信息包括：（1）分包分供商全称；（2）注册资本；（3）资质级别及编号；（4）安全生产许可证编号；（5）纳税性质（是否为小规模纳税人、一般纳税人、所属行业、适用税率、税务登记证号、一般纳税人识别号、社会信用代码等）；（6）企业基本信息（注册地址、联系人、电话、开户行及银行账号等）；（7）营业执照、税务登记证及一般纳税人资格证明等，按类别整理成纸制文档或电子文档，作为税务档案保管。

（六）定期对分包分供商进行纳税评估考核

分包分供合同中应明确增值税纳税税率、发票类型，做到价税分离。在执行合同过程中，分包分供商是否按合同约定开具专用发票、是否存在虚开专票行为、是否存在借用他人专票的行为，对于以上原因造成总包方进项税不能抵扣的情况，视情节严重程度，决定是否纳入不良分包分供商名录。

五、投资项目管理

介绍当前国内工程项目的主要投资模式，在目前国家对投资项目税务政策不完全明朗的情况下，根据以往相关企业投资项目税务实务经验和通用做法，对投资项目“营改增”实务提供支持。

（一）PPP 模式介绍

1. 2013 年以来国家大力推广 PPP（Public - Private Partnerships）模式，即公私合作模式，这是公共基础设施中的一种项目融资模式，是政府为增强公共产品和服务供给能力、提高供给效率，通过特许经营、购买服务、股权合作等方式，与社会资本建立的利益共享、风险分担及长期合作关系。

2. PPP 项目全生命周期中主要包括：项目筹备期、项目建设期、项目运营期、项目移交期。

3. PPP模式与传统BT模式的重要区别之一，是政府从原来的债务承担方中解脱出来，政府与企业参股组建项目公司，共同建造和经营公共设施，大大地减轻地方政府债务压力。

4. 随着国家对PPP政策的持续推进，今后相当长的时间，政府投资项目基本采用PPP模式。

PPP模式也是当前国际工程项目的通用做法。

（二）PPP模式分类

根据PPP合同约定，项目公司在为政府提供建设服务后，享有的权利和风险程度不同，PPP项目主要可分为经营性PPP项目、非经营性PPP模式与混合模式三种类型。

1. 经营型PPP项目。经营型PPP项目，是指对于具有明确的收费基础，并且经营收费能够完全覆盖投资成本的项目，可通过政府授予特许经营权，项目公司与使用者之间构成提供服务与接受服务的合同关系，项目公司承担全部收益风险。主要管理结构如图4－6所示。

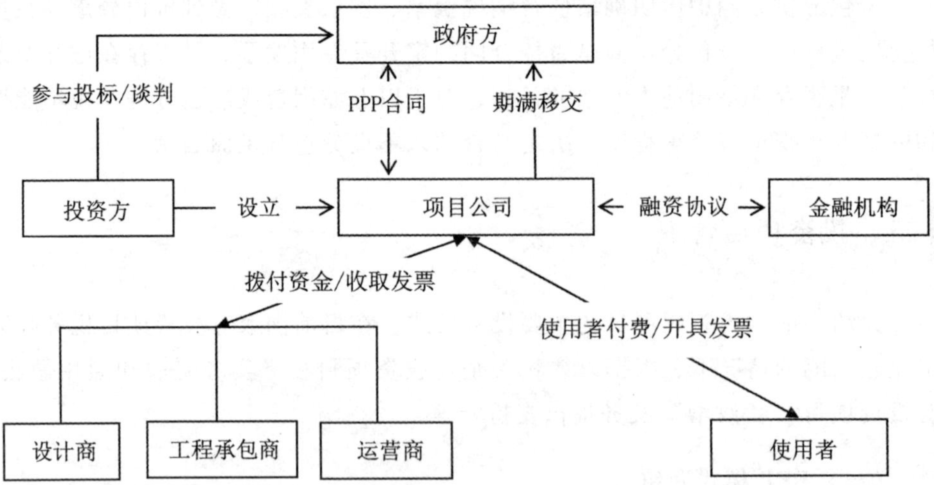

图4－6 经营型PPP项目主要管理结构图

2. 非经营型PPP项目。非经营型PPP项目，是指对于缺乏“使用者付费”基础、主要依靠“政府付费”回收投资成本的项目，可通过政府购买服务实现项目投资，项目公司的收入来源为固定金额或通过事先约定的条件，由政府分期支付建造服务款项和运营服务款项。主要管理结构如图

4－7 所示。

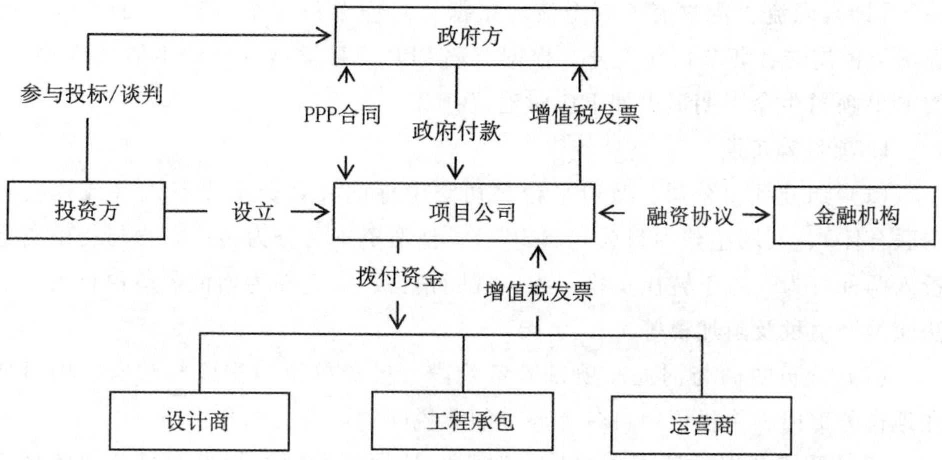

图 4－7 非经营型 PPP 项目主要管理结构图

3. 混合型 PPP 项目。混合型 PPP 项目，是指对于经营收费不足以覆盖投资成本、需政府补贴部分资金或资源的项目，政府对项目公司依托特许经营权获得的收入提供无条件最低收益担保条款，政府承担最低收益担保部分的需求风险。主要管理结构如图 4－8 所示。

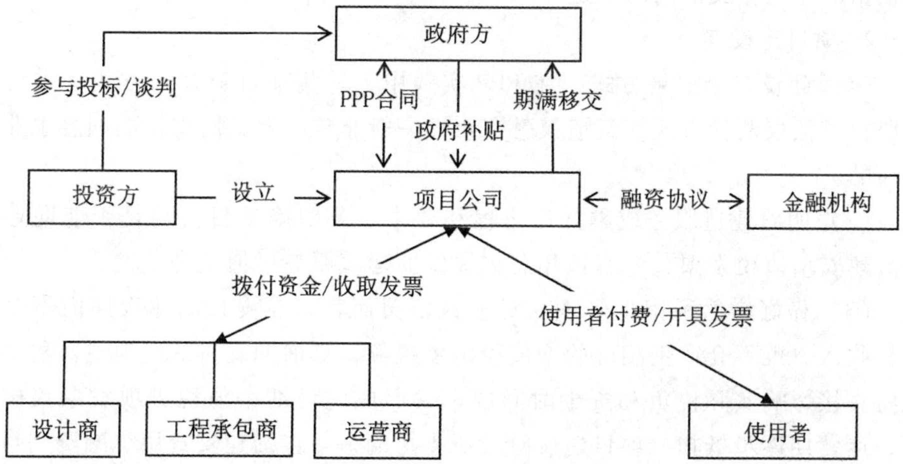

图 4－8 混合型 PPP 项目主要管理结构图

（三）PPP 项目增值税管理

目前，对 PPP 项目公司如何缴纳增值税及具体政策解读，国家还没有明确规定，但应当明确的是项目公司、施工总承包单位要按照增值税“四流合一”（即合同流、货物流、资金流、票据流对应单位完全一致。）的要求，确保增值税流转各环节抵扣充分。根据上述 PPP 项目类型及合同主体结构关系，按 PPP 项目生命周期提出如下应对建议：

1. 项目筹备期。

（1）组建项目公司。政府平台公司与中标的社会资本投资人（或社会资本联合体），共同组建项目公司（SPV），注册资本可分为转让实物与货币资金投入两种行为。对于转让实物行为，视同销售，应定性为增值税应税行为，依法缴纳增值税及附加税等。

（2）充分协商与沟通。项目筹备阶段，投资单位应积极与政府、项目所在地税务部门围绕投资项目各个环节的涉税问题展开协商和沟通。

（3）明确征地拆迁承担主体。对于征地拆迁费用，如果项目公司体现为代收代付款项，则不需缴纳增值税；如果征地拆迁费体现为项目公司收入，则需缴纳增值税。

（4）做好合同备案。做好 PPP 项目合同及施工总承包合同备案工作，要充分掌握所在地政府合同备案要求，比如这两项合同中约定的建安费金额不一致时，会对 PPP 项目合同、工程总包合同备案及增值税产生影响。具体要求要根据所在地相关部门的规定。

2. 项目建设期。

（1）建设资金筹集方式。在 PPP 实践中，筹集项目资金的方式基本可分为股权及债权两种方式，且债权融资金额一般非常巨大，所支付的利息也非常高昂的。

（2）明确建造服务成本抵扣流程和要求。要明确项目公司是否能向业主开具建安增值税发票，能否抵扣总包提供的建筑服务增值税进项税。

（3）做好增值税留抵管理。对项目公司而言，在漫长的建设期内不会有运营收入，也不会产生相应的增值税销项税额，其前期支付的进项税额税率高低将直接影响实际税负和资金时间成本，形成建设期增值税进项发票集中留抵，运营期逐步抵扣。项目建设阶段所支付的一般包括建安费用、融资利息两部分，其中融资利息支出不允许进项抵扣。

3. 项目运营期。

（1）项目公司主营业务收入确认。第一，如果是经营性 PPP 项目，项目公司取得特许经营权（可按无形资产管理），现金流收入来源于提供运营服务的全部现金流入，应全额确认主营业务收入并开具增值税发票；第二，如果是非经营性 PPP 项目，现金流收入是通过政府购买支付的固定现金流，项目公司应区分建造服务款和运营服务款两部分，其中，建造服务款按金融资产（长期应收款）管理，运营服务款确认为主营业务收入并开具增值税发票；第三，如果是混合型 PPP 项目应结合以上两种类型特点进行资产管理和收入确认。因 PPP 项目的实施模式、项目产品及各地方政府政策不尽相同，项目公司在确定销项税额、增值税发票类型及税率，要结合当地实际相关政策，做好纳税申报。

（2）政府补助。项目公司从政府获得的与收益相关的无偿补助，包括财政拨款、财政贴息、无偿划拨非货币性资产、先征后返、即征即退返还的税金等，要根据特定的行业和项目，结合国家和当地政府相关税收优惠政策，申报和缴纳相关税费。

4. 项目移交期。PPP 项目在项目运营期结束后，项目公司需要将 PPP 项目权益移交给政府或其指定机构。常见的有两种方式：项目资产移交及股权转让。

将 PPP 项目资产移交给政府或其指定机构，则可能产生相应的增值税、土地增值税、企业所得税等纳税义务行为；而通过项目公司股权转让以实现社会资本退出的方式，则不会产生增值税纳税义务。

六、海外项目管理

根据《财政部　国家税务总局关于全面推开营业税改征增值税试点的通知》（财税〔2016〕36 号）附件 4《跨境应税行为适用增值税零税率和免税政策的规定》第二条规定，工程项目在境外的建筑服务增值税为零税率。

随着“一带一路”战略的深入推进，特别是以交通基础设施建设为核心的战略布局，将给中国建筑业企业“走出去”带来了难得的发展机遇。在此背景下，要做好海外项目的税务管理，应深入研究项目所在国的各项税收政策，充分掌握国内免税和出口退税政策。

（一）搜集项目所在国税收政策

1. 根据本企业海外营销布局，搜集相关国家的税务政策信息，按国别或地区进行分类，并进行必要的解析和说明，制定相应的操作方法和流程，为海外税收筹划做好准备。

2. 搜集所在国相关税收政策信息，范围不应局限于增值税，还应包括企业所得税、个人所得税等。

3. 在确保企业商业信息不外泄的情况下，可聘用所在国专业型税务人员，以补充海外税务政策信息不对称的短板，降低海外税务管理风险。

（二）国内出口退税管理

1. “营改增”政策明确建筑业企业境外提供建筑业劳务适用增值税免税政策，对于建筑业企业为海外项目在国内采购原材料、生产设备等，可以按海关退税目录办理出口退税手续。

2. 出口退税办理相对复杂、政策性强、周期长，企业要及时搜集购进货物的增值税专用发票、出口货物报关单、对外承包工程合同等资料，对于拥有对外承包资质的企业，可自行按流程办理退税手续，也可委托进出口代理机构办理。

七、税务信息化规划

由于集团企业的多级次管理架构及复杂的项目管理模式，税务管理仅仅依靠传统手工台账及人工分析是不可想象的，为此要做好税务管理工作，企业必须借助信息化技术，实现项目管理、客商管理、资金管理、核算管理、数据管理、发票管理等集成化、一体化，建立符合自身管理要求的税务信息化系统。

（一）规划目标

1. 税务信息系统与项目管理集成。实现自动提取业主、分包分供商信息，包括合同金额、项目名称、纳税性质、工程计量等。

2. 税务信息系统与资金管理平台。按项目自动提取预缴，销、进项税额，并形成增值税管理台账。

3. 税务信息系统与核算账套集成。自动引入企业核算组织架构信息及相关项目辅助信息。

4. 税务信息系统与影像系统集成。实现自动扫描、查验真伪，并建立发票台账。

5. 税务信息系统与国税金三系统集成。税务信息系统与国税进项发票抵扣联认证关联，实现自动纳税申报，自动提请纳税资金申请等。

（二）管理效果

1. 自动生成税务综合管理报表，披露和分析相关增值税管理信息。

2. 实现多维度税务查询功能，可以按集团、子分公司、项目部及部门、客商等多层面、多维度查询税务信息。

3. 实现当期销、进项对比分析，为企业发票认证抵扣、采购管理、开具发票提供税务策划信息。

4. 实现按公司及项目生成增值税应纳税款、留抵税款信息和金额。每期汇算清缴后，对占用留抵税款的公司及项目自动计算资金占用费，同时对于形成留抵税款，为汇算清缴有贡献的公司及项目自动计算利息收入。

5. 实现按公司及项目进行税负分析，为公司及项目税负考核提供数据支持。

以上是粗线条地勾勒出税务信息化系统初步规划内容，具体的税务信息化搭建方案较为复杂，应聘请专业的软件公司帮助解决。税务信息化工作也要考虑到企业原有的信息化水平，比如，是否建立了项目管理系统、资金管理系统、固定资产管理系统、会计核算系统等等，这些都是做好税务信息化系统的重要基础。

八、岗位管理

“营改增”税制改革试点的全面实施对建筑业企业的战略规划、组织结构、经营模式、基础管理、业务流程、财务税收管理等都带来了极大的冲击和影响，特别是“营改增”之后增值税的前后衔接和抵税政策比较复杂，对那些管理不规范、财务制度混乱的企业将因为税负的增加而失去市场，所以说“营改增”对于建筑业企业来讲，是一场新的洗牌，是一次脱胎换骨的变革。为应对“营改增”实施之后给建筑业企业带来的影响，有效降低企业涉税风险，建筑企业既要及时认真梳理内部组织架构，推进扁平化管理，健全内部管理制度和优化业务管理流程，完善企业财务和税务管理体系；更要全面落实业务职能管理，明确责任分工，确保各业务管理环节依法有序开展。

（一）经营管理岗位职责

经营是企业的龙头，也是企业风险的源头，“营改增”之后对建筑业企业的经营格局、经营模式将产生很大的影响，如何管控好风险源头将是施工企业长期不懈的工作重点和任务。

1. 招投标部门主要职责。

(1) 加强造价人员对"营改增"相关知识的学习、培训;

(2) 做好"营改增"前后造价指标变化的对比分析;

(3) 密切关注建设主管部门或当地定额中心对工程计价定额、价格信息等计价依据的调整和信息发布;

(4) 及时掌握各施工板块投标报价等方面的涉税政策法规、计税依据等;

(5) 熟练掌握"营改增"后投标的编制方法,做好标前招标文件的评审、定额计价的审查;

(6) 制定符合企业自身的增值税制下的一套投标报价体系和管理制度。

2. 商务合约部门主要职责。全面负责企业施工承包合同、专业分包合同的组织评审、风险识别、风险评估和风险控制,负责合同谈判、签订、授控、传递、整理和保管,并对合同履约情况进行跟踪与反馈。

(1) 施工承包合同及管理。

①开展旧合同的清理清查。对2016年4月30日前签订的所有施工合同进行全面的梳理清查,并建立备查台账。对未备案的,应尽快到当地建设部门和主管税务机关备案;对未符合"营改增"要求的合同条款,应尽快与业主协商签订有关补充协议后及时到当地建设部门和主管税务机关备案。

②修订完善企业通用合同范本。为适应"营改增"的政策需要,负责组织开展对企业原有通用合同范本的修改完善。

③负责新接项目前期调查。对新承接的项目要组织力量进行前期调查,其内容包括:项目的合法性、合规性,项目行业发展前景、业主股东结构和出资到位情况、项目建设资金来源、业主生产经营状况、财务与资金状况、债权债务、以往的履约情况和社会诚信度等。

④明确合同签订主体。施工承包合同签订的双方主体必须是企业法人单位,且单位名称必须与单位公章完全一致等。

⑤明确合同价税金额。根据增值税"价税分离"原则,与业主签订施工承包合同时要分别载明"价款"和"税款"的金额。若一份合同同时兼营其他销售服务时,要根据各业务适用的税率分别载明其具体的"价款"和"税款",避免因不同种类的应税行为税率不同而产生争议。

⑥严格付款与开票的有关约定。为规避开票与付款时间出现较大差异产生延迟缴税的问题,合同条款中要明确约定付款与开票的时间保持一致,开具的增值税发票类型与合同约定的相符;并约定甲方收到增值税发票后在增值税政

策规定的纳税申报缴税期之后支付工程款的，还应承担税收违约和相关责任等。

⑦加强合同管理。施工合同一经甲、乙双方签字盖章之后，要及时收回授控，授控后即派发各主要业务部门落实执行。

⑧建立健全合同管理台账。要派专人负责合同的整理、归档和保管，以保证合同的完整性和便于查询监控等。

（2）专业分包合同管理。

①开展旧合同的清理清查。对2016年4月30日前签订的所有专业分包合同进行梳理清查，并建立备查台账，对不符合“营改增”政策要求的条款要及时修订完善。

②修订完善专业分包合同范本。为适应“营改增”政策需要，负责组织开展对专业分包合同范本的修改修订。

③建立专业分包单位诚信档案。对专业分包单位的资质、生产规模、经营业绩、财务资金状况等进行前期调查并备案。

④规范合同签订机制。根据增值税抵扣原则，采取清包模式的专业合同材料采购和建筑劳务服务要分别签订合同。

⑤明确合同付款条款约定。对增值税发票的类型、税率和提供时间以及专业分包单位先开票完税，之后总包方才支付工程进度款的应提出具体约定。

⑥违约责任约定。付款与完税存在时间差异的应在专业分包合同中明确约定分包单位应承担延期缴税引发的税收风险责任等。

⑦专业分包合同一经甲、乙双方签字盖章之后，要及时收回授控，授控后即派发各主要业务部门落实执行。

⑧建立健全合同管理台账。合同是企业履约的重要文本，应派专人负责合同的整理、归档和保管，以保证合同的完整性和便于查询监控等。

3. 工程预结算部门主要职责。主要负责企业施工项目的预决算编制和工程项目施工进度、变更签证审核确认及完善预结算相关管理制度。

（1）加强预结算人员对“营改增”相关知识的学习、培训。

（2）密切关注建设主管部门或当地定额中心对工程计价定额、价格信息等计价依据的调整和信息发布。

（3）及时掌握各施工板块投标预算报价等方面的涉税政策法规及计税依据。

（4）参与企业招投标清单及计量计价、标底以及有关内容的编制。

（5）负责项目中标后预算、施工图预算和施工成本预算编制。

（6）监督项目预算的执行，对工程施工进度和工程变更签证等进行审核并提供预算意见。

（7）负责编制竣工项目结算书并与业主开展项目结算工作。

（8）修订完善企业预结算管理制度，严格预结算管理流程。

（二）生产要素管理岗位职责

生产要素是建筑业企业完成项目施工任务的前提和条件，它主要包括人、材、机和资金等。明确责任，科学分工，是合理安排生产资源配置的重要保证。

1. 物资供应部门主要岗位职责。

（1）开展学习培训活动。组织物资人员认真学习“营改增”后物资采购和物资管理的涉税政策和法规。

（2）开展旧合同的清理清查。梳理 2016 年 4 月 30 日前签订的，按照“营改增”“四流合一”的要求重新修订和完善物资采购合同和物资管理制度。

（3）建立合格供应商诚信档案。对供应商的资质和纳税种类、经营范围、履约情况等进行认真筛选，及时补充合格供应商，并按一般纳税人身份和小规模纳税人身份分别建立合格供应商诚信档案。

（4）健全和完善物资采购机制。根据项目预算和施工进度需要，负责按月编制或调整物资采购计划，同时从多抵扣进项税的原则出发，所购物资尽可能从一般纳税人资格的供应商处购买。

（5）修订物资采购合同范本，完善有关合同条款。负责与供应商签订物资采购合同，合同中要明确约定物资供应数量、规格型号、单价、发货时间和地点、结算方式和结算时间、发票类型、发票提供时间、适用税率以及货物运输发票的开具等。

（6）对开票信息进行审查。对供应商提供的发票进行梳理，即发票类型与供应商身份和有关信息、采购合同签订方、收款方和所购货物是否一致等。

（7）统一规划，集中采购。建筑材料是增值税进项税抵扣的主要来源，是直接关系到企业税负升降的关键，因此，施工企业必须推行内部物资集中采购机制，多向一般纳税人购买材料，以获取更多的增值税进项税额来抵扣，有效降低企业税负。

（8）建立健全物资采购供应台账，做好物资进出库和结存材料的管理。

2. 设备管理部门主要岗位职责。

（1）开展学习培训活动。组织设备管理人员认真学习“营改增”后设备采购和设备租赁的涉税政策和法规。

（2）开展旧合同的清理清查。梳理2016年4月30日前签订的设备采购和租赁合同，按照“营改增”“四流合一”的要求重新修订完善设备采购和设备租赁合同，建立健全设备采购和设备租赁管理制度。

（3）建立合格供应商诚信档案。对设备供应商和设备租赁商的资质、纳税种类、经营范围等进行认真筛选，按不同身份、税种分别建立诚信档案。

（4）修订设备采购和设备租赁合同范本，完善有关合同条款。负责与供应商签订设备购销或租赁合同，合同中要明确约定设备购销或租赁的数量、规格型号、单价、发货（租赁）时间和地点、结算方式和结算时间、发票类型、发票提供时间、适用税率以及货物运输发票的开具等。

（5）对开票信息进行审查。对供应商提供的发票进行梳理审查，即发票类型与供应商身份和有关信息、采购合同签订方、收款方和所购货物是否一致等。

（6）开展设备集中采购和集中租赁。过去购买设备很多时候都没有很好地筹划和统一管理，各自为政分散购买，设备租赁基本上也是分散管理向私人租赁，也没有发票。“营改增”之后，设备采购和设备租赁的进项税均可以抵扣，对降低企业税负有很大的影响，因此，企业有必要推行设备集中采购和集中租赁机制，以获取更多的增值税进项税额来抵扣。

（7）加强设备管理，建立健全设备采购和设备租赁台账。

3. 劳务管理部门主要岗位职责。

（1）梳理劳务分包合同。对2016年4月30日前签订的劳务分包合同进行认真清查分类，对原来签订的大包大揽合同和与分支机构签订的合同要重新梳理，以企业法人为合同签订主体，并完善相关补充协议。

（2）修订劳务分包合同范本。“营改增”之后，劳务分包价款占比的大小，直接影响到企业进项税的抵扣，因此，企业应该修订完善统一的合同范本，劳务公司仅为单纯的提供应税劳务服务，过去劳务分包合同中包含周转材料、外架等需另签订租赁或采购合同，从而从制度上杜绝超范围经营和违法分包现象的发生，在节约成本的基础上也有效地取得增值税发票进行进项抵扣，另外，劳务合同中应明确劳务提供模式和结算形式。

（3）建立劳务分包准入制度。对现有劳务分包商的身份、资质等级等信息进行全面认真的梳理，建立合格劳务分包商诚信库和负面清单库，健全农民工实名制管理制度。

（三）财税管理岗位职责

"营改增"实施的好坏直接影响到企业税负的升降、经济效益的提高以及企业发展的动力，因此，财务部门作为企业"营改增"的牵头部门，责任重大，任务艰巨，其主要工作职责有：

1. 牵头组织开展企业员工"营改增"税改新政的学习与培训，全面宣传"营改增"税制改革的目的与重要性。

2. 结合企业实际，制订"营改增"应对方案和实施细则，并指导和帮助基层单位及项目部落实"营改增"实施方案。

3. 对2016年4月30日前企业挂账的营业税，要组织基层单位认真开展清理清查工作，摸清挂账原因，做好台账记录，并制定妥善的解决办法。

4. 开展"营改增"实施前后企业经营指标的模拟测算，并对测算结果进行认真的分析与比对，及时制定有效应对措施。

5. 密切关注国家和地方税务机关颁发增值税新政策、新法规等，及时吃透和掌握最新政策要求，并做好宣传落实。

6. 理顺财务部门内部组织架构体系，增设税务核算和管理机构，配备相应的税务管理人员，添置增值税专用设备及管理软件等。

7. 及时调整企业资金管理、会计核算和税务管理模式，修订完善财务内部管理制度，完善项目资金开支流程。

8. 按照"营改增"核算和管理要求及时对财务信息化系统进行规划和升级改造，确保会计核算和税务管理工作有序开展。

9. 根据内部分支机构设置与业务需要，合理配置开票和认证站点，对各基层单位的税务人员进行税务业务流程培训，保证各分支机构增值税业务顺利开展。

10. 加强"四流合一"管理，做好销项发票和进项发票的统筹开具与安排，做好销项税与进项税抵扣风险的筹划，努力降低企业税负。

11. 加强与地税、国税两局的交流沟通，做好一般纳税人的申请、认证和备案，确保国地税业务顺利平稳过渡与对接。

12. 加强增值税票据管理，制定增值税发票管理办法，规范增值税管理流程，全面落实税务人员岗位职责和责任追究制度，确保企业从发票的购买、开具、保管、认证、抵扣、纳税申报及汇缴清算等风险环节得到有效控制。

"营改增"是一个牵一发而动全身的系统工程，它涉及企业的各个工作岗位和业务环节，因此，除了加强经营、生产要素、财税的岗位管理外，各单位的办公室要严格企业印章使用与管理，制定办公用品与行政用车用油等集中采购机制等；信息中心要配合财务部门做好税务信息管理系统适应“增值税”改造、升级与维护工作，保障增值税发票的开具、审核与认证等。

（四）建筑业企业“营改增”岗位分工一览表（见表4-9）

表4-9

部门名称	分工内容
经营部门	（1）负责工程项目承接前的尽职调查；（2）对外办理一切投标任务；（3）把控工程项目计价依据和计税方法；（4）修订完善合同（专业承包合同）管理体系与制度；（5）指导帮助基层和项目部做好工程项目的经营筹划、造价控制和结算工作
项目管理部门	（1）清理清查老项目施工进度完成情况，建立备查台账；（2）合理安排项目施工进度计划；（3）做好生产要素“人、财、物”投入的统筹与安排；（4）按月向财务部门报告项目施工进度；（5）调整成本管控流程与模式，修订项目成本预结算编制方法，督促基层单位与项目部做好工程项目成本票据搜集与风险防控分析
物资供应部门	（1）筛选合格供应商，建立合格供应商诚信档案；（2）完善企业集中采购机制；（3）修订物资采购合同范本，按照“营改增”政策规定修订完善合同有关条款和内容；（4）对供销双方的开票信息进行把控；（5）健全物资采购供应台账
设备管理部门	（1）筛选合格供应商，建立合格供应商诚信档案；（2）完善企业集中采购和租赁机制；（3）修订设备采购和租赁合同范本，按照“营改增”政策规定修订完善合同有关条款和内容；（4）对供销双方的开票信息进行把控；（5）健全物资采购供应台账
人力资源部门	（1）组织开展“营改增”培训；（2）清理清查劳务分包商资质，建立合格劳务分包商和劳务队伍诚信库；（3）按照“营改增”政策规定修订完善合同有关条款和内容；建立准入制度；（4）建立劳务用工和企业员工涉税方面的考核惩罚机制
财务部门	（1）牵头组织开展“营改增”税改政策的宣传、学习和培训；（2）指导基层单位、项目部做好老项目的清理排查和备案；（3）开展营业税清理清查和完税入库工作；（4）指导基层单位做好新税制衔接的相关工作；（5）办理一般纳税人的申请、认证、备案、清缴、开票、申报等工作；（6）调整完善税收管理机构和人员配置；（7）统一设置企业“营改增”税务核算科目，修订企业会计核算办法、成本核算办法和财务管理、资金管理、税务管理、增值税发票管理体系以及有关财务业务操作流程；（8）负责帮助和指导基层单位、项目部做好施工各项目进销项税的抵扣筹划和税收风险防范；（9）改造升级财务信息化核算系统和科学合理设置增值税开票、认证站点；（10）建立健全税收风险责任追究制度

续表

部门名称	分工内容
投资部门	（1）做好年度投资发展计划调整与分析；（2）梳理投资在建项目进展情况，调整项目投资运作模式；（3）负责组织企业董事会风险委对拟投资或投资合作、PPP项目进行风险评估和可行性分析并出具评估意见；（4）全程跟踪投资项目的施工过程并做好后评估分析；（5）修订完善企业投资发展计划和管理制度
法律事务部门	（1）对企业涉税经济合同的合法性、合规性和可行性进行审核把关；（2）加强员工法律意识和防范风险能力的培训；（3）指导企业依法经营、依法纳税；（4）做好企业“营改增”过程中债权债务的清理、清查；（5）加大通过法律途径催收工程拖欠款或税款的力度；（6）对企业的“三重一大”决策提供法律意见等
信息化部门	（1）配合财税部门做好纳税系统的改造升级工作；（2）加强信息管理系统的开发与维护，确保增值税发票开具、审核与认证工作的顺利进行
安全部门	（1）加强安全防护产品供应商的筛选和管理，建立合格供应商诚信库；（2）建立健全安全考核与奖惩机制，保证安全经费足额依法投入
质量技术部门	（1）加强技术研究的投入，确保工程项目质量与安全；（2）搜集、保管好科研技术投入资料及数据，建立科技研发项目台账；（3）完善质量科技投入管理，为企业纳税筹划提供有效依据；（4）健全内部考核与奖惩机制
审计部门	（1）修订完善企业内部审计制度；（2）认真研究“营改增”的有关税政，为做好企业内部审计和风险防控奠定基础；（3）健全内部审计考核与追究制度
公司办公室	（1）做好办公用品、行政用车燃料的集中采购与筹划；（2）合理安排会议、差旅等流程业务的纳税筹划；（3）指导基层人员和项目部做好“营改增”行政业务的涉税指导
党群部门	（1）配合做好“营改增”的学习和教育；（2）利用自身宣传能力优势，多种形式宣传“营改增”政策

九、内控与考核管理

营业税改增值税是推动经济结构调整、促进企业发展转型的一项重大改革，有利于建立健全科学发展的财税制度，推动社会专业化分工，有利于推动经营机制的调整、流程再造和制度完善。企业应当借助于“营改增”全面加强内部控制，防范风险，通过全方位建立过程控制体系、把握风险的关键控制点，建立高效的管理运行体系。

（一）公司层面内部控制

1. 企业应高度重视和创造良好的内部控制环境，推动“营改增”的平稳实施，综合考虑企业性质和发展战略，合理变更设置内部组织机构；建立三大平台子公司，即：劳务采购平台子公司、材料设备采购平台子公司、重大设备租赁平台子公司等，积极利用外部资源，采用集中统一洽谈、统一承揽，分别签订合同、分别付款的政策；加大员工培训计划，将“营改增”相关政策和知识贯彻到市场开发、采购、结算、核算、计税缴税等各个业务环节中。

2. 召集财务、市场、采购、技术、人力资源、法律、结算等相关部门组成专家团队，梳理分析经营风险、业务管理风险、税务稽查风险、信息系统风险，进行深度的风险评估，将“营改增”中可能存在的税务风险点识别出来，划分风险等级，完善风险控制制度，细分至具体业务流程中实施防控。

3. 成立“营改增”工作小组，加强内部沟通，定期召集会议研究、协调、解决“营改增”遇到的各类问题。加强与税务部门沟通，学习了解掌握最新的税务政策，深化企业内部各部门分工协作，寻求有效的税务优化方案。

4. 企业总部层面要组织经常性的财务检查、内控检查，定期开展“营改增”内部控制专项审计，重点评价和披露“营改增”的内容、税负及管理关键点的优点及缺陷，提出改进措施并监督整改。

（二）业务层面内部控制

1. 全面梳理制度。按照标准化要求，根据增值税法规及“营改增”政策，全面梳理和修订公司招投标、合约、法务、市场与项目管理、投融资、考核、内控、财务与税务管理有关制度。

市场营销制度的修订包括：

（1）对客户进行行业分类，建立客户信息档案管理制度，统计分析客户基本情况，根据不同客户关于增值税的敏感性制定不同定价策略和谈判要点。

例如，政府公益类工程，由于客户不需要抵扣的专票，可采取甲供材的工程策略模式。

（2）投标报价时，充分考虑增值税对工程造价的影响，使用“营改增”后的不含税组价模式计算确定工程造价和增值税额，投标文件上明确列明工程造价和增值税额。

（3）研究业主要求甲供材的应对措施，首先争取以甲控材取代甲供材；其次与业主、供应商协商，在双方或三方间建立完整有效的增值税抵扣链条，即业主与施工单位的销售业务，或者是供应商直接向施工单位开票；最后是衡量测算之后采用简易征收方式。

（4）明确征地拆迁补偿施工范围，红线内补充单独签订委托拆迁协议，作为代收转付款管理。

合同管理制度的修订包括：

在合同评审制度中应增加关于增值税专业评审要求，对不同的合同，因行业不同涉及不同的增值税税率，影响增值税进项抵扣税额，需要专业评审意见。

（1）加大对合同相对人纳税资格、资信、履约能力的审查，同等条件下，优先选择一般纳税人。

（2）由具备专业评审能力的管理部门对涉及增值税的条款内容进行专项评审。

（3）合同应对合同价款为含税价格还是不含税价格、应提供的发票类型、适用税率、资金支付时间进行明确约定。

预算管理制度的修订包括：

（1）使用“营改增”后的不含税价格编制新签订合同额预算、销售预算。

（2）编制工程成本费用预算、期间费用预算时需在不含增值税金额的基础上，充分考虑无法抵扣的进项税金额对成本费用和期间预算的影响，框定可能出现的无法抵扣进项税的成本费用项目种类、涉税金额明细范围清单等。

（3）合理测算经营活动、筹资活动、投资活动的现金流入和流出，充分考虑增值税及附加缴纳所需的资金支出。

（4）资金收支应与合同主体保持一致，配合材料、劳务、设备租赁集中采购平台的建设和管理，确保资金流方向符合“四流合一”的管理要求。

（5）明确成本费用报销时限、应提供的报销凭证、普票和增值税票的审核要求及流程。

（6）调整预算考核指标，使之符合“营改增”后的计算口径，增加增值税税负情况的考核。

工程管理制度的修订包括：

（1）工程成本费用预算以不含增值税金额为基础计算，同时需要充分考虑无法抵扣的进项税金额对成本费用的影响。

（2）建立和完善采购数据信息库，利用信息库确定无法抵扣进项税的成本费用项目、预计进项税额，估算对工程成本费用预算的影响。

（3）将进项税发票取得情况、进项税抵扣情况纳入考核指标。

财务管理制度的修订包括：

（1）修订人员管理办法，根据企业生产经营规模、管理运行模式，配置专业的税务管理机构或税务管理中心、专职税务人员。

（2）制定增值税内部管理暂行办法，详细规定涉及增值税行为人岗位职责、权利责任和“四流合一”具体要求，增值税发票的开具、认证、抵扣、保管，增值税的计算、缴纳等。

（3）修改会计核算办法，满足增值税纳税申报和内部管理要求。

（4）根据增值税管理要求，以满足“四流合一”为前提，修订资金收支管理办法。

采购管理制度的修订包括：

（1）调整合格供应商名录准入规则，依据成本效益原则，逐步淘汰小规模纳税人。

（2）针对不同类型的供应商，制定不同的定价原则和谈判策略。

例如，一般纳税人和小规模纳税人的供应商，采购成本相同时，优先选择一般纳税人；采购成本出现一般纳税人高于小规模纳税人时，需测算综合采购成本来确定供应商。

（3）集中采购优先采用“统谈、分签、分付”模式，采用“统谈、统签、统付”模式的，采取内部购销方式形成完整的抵扣链条。

2. 调整投标报价和合同管理模式。按照住建部新的招投标计价规则和增值税的要求，将投标报价调整为不含税价格，重新审核合同模板和合同签订的风险把控，对合同条款中的价格标准、发票取得、付款方式等涉税重要事项的规定按照增值税规定进行相应调整。

3. 调整销售业务内控流程。梳理销售业务，确定销售业务税种清单，列明业务名称、税种、税率，可以享受的减免税政策，为充分享受税收政策打好基础。梳理销售合同，处理涉税条款，积极与客户协商发票的开具事宜，包括何时开具、开具发票种类。深度清理新老项目，认真研究“营改增”相关政策，通过与建设单位协商并详细测算税负，与对方以书面形式确定项目计税方式和发票类型，区分可抵扣项目清单和不可抵扣项目清单，并固化在系统中准确判断。

4. 调整采购业务内控流程。梳理已有和即将发生的采购业务，确定可抵扣范围。整理汇总各种成本费用明细，核对税务政策规定，确定成本费用、购置资产、工程建设抵扣情况清单，形成动态管理清单，保证其实时更新。对于采购应税服务范围内的应及时获取增值税专用发票，持续对一般纳税人供应商的税务资质信息进行审核、管理与维护工作，开展采购价格评审。修改采购内控流程，把控合同风险，明确内部审批表内采购价格的定义，为含税价或者不含税价，筛选供应商库，确保对方能够提供专用发票。梳理采购合同，处理涉税条款，对于跨时点的合同，企业应与供应商尽快接洽签订补充协议，对发票开具种类、含税价和不含税价进行约定。对于拟签订的采购合同要详细约定获取提供发票的时间、种类，确保符合税务管理要求，符合企业管理要求。

5. 调整成本管理模式。公司现有成本管理模式基本上是基于建造合同模式下的管理，缺乏对成本组成部分的个性化分析，税改后，要结合增值税规定，注重对各成本组成项目所含进项税额的管理。

6. 调整机构设置方式和税务管理模式。增值税实行“项目就地预缴、机构集中汇缴”的管理模式。针对施工企业存在的项目分布范围广、分支机构多、管理链条长，企业必须加强项目和分支机构管理、调整管理方式、裁短经营链条、上收税务管理权限，实现税务管理的集中管控。

7. 完善税务管理流程。明确增值税销项发票的申请开具、进项发票的取得认证和纳税管理三个工作流程，从发起业务部门至财务部门，最后至主要领导批准，对各环节时间和责任给出明确规定，确保生产经营的正常进行和税务的合理申报。合理设置会计科目，及时提取有关数据信息，加强会计核算与税务申报的信息核对，查找申报表上与账簿记录产生差异的原因，及时处理增值税账务差异，避免出现少（或多）抵扣增值税进项税额或多（或少）计增值税销项税额的情况。应正确识别和处理视同销售业务、视同销售行为或涉及进项税额转出的应税行为。

（三）内部控制中主要风险关键点控制

1. 合同管理。

（1）建立以法人名义为主体的合同签订制度，实行合同专用章使用审批登记，确保《工程施工合同》《购货合同》《专业分包合同》《劳务分包合同》《租赁合同》等所有合同符合“四流合一”条件。

（2）合同价款应明确是含税价还是不含税价，如为不含税价，其补偿方式和途径应进行约定，包括向业主、向分、供应商开具或收取的增值税发票时间、税率、发票种类。

（3）建立合同备案制度，由合同签订部门将书面合同报送税务管理部门备案，作为销项税票、进项税票的开具和收取依据。

2. 销售与收款。

（1）投标前，加强对招标文件的研究，全面了解客户资信与履约情况，详细测算招标文件规定的计税方式价款组成，确定是否可投标承接。

（2）贯彻合同联合评审制度，重点审核“营改增”对工程合同价款的影响，加强对合同付款条件的审核，例如工程款收款时间、增值税发票开具时间，力争实现收款、发票和纳税义务时间统一，避免款未收、票先开或纳税义务时间先到的资金净流出风险。

（3）合同签订后，依据不含税的合同报价及时编制项目工料分析，作为项目部组织施工用料（量）的重要依据。

（4）做好《工程施工合同》台账、《工程完工量》台账、《增值税发票开具》台账，确保三者之间可以相互验证。

（5）在工程施工合同中约定统一使用企业法人名义的银行账户收取工程款，降低非“四流合一”的检查风险，做好债务重组等行为发生的债权与债务转让所需的资料搜集工作。

（6）建立《工程进度月报表》和《工程结算单》备案制度，由项目部、分支机构将业主、监理方审核确认的《工程进度月报表》和《工程结算单》按月逐级汇总上报至税务主控部门，作为对外开具增值税票的重要依据，防止虚开票风险。

（7）项目部应及时将项目所在地预缴、预征税款的完税证登记台账、提交税务主管部门审核、登记、汇总。

（8）贯彻企业机构集中统一开票的管理制度，通过对报备的《工程施工合同》《工程进度月报表》《工程结算单》《预缴（预征）完税证》、项目发票开具台账等相关信息核实无误后，依据审批通过的“开具发票申请”开具发票，办理票据移交手续。

（9）税务主管部门做好分支机构、项目统计应交增值税分析台账，用于项目、分支机构信息比对核实和税负分析。

3. 采购与付款。

（1）建立分、供应商合格名录，根据分、供应商提供物资或劳务的质量、价格、资信、供货条件、纳税人认定情况、增值税发票提供情况进行合理的评选，确定可以选择的供应商，同时做好分、供应商名录数据库及时更新。

（2）项目部依据工程进度安排、不含税的月度工料分析单，提出采购申请，确定不同纳税资格条件下采购时分、供应商的选择标准和条件。

（3）推行大宗物资、劳务集中采购制度，将相关采购信息以安全便捷的方式在内部予以公开，由评标小组采用公开、透明的招标、竞价方式选择价廉、质优、满足“营改增”管理要求的分、供应商，降低购货成本，争取最多的进项抵扣额度，为企业获取最大的利益。

（4）对超出授权范围的采购实行联合评审制度，“营改增”后需重点审核“营改增”对采购价款的影响，通过多方比对确定采购价款的合理性和纳税人种类抵扣的充分性；加强对合同付款条件的审核，例如采购付款时间、增值税发票开具时间，结合工程施工合同的纳税义务时间，科学合理地安排好进项税票的取得与采购货款的支付时点。

（5）做好各类采购合同保管归档与台账登记工作，做好货物验收、人工结算、租赁结算等验收结算、台账登记、资料归档工作。

（6）做好合同、结算单、入库单、购货发票信息分级汇总上报、资料交接工作。

（7）统一使用企业法人名义的银行账户支付各类供应商款项，确保“四流合一”。

（8）做好各类成本费用“四流合一”的合法、合规性审核，核实无误后提交资金主管办理付款。

4. 税务管理。

（1）根据签订的《工程施工合同》，填报《外出经营管理证明审批单》，申请办理项目《外出经营活动证明》。

（2）根据审批单和税务管理规定及时办理、发放、收回、缴销《外出经营活动证明》，建立收发、缴销动态管理台账和即将超期预警提示。

（3）依规办理增值税专用发票、普通发票等发票的领购、保管，登记发票领购使用台账。

（4）根据经审批的《发票开具申请表》，开具增值税专用发票、普通发票，依规办理发票移交手续，登记开票信息台账。

（5）妥善保管销项发票底联、作废发票等重要单据，及时装订成册归档管理，保证核查方便。

（6）做好成本费用类合同备案、结算单备案、发票审核、交接、台账登记管理工作。

（7）做好增值税专用发票认证、抵扣工作。

（8）准确计算填报纳税申报表，及时进行纳税申报，按时足额纳税。

（9）做好应交增值税统计分析，用于信息比对核实、税负测算，出具

《月度税负分析表》。

(10) 按月对纳税申报、税负情况进行综合分析，提出合理化建议。

(四)"营改增"后岗位设置及职责变化

针对建筑业企业产品地点分散、施工周期长、结算时间长、回款速度慢、供应商众多的特点，"营改增"后岗位及职责内容设置应按照项目、分支机构、总部的纵向管理体系与职能板块的横向专业体系相结合的原则来设置，形成相互交叉、联动制衡的内控牵制系统，防范税务风险，提升管理水平，实现降低税负和增加效益的目标。

1. 新增内部机构。企业应增设税务管理部门或增加财务管理部门关于税务管理的专项职责，以确保"营改增"顺利平稳过渡。

(1) 单设税务管理部门的企业，该部门牵头并主控增值税管理工作，负责增值税管理制度与流程的制定，负责增值税发票的开具、购买、认证、抵扣、保管、纳税申报及缴纳、税务筹划等。具体工作包括：统筹增值税管理工作，负责纳税资格办理和维护，定期编制分级分类汇总的增值税进项税额抵扣统计表，及时将统计表传递给会计核算用于核对，按时计算增值税税款，办理总机构与分支机构、项目增值税款的清算，监督税款及时缴纳，配合税务检查部门的各种检查，研究国家增值税法律法规。

(2) 不单设税务管理部门的企业，财务管理部门作为增值税管理专业机构，除了与单设税务管理部门同样的职责外，同时还承担增值税会计核算的职责。

2. 部门或具体岗位新增职责。

(1) 项目物资管理员。负责审核《购货合同》《租赁合同》《货物验收入库单》《租赁结算单》；负责供货方或出租方提供的增值税发票"四流合一"的真实性、准确性、一致性，负责向资金支付部门提供符合"四流合一"的支付信息及相应资料。

(2) 项目经济师。负责审核向业主提交的《工程进度月报表》《工程结算书》、增值税发票和《工程施工合同》的真实性、准确性、一致性；负责向业主提交符合"四流合一"的收款信息及相应资料。负责审核《劳务分包合同》《专业分包合同》《劳务结算单》《专业分包结算单》，分包方提供的增值税发票"四流合一"真实性、准确性、一致性；负责向资金支付部门提供符合"四流合一"的支付信息及相应资料。

(3) 项目会计。负责审核除物资管理员、经济师之外的零星业务的"四流合一”业务、资料、信息、数据的真实性、准确性、一致性。负责项目会计核算工作，办理外出经营管理证明、审核对业主开具发票的合法合规性，审核对分、供应商各类成本费用发票的合法合规性，及时核算项目应交税费——增值税业务，及时将本项目的无票收入信息、进项税额转出等影响汇总纳税的信息上报给上级会计核算及税务管理部门，及时核对税务管理部门下发的相关增值税信息，保证纳税信息和会计核算高度准确一致。

（4）项目经理。主要负责对项目整体全面业务的审核与审批，包括审核《工程施工合同》涉税条款和计税方式、业主发票类型及开具时间。协助企业合理选择和确定分、供应商，按照企业规章制度审核签订分、供应商合同及协议，审核确定获取的发票类型及付款时间，审核并确保项目业务的真实性和准确性，防止虚开增值税发票行为发生，按照“四流合一”要求审批人、材、机等成本费用结算与付款。

（5）分支机构。具有一般纳税人资格的分支机构根据项目管理需要，设置物资主管、经济师主管、会计师主管、分支机构负责人。物资主管、经济师主管、会计师主管“营改增”后新增的职责与前述项目物资管理员、项目经济师和项目会计职责大致相同。区别在于分支机构其作为一级管理机构，还负有组织“营改增”相关工作在内部贯彻执行，监督检查所属项目“营改增”工作的责任，审核分支机构管理层级增值税业务的职责。

分支机构负责人负责分支机构整体工作，为分支机构业务第一负责人，全面负责“营改增”政策落实、相关内控制度执行、业务合法合规，按时足额缴纳履行纳税义务。

（6）企业总部。

①预算部门。配合市场开发部门做好投标工作，对价税分离后报价进行详细测算，包括税负测算对比，收入、利润分析对比，企业当前经营和资金状况；审核工程施工合同条款中“营改增”后的涉税条款对合同总价款的影响，负责对业主结算过程中增值税的预算审核；审核价税分离后专业分包和劳务分包选定和结算，针对超出业主预算、市场行情、企业承受能力的特殊情况提请风险提示报告；负责对所属分支机构与基层项目的业务指导和监督。

②工程管理部门。建立并完善统一的分、供应商合格名录，对一般纳税人与小规模纳税人资格进行分级分类管理，制定一般纳税人和小规模纳税人资格条件下分、供应商的选定标准和条件，建立分、供应商合同履约情况台账，制定分、供应商管理进、退制度；负责对所属分支机构与基层项目的业务指导和监督。

③财务管理部门。不单独设立税务管理部门、资金管理部门的企业，财务部门牵头并主控增值税管理工作，负责对分、供应商提供的发票进行审核，保证“四流合一”的实施，负责按照“四流合一”收付要求办理资金收付、企业内部增值税款清算。负责根据“营改增”政策文件及会计准则、会计制度的要求，制定符合法律法规和自身管理要求的会计核算暂行办法，收入成本确认原则遵循完工百分比法，应交税费以是否达到纳税义务时间为确认原则；负责将未通过税务管理的无票收入信息、进项税额转出等信息及时传递给税务管理。负责分部门、分项目单独核算增值税明细内容，分级分类汇总信息与税务管理纳税申报信息一致；负责对所属分支机构与基层项目业务指导和监督。

④法律事务部门。负责合同条款涉税条款标准用语审核，对含税价格和不含税价格标准定义制定，对收取款项或支付方式、发票的提供或取得、发票开具或收取时间、发票类型（普票或专票）等提出规范的法律建议，避免法律风险；负责对所属分支机构与基层项目业务指导和监督。

⑤其他部门。负责本部门因增值税引起的各类经济业务涉税管理，配合主控部门做好配合工作。

⑥董事长。企业“营改增”工作的总负责人，负责“营改增”工作的整体部署和应对措施研究，审定总体推进方案和有关内部体制建设方案，督导相关负责人、职能部门、所属分支机构、项目加大工作落实力度，协调并解决实施过程中遇到的各类重大问题，确保企业“营改增”工作有序平稳推进。

（五）考核机制

“营改增”后，企业面临全方位的管理挑战，只有及时调整、优化管理工作流程，补充完善考核奖惩机制，突出“营改增”方面的考核内容，才能确保“营改增”后内控制度的贯彻执行，引导各层级管理者和全员高度重视“营改增”带来的巨大影响，积极降低企业税负，提高企业整体管理水平和应对能力，降低成本费用和增加企业效益。

1. 管理层考核指标。为了体现增值税管理的重要性，需调整原有的考核指标体系，增加税负指标和虚开增值税发票否决指标，并保证税负指标在指标体系中占有较高的指标权重，建筑业企业应结合自身实际可依据其经营导向灵活确定。税负指标分为年度考核和竣工考核两种，子公司、分公司实行年度考核，项目实行年度考核与竣工考核相结合的方式。

（1）指标考核体系（见表4－10）。

表 4－10

序号	指标类别			指标完成情况							
	指标类别	指标权重	利润总额（万元）	分值	计分标准	比目标值每高/低	加/减	最高加分	目标值	完成值	得分
1	基本指标		净资产收益率（%）								
2			经济增加值 EVA（万元）								
3			合同额增长率（%）								
4			应收账款周转率（次）								
5			税负指标（%）								
6	经济与技术指标		总产值（亿元）								
7			工程一次交验合格率（%）								
8			市优工程/市样板工地（项）								
9			市级文明工地（项）								
10			省优工程/省样板工地（项）								
11			省级文明工地（项）								
12			国优工程（项）								
13	否决指标		安全责任事故								
14			环境污染责任事故								
15			虚开增值税发票（次或万元）								
合　计				—	—	—	—	—	—	—	

（2）税负指标基本公式。

增值税税负＝当期应交增值税×（1＋城建税及教育费附加税率）/当期销售收入×100%

（3）考核指标目标值。薪酬考核小组应组织相关职能部门从企业完工、在建的项目中选取具有代表性的工程项目，根据工程类别建立不同类型的数据信息库，以历史数据、现行政策详细测算税负变化，结合实际运营情况，推测项目、分公司、子公司税负指标的合理取值范围，同时跟进“营改增”新政，不断更新基础数据库的信息，做到实时完善更新目标值，保证指标值处于切实可行的合理范围内。

（4）考核程序。

①年末，财务决算完成之后，各分公司、子公司应向企业薪酬考核小组提交经审计的年度财务决算数据及年度指标完成情况分析总结。

②薪酬考核小组依据财务决算报告和经审查的统计数据，结合年度总结分析报告，对年度经营业绩考核目标的完成情况进行考核，形成经营业绩考核意见。

③薪酬考核小组将年度经营业绩考核与奖惩意见反馈各分公司或子公司。

④否决指标中的虚开增值税发票指标，凡违背国家税务总局公告2016年第24号《国家税务总局关于修订〈重大税收违法案件信息公布办法（试行）〉的公告》的规定，虚开增值税专用发票或者虚开用于骗取出口退税、抵扣税款的其他发票的实行一票否决。

2. 职能部门与个人考核。职能部室和个人考核重点关注在“营改增”工作中内控制度是否执行到位，不相容岗位职责是否监督到位，有无是因组织不力、监督不到位、管理疏忽等导致企业经营中出现一般损失、重大损失、特别重大损失。经营中，因部门懈怠、疏忽、不作为等给企业带来损失的，需根据损失程度确定不同的处罚措施；对于那些在“营改增”中积极主动、克服困难提出有利于企业管理的合理化建议，并取得明显的经济效益的，应根据贡献大小给予不同的奖励。

十、资源共享管理

通过对施工企业内部资质共享的介绍，选择适合自身企业实际的项目管理模式，调整财务核算账套及报表结构，符合“营改增”条件下核算要求。

（一）资质管理现状

建筑业企业资质是指企业有能力完成一定工程项目任务的证明，根据《建筑业企业资质管理规定》（中华人民共和国城乡与住房建设部令第22号），建筑业企业应当按照其拥有的注册资本、净资产、专业技术人员、技术装备和已完成的建筑工程业绩等资质条件申请资质，经审查合格，取得相应等级的资质证书后，方可在其资质等级许可的范围内从事建筑活动。

就建筑业企业集团内部来讲，一家企业集团下面有若干个法人子公司，通常情况下母公司资质等级比子公司要高，但也不排除有些较强的子公司资质水平与母公司相当。如某些子公司对外投标就受到资质限制，就产生了借用母公司资质投标，这就是资质共享的一种情况。目前内部资质共享有以下几种情况：

1. 母公司自营。所谓母公司自营是指从母公司名义中标后，母公司将工程项目按物理长度分成若干段，每段工程分给下属子公司实际组织施工，或按施工工序将不同类型的工程实体分给下属子公司施工，母公司参与整个项目管理，成立指挥部或项目部。此类型在铁路、城市轨道交通工程项目中普遍存在。

2. 子公司代管。子公司承接某工程项目时，自身施工资质不符合投标要求，但有能力组织和完成施工。借用母公司名义投标，但中标后实际施工，包括资金、人员、机械设备等均由子公司安排，母公司一般不参与项目管理，这种类型在所有的工程项目中都存在。

3. 子公司互用。这种情况发生在内部子公司之间，因为子公司之间施工资质存在一定差异，也会导致子公司之间达成协议、互用资质的情况。这种情况较少。

"营改增"后，以上三种情况，前两种情况有策划和操作空间，第三种情况子公司资质互用，无论从建筑法，还是税法来分析，风险都很大，建议企业杜绝此类情况发生。

（二）资质共享应对方案

建筑行业资质共享管理模式，母子公司之间一般无合同关系，通常情况下以内部经济责任书或合作协议来规定各自的权利和义务。这就导致在"营改增"条件下将发生影响进项税抵扣问题：一是合同签订主体与实际施工主体不一致，导致货物流不一致；二是中标单位与实际施工单位之间无合同关系，实际施工单位均以自身名义签订分包分供合同，导致合同流不一致；三是内部总分包之间不开具发票，发票链条断裂，导致发票流不一致；四是子公司代管项目，总包账务处理在子公司账套主体下核算，导致核算主体不一致（见图4-9）。

鉴于此，通过设计项目管理模式，理顺项目管理流程，打通增值税流转环节，规避中标主体和实施主体不一致导致的一系列风险。这里主要介绍三种处理方法：一是集中管理模式；二是总分包管理模式；三是专业分包模式。

1. 集中管理模式。由中标单位（也就是母公司、集团总部，下同）对工程项目进行集中管理，所有材料采购、专业分包、劳务分包、设备租赁均由中标单位对外签订合同，且集中核算工程项目的收入及成本费用，增值税销项和进项均体现在中标单位，实现增值税进销项相匹配。管理流程见图4-10。

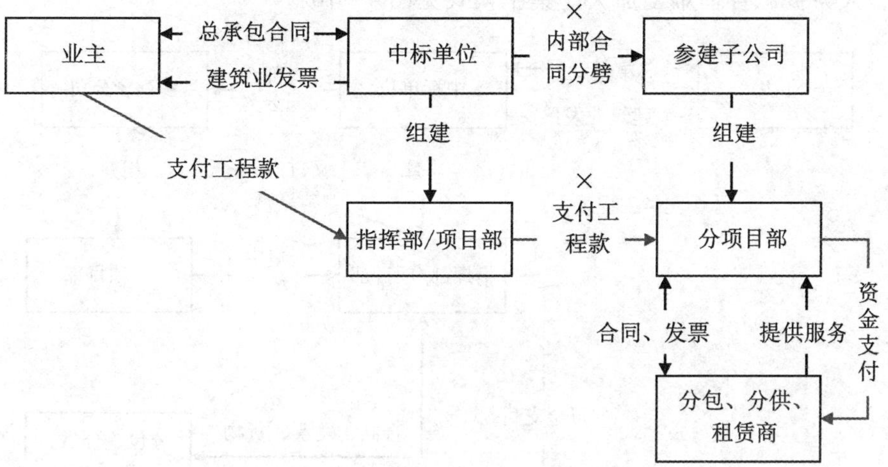

图 4－9　“营改增”前的管理模式

如是母公司自营项目，中标单位应组建项目部，安排相关项目管理人员参与整个项目管理，中标单位负责全部的收入、成本费用的核算、报表报送及纳税管理工作，同时建立对参建单位的考核机制；如果是子公司代管项目，由子公司组建项目部和安排相关管理人员，并由子公司负责全部的收入、成本费用的核算、报表报送及纳税管理工作。具体操作要点如下：

（1）合同管理。中标单位与业主签订施工总承包合同；同时，中标单位直接与分包、分供、租赁签订相关合同。中标单位与参建子公司签订内部考核目标责任书。

（2）工程结算。均以中标单位名义办理对上对下工程结算。

（3）发票管理。均以中标单位为主体开具或收取专用发票或普通发票。

（4）纳税申报。以中标单位为唯一申报主体进行增值税预缴及申报纳税。

（5）资金支付。支付账户应与合同主体、发票信息一致（具体操作将在资金支付管理要点中重点阐述）。

（6）项目考核。中标单位对参建子公司进行考核，进行项目效益分配。

集中管理模式管理链条短，纳税清晰，税务风险小。但问题一是收入、利润大部分由母公司确认，弱化子公司规模效益，影响参建企业资质维护和升级；二是加大中标单位法律诉讼风险系数，导致中标单位银行账户、企业财产查封冻结；三是项目一旦出现安全质量问题，中标单位会接受行政处罚，甚至出现区域性限制投标风险；四是大大加大了中标单位的工作量和管理难度；五是参建子企业相关人员应变更，劳动关系需转入中标单位并出具缴纳社保证明，人力资源管理难度加大。集中模式见图4－10：

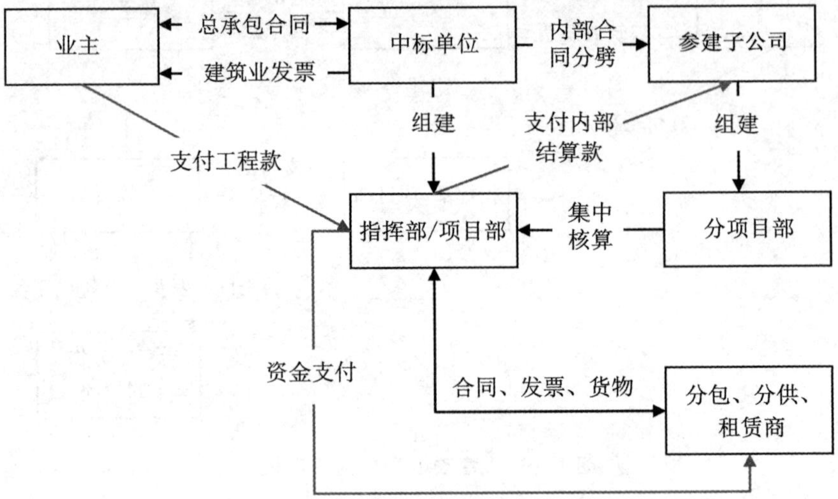

图4－10 集中模式图

2. 总分包模式。中标单位与参建子公司签订工程分包合同，并由参建子公司向中标单位开具发票，建立增值税抵扣链条，实现进项税完整抵扣，参建子公司与所有材料采购、专业分包、劳务分包、设备租赁签订合同，中标单位与参建子公司各自核算收入和成本费用。管理流程见图4－11。

如是母公司自营项目，中标单位应组建总包项目部，安排相关项目管理人员参与整个项目管理，中标单位负责总包收入、成本费用的核算、报表报送及纳税管理工作，参建子公司负责分包收入、成本费用的核算、报表报送及纳税管理工作；如果是子公司代管项目，由子公司组建总包及分包项目部和安排相关管理人员，并由子公司负责总包及分包的收入、成本费用的核算、报表报送及纳税管理工作，可理解为"两块牌子，一套人马"。总分包模式见图4－11。

具体操作要点如下：

（1）合同管理。中标单位与业主签订施工总承包合同；中标单位与子公司签订分包合同；参建子公司与分包、分供、租赁等签订相关合同。

（2）工程结算。业主与中标单位办理结算；中标单位与参建子公司办理结算；参建子公司与分包、分供、租赁等办理结算。

（3）发票管理。中标单位、参建子公司分别以自身主体开具或收取专用发票或普通发票。

（4）纳税申报。分别以中标单位、参建子公司进行增值税预缴及申报

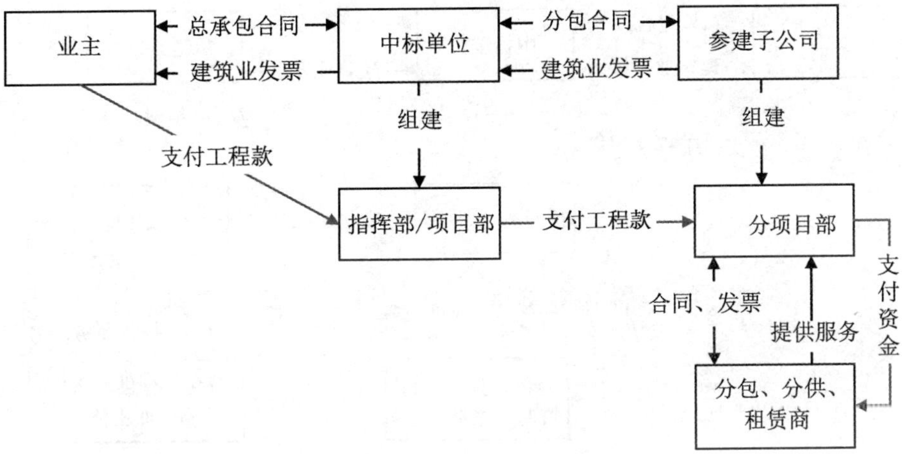

图 4－11　总分包模式

纳税。

(5) 资金支付。支付账户应与合同主体、发票信息一致（具体操作将在资金支付管理要点中重点阐述）。

总包模式对子公司规模效益影响小，有利于企业资质维护和升级。存在的问题一是可能涉及违法转包风险，总分包模式下各级合同均需在税务机关备案，可能被认定为转包、挂靠行为；二是管理层次多，链条长，税务管理难度大，风险高；三是总包收入大但纳税少，可能出现增值税评估系统报警；四是母子公司之间签订总分包合同关系，增加印花税支出。

3. 专业分包模式。专业分包模式是结合集中模式、总分包模式各自特点，主要区别在于，为了规避违法转包，中标单位完成项目主体部分，中标单位直接与专业分包、分供商签订相关合同；其他非主体部分以专业分包方式由参建子公司来完成。这种方式符合建筑法中工程主体不能转包的规定，又在一定程度上缓解了子公司的规模压力。管理流程见图 4－12。

如是母公司自营项目，中标单位应组建总包项目部，安排相关项目管理人员参与整个项目管理，中标单位负责总包收入、成本费用的核算、报表报送及纳税管理工作；参建子公司负责分包收入、成本费用的核算、报表报送及纳税管理工作；如果是子公司代管项目，由子公司组建总包及分包项目部和安排相关管理人员，并由子公司负责总包及分包的收入、成本费用的核算、报表报送及纳税管理工作，可理解为"两块牌子，一套人马"。具体操作要点：

(1) 合同管理。中标单位与业主签订施工总承包合同；中标单位就项目主体部分与分包、分供、租赁签订相关合同；中标单位与参建子公司签订非主

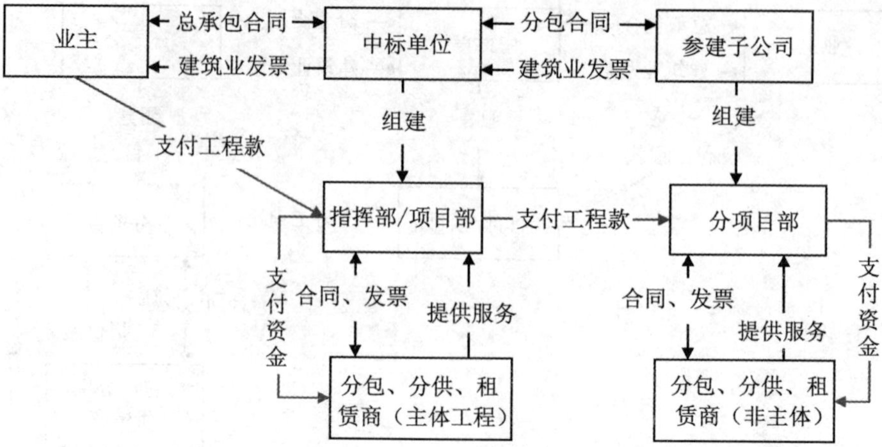

图 4-12 专业分包模式

体项目分包合同；参建子公司与分包、分供、租赁等签订相关合同。

（2）工程结算。业主与中标单位办理结算；中标单位与参与主体项目的分包、分供、租赁等办理结算；中标单位与参建子公司办理结算；参建子公司与分包、分供、租赁等办理结算。

（3）发票管理。中标单位、参建子公司分别以自身主体开具或收取专用发票或普通发票。

（4）纳税申报。分别以中标单位、参建子公司进行增值税预缴及申报纳税。

（5）资金支付。支付账户应与合同主体、发票信息一致（具体操作将在资金支付管理要点中重点阐述）。

专业分包模式结合了集中模式和总分包模式，项目施工符合建筑法，法律风险比总分包模式要小很多，但非主体项目工作量相对较少，该模式没有彻底解决参建子公司规模弱化问题。

以上三种应对方案各自有优缺点，在实际工作中要结合企业自身实际，选择适合的项目管理模式。总之，资质共享带来的问题，核心是参建子公司自身资质级别低，为此子公司要注重本单位资质升级，尽量减少使用母公司资质投标，提升本单位的竞争能力，这样才能从根本上解决问题。

第二节
财务管理

一、账套与报表设置

“营改增”前，母公司名义项目在子公司主体下进行会计核算还普遍存在，这种情况在“营改增”后需应进行调整，确保核算主体一致。企业承建工程无论采用集中模式还是总分包模式，如果是子公司代管项目均需在母公司账套下单独设置核算账套和会计报表，并且建议所有账务处理包括核算、报表，均由参建公司（子公司）具体负责完成，母公司只负责审核和监督（账套结构设置模式见图 4－13）。

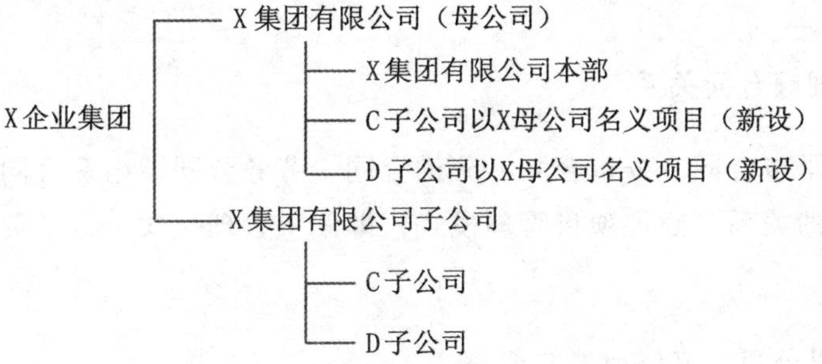

图 4－13 账套结构设置模式图

第一步：由母公司统一操作，在母公司会计体系下新设核算、会计报表节点。为了便于管理，建议每个子公司只设一个核算、报表节点，节点名称命名为“××子公司以××母公司名义项目”。

第二步：按项目设置辅助核算，所有母公司名义项目在母公司会计体系下核算，如果是总分包模式则实施主体（子公司）同时还要在子公司会计体系下核算。

第三步：纳税申报时点，由母公司负责完成，实施主体（子公司）做好协助工作，提供相关必备资料。

第四步：期末，实施主体（子公司）编制完成母公司名义项目会计报表；如果是总分包模式，期末还要对母子公司之间的关联交易、往来进行内部合并抵消。

第五步：为了满足企业业绩考核要求，可按管理口径汇总子公司报表。

此外，对于存量母公司名义项目但在子公司账套里核算的，期末将资产、负债科目余额结转到新设核算账套；同时将当年的收入、成本、利润的发生额也结转到新设核算账套。

二、资金支付管理

“营改增”前企业集团内部施工资质共享现象十分普遍，即子公司以母公司名义承接和实施项目，这就导致总包合同主体（母公司）与实施主体（子公司）不一致（已在上述账套与报表设置中介绍），在资金支付时又以子公司名义账户或安全账户（受控于子公司的银行账户）对外支付分包分供款，这种行为违反增值税资金流一致的规定，这就是目前“营改增”后资金支付的特殊问题。下面以“集中管理模式”为例，介绍一下资金支付应采取的应对措施：

（一）理顺合同关系

梳理总承包合同、分包合同、分供合同、劳务合同、租赁合同等合同主体与实施主体的关系，确定项目管理模式，即集中管理模式，这是资金支付的前提条件。

（二）母公司名义银行账户管理

1. 子公司向上级单位申请母公司名义银行账户，此账户只能用于与母公司名义相关的经济业务。

2. 所有与母公司签订的分包、分供、劳务、租赁等合同，均要以母公司名义银行账户拨付。

3. 强化子公司资金集中管控，只能申请一个母公司名义银行账户，子公司上收资金收支权，集中管理、统一支付。

（三）项目临时银行账户管理

如果业主要求开立项目临时银行账户（一般名称格式：××有限公司××工程项目经理部），也可以从临时银行账户支付与本项目相关的款项。

（四）其他特殊情形的应对措施

1. 内部统一支付方式。对于实行集团内部物资采购的，采购需求单位以委托付款的方式，通过集团企业可统一支付给供应商并出具委托付款函来完成。

2. 委托付款方式。是指在采购、劳务、租赁等业务中，服务提供方（卖方）委托接受服务方（买方）将款项支付给指定第三方，并签订三方委托付款协议，这种情形虽然资金流在形式上不一致，但通过签订协议证明业务的实质性，符合增值税管理要求。

3. 债权债务抵消。甲、乙双方当事人将互负的债务（该债务的标的物种类、品质相同），通过签订协议相互抵消，虽然此种行为不存在实际资金支付，但也不违背增值税管理要求。

4. 其他情况。如以物抵债、债务转移等非货币支付方式的特殊情形，我们只要认清业务实质，不片面理解资金流，可通过相关协议和委托函证明其业务的真实性和关联性，同样符合管理要求，不影响进项抵扣。与此同时，也要警惕利用虚假证明的挂靠、违法分包转包、虚假交易行为，杜绝此类虚开增值税专用发票的违法行为。

“总分包模式”相对于“集中管理模式”：共同点是均需要申请一个母公司银行账户用于资金支付管理；区别是“总分包模式”增加了一个资金支付环节，即实施主体（子公司）对外资金支付环节，其他规则无重大区别，可参照“集中管理模式”资金支付管理要点执行。

三、会计核算管理

（一）科目体系

1. 增值税科目设置。

（1）适用一般计税方法的业务统一在“应交税费——应交增值税（一般计税方法）”进行会计核算。该二级科目下设11个三级科目，其中进项税额、销项税额、进项税额转出、预征税额科目下可根据业务需求补充增加四级科目见表4－11。

表 4－11

一级科目	科目级数	科目代码	科目名称
应交税费	1	2221	应交税费
应交税费	2	222101	应交增值税（一般计税办法）
应交税费	3	22210101	进项税额
应交税费	3	22210102	已交税金
应交税费	3	22210103	销项税额
应交税费	3	22210104	出口退税
应交税费	3	22210105	进项税额转出
应交税费	3	22210106	转出未交增值税
应交税费	3	22210107	转出多交增值税
应交税费	3	22210108	减免税款
应交税费	3	22210109	出口抵减内销产品应纳税额
应交税费	3	22210151	预征税额
应交税费	2	222130	未交增值税
应交税费	2	222131	待抵扣进项税额
应交税费	2	222132	增值税留抵税额
应交税费	2	222133	增值税检查调整

（2）适用简易计税方法的业务统一在“应交税费——应交增值税（简易计税方法）”下进行会计核算。该二级科目下设 4 个三级科目，分别是应纳税额、预征税额、结转增值税（下级结转）、转出未交增值税（汇总缴纳用），并根据业务需要设置四级科目。四级科目可根据企业业务需求补充增加见表 4－12。

表 4－12

一级科目	科目级数	科目代码	科目名称
应交税费	1	2221	应交税费
应交税费	2	222102	应交增值税（简易计税方法）
应交税费	3	22210201	应纳税额
应交税费	3	22210202	预征税额

续表

一级科目	科目级数	科目代码	科目名称
应交税费	3	22210290	结转增值税
应交税费	3	22210295	转出未交增值税

（3）增加的其他科目。配合建筑业“营改增”的会计业务核算需求，新增其他非应交税费科目：工程结算——含税计价款、工程结算——增值税额、工程施工——合同成本——关联分包成本——含税计价款、工程施工——合同成本——关联分包成本——增值税额（见表4－13）。

表4－13

一级科目	科目级数	科目代码	科目名称
工程施工	1	5401	工程施工
工程施工	2	540101	合同成本
工程施工	3	54010106	关联分包成本
工程施工	4	5401010601	含税计价款
工程施工	4	5401010602	增值税款（借方负数表示）
工程结算	1	5402	工程结算
工程结算	2	540201	含税计价款
工程结算	2	540202	增值税款（贷方负数表示）

2. 科目使用说明。

（1）一般计税方法涉及增值税科目使用说明。

①“应交税费——应交增值税（一般计税办法）”。“应交增值税（一般计税办法）”的借方发生额为购进货物、进口货物、接受应税服（劳）务支付的进项税额、预缴的增值税、转出应交未交增值税等；贷方发生额为销售货物、提供应税服（劳）务应缴纳的销项税额、出口货物退税、进项税额转出、转出多交增值税等。

②“应交税费——应交增值税（一般计税方法）——进项税额”。核算购入货物、进口货物或接受应税服（劳）务而支付的、准予从销项税额中抵扣的增值税额。借方蓝字记录购入货物、进口货物或接受应税服（劳）务支付的进项税额。借方红字记录纳税主体冲销的进项税额。贷方记录取得不动产扣税凭证当期调减的40%进项税额。

根据纳税申报表附表二要求，设置下级科目：认证相符的增值税专用发票、海关进口增值税专用缴款书、农产品收购发票或者销售发票、代扣代缴税收缴款凭证，分别核算不同扣税凭证业务。

③“应交税费——应交增值税（一般计税方法）——已交税金”。“已交税金”科目，核算企业当月缴纳本月增值税额。企业已缴纳的增值税额用蓝字登记；退回多缴的增值税额用红字登记。

④“应交税费——应交增值税（一般计税方法）——销项税额”。核算销售货物、提供应税服（劳）务应缴纳的增值税销项税额。根据税率设置四级科目。

⑤“应交税费——应交增值税（一般计税方法）——出口退税”。核算出口适用零税率的货物，向海关办理报关出口手续后，凭出口报关单等有关凭证，向税务机关申报办理出口退税而收到退回的税款。

⑥“应交税费——应交增值税（一般计税方法）——进项税额转出”。核算购进货物、在产品、产成品等发生非正常损失以及其他原因而不应从销项税额中抵扣，按规定转出的进项税额。根据转出原因设置四级科目。

⑦“应交税费——应交增值税（一般计税方法）——转出未交增值税（汇总缴纳用）”。核算纳税主体月终转出应缴未缴的增值税。月末“应交税费——应交增值税（一般计税方法）”明细账为贷方余额时，根据余额借记本科目，贷记“应交税费——未交增值税”科目。

⑧“应交税费——应交增值税（一般计税方法）——转出多交增值税（汇总缴纳用）”。核算纳税主体月终转出多缴的增值税。月末“应交税费——应交增值税（一般计税方法）”明细账为借方余额时，根据余额借记“应交税费——未交增值税”科目，贷记本科目。

⑨“应交税费——应交增值税（一般计税方法）——减免税额”。核算按规定减免的增值税款。公司按规定直接减免的增值税额借记本科目，贷记“营业外收入”科目。减征、免征等不涉及资产直接转移的减免税款不属于政府补助。

⑩“应交税费——应交增值税（一般计税方法）——出口抵减内销产品应纳税额”。反映出口企业销售出口货物后，向税务机关办理免抵退税申报，按规定计算的应免抵税额，借记本科目，贷记“应交税费——应交增值税（出口退税）”科目。

⑪“应交税费——应交增值税（一般计税方法）——预征税额”。核算汇总纳税方式下，项目部预缴的税款。企业涉及多种税率或业务大类的可在本科

目下设置四级科目。

⑫“应交税费——未交增值税”。核算期末未缴或多缴的增值税额。月度终了，将本月应缴未缴增值税自“应交税费——应交增值税——转出未交增值税”明细科目转入本科目；将本月多交的增值税自应交税费——应交增值税——转出多交增值税明细科目转入本科目。本月上缴上期应缴未缴的增值税，借记本科目，贷记“银行存款”科目。

本科目借方发生额反映期末转入的多缴的增值税，贷方发生额反映期末转入的当期发生的应缴未缴增值税。期末借方余额为企业多缴的增值税，贷方余额为未缴的增值税。

⑬“应交税费——待抵扣进项税额”。本科目核算如下两种情况：

第一种情况：用于核算辅导期一般纳税人取得尚未进行交叉稽核比对的已认证专用发票“抵扣联”、海关“进口增值税专用缴款书”以及运输费用结算单据（简称“增值税抵扣凭证”）注明或者计算的进项税额。

第二种情况：2016 年 5 月 1 日后取得的不动产，相关进项分两年抵扣，60% 部分于取得扣税凭证当期进行抵扣，剩余 40% 部分计入待抵扣进项税额，于取得扣税凭证的当月起第 13 个月获得抵扣。待抵扣进项税额记入“应交税金——待抵扣进项税额”科目核算，并于可抵扣当期转入“应交税金——应交增值税——进项税额”科目。

⑭“应交税费——增值税留抵税额”。原增值税一般纳税人兼有销售服务、无形资产或者不动产的，截止到纳入“营改增”试点之日前的增值税期末留抵税额，不得从销售服务、无形资产或者不动产的销项税额中抵扣。

如果某公司在建筑业“营改增”前已经取得增值税一般纳税人资格，在试行“营改增”当月月初，应按不得从应税服务的销项税额中抵扣的增值税留抵税额，借记“应交税费——增值税留抵税额”科目，贷记“应交税费——应交增值税——进项税额转出”科目。待以后期间允许抵扣时，按允许抵扣的金额，借记“应交税费——应交增值税——进项税额”科目，贷记“应交税费——增值税留抵税额”科目。

⑮“应交税费——增值税检查调整”。税务机关对公司检查时使用。借方核算检查后应调增账面进项税额或调减销项税额和进项税额转出的数额。贷方核算检查后应调减账面进项税额或调增销项税额和进项税额转出的数额。

（2）简易计税方法涉及的增值税科目使用说明。

①“应交税费——应交增值税（简易计税方法）”。该科目借方发生额为简易计税业务按规定允许抵减的应纳税额、预征税额以及结转增值税，贷方发

生额为简易计税方法下销售货物、提供应税服（劳）务应纳增值税额。

②“应交税费——应交增值税（简易计税方法）——应纳税额”。该科目借方发生额为简易计税业务按规定允许抵减的应纳税额，贷方发生额为销售货物、提供应税服（劳）务应缴纳的增值税额。借方余额为留抵税额，贷方余额为应缴纳的增值税额。

③“应交税费——应交增值税（简易计税方法）——预征税额”。核算汇总纳税方式下，项目部预缴的税款。本科目根据预征率和业务大类设置四级科目。

④“应交税费——应交增值税（简易计税方法）——结转增值税（下级结转）”。核算项目部发生的简易计税业务需要到纳税主体汇总缴纳的情况。项目部根据“应交税费——应交增值税（简易计税方法）——应纳税额”相关四级科目余额，借记本科目，贷记往来类科目。纳税主体接收项目部增值税时，借记往来类科目，贷记本科目。

⑤“应交税费——应交增值税（简易计税方法）——结转未交增值税（汇总缴纳用）”。核算纳税主体月终转出简易计税业务应交未交的增值税。月末“应交税费——应交增值税（简易计税方法）”明细账为贷方余额时，根据余额借记本科目，贷记“应交税费——未交增值税”科目。

（3）其他科目说明。

①“工程施工——合同成本——关联分包成本——增值税款”。支付可抵减分包款，同时必须收到对方合法发票，通过“工程施工——合同成本——关联分包成本”科目下设置四级明细科目——“增值税款”，做抵减财务分录，借记“应交税费——应交增值税（简易计税方法）——应纳税额”，贷记本科目（建议借方负数表示）。

关联分包成本下设置两个4级科目——“含税计价款”、“增值税款”的优点是可通过3级科目关联分包成本核算开累不含税真实的分包成本，通过下设4级科目核算计划部出具的含税分包计价款及开累可抵减总税款，其他应付款下设置增值税作为过渡科目缺点是过程虚增债务。

②“工程结算——增值税款”。核算项目部发生纳税义务时，通过“工程结算”科目下设置二级明细科目——“增值税款”，做预提税金分录，借记本科目（建议贷方负数表示），贷记“应交税费——应交增值税（简易计税方法）——应纳税额”，核算开累应交增值税总金额；

通过“工程结算”一级科目余额（贷方含税计价款+贷方增值税款负数）核算开累不含税计价总金额。工程结算下设置两个二级科目的优点是可以核对开累计划部含税计价总金额以及已计提税金金额，“其他应收款”下设置增值税作为过渡科目缺点是过程虚增债权。

（二）增值税销项税会计处理

1. 提供建筑业应税服务的会计处理。《关于全面推开营业税改征增值税试点的通知》（财税〔2016〕36 号）文规定，增值税纳税义务、扣缴义务发生时间为纳税人发生应税行为并收讫销售款项或者取得索取销售款项凭据的当天；先开具发票的，为开具发票的当天。

由于建设工程业主占据主导地位、工程验工计价时间间隔不定等特点，决定了建筑施工企业在预收工程款时必须给业主开具增值税发票，在工程验工计价时根据计价金额与已收款金额决定是否补开增值税发票。综合 36 号文及建筑业企业特点，施工企业可决定根据发票计提增值税销项税。

【例 4－3】 某项目部选择一般计税方法征收，当月预收业主工程款 1 110 万元。由于业主需要抵扣，必然要求开具 1 110 万元增值税专用发票（建筑施工企业一般纳税人增值税专用发票税率为 11%）。当月做如下会计处理：

（1）根据收款单及收据：

借：银行存款　　11 100 000

　　贷：预收账款　　11 100 000

（2）根据增值税专用发票：

借：工程结算——增值税款　　1 100 000（建议贷方负数表示）

　　贷：应交税费——应交增值税——销项税额　　1 100 000

【例 4－4】 次月，收到业主出具的正式工程计价单 2 000 万元（含税），并补开 890 万元的增值税专用发票。

（1）根据正式工程计价单：

借：应收账款　　20 000 000（此处不能考虑应收预收账款冲销）

　　贷：工程结算——含税计价款　　20 000 000

（2）根据增值税专用发票：

借：工程结算——增值税款　　882 000（建议贷方负数表示）

　　贷：应交税费——应交增值税——销项税额　　882 000

期末，“工程结算”一级科目余额为不含税计价款（工程结算一级科目 = 含税计价款 + 增值税款【贷方负数】），与销售额一致。“工程结算”科目下设置含税计价款及增值税款优点是可核对开累、年累含税计价金额、已提销项税额。由于建筑业企业工程结算时间间隔较长（一般周期为季度甚至更长），在其他应收款下设置增值税作为过渡科目将造成长期过程虚增债权，核算更为复杂，计提的增值税分录要不断重复地冲销。

选择简易计税方法项目，核算方法同上。计提税金时借记“工程结算——增值税款”，贷记“应交税费——应交增值税——应纳税额”（税率为3%）。简易计税项目与一般计税项目的区别是没有进销项税额区分，在“应交税费”科目中应纳税额及可抵减税额均在“应交税费——应交增值税——应纳税额”科目中反映。

2. 发生非建筑业增值税应税项目的会计处理。

（1）销售自产的特定货物。选择按照简易办法依照3%征收率计算缴纳增值税。包括：

①建筑用和生产建筑材料所用的砂、土、石料；

②以自己采掘的砂、土、石料或者其他矿物连续生产的砖、瓦、石灰（不含黏土实心砖、瓦）；

③自来水；

④商品混凝土（仅限于以水泥为原料生产的水泥混凝土）。

【例4-5】某项目部8月份隧道出渣卖给其他单位项目部，收取价款10 300元，并开具增值税专用发票，当日收到款项，则账务处理分录为：

借：银行存款　　10 300

　贷：其他业务收入　　10 000(10 300/(1+3%))

　　应交税费——未交增值税　　3 000(10 300/(1+3%)×3%)

（2）销售施工使用过的未抵扣进项税额的施工设备（按简易征收办法计税，依照3%征收率并减按2%征收，直接通过“应交增值税——未交增值税”科目核算）。

取得清理收入时账务处理分录为：

借：银行存款（应收账款）

　贷：固定资产清理

　　应交税费——未交增值税

其他分录同固定资产清理。

（3）销售施工过程中的材料、废旧边角料（采用一般计税方法按适用的税率计算缴纳增值税额）。

这里需要注意的是：开具增值税票、相应的进项税要转出、如实入账。

【例4-6】某项目部7月份销售废钢材收款2.34万元，对应的原入账进项税额为0.32万元，已开具增值税发票，则账务处理分录为：

借：银行存款 23 400

贷：其他业务收入 20 000

应交税费——应缴增值税（销项税额） 3 400

应交增值税额 =0.34 -0.32 =0.02（万元）

（4）提供机械设备租赁业务。施工企业提供租赁机械设备业务，按照有形动产、动产租赁相关规定计算并缴纳增值税。

①"营改增"前购进或者自制的有形资产为标的物提供的经营租赁服务选择按照简易3%增收，其账务处理分录为：

借：银行存款（应收账款）

贷：其他业务收入

应交增值税——未交增值税

（2）"营改增"后适用一般计税方法（17%）。

视同销售的会计处理：

企业若发生下列行为应当视同销售业务，计算并缴纳增值税：

- 企业法人间互相划拨材料（集中采购）：

一般计税方法。

- 调拨施工生产设备、车辆等固定资产。注意与销售自己使用过的施工设备的区别。

（三）增值税进项税会计处理

增值税进项税额的规定相对复杂严格，不管行政领导还是业务人员都应该对抵扣政策准确把握，做到合理签订合同的相关约定等，保证及时提供相关增值税抵扣凭证，以便财务人员准确核算进项税额。当所采购货物、服务用于不可抵扣情形时，不应收取增值税专用发票，如果已取得增值税专用发票，为防止滞留票，也应进行进项税额认证，并按规定及时进行进项税额转出处理。

1. 一般计税项目采购物资、固定资产等需取得增值税专用发票时，做如下会计分录：

借：原材料/固定资产

应交税费——应交增值税——进项税额

贷：应付账款/银行存款等

2. 一般计税项目住宿费、通讯费、印刷费等费用支出时需取得增值税专用发票，做如下会计分录：

借：工程施工——合同成本——其他直接费用/间接费用等

应交税费——应交增值税——进项税额

贷：银行存款等

3. 一般计税项目机械租赁结算时需取得增值税专用发票（建议不预付机械租赁费），做如下会计分录：

借：工程施工—合同成本——机械使用费

应交税费——应交增值税——进项税额

贷：应付账款

4. 工程分包时涉及的业务：

（1）预付工程分包款时，根据银行回单、对方收据做如下会计分录：

借：预付工程款

贷：银行存款

（2）一般计税项目在支付分包款时需取得增值税专用发票，并根据发票做进项税分录：

借：应交税费——应交增值税——进项税额

贷：工程施工——合同成本——关联分包成本——增值税款（建议借方负数表示）

（3）简易计税项目在支付分包款时需取得增值税普通发票，并根据发票做税额抵减分录：

借：应交税费——应交增值税——应纳税额

贷：工程施工——合同成本——关联分包成本——增值税款（建议借方负数表示）

（4）分包结算时，出具工程计价单，做如下会计分录：

借：工程施工——合同成本——关联分包成本——含税计价款

贷：预付工程款

如果结算大于预付金额，应要求开具差额部分增值税专用发票，同时按上述第（2）项做进项税分录。

（四）增值税进项税转出会计处理

1. 简易计税项目、免征增值税项目取得增值税专用发票。简易计税项目、免征增值税项目进项税额不允许抵扣，但若业务人员不慎取得增值税专用发票，为避免滞留票也必须先进行认证，再将认证的发票全部转出。

借：成本费用类

贷：应交税费——应交增值税——进项税额转出

2. 存货、在产品、产成品发生非正常损失。定期盘库时，如果发现因管理不善导致存货、在产品、产成品，被盗、丢失、霉烂变质，应对已抵扣的进项税额进行转出。

借：待处理财产损溢

　　贷：原材料等

　　　　应交税费——应交增值税——进项税额转出

3. 购买时已抵扣进项税的固定资产、不动产发生非正常损失。已抵扣进项税的固定资产、不动产发生非正常损失，必须由相关管理部门提交报废申请报告，经管理层批准应对已抵扣的进项税额进行转出。

借：固定资产清理

　　累计折旧

　　固定资产减值准备

　　贷：固定资产

　　　　应交税费——应交增值税——进项税额转出

4. 工程物资（或在建工程）发生非正常损失。在建工程因非正常损失发生报废，应把前期已抵扣的进项税额进行转出处理。

借：待处理财产损溢

　　贷：在建工程

　　　　应交税费——应交增值税——进项税额转出

5. 购买库存物资、服务改变用途。购进货物或应税劳务、应税服务改变用途，用于免征增值税项目、集体福利或者个人消费等不可抵扣用途，应把已抵扣的进项税额进行转出处理。

借：成本费用类

　　贷：原材料等

　　　　应交税费——应交增值税——进项税额转出

发生第一至五条进项税额转出时，同时应做如下会计分录：

借：应交税费——应交增值税——进项税额转出

　　贷：应交税费——应交增值税——进项税额

（五）红字增值税专用发票会计处理

纳税人发生应税行为，开具增值税专用发票后，发生开票有误或者销售折让、中止、退回等情形的，应当按规定开具红字增值税专用发票。

【例 4－7】 ××工程项目选择一般计税方法核算，月初收到一批材料及增值税专用发票234万元（工程税率17%），做如下会计分录：

借：原材料　2 000 000

　　应交税费——应交增值税——进项税额　340 000

　　贷：应付账款　2 340 000

月末，发现有一半材料不合格，退回至供应商，并向主管税务机关填报《开具红字增值税专用发票申请单》，要求供应商开具红字增值税专用发票117万元，做如下会计分录：

借：原材料　-1 000 000

　　应交税费——应交增值税——进项税额　-170 000

　　贷：应付账款　-1 170 000

纳税申报表中，红字增值税进项税额不应填列在进项税额位置，所以应做如下账务处理：

借：应交税费——应交增值税——进项税额　170 000

　　贷：应交税费——应交增值税——进项税额转出　170 000

借：应交税费——应交增值税——进项税额转出　170 000

　　贷：应交税费——应交增值税——转出未交增值税　170 000

（六）月末增值税会计处理

1. 预征税额。月末，各项目部在建筑施工服务地按相应征收率预缴税金（一般计税2%，简易计税3%），同时结转预缴增值税税额至法人公司。分别做会计分录如下：

项目部：

借：应交税费——应交增值税——预征税额

　　贷：银行存款等

借：内部往来——××公司

　　贷：应交税费——应交增值税——预征税额

公司机关：

借：应交税费——应交增值税——预征税额

　　贷：内部往来——××项目部

2. 月末结转。

(1) 选择简易计税法月末结转。

①月末，项目部结转简易计税应纳税额（当期应纳税额贷方发生数），做会计分录如下：

借：应交税费——应交增值税——结转增值税（应纳税额贷方发生额）

贷：内部往来——××公司

公司机关接收简易计税应纳税额，做会计分录：

借：内部往来——××项目部

贷：应交税费——应交增值税——转出未交增值税

②月末，项目部结转分包可抵减（扣除前）销售税额，项目部做会计分录如下：

借：内部往来——××公司

贷：应交税费——应交增值税——结转增值税（应纳税额借方发生额）

公司机关接收简易计税项目分包可递减销售税额，做会计分录如下：

借：应交税费——应交增值税——转出未交增值税

贷：内部往来——××项目部

③原则上简易计税项目应交增值税月末无余额，月末结平应交增值税三级科目明细，会计分录如下：

借：应交税费——应交增值税——应纳税额

贷：应交税费——应交增值税——结转增值税

借：应交税费——应交增值税——结转增值税

贷：应交税费——应交增值税——预征税额

（2）选择一般计税法月末结转。

①月末，各项目部结转当期进销项税额，公司机关汇总纳税申报，做如下会计分录：

项目部：

借：应交税费——应交增值税——销项税额

贷：内部往来——××公司

应交税费——应交增值税——结转增值税——进项税额

公司机关：

借：内部往来——××公司

应交税费——应交增值税——进项税额

贷：应交税费——应交增值税——销项税额

②月末，各单位结转“应交税费——应交增值税”三级科目，原则上各单位“应交税费——应交增值税”科目应无余额。

公司机关汇总纳税申报，并做如下会计分录：

借：应交税费——应交增值税——销项税额
　　贷：应交税费——应交增值税——进项税额
　　　　应交税费——应交增值税——预征税额
　　　　应交税费——应交增值税——转出未交增值税
借：应交税费——应交增值税——转出未交增值税
　　贷：应交税费——未交增值税

次月公司机关在机构所在地缴纳增值税时，做如下会计分录：

借：应交税费——未交增值税
　　贷：银行存款等

第三节 税务管理

一、建筑业增值税基本情况

（一）营业税与增值税的主要区别

1. 营业税与增值税说明。营业税，是对在中国境内提供应税劳务、转让无形资产或销售不动产的单位和个人，就其所取得的营业额征收的一种流转税。

增值税，是以商品（含应税劳务、服务）在流转过程中产生的增值额作为计税依据而征收的一种流转税。

2. 营业税与增值税主要不同点。

（1）征收范围不同。营业税是针对提供应税劳务、销售不动产、转让无形资产等征收的一种税。增值税是针对在我国境内销售商品和提供服务而征收的一种税。

（2）计税依据不同。营业税是价内税，对全部营业额收取，按照应税劳务或应税行为的营业额或转让额、销售额依照法定的税率缴纳。增值税是价外税，不计入企业收入和成本，以货物或服务的增值额为税基，应纳税额为销项税额抵减进项税额后的余额。

（3）征收环节不同。营业税针对营业额收取，只要有一道营业额，就需征收一次营业税，从整个产业链条来看，存在重复征税的弊端。增值税针对增值额收取，道道征税，层层抵扣，避免了漏征税或重复征税的现象。

（4）税收分配以及征收机关不同。营业税为地方税，由地方税务局征收管理。增值税为中央地方共享税，由国家税务局征收。

（5）税目与税率设置方式不同。营业税是从应税劳务的综合性经营特点出发，按照不同经营行业设计不同的税目、税率。增值税是按照商品或征税项目的种类、品种设置税目、税率。

（二）建筑业增值税适用范围

建筑业增值税的征税范围符合《营业税改征增值税试点实施办法的规定》，只要一项建筑服务同时满足以下四个条件，就需要缴纳增值税。

1. 建筑服务行为发生在中华人民共和国境内。指建筑服务的销售方或者购买方在境内，但不包括境外单位或个人向境内单位或个人销售完全在境外发生的建筑服务。

2. 建筑服务行为是属于建筑业税目中列支的业务活动。

3. 建筑服务行为是为他人提供的。指建筑服务的对象必须是其他单位或者个人，不是自己，即自我服务不征税。

4. 建筑服务行为是有偿的。有偿，是指取得货币、货物或者其他经济利益。

不同时满足上述四个增值税征税条件仍需要缴纳增值税，《营业税改征增值税试点实施办法的规定》中，特别指出单位或者个体工商户向其他单位或者个人无偿提供建筑服务，但用于公益事业或者以社会公众为对象的除外，应视同销售，缴纳增值税。

（三）相关适用税目和税率

1. 建筑业适用的销项税税目和税率。

（1）适用税目。建筑服务包括各类建筑物、构筑物及其附属设施的建造、修缮、装饰，线路、管道、设备、设施等的安装以及其他工程作业。具体税目包括工程服务、安装服务、修缮服务、装饰服务和其他建筑服务。

①工程服务：是指新建、改建各种建筑物、构筑物的工程作业，包括与建筑物相连的各种设备或者支柱、操作平台的安装或者装设工程作业，以及各种窑炉和金属结构工程作业。

②安装服务：是指生产设备、动力设备、起重设备、运输设备、传动设

备、医疗实验设备以及其他各种设备、设施的装配、安置工程作业，包括与被安装设备相连的工作台、梯子、栏杆的装设工程作业，以及被安装设备的绝缘、防腐、保温、油漆等工程作业。

固定电话、有线电视、宽带、水、电、燃气、暖气等经营者向用户收取的安装费、初装费、开户费、扩容费以及类似收费，按照安装服务缴纳增值税。

③修缮服务：是指对建筑物、构筑物进行修补、加固、养护、改善，使之恢复原来的使用价值或者延长其使用期限的工程作业。

④装饰服务：是指对建筑物、构筑物进行修饰装修，使之美观或者具有特定用途的工程作业。

⑤其他建筑服务：是指上列工程作业之外的各种工程作业服务，如钻井（打井）、拆除建筑物或者构筑物、平整土地、园林绿化、疏浚（不包括航道疏浚）、建筑物平移、搭脚手架、爆破、矿山穿孔、表面附着物（包括岩层、土层、沙层等）剥离和清理等工程作业。

（2）适用税率。

①纳税人分类：建筑业增值税纳税人分为一般纳税人和小规模纳税人，纳税人提供建筑服务的年应征增值税销售额超过500万元（含本数）的为一般纳税人，未超过规定标准的纳税人为小规模纳税人。

②适用税率或征收率：一般纳税人适用税率为11%；小规模纳税人提供建筑服务，以及一般纳税人提供的可选择简易计税方法的建筑服务，征收率为3%。

③建筑业一般纳税人可以选择适用简易计税方法的服务：一般纳税人以清包工方式提供的建筑服务，可以选择适用简易计税方法计税。以清包工方式提供建筑服务，是指施工方不采购建筑工程所需的材料或只采购辅助材料，并收取人工费、管理费或者其他费用的建筑服务。

一般纳税人为甲供工程提供的建筑服务，可以选择适用简易计税方法计税。甲供工程，是指全部或部分设备、材料、动力由工程发包方自行采购的建筑工程。

一般纳税人为建筑工程老项目提供的建筑服务，可以选择适用简易计税方法计税。建筑工程老项目，是指：

《建筑工程施工许可证》注明的合同开工日期在2016年4月30日前的建筑工程项目；

未取得《建筑工程施工许可证》的，建筑工程承包合同注明的开工日期在2016年4月30日前的建筑工程项目。

④预交税款：鉴于建筑服务行为通常跨县（市、区）发生，对于跨县（市、区）提供建筑服务的一般纳税人，按照2%的预征率计算应预缴税款，小规模纳税人，以及一般纳税人提供的可选择简易计税方法的建筑服务，按照3%的征收率计算应预缴税款。

2. 建筑业涉及的主要进项税税目和税率。

（1）凭取得的合规票据可抵扣增值税进项税的主要项目及税率见表4－14。

表4－14

费用项目	业务模式或类型	提供货物或服务的纳税人身份	税率	说明
人工费	对外劳务分包	一般纳税人	11%	分包人有施工资质，选择一般计税方式
人工费	对外劳务分包	一般纳税人	3%	分包人有施工资质，选择简易计税的方式
人工费	对外劳务分包	小规模纳税人	3%	分包给为小规模纳税人
人工费	接受劳务派遣	一般纳税人	6%	劳务派遣单位为一般纳税人
人工费	接受劳务派遣	一般纳税人及小规模纳税人	5%	一般纳税人与小规模纳税人选择简易计税差额纳税
材料费	材料采购专用发票	一般纳税人	17%	购买一般纳税人的普通货物
材料费	材料采购专用发票	一般纳税人	13%	购买一般纳税人的农产品等特定货物
材料费	材料采购专用发票	小规模纳税人	3%	购买小规模纳税人的货物
材料费	运费专用发票	一般纳税人	11%	运输单位为一般纳税人
材料费	运费专用发票	小规模纳税人	3%	运输单位为小规模纳税人
机械使用费	租赁施工机械费用	一般纳税人	17%	出租单位为一般纳税人
机械使用费	租赁施工机械费用	小规模纳税人	3%	出租单位为小规模纳税人
分包工程费	专业工程对外分包	一般纳税人	11%	分包给有资质的一般纳税人
分包工程费	专业工程对外分包	小规模纳税人	3%	分包给有资质的小规模纳税人
周转材料	自行采购	一般纳税人	17%	销售单位为一般纳税人
周转材料	自行采购	小规模纳税人	3%	销售单位为小规模纳税人
周转材料	对外租赁	一般纳税人	17%	出租单位为一般纳税人
周转材料	对外租赁	小规模纳税人	3%	出租单位为小规模纳税人
周转材料	运输费用	一般纳税人	11%	运输单位为一般纳税人
周转材料	运输费用	小规模纳税人	3%	运输单位为小规模纳税人

续表

费用项目	业务模式或类型	提供货物或服务的纳税人身份	税率	说　明
临时设施	按建筑服务外包	一般纳税人	11%	分包给有资质的一般纳税人
		小规模纳税人	3%	分包给小规模纳税人
	材料部分自行采购	一般纳税人	17%	销售单位为一般纳税人
		小规模纳税人	3%	销售单位为小规模纳税人
	安装部分外包	一般纳税人	11%	分包给有资质的一般纳税人
		小规模纳税人	3%	分包给小规模纳税人
劳动保护费	发生的劳保费用	一般纳税人	17%	销售单位为一般纳税人
		小规模纳税人	3%	销售单位为小规模纳税人
安全措施费	发生安全防护措施费用	一般纳税人	17%	销售单位为一般纳税人
		小规模纳税人	3%	销售单位为小规模纳税人
检验试验费	支付的检验、检测、实验费用	一般纳税人	6%	服务单位为一般纳税人
		小规模纳税人	3%	服务单位为小规模纳税人
办公费用（其中：生产用水、电、暖、气等费用计入工程成本）	购买办公用品、耗材等	一般纳税人	17%	销售单位为一般纳税人
		小规模纳税	3%	销售单位为小规模纳税人
	发生的书报费	一般纳税人	13%	销售单位为一般纳税人
		小规模纳税人	3%	销售单位为小规模纳税人
	生产和办公用水费	一般纳税人	13%	一般纳税人提供的自来水
			3%	自产的自来水或供应商为一般纳税人的自来水公司销售自来水（采用简易征收的）
		小规模纳税	3%	小规模纳税人提供的自来水
	生产和办公用电费	一般纳税人	17%	供电单位为一般纳税人
			3%	县级及县级以下小型水力发电单位生产的电力（采用简易征收的）
		小规模纳税人	3%	供电单位为小规模纳税人
	生产和办公用取暖费	一般纳税人	13%	销售单位为一般纳税人
		小规模纳税	3%	销售单位为小规模纳税人

续表

费用项目	业务模式或类型	提供货物或服务的纳税人身份	税率	说明
办公费用（其中：生产用水、电、暖、气等费用计入工程成本）	生产和办公用燃料、煤气等费用	一般纳税人	13%	销售单位为一般纳税人
		小规模纳税人	3%	销售单位为小规模纳税人
通信费用	电信通信费用	一般纳税人	11%	购买的基础电信服务
			6%	购买的增值电信服务
		小规模纳税人	3%	小规模纳税人提供的服务
	发生的邮寄费用	一般纳税人	11%	接受交通运输服务
			6%	接受物流辅助服务
		小规模纳税人	3%	小规模纳税人提供的服务
差旅费用	员工因公出差发生的住宿费	一般纳税人	6%	一般纳税人提供的住宿服务
		小规模纳税人	3%	小规模纳税人提供的住宿服务
会议费用	支付给会议举办方的会议费	一般纳税人	6%	服务单位为一般纳税人
		小规模纳税人	3%	服务单位为小规模纳税人
培训费用	支付的与生产经营有关的培训费用	一般纳税人	6%	服务单位为一般纳税人
		小规模纳税人	3%	服务单位为小规模纳税人
车辆费用	购买车辆及维修、油料等费用	一般纳税人	17%	一般纳税人提供的销售或劳务
		小规模纳税人	3%	小规模纳税人提供的销售或劳务
	支付的道路、桥、闸通行费	一般纳税人	3%	高速公路通行费（至 2016 年 7 月 31 日）
		一般纳税人	5%	一级公路、二级公路、桥、闸通行费（至 2016 年 7 月 31 日）
车辆费用	支付的道路、桥、闸通行费	一般纳税人	5%	开工日期在 2016 年 4 月 30 日前的一级公路、二级公路、桥、闸通行费（选择简易计税）
		小规模纳税人	3%	小规模纳税人提供的服务
	支付的停车费	一般纳税人	11%	一般计税的停车服务
			5%	简易计税的停车服务

续表

费用项目	业务模式或类型	提供货物或服务的纳税人身份	税率	说　明
车辆费用	支付的停车费	小规模纳税人	3%	小规模纳税人提供的服务
	支付的车辆保险费用	一般纳税人	6%	一般纳税人提供的保险服务
		小规模纳税人	3%	小规模纳税人提供的保险服务
租赁费用	不动产租赁费用	一般纳税人	11%	一般纳税人提供的不动产租赁
			5%	一般纳税人提供的选择简易计税的不动产租赁
		小规模纳税人	5%	小规模纳税人提供的不动产租赁
		个人	1.5%	租赁个人住房
	动产租赁费用	一般纳税人	17%	一般纳税人提供的动产租赁
		小规模纳税人	3%	小规模纳税人提供的不动产租赁
物业费用	用于办公楼保洁等物业管理费用	一般纳税人	6%	服务单位为一般纳税人
		小规模纳税人	3%	服务单位为小规模纳税人
绿化费用	用于办公环境绿化等发生的费用	一般纳税人	13%	销售单位为一般纳税人
		小规模纳税人	3%	销售单位为小规模纳税人
维修费用	房屋维修费	一般纳税人	11%	房屋建筑物维修外包给一般纳税人
	设备维修费		17%	机械设备等维修外委给一般纳税人
	房屋、设备维修费用	小规模纳税人	3%	小规模纳税人提供的维修服务
财产保险费	购买财产保险的支出	一般纳税人	6%	保险机构为一般纳税人
		小规模纳税人	3%	保险机构为小规模纳税人
广告宣传费用	广告用材料费、印刷费用	一般纳税人	17%	一般纳税人销售货物提供劳务
	广告宣传、代理、设计、展览等费用		6%	一般纳税人提供的广告宣传服务
	广告宣传费	小规模纳税人	3%	小规模纳税人提供的广告宣传服务
中介服务费	支付给中介机构的费用	一般纳税人	6%	中介机构为一般纳税人
		小规模纳税人	3%	中介机构为小规模纳税人
技术服务费	与技术相关的服务费用	一般纳税人	6%	服务机构为一般纳税人
		小规模纳税人	3%	服务机构为小规模纳税人

续表

费用项目	业务模式或类型	提供货物或服务的纳税人身份	税率	说明
技术研发费	研发项目发生的劳务费用	一般纳税人	11%	项目工程劳务分包给一般纳税人
			6%	项目劳务接受一般纳税人劳务派遣
		小规模纳税人及一般纳税人	3%	项目工程劳务分包给小规模纳税人或一般纳税人选择简易计税
			5%	一般纳税人与小规模纳税人选择简易计税差额纳税的劳务派遣服务
	研发项目采购的材料、设备费用	一般纳税人	17%	销售单位为一般纳税人
		小规模纳税人	3%	销售单位为小规模纳税人
	项目外委研发支出	一般纳税人	6%	受托单位为一般纳税人
		小规模纳税人	3%	受托单位为小规模纳税人
财务费用	直接收费金融服务	一般纳税人	6%	服务机构为一般纳税人
		小规模纳税人	3%	服务机构为小规模纳税人
固定资产	购置不动产支出（分期抵扣）	一般纳税人	11%	销售单位为一般纳税人
			5%	销售单位为一般纳税人，选择简易计税的不动产
		小规模纳税人	5%	销售单位为小规模纳税人
固定资产	购置有形动产支出	一般纳税人	17%	销售单位为一般纳税人（不含旧物）
		小规模纳税人	3%	销售单位为小规模纳税人（含旧物）
	固定资产安装费用	一般纳税人	11%	外委给有资质的一般纳税人
		小规模纳税人或一般纳税人	3%	外委给小规模纳税人或一般纳税人选择简易计税
无形资产	购置土地使用权	一般纳税人	11%	转让单位为一般纳税人（一般计税）
		小规模纳税人	5%	转让单位为小规模纳税人
	购置其他无形资产	一般纳税人	6%	销售单位为一般纳税人
		小规模纳税人	3%	销售单位为小规模纳税人

(2) 现行增值税税率及征收率明细表（见附件1），现行建筑业定额材料增值税参照表（见附件2）。

二、增值税发票和申报管理

（一）预缴管理

1. 预缴2%适用情形。一般纳税人跨县市提供建筑服务，适用一般计税的，以取得全部价款和价外费用为销售额计算应纳税额，纳税人应以取得的全部价款和价外费用扣除支付的分包款后的余额，按照2%的预征率在建筑服务发生地主管国税机关预缴税款后，向机构所在地主管税务机关纳税申报。

操作流程如下：

2016年5月1日后签订的合同为新项目，新项目需开发票的，在机构所在地主管国税机关范围内的项目不需要预缴税，可在机构开增值税发票后次月在主管国税机关纳税申报缴税。

新项目跨县市的，应先在国税备案登记，在国税机关办理外出经营税收证明，持外经证明、合同原件及复印件、"三证合一"的营业执照，法人身份证复印件至项目所在地国税机关报验登记，登记完成后在项目所在地主管国税预缴2%的增值税，项目所在地主管地税预缴随增值税预缴的附加税费，经办人员依据预缴的增值税及附加税费的完税证明开具增值税发票。

2. 预缴3%适用情形。一般纳税人跨县市提供建筑服务（一般纳税人以清包工方式提供建筑服务、以甲供材方式提供建筑服务、为建筑工程老项目提供建筑服务），适用简易计税方法的，以取得全部价款和价外费用为销售额计算应纳税额，纳税人应以取得的全部价款和价外费用扣除支付分包款后的余额，按照3%的预征率在建筑服务发生地主管国税机关预缴税款后，向机构所在地主管税务机关纳税申报。

操作流程如下：

2016年5月1日前签订合同的或施工许可证日期为5月1日前的项目为老项目，老项目需要开发票的，应在机构所在地国税机关在简易征收备案登记（登记后36个月内不得改变），登记完成后需在国税开具外出经营管理税收证明，持外经证明、项目合同原件及复印件、三证合一的营业执照、简易征收备案登记表、法人身份证复印件至项目所在地国税机关报验登记。登记完成后在项目所在地主管国税机构预缴3%的增值税，项目所在地主管地税预缴随增值税预缴的附加税费，经办人员依据预缴的增值税及附加税费的完税证明开具增值税发票。

（二）纳税申报

1. 纳税申报期限。一般纳税人提供的建筑服务以1个月为1个纳税期，自期满后15日内申报纳税；小规模纳税人提供的建筑服务以1个季度为1个纳税期，自期满后15日内申报纳税。

2. 纳税申报地点。适用一般计税方法计税的一般纳税人跨县市提供的建筑服务，按2%在建筑服务发生地预缴税款后，向机构所在地主管税务机关进行纳税申报。

适用简易方法计税的一般纳税人跨县市提供的建筑服务，按3%在建筑服务发生地预缴税款后，向机构所在地主管税务机关进行纳税申报。

小规模纳税人跨县市提供的建筑服务，按照3%征收率在建筑服务发生地预缴税款后，向机构所在地主管税务机关进行纳税申报。

操作流程如下：

纳税期满后15日内，填报新版“增值税纳税申报表”及其附列资料进行申报纳税。

纳税申报资料有：

1.《增值税纳税申报表》。

2.《增值税纳税申报表附列资料（一）》本期销售情况明细。

3.《增值税纳税申报表附列资料（二）》本期进项税额明细。

4.《增值税纳税申报表附列资料（三）》服务、不动产和无形资产销售明细。

5.《增值税纳税申报表附列资料（四）》税额抵减情况明细。

6.《增值税纳税申报表附列资料（五）》不动产分期抵扣明细。

7.《增值税减免申报明细表》。

8.《固定资产进项税额抵扣情况表》。

9.《增值税差额征税扣除项目清单》。

10.《本期抵扣进项税额结构明细表》。

11.《“营改增”税负分析测算明细表》。

12.《资产负债表》。

13.《利润表》。

纳税申报其他资料：

1. 开具的普通发票“存根联”。

2. 符合抵扣条件且在本期申报抵扣增值税专用发票的“抵扣联”。

3. 符合抵扣条件且在本期申报抵扣的税收完税凭证及其清单，书面合同、付款证明或者发票。

4. 预缴税款的，需填写“增值税预缴税款表”。

上门申报：在纳税申报期内到主管税务机关办税服务大厅办理纳税申报。

网上申报：登录——申报——扣款——报送纸质资料——获取税票。

（三）发票开具

发票领用：企业经办人执以下资料至办事服务大厅领取增值税普通发票及专用发票。

1. 纳税人领用发票票种核定表。

2. “税务登记证”或“三证合一”的营业执照。

3. 经办人身份证复印件。

4. 发票专用章。

项目开具发票流程：项目人员执“增值税预缴税款表”及预缴增值税及附加税费完税证明，填写发票开具信息表至开票人员处适用增值税税控系统开具增值税专用发票及普通发票。发票开具后项目人员签字领取“发票联”，发票开具人员留存发票“存根联”及完税凭证。

增值税发票开具规定：

1. 项目齐全，与实际交易相符；

2. 字迹清楚，不得压线、错格；

3. “发票联”和“抵扣联”加盖发票专用章；

4. 按照增值税纳税义务发生时间开具。

（四）认证抵扣

1. 一般纳税人取得增值税专用发票（含机动车销售统一发票），应在开具之日起 180 天内办理认证手续，并在认证通过的次月申报期内，向主管国税机关申报抵扣进项税。

2. 2016 年 5 月 1 日起，试点纳税人中纳税信用等级 A 级、B 级增值税一般纳税人取得的销售方使用新系统开具的增值税发票，可以不再进行扫描认证，通过增值税专用发票税控开票软件，登录增值税发票查询平台，查询、选择用于申报抵扣或者出口退税的增值税发票信息。

3. 实行海关进口增值税专用缴款书管理办法的增值税一般纳税人取得的海关缴款书，应在开具之日起 180 天内向主管国税机关报送《海关完税凭证抵扣清单》申请稽核比对。

4. 购进农产品，除取得的专用发票或者海关进口增值税专用发票缴款书外，按照农产品收购发票或者销售发票上注明的买价和 13% 的扣除率计算进项税额。

认证流程如下：

（1）项目人员提供合规的专用发票“抵扣联”并登记签收。

（2）使用增值税税控盘登录网上认证系统，录入需进项抵扣的专用发票“抵扣联”发票号及销方纳税登记号进行勾选。勾选完成后打印确认勾选抵扣统计表，次月抵扣申报。

（五）主要纳税申报表模板（见附件 1）。

三、不得开具增值税专用发票的情形

增值税专用发票是由国家税务总局监制的，只限于增值税一般纳税人领购使用，既作为纳税人反映经济活动中的重要会计凭证，又是兼记销货方纳税义务和购货方进项税额的合法证明；是增值税计算和管理中重要的、决定性的、合法的专用发票。小规模纳税人和个人符合专票开具条件可以向税务机关申请，经批准后由税务机关代开增值税专用发票。

增值税专用发票的开具范围主要受两个方面因素限制：（1）购货方或接受方是否能够凭取得的增值税专用发票来抵扣增值税款；（2）销售方或提供方能否按税法规定开具增值税专用发票。

不得开具增值税专用发票的情形具体有以下几项：

（一）向消费者个人销售服务、无形资产或者不动产

消费者个人强调的是所有自然人，包括企业对企业的员工个人提供的销售服务、无形资产或者不动产，其个人购进目的只是为满足个人和家庭需要，包括个人投资理财。后期个人将取得的不动产出租给一般纳税人均可到税务机关代开增值税专用发票（税总函〔2016〕145 号，目前仅明确了个人出租不动产可申请代开增值税专用发票，但对个人销售不动产则没有明确规定），但在增值税纳税人向消费者个人销售服务、无形资产或者不动产这个环节，消费者个人是应税行为的最终消费者，也是增值税税款的最终承担者，无须取得增值税专用发票据以进行进项税抵扣，因此增值税纳税人在此环节是不可以开具增值税专用发票给消费者个人的。

（二）适用免征增值税规定的应税行为

《中华人民共和国增值税暂行条例》、财税〔2016〕36 号、财税〔2013〕106 号、税务总局公告〔2014〕第 49 号等文件，罗列了若干项免征增值税的情形列于其免税范畴的均不得开具增值税专用发票。

（三）小规模纳税人销售货物或者应税劳务的

1. 小规模纳税人不能自行开具专用发票，只能向税务机关申请代开专用发票。

2. 小规模纳税人销售自己使用过的固定资产、销售旧货，应开具普通发票，不得由税务机关代开增值税专用发票。

3. 小规模纳税人或一般纳税人销售旧货，应开具普通发票，不得自行开具或者由税务机关代开增值税专用发票。

4. 除上述特殊规定以外，销售货物、提供应税劳务或者提供应税服务可代开专用发票。

（四）一般纳税人销售自己使用过的固定资产

凡根据财税〔2008〕170 号、财税〔2009〕9 号、国家税务总局公告 2012 年第 1 号、国税函〔2009〕90 号和财税〔2014〕57 号等文件规定，按简易办法依 3% 征收率减按 2% 征收增值税，不得开具增值税专用发票。但如果“纳税人销售自己使用过的固定资产，适用简易办法依照 3% 征收率减按 2% 征收增值税政策的，可以放弃减税，按照简易办法依照 3% 征收率缴纳增值税，并可以开具增值税专用发票。”

（五）属于代收款项性质的收款事项

1. 符合以下条件，代为收取政府性基金或者行政事业性收费。

（1）由国务院或者财政部批准设立的政府性基金，由国务院或者省级人民政府及其财政、价格主管部门批准设立的行政事业性收费；

(2) 收取时开具省级以上（含省级）财政部门监（印）制的财政票据；

(3) 所收款项全额上缴财政。

2. 以委托方名义开具发票代委托方收取的款项。这条的核心是收取的资金最终属于委托方，委托方会向支付方开具发票，企业在中间只起到代收代付的中间作用。而且从资金流的角度，三方最后再签订三方协议对此代收付事项予以明确，规避企业纳税风险。

（六）其他不可开具增值税专用发票事项

1. 零税率应税服务不得开具增值税专用发票。

(1) 实行增值税退（免）税办法的增值税零税率应税服务不得开具增值税专用发票。

(2) 纳税人提供建筑服务取得的收入“营改增”试点前已缴纳营业税，尚未开具营业税发票的，“营改增”试点之后可开具增值税普通发票（零税率），但不能开具增值税专用发票。

2. 一般纳税人会计核算不健全，或者不能够提供准确税务资料的，应当按照销售额和增值税税率计算应纳税额，不得开具增值税专用发票。

3. 应当申请办理一般纳税人资格认定而未申请的，应当按照销售额和增值税税率计算应纳税额，不得抵扣进项税额，不得开具增值税专用发票。

4. 商业企业一般纳税人零售的烟、酒、食品、服装、鞋帽（不包括劳保专用部分）、化妆品等消费品不得开具专用发票，而且企业取得上述范围内的发票也不可进行进项税额抵扣。

5. 销售报关出口的货物、在境外销售应税劳务。

四、不得进项抵扣的情形

目前税法规定的可抵扣的增值税发票包括增值税专用发票、海关完税凭证、免税农产品的收购发票或销售发票和货物运输业统一发票。

增值税是完全凭票抵扣的，未取得增值税发票不可以进项抵扣，但有些特殊情况就是取得了增值税扣税凭证，也不得进行进项税抵扣。具体有以下情形：

（一）用于简易计税方法计税项目的购进货物、加工修理修配劳务、服务、无形资产和不动产

简易计税方法是指一般纳税人发生财政部和国家税务总局规定的特定应税行为，可以选择适用简易计税方法计税，适用简易计税方法计税的一般纳税人，其取得的用于简易计税方法计税项目的进项税额不得抵扣，全部进入成本。

（二）用于免征增值税项目的购进货物、加工修理修配劳务、服务、无形资产和不动产

免征增值税是指财政部及国家税务总局规定的免征增值税的项目。财税2016年36号中罗列了近四十个项目，其中与施工企业有关的是“统借统还”。

文中规定：统借统还业务中，企业集团或企业集团中的核心企业以及集团所属财务公司按不高于支付给金融机构的借款利率水平或者支付的债券票面利率水平，向企业集团或者集团内下属单位收取的利息。

核心有三条，需同时具备：

1. 企业集团的认定必须是取得工商部门发放的《企业集团登记证》，涉及统借统还的单位均属于约定的企业集团成员。

2. 符合统借统还的条件。

统借统还业务是指：（1）企业集团或者企业集团中的核心企业向金融机构借款或对外发行债券取得资金后，将所借资金分拨给下属单位（包括独立核算单位和非独立核算单位，下同），并向下属单位收取用于归还金融机构或债券购买方本息的业务。

（2）企业集团向金融机构借款或对外发行债券取得资金后，由集团所属财务公司与企业集团或者集团内下属单位签订统借统还贷款合同并分拨资金，并向企业集团或者集团内下属单位收取本息，再转付企业集团，由企业集团统一归还金融机构或债券购买方的业务。

3. 统借方向资金使用单位收取的利息，不高于支付给金融机构借款利率水平或者支付的债券票面利率水平的，否则应全额缴纳增值税，这一点特别重要。

（三）用于集体福利的购进货物、加工修理修配劳务、服务、无形资产和不动产

集体福利是指纳税人为单位全体人员提供的各种内设福利部门所发生的设备、设施等费用，包括职工食堂、浴室、医务所、托儿所、健身房等集体福利部门的设备、设施及维修保养费用。

（四）用于个人消费的购进货物、加工修理修配劳务、服务、无形资产和不动产

个人消费是指纳税人内部职工个人消费的货物、劳务及服务等所发生的费用。如：交际应酬消费、职工个人的车辆加油费、通信费用等。

交际应酬消费很多都是为企业正常生产经营服务的，但现实中税务机关对纳税人的交际应酬消费与个人消费难以准确划分与掌握界限，故直接予以明确纳税人的交际应酬消费属于个人消费。

住宿费未列入不可抵扣的服务范围，且属于现代服务业征税范围里的生活服务中的餐饮住宿服务，因此只要取得符合要求的专票就完全可以抵扣。

上述第一至第四种情形中涉及的固定资产、无形资产、不动产，仅指专用于上述项目的固定资产、无形资产（不包括其他权益性无形资产）、不动产。

这里需要特别强调两个事项：（1）其他权益性无形资产，包括基础设施资产经营权、公共事业特许权、配额、经营权（包括特许经营权、连锁经营权、其他经营权）、经销权、分销权、代理权、会员权、席位权、网络游戏虚拟道具、域名、名称权、肖像权、冠名权、转会费等。因此购进其他权益性无形资产，不区分用途均可计算进项抵扣。即购进的其他权益性无形资产即使专门用于免税项目，也可用于抵扣其他的应税项目。

（2）专用于上述项目，也就是说若纳税人取得的进项税额同时用于正常缴纳增值税项目和简易计税方法计税项目、免征增值税项目、集体福利或者个人消费的，则进项税额可以抵扣。这点在日常实操中可以应用到。比方说新购一辆大巴车，常用于接送员工上下班，但可在车身上做广告，用于企业对外宣传，则购车取得增值税可用于抵扣，不可抵扣强调的是“专用于”，规避“专用于”这三个字则可全额抵扣。

（五）非正常损失涉及的相关事项

非正常损失，是指：（1）因管理不善造成货物被盗、丢失、霉烂变质的损失；（2）因违反法律法规造成货物或者不动产被执法部门依法没收、销毁、拆除。

自然灾害（如洪水、龙卷风）引起的、施工现场修建设的临时建筑物、构建物拆除，均属于正常损失，其对应的进项税额是不需要做进项税额转出的。

以下几种非正常损失所对应的进项税额不得抵扣，企业做进项税额转出。

1. 非正常损失的购进货物，以及相关的加工修理修配劳务和交通运输服务。

2. 非正常损失的在产品、产成品所耗用的购进货物（不包括固定资产）、加工修理修配劳务和交通运输服务。

3. 非正常损失的不动产，以及该不动产所耗用的购进货物、设计服务和建筑服务。

4. 非正常损失的不动产在建工程所耗用的购进货物、设计服务和建筑服务。

所称货物，是指构成不动产实体的材料和设备，包括建筑装饰材料和给排水、采暖、卫生、通风、照明、通讯、煤气、消防、中央空调、电梯、电气、智能化楼宇设备及配套设施等。

（六）购进的旅客运输服务、贷款服务、餐饮服务、居民日常服务和娱乐服务

1. 旅客运输服务是指客运服务，包括通过陆路运输，水路运输，航空运输为旅客个人提供的客运服务。纳税人取得的旅客运输服务的进项税额不得抵扣。

2. 贷款服务是指将资金贷与他人使用而取得利息收入的业务活动。如：银行提供的贷款服务、金融商品持有期间利息收入、信用卡透支利息收入、买入返售金融商品利息收入、融资融券收取的利息收入，以及融资售后回租、押汇、罚息、票据贴现、转贷等业务取得的利息及利息性质的收入。纳税人取得的贷款服务的进项税额不得抵扣。

建筑业企业接受贷款服务向贷款方支付的与该笔贷款直接相关的投融资顾问费、手续费、咨询费等，其进项税额不得从销项税额中抵扣。

3. 餐饮服务、居民日常服务和娱乐服务基本上都认定为个人消费，所以进项税额均不得抵扣。

（七）其他不可抵扣的增值税发票事项

1. 纳税人取得的增值税扣税凭证等资料不符合税法规定的，其进项税额不得从销项税额中抵扣。

（1）增值税一般纳税人从境外单位或者个人购进服务、无形资产或者不动产，所提供资料不全面。

增值税一般纳税人从境外单位或者个人购进服务、无形资产或者不动产，按照规定应当扣缴增值税的，准予从销项税额中抵扣的进项税额，为自税务机关或者扣缴义务人取得解缴税款的完税凭证上注明的增值税额。纳税人凭完税凭证抵扣进项税额的，应当具备书面合同、付款证明和境外单位的对账单或者发票。资料不全的，其进项税额不得从销项税额中抵扣。

（2）增值税扣税凭证不符合法律法规，其进项税额不得抵扣。

纳税人取得的增值税扣税凭证不符合法律、行政法规或者国家税务总局有关规定的，其进项税额不得从销项税额中抵扣。专用发票开具要求如下：

①项目齐全，与实际交易相符；

②字迹清楚，不得压线、错格；

③“发票联”和“抵扣联”加盖财务专用章或者发票专用章；

④按照增值税纳税义务的发生时间开具。

（3）没有供应商开具销售清单的开具“材料一批”、汇总运输发票、办公用品和劳动保护用品的发票。

一般纳税人销售货物或者提供应税劳务可汇总开具专用发票。汇总开具专用发票的，同时使用防伪税控系统开具《销售货物或者提供应税劳务清单》，并加盖财务专用章或者发票专用章。因此，没有供应商开具销售清单的“材料一批”、汇总运输发票、办公用品和劳动保护用品的发票，不可以抵扣进项税金。

（4）提供应税服务中止、折让、开票有误等情形，未按照规定开具红字增值税专用发票的，不得扣减销项税额。纳税人提供应税服务、开具增值税专用发票后，提供应税服务中止、折让、开票有误等情形，应当按照国家税务总局的规定开具红字增值税专用发票。

（5）纳税人取得虚开的增值税专用发票，不得作为增值税合法有效的扣税凭证抵扣其进项税额。

2. 纳税人取得的增值税专用发票超过法定认证期限180天。增值税一般纳税人取得2010年1月1日以后开具的增值税专用发票、公路内河货物运输业统一发票和机动车销售统一发票，应在开具之日起180日内到税务机关办理认证，并在认证通过的次月申报期内，向主管税务机关申报抵扣进项税额。未在规定期限内到税务机关办理认证、申报抵扣或者申请稽核比对的，不得作为合法的增值税扣税凭证，不得计算进项税额抵扣。

对增值税一般纳税人发生真实交易、但由于客观原因造成增值税扣税凭证逾期的，经主管税务机关审核、逐级上报，由国家税务总局认证、稽核比对后，对比对相符的增值税扣税凭证，允许纳税人继续抵扣其进项税额。

客观原因包括：

（1）因自然灾害、社会突发事件等不可抗力因素造成增值税扣税凭证逾期。

（2）增值税扣税凭证被盗、抢，或者因邮寄丢失、误递导致逾期。

（3）有关司法、行政机关在办理业务或者检查中，扣押增值税扣税凭证，纳税人不能正常履行申报义务，或者税务机关信息系统、网络故障，未能及时处理纳税人网上认证数据等导致增值税扣税凭证逾期。

（4）买卖双方因经济纠纷，未能及时传递增值税扣税凭证，或者纳税人变更纳税地点，注销旧户和重新办理税务登记的时间过长，导致增值税扣税凭证逾期。

（5）由于企业办税人员伤亡、突发危重疾病或者擅自离职，未能办理交接手续，导致增值税扣税凭证逾期。

（6）国家税务总局规定的其他情形。

3. 纳税人取得票款不一致的增值税专用发票。纳税人购进货物或应税劳务，支付运输费用，所支付款项的对象，必须与开具抵扣凭证的销货单位和提供劳务的单位一致，才能够申报抵扣进项税额，否则不予抵扣。

4. 纳税人取得其他特殊类型的增值税专用发票。

（1）小规模纳税人期间发生的费用，在取得一般纳税人资格后不得抵扣进项税额。

（2）一般纳税人会计核算不健全，或者不能够提供准确税务资料的，应当按照销售额和增值税税率计算应纳税额，不得抵扣进项税额，也不得使用增值税专用发票。

（3）应当申请办理一般纳税人资格认定而未申请的，应当按照销售额和增值税税率计算应纳税额，不得抵扣进项税额，也不得使用增值税专用发票。

（4）取得增值税专用发票但不能全额抵扣的事项。适用一般计税方法的纳税人，兼营简易计税方法计税项目、免征增值税项目而无法划分不得抵扣的进项税额，取得增值税专用发票，按照下列公式计算不得抵扣的进项税额：

不得抵扣的进项税额 = 当期无法划分的全部进项税额 ×（当期简易计税方法计税项目销售额 + 免征增值税项目销售额）÷ 当期全部销售额

（5）遵循实质重于形式原则，尽管形式是 2016 年 5 月 1 日后支付资金并取得了增值税专用发票，但实质是属于“营改增”前事项或用于不可抵扣项目，所以不能或不能全额抵扣税金。

第五章 建筑业"营改增"风险管理

建筑服务，是指各类建筑物、构筑物及其附属设施的建造、修缮、装饰，线路、管道、设备、设施等的安装以及其他工程作业的业务活动，包括工程服务、安装服务、修缮服务、装饰服务和其他建筑服务。

第一节 建筑服务的定义

一、工程服务

工程服务，是指新建、改建各种建筑物、构筑物的工程作业，包括与建筑物相连的各种设备或者支柱、操作平台的安装或者装设工程作业，以及各种窑炉和金属结构工程作业。

二、安装服务

安装服务，是指生产设备、动力设备、起重设备、运输设备、传动设备、医疗实验设备以及其他各种设备、设施的装配、安置工程作业，包括与被安装设备相连的工作台、梯子、栏杆的装设工程作业，以及被安装设备的绝缘、防腐、保温、油漆等工程作业。

固定电话、有线电视、宽带、水、电、燃气、暖气等经营者向用户收取的安装费、初装费、开户费、扩容费以及类似收费，按照安装服务缴纳增值税。

三、修缮服务

修缮服务，是指对建筑物、构筑物进行修补、加固、养护、改善，使之恢复原来的使用价值或者延长其使用期限的工程作业。

四、装饰服务

装饰服务，是指对建筑物、构筑物进行修饰装修，使之美观或者具有特定用途的工程作业。

五、其他建筑服务

其他建筑服务，是指上列工程作业之外的各种工程作业服务，如钻井（打井）、拆除建筑物或者构筑物、平整土地、园林绿化、疏浚（不包括航道疏浚）、建筑物平移、搭脚手架、爆破、矿山穿孔、表面附着物（包括岩层、土层、沙层等）剥离和清理等工程作业。

“营改增”在建筑服务业的全面推开，要求具有增值税纳税义务的建筑单位和个人必须严格遵守缴纳增值税相关的法律、法规和规定。应承担的法律责任和风险，以保证生产经营服务活动及增值税纳税行为合法合规，安全有效。

本章主要从增值税发票开具、增值税发票虚开、增值税发票使用、保管、进项税额不能抵扣等多个方面，以简明易懂的实务问答方式，为建筑单位和从事建筑业生产经营与服务的个人提示出违反缴纳增值税法律法规和规定应承担的法律责任与风险，以求有助于建筑企业和个人降低经营风险和涉税风险，防止、避免或减少因增值税问题而遭受不应有的经济损失。

第二节 增值税发票开具风险

一、不按规定时限开具增值税发票的风险

开具增值税发票的任何单位和个人必须在发生经营业务确认营业收入时开具发票。未发生经营业务一律不准开具发票。

（参见《中华人民共和国发票管理办法实施细则》第二十六条的规定）

根据《中华人民共和国发票管理办法》第三十五条的规定，未按照规定的时限开具增值税发票的，由税务机关责令改正，可以处1万元以下的罚款；有违法所得的予以没收。

二、增值税发票开具地点风险

除国务院税务主管部门规定的特殊情形外，发票限于领购单位和个人在本省、自治区、直辖市内开具。

省、自治区、直辖市税务机关可以规定跨市、县开具发票的办法。

（参见《中华人民共和国发票管理办法》第二十五条的规定）

需要跨省、自治区、直辖市和计划单列市开具发票的范围，由国家税务总局确定。

（参见《国家税务总局关于普通发票行政审批取消和调整后有关税收管理问题的通知》国税发〔2008〕15号）

根据《中华人民共和国发票管理办法》第三十六条规定，跨规定的使用区域携带、邮寄、运输空白发票，以及携带、邮寄或者运输空白发票出入境的，由税务机关责令改正，可以处1万元以下的罚款；情节严重的，处1万元以上3万元以下的罚款；有违法所得的予以没收。

三、固定业户临时外出经营，增值税专用发票开具地点风险是哪里？

固定业户（指增值税一般纳税人）临时到外省、市销售货物的，需要向购货方开具专用发票的，亦回原地补开。对擅自携票外出，在经营地开具专用发票的，经营地主管税务机关根据发票管理的有关规定予以处罚，并将其携带的专用发票逐联注明“违章使用作废”字样。

（参见《国家税务总局关于固定业户临时外出经营有关增值税专用发票管理问题的通知》国税发〔1995〕87号）

四、安装装置开具发票风险

安装税控装置的建筑单位和个人，应当按照规定使用税控装置开具发票，并按期向主管税务机关报送开具发票的数据。

使用非税控电子器具开具发票的，应当将非税控电子器具使用的软件程序说明资料报主管税务机关备案，并按照规定保存、报送开具发票的数据。

（参见《中华人民共和国发票管理办法》第二十三条的规定）

根据《中华人民共和国发票管理办法》第三十五条的规定，使用税控装置开具发票，未按期向主管税务机关报送开具发票的数据的；使用非税控电子器具开具发票，未将非税控电子器具使用的软件程序说明资料报主管税务机关备案，或者未按照规定保存、报送开具发票的数据的，由税务机关责令改正，可以处1万元以下的罚款，有违法所得的予以没收。

五、单位和个人开具发票变更品名和金额的风险

单位和从事建筑生产、经营活动的个人在支付款项取得发票时，不得要求变更品名和金额。

（参见《中华人民共和国发票管理办法》第二十条的规定）

六、不一次性如实开具发票风险

开具发票应当按照规定的时限、顺序、栏目，全部联次一次性如实开具。

（参见《中华人民共和国发票管理办法》第二十二条的规定）

单位和个人在开具发票时，必须做到按照号码顺序填开，填写项目齐全，内容真实，字迹清楚，全部联次一次打印，内容完全一致，并在发票联和抵扣联加盖发票专用章。

单位和个人在开具发票时，必须在发票联和抵扣联加盖发票专用章。

（参见《中华人民共和国发票管理办法实施细则》第二十八条的规定）

税控发票必须加盖开票单位的发票专用章或财务印章。经税务机关批准印制的企业冠名发票，可以在印制发票时，将企业发票专用章（浅色）套印在税控发票右下方。

（参见《国家税务总局关于税控发票印制使用管理有关问题的通知》国税发〔2005〕65号的规定）

七、不如实开具增值税发票的风险是什么?

应当开具而未开具发票，或者未按照规定的时限、顺序、栏目，全部联次一次性开具发票，或者未加盖发票专用章的，由税务机关责令改正，可以处1万元以下的罚款；有违法所得的予以没收。

（参见《中华人民共和国发票管理办法》第三十五条的规定）

单位和个人在开具发票时，必须做到按照号码顺序填开，填写项目齐全，内容真实，字迹清楚，全部联次一次打印，内容完全一致，并在“发票联”和“抵扣联”加盖发票专用章。

单位和个人在开具发票时，必须在“发票联”和“抵扣联”加盖发票专用章。

（参见《中华人民共和国发票管理办法实施细则》第二十八条的规定）

税控发票必须加盖开票单位的发票专用章或财务印章。经税务机关批准印制的企业冠名发票，可以在印制发票时，将企业发票专用章（浅色）套印在税控发票右下方。

（参见《国家税务总局关于税控发票印制使用管理有关问题的通知》国税发〔2005〕65号）

八、不按照要求开具增值税专用发票风险

单位和个人增值税专用发票应按下列要求开具：

(1) 项目齐全，与实际交易数额相符；
(2) 字迹清楚，不得压线、错格；
(3) “发票联” 和 “抵扣联” 加盖财务专用章或者发票专用章；
(4) 按照增值税纳税义务的发生时间开具。

对不符合上列要求的专用发票，购买方有权拒收。

(参见《国家税务总局关于修订〈增值税专用发票使用规定〉的通知》第十一条的规定)

九、向消费者个人零售小额商品或者提供零星服务的，是否可免予逐笔开具发票?

向消费者个人零售小额商品或者提供零星服务的建筑单位和个人，是否可免予逐笔开具发票，由省税务机关确定。

(参见《中华人民共和国发票管理办法实施细则》第二十五条的规定)

十、开具发票，应当使用的文字

单位和个人开具发票应当使用中文。民族自治地方可以同时使用当地通用的一种民族文字。

(参见《中华人民共和国发票管理办法实施细则》第二十九条的规定)

十一、一般纳税人，是否可汇总开具增值税专用发票?

一般纳税人销售货物或者提供应税劳务可汇总开具专用发票。汇总开具专用发票的，同时使用防伪税控系统开具的《销售货物或者提供应税劳务清单》，并加盖财务专用章或者发票专用章。

(参见《国家税务总局关于修订〈增值税专用发票使用规定〉的通知》第十二条的规定)

十二、纳税人销售货物或者应税劳务，什么情形不得开具增值税专用发票?

单位和个人销售货物或者应税劳务，应当向索取增值税专用发票的购买方开具增值税专用发票，并在增值税专用发票上分别注明销售额和销项税额。

属于下列情形之一的，不得开具增值税专用发票：

（1）向消费者个人销售货物或者应税劳务的；

（2）销售货物或者应税劳务适用免税规定的；

（3）小规模纳税人销售货物或者应税劳务的。

（参见《中华人民共和国增值税暂行条例（2008 年修订）》第二十一条的规定）

纳税人向消费者个人销售服务、无形资产或者不动产，不得开具增值税专用发票。

纳税人发生适用免征增值税规定的应税行为，不得开具增值税专用发票。

（参见《财政部　国家税务总局关于全面推开营业税改征增值税试点的通知》附件 1：《营业税改征增值税试点实施办法》第五十三条的规定）

十三、无偿赠送货物，是否开具专用发票？

作为一般纳税人的建筑单位和个人将货物无偿赠送给他人，如果受赠者为一般纳税人，可以根据受赠者的要求开具专用发票。

（参见《国家税务总局关于增值税若干征收问题的通知》国税发〔1994〕122 号）

十四、增值税纳税人放弃免税权的，是否可以开具专用发票？

放弃免税权的单位和个人纳税人符合一般纳税人认定条件尚未认定为增值税一般纳税人的，应当按现行规定认定为增值税一般纳税人，其销售的货物或劳务可开具增值税专用发票。

（参见《财政部、国家税务总局关于增值税纳税人放弃免税权有关问题的通知》财税〔2007〕127 号）

十五、一般纳税人选择按照简易办法计算缴纳增值税，是否可以开具增值税专用发票？

作为一般纳税人的建筑单位和个人选择按照简易办法计算缴纳增值税，可以自行开具增值税专用发票。

（参见《国家税务总局关于增值税简易征收政策有关管理问题的通知》国税函〔2009〕90号）

企业选择简易计税办法时，除规定不得开具增值税专用发票的情形外，选择简易计税办法可以开具增值税专用发票。

（参见税总纳便函〔2016〕71号“营改增”问题解答（一））

十六、增值税纳税人索取增值税发票，是否提供相关证件或证明材料？

增值税纳税人购买货物、劳务、服务、无形资产或不动产，索取增值税专用发票时，须向销售方提供购买方名称（不得为自然人）、纳税人识别号、地址电话、开户行及账号信息，不需要提供营业执照、税务登记证、组织机构代码证、开户许可证、增值税一般纳税人登记表等相关证件或其他证明材料。个人消费者购买货物、劳务、服务、无形资产或不动产，索取增值税普通发票时，不需要向销售方提供纳税人识别号、地址电话、开户行及账号信息，也不需要提供相关证件或其他证明材料。

（参见《国家税务总局关于进一步优化“营改增”纳税服务工作的通知》税总发〔2016〕75号）

第三节 虚开增值税发票风险

一、虚开发票行为，包括哪些？

任何单位和个人不得有下列虚开发票行为：

（1）为他人、为自己开具与实际经营业务情况不符的发票；

（2）让他人为自己开具与实际经营业务情况不符的发票；

（3）介绍他人开具与实际经营业务情况不符的发票。

（参见《中华人民共和国发票管理办法》第二十二条、《中华人民共和国刑法》第二百零五条、《全国人民代表大会常务委员会关于惩治虚开、伪造和非法出售增值税专用发票犯罪的决定》第一条第一款的规定）

二、购货方（如建筑企业采购）从销售方取得第三方开具的专用发票，是否属于与实际经营情况不符的发票？

在货物交易中，购货方从销售方取得第三方开具的专用发票，应当属于与实际经营情况不符的发票

（参见《国家税务总局关于纳税人取得虚开的增值税专用发票处理问题的通知》国税发〔1997〕134 号）

无论购货方（受票方）与销售方是否进行了实际的交易，增值税专用发票所注明的数量、金额与实际交易是否相符，“购货方从销售方取得第三方开具的专用发票”是指：购货方取得的增值税专用发票所注明的销售方名称、印章与其进行实际交易的销售方不符的情况。

（参见《国家税务总局关于〈国家税务总局关于纳税人取得虚开的增值税专用发票处理问题的通知〉的补充通知》国税发〔2000〕182 号）

三、购货方（如建筑企业采购方）从销货地以外的地区取得专用发票，是否属于与实际经营情况不符的发票？

在货物交易中，购货方从销货地以外的地区取得专用发票，属于与实际经营情况不符的发票。

（参见《国家税务总局关于纳税人取得虚开的增值税专用发票处理问题的通知》国税发〔1997〕134 号）

无论购货方（受票方）与销售方是否进行了实际的交易，增值税专用发票所注明的数量、金额与实际交易是否相符，“从销货地以外的地区取得专用发票”是指：购货方取得的增值税专用发票为销售方所在省（自治区、直辖市和计划单列市）以外地区的情况。

（参见《国家税务总局关于〈国家税务总局关于纳税人取得虚开的增值税专用发票处理问题的通知〉的补充通知》国税发〔2000〕182 号）

四、纳税人对外开具增值税专用发票，不属于对外虚开增值税专用发票的情形？

纳税人通过虚增增值税进项税额偷逃税款，但对外开具增值税专用发票同

时符合以下情形的，不属于对外虚开增值税专用发票：

(1) 纳税人向受票方纳税人销售了货物，或者提供了增值税应税劳务、应税服务；

(2) 纳税人向受票方纳税人收取了所销售货物、所提供应税劳务或者应税服务的款项，或者取得了索取销售款项的凭据；

(3) 纳税人按规定向受票方纳税人开具的增值税专用发票相关内容，与所销售货物、所提供应税劳务或者应税服务相符，且该增值税专用发票是纳税人合法取得、并以自己名义开具的。

(参见《国家税务总局关于纳税人对外开具增值税专用发票有关问题的公告》2014 年第 39 号)

五、纳税人善意取得虚开的增值税专用发票，如何处理？

购货方取得的发票是销售方虚开的，但购货方与销售方存在真实的交易，销售方使用的是其所在省（自治区、直辖市和计划单列市）的专用发票，专用发票注明的销售方名称、印章、货物数量、金额及税额等全部内容与实际相符，且没有证据表明购货方知道销售方提供的专用发票是以非法手段获得的，即可以判定为善意取得。

购货方善意取得虚开的专用发票，不按偷税或者骗取出口退税论处，对购货方不予抵扣进项税款或者不予出口退税；购货方已经抵扣的进项税款或者取得的出口退税，应依法追缴。

(参见《国家税务总局关于纳税人善意取得虚开的增值税专用发票处理问题的通知》国税发〔2000〕187 号)

纳税人善意取得虚开的增值税专用发票被依法追缴已抵扣税款的，不适用“税务机关除责令限期缴纳外，从滞纳税款之日起，按日加收滞纳税款万分之五的滞纳金”的规定。

(参见《国家税务总局关于纳税人善意取得虚开增值税专用发票已抵扣税款加收滞纳金问题的批复》国税函〔2007〕1240 号)

六、购货方（建筑企业采购方）善意取得虚开的专用发票后，在什么情况下准予抵扣进项税款或者出口退税？

购货方能够重新从销售方取得防伪税控系统开出的合法、有效专用发票的，或者取得手工开出的合法、有效专用发票，并且取得了销售方所在地税务机关已经或者正在依法对销售方虚开专用发票行为进行查处证明的，购货方所在地税务机关应依法准予抵扣进项税款或者出口退税。

（参见《国家税务总局关于纳税人善意取得虚开的增值税专用发票处理问题的通知》国税发〔2000〕187号）

七、纳税人利用虚开的专用发票申报抵扣税款或骗取出口退税的，如何处罚？

受票方利用他人虚开的专用发票，向税务机关申报抵扣税款进行偷税的，应当追缴税款，处以偷税数额五倍以下的罚款；进项税金大于销项税金的，还应当调减其留抵的进项税额。

利用虚开的专用发票进行骗取出口退税的，应当依法追缴税款，处以骗税数额五倍以下的罚款。

（参见《国家税务总局关于纳税人取得虚开的增值税专用发票处理问题的通知》国税发〔1997〕134号）

“受票方利用他人虚开的专用发票，向税务机关申报抵扣税款进行偷税”是指：其他有证据表明购货方明知取得的增值税专用发票系销售方以非法手段获得的情况。

（参见《国家税务总局关于〈国家税务总局关于纳税人取得虚开的增值税专用发票处理问题的通知〉的补充通知》国税发〔2000〕182号）

购货方善意取得虚开专用发票后，如有证据表明购货方在进项税款得到抵扣，或者获得出口退税前知道该专用发票是销售方以非法手段获得的，对购货方应纳税人取得虚开的增值税专用发票按纳税人取得虚开的专用发票规定处理。

（参见《国家税务总局关于纳税人善意取得虚开的增值税专用发票处理问题的通知》国税发〔2000〕187号）

虚开增值税发票构成犯罪的，将根据《中华人民共和国刑法》第二百零五条的规定追究责任人刑事责任。中华人民共和国刑法第二百零五条规定：（虚开增值税专用发票、用于骗取出口退税、抵扣税款发票罪）虚开增值税专用发票或者虚开用于骗取出口退税、抵扣税款的其他发票的，处三年以下有期徒刑或者拘役，并处二万元以上二十万元以下罚金；虚开的税款数额较大或者有其他严重情节的，处三年以上十年以下有期徒刑，并处五万元以上五十万元以下罚金；虚开的税款数额巨大或者有其他特别严重情节的，处十年以上有期徒刑或者无期徒刑，并处五万元以上五十万元以下罚金或者没收财产。

单位犯本条规定之罪的，对单位判处罚金，并对其直接负责的主管人员和其他直接责任人员，处三年以下有期徒刑或者拘役；虚开的税款数额较大或者有其他严重情节的，处三年以上十年以下有期徒刑；虚开的税款数额巨大或者有其他特别严重情节的，处十年以上有期徒刑或者无期徒刑。

虚开增值税专用发票或者虚开用于骗取出口退税、抵扣税款的其他发票，是指有为他人虚开、为自己虚开、让他人为自己虚开、介绍他人虚开行为之一的。

八、购货方（建筑企业采购方）从销售方取得第三方专用发票、从销货地以外的地区取得专用发票，申报抵扣税款或者申请出口退税的，是否构成偷税或者骗取出口退税？

在货物交易中，购货方从销售方取得第三方开具的专用发票、从销货地以外的地区取得专用发票，向税务机关申报抵扣税款或者申请出口退税的，应当按偷税、骗取出口退税处理，追缴税款，处以偷税、骗税数额五倍以下的罚款。

（参见《国家税务总局关于纳税人取得虚开的增值税专用发票处理问题的通知》国税发〔1997〕134 号）

九、纳税人取得虚开的专用发票，未申报抵扣税款，或者未申请出口退税的，如何处罚？

纳税人取得他人虚开的专用发票、购货方从销售方取得第三方开具的专用发票，或者从销货地以外的地区取得专用发票，未申报抵扣税款，或者未申请出口退税的，应当按所取得专用发票的份数，分别处以 1 万元以下的罚款；但知道或者应当知道取得的是虚开的专用发票，或者让他人为自己提供虚开的专用发票的，应当从重处罚。

（参见《国家税务总局关于纳税人取得虚开的增值税专用发票处理问题的通知》国税发〔1997〕134 号）

十、纳税人虚开增值税专用发票，是否补缴税款？

对代开、虚开专用发票的，一律按票面所列货物的适用税率金额征补税款，并按《中华人民共和国税收征收管理法》的法规给予处罚。

（参见《国家税务总局对代开、虚开增值税专用发票征补税款问题的批复》国税函发〔1995〕415号）

纳税人虚开增值税专用发票，未就其虚开金额申报并缴纳增值税的，应按照其虚开金额补缴增值税；已就其虚开金额申报并缴纳增值税的，不再按照其虚开金额补缴增值税。税务机关对纳税人虚开增值税专用发票的行为，应按《中华人民共和国税收征收管理法》及《中华人民共和国发票管理办法》的有关规定给予处罚。

（参见《国家税务总局关于纳税人虚开增值税专用发票征补税款问题的公告》国家税务总局公告2012年第33号）

第四节
增值税发票使用风险

一、纳税人使用发票，不得有哪些行为？违反规定的风险是什么？

建筑业企业应当按照发票管理规定使用发票，不得有下列行为：

（1）转借、转让、介绍他人转让发票、发票监制章和发票防伪专用品；

（2）知道或者应当知道是私自印制、伪造、变造、非法取得或者废止的发票而受让、开具、存放、携带、邮寄、运输；

（3）拆本使用发票；

（4）扩大发票使用范围；

（5）以其他凭证代替发票使用。

（参见《中华人民共和国发票管理办法》第二十四条）

根据《中华人民共和国发票管理办法》第三十九条的规定，有下列情形之一的，由税务机关处1万元以上5万元以下的罚款；情节严重的，处5万元以上50万元以下的罚款；有违法所得的予以没收：

（一）转借、转让、介绍他人转让发票、发票监制章和发票防伪专用品的；

（二）知道或者应当知道是私自印制、伪造、变造、非法取得或者废止的发票而受让、开具、存放、携带、邮寄、运输的。

二、纳税人是否建立发票使用登记制度？

开具发票的建筑业企业应当建立发票使用登记制度，设置发票登记簿，并定期向主管税务机关报告发票使用情况。

（参见《中华人民共和国发票管理办法》第二十七条的规定）

三、哪些纳税人可以使用单联发票？

发票使用数据量过大的建筑业企业，且用户后台管理系统能可靠保存发票明细数据的（保存期 5 年），经税务机关核准，可使用一联式税控发票（即发票联），并由用户保存“存根联”和发票明细数据，税控发票为两联时，用户必须妥善保管“存根联”。

（参见《国家税务总局关于税控发票印制使用管理有关问题的通知》国税发〔2005〕65 号）

纳税人能满足以下四项条件的，可使用单联发票：（1）纳税记录良好；（2）企业财务管理规范；（3）保证发票电子存根可靠存储 5 年以上；（4）可按期（月或季）向主管税务机关报送发票电子存根数据。

（参见《国家税务总局关于使用计算机开具单联式发票有关问题的批复》国税函〔2006〕210 号）

四、什么情况下，纳税人不得使用增值税专用发票？

有下列情形之一的建筑业企业，不得使用增值税专用发票：

（1）一般纳税人会计核算不健全，或者不能够提供准确税务资料的；

（2）除年应税销售额超过小规模纳税人标准的其他个人、非企业性单位、不经常发生应税行为的企业选择按小规模纳税人纳税外，纳税人销售额超过小规模纳税人标准，未申请办理一般纳税人认定手续的。

（参见《增值税暂行条例实施细则》第三十四条的规定）

五、增值税专用发票，应经什么程序才能作为购买方的记账凭证？

用于抵扣增值税进项税额的专用发票应经税务机关认证相符（国家税务总局另有规定的除外）。认证相符的专用发票应作为购买方的记账凭证，不得退还销售方。

认证，是税务机关通过防伪税控系统对专用发票所列数据的识别、确认。

认证相符，是指纳税人识别号无误，专用发票所列密文解译后与明文一致。

（参见《国家税务总局关于修订〈增值税专用发票使用规定〉的通知》第二十五条的规定）

六、经认证，什么情况下，不得作为增值税进项税额的抵扣凭证，可要求企业重新开具专用发票？

经认证，有下列情形之一的，不得作为增值税进项税额的抵扣凭证，税务机关退还原件，购买方可要求销售方重新开具专用发票。

（1）无法认证，是指专用发票所列密文或者明文不能辨认，无法产生认证结果。

（2）纳税人识别号认证不符，是指专用发票所列购买方纳税人识别号有误。

（3）专用发票代码、号码认证不符，是指专用发票所列密文解译后与明文的代码或者号码不一致。

（参见《国家税务总局关于修订〈增值税专用发票使用规定〉的通知》第二十六条的规定）

下列发票，不得作为增值税进项税额的抵扣凭证。税务机关应将发票原件退还企业，企业可要求销售方重新开具。

（1）属于“无法认证”的发票；

（2）属于“纳税人识别号认证不符”的发票；

（3）属于“认证不符”中的“发票代码号码认证不符（密文与明文相比较，发票代码或号码不符）”的发票。

（参见《国家税务总局关于金税工程增值税征管信息系统发现的涉嫌违规增值税专用发票处理问题的通知》国税函〔2006〕969号）

无法认证是指打印在增值税专用发票抵扣联票面上的84位密文或票面上的“发票代码”、“发票号码”、“开票时间”、“购货方纳税人识别号”、“销货方纳税人识别号”、“金额”、“税额”七项数据有一项或多项由于污损、褶皱、揉搓等原因无法辨认，导致防伪税控认证子系统不能产生认证结果。

纳税人识别号认证不符是指发票所列购货方纳税人识别号与申报认证企业的纳税人识别号不符。

认证不符是指打印在增值税专用发票抵扣联票面上的84位密文，经解密后的数据与同一增值税专用发票票面上的“发票代码”、“发票号码”、“开票时间”、“购货方纳税人识别号”、“销货方纳税人识别号”、“金额”、“税额”七项数据有一项或多项不符，或增值税专用发票购货方纳税人识别号与所申报企业纳税人识别号不一致。

（参见《国家税务总局关于金税工程发现的涉嫌违规增值税专用发票处理问题的通知》国税函〔2001〕730号）

七、经认证，什么情况下，暂不得作为增值税进项税额的抵扣凭证，查明原因后处理？

经认证，有下列情形之一的，暂不得作为增值税进项税额的抵扣凭证，税务机关扣留原件，查明原因，分别情况进行处理。

（1）重复认证，是指已经认证相符的同一张专用发票再次认证。

（2）密文有误，是指专用发票所列密文无法解译。

（3）认证不符，是指纳税人识别号有误，或者专用发票所列密文解译后与明文不一致。

本项所称认证不符不含纳税人识别号认证不符合专用发票代码、号码认证不符。

（4）列为失控专用发票，是指认证时的专用发票已被登记为失控专用发票。

（参见《国家税务总局关于修订〈增值税专用发票使用规定〉的通知》第二十七条的规定）

下列发票，暂不得作为增值税进项税额的抵扣凭证，税务机关扣留原件，移送稽查部门作为案源进行查处。经税务机关检查确认属于税务机关责任以及技术性错误造成的，允许作为增值税进项税额的抵扣凭证；不属于税务机关责任以及技术性错误造成的，不得作为增值税进项税额的抵扣凭证。属于税务机关责任的，由税务机关误操作的相关部门核实后，区县级税务机关出具书面证明；属于技术性错误的，由税务机关技术主管部门核实后，区县级税务机关出具书面证明。

（1）属于“重复认证”的发票；

（2）属于“密文有误”的发票；

（3）属于“认证不符（不包括发票代码号码认证不符）”的发票；

（4）属于“认证时失控”的发票；

（5）属于“认证后失控”的发票。

（参见《国家税务总局关于金税工程增值税征管信息系统发现的涉嫌违规增值税专用发票处理问题的通知》国税函〔2006〕969号）

重复认证是指企业拿已经认证相符的发票抵扣联，再次到税务机关进行认证。

（参见《国家税务总局关于金税工程发现的涉嫌违规增值税专用发票处理问题的通知》国税函〔2001〕730号）

八、专用发票抵扣联无法认证的，如何处理？

专用发票抵扣联无法认证的，可使用专用发票发票联到主管税务机关认证。专用发票发票联复印件留存备查。

（参见《国家税务总局关于修订〈增值税专用发票使用规定〉的通知》第二十九条的规定）

九、增值税专用发票稽核系统发现涉嫌违规发票，如何处理？

增值税专用发票稽核系统发现涉嫌违规发票分“比对不符”、“缺联”和“作废”等类型。

凡属于上述涉嫌违规的发票，暂不得作为增值税进项税额的抵扣凭证，由管理部门按照审核检查的有关规定进行核查，并按有关规定进行处理。经税务机关检查确认属于税务机关责任以及技术性错误造成的，允许作为增值税进项税额的抵扣凭证；不属于税务机关责任以及技术性错误造成的，不得作为增值税进项税额的抵扣凭证。属于税务机关责任的，由税务机关误操作的相关部门核实后，区县级税务机关出具书面证明；属于技术性错误的，由税务机关技术主管部门核实后，区县级税务机关出具书面证明。

（参见《国家税务总局关于金税工程增值税征管信息系统发现的涉嫌违规增值税专用发票处理问题的通知》国税函〔2006〕969 号）

比对不符是指发票抵扣联与发票存根联数据的开票日期、购货单位纳税人识别号、销货单位纳税人识别号、金额合计、税额合计五要素中存在不同。不符的优先级次序为：税额、金额、购货单位纳税人识别号、销货单位纳税人识别号、开票日期。

缺联是指系统内有抵扣联而无存根联并且按规定不需留待下期继续比对的发票。

抵扣联重号是指系统内存在两份或两份以上相同发票代码、号码和发票抵扣联。

失控是指在与全国失控、作废发票库比对中发现属于失控发票的抵扣联。

作废是指在与全国失控、作废发票库比对中发现属于作废发票的抵扣联。

缺红字抵扣联是指系统内有红字存根联而无红字抵扣联并且按规定不需留待下期继续比对的发票。

（参见《国家税务总局关于金税工程发现的涉嫌违规增值税专用发票处理问题的通知》国税函〔2001〕730 号）

第五节
增值税发票保管风险

一、发票的保管期限是多长时间？

开具发票的建筑单位和个人应当按照税务机关的规定存放和保管发票，不得擅自损毁。已经开具的发票存根联和发票登记簿，应当保存 5 年。保存期满，报经税务机关查验后销毁。

（参见《中华人民共和国发票管理办法》第二十九条的规定）

二、纳税人丢失发票的，如何处理？

使用发票的建筑单位和个人应当妥善保管发票。发生发票丢失情形时，应当于发现丢失当日书面报告税务机关。

使用发票的单位和个人发票丢失的，应当登报声明作废。

（参见《中华人民共和国发票管理办法实施细则》第三十一条）

对发生被盗、丢失专用发票的纳税人，必须要求统一在《中国税务报》上刊登“遗失声明”。

（参见《国家税务总局关于被盗、丢失增值税专用发票的处理意见的通知》国税函〔1995〕292号）

纳税人丢失专用发票后，必须按法规程序向当地主管税务机关、公安机关报失。各地税务机关代收取“挂失登报费”，并将丢失专用发票的纳税人名称、发票份数、字轨号码、盖章与否等情况，统一传（寄）中国税务报社刊登“遗失声明”。传（寄）中国税务报社的“遗失声明”，必须经县（市）国家税务机关审核盖章、签注意见。

（参见《国家税务总局关于被盗、丢失增值税专用发票的处理意见的通知》国税函〔1995〕292号）

三、一般纳税人丢失发票联和抵扣联，哪些资料要留存备查？

一般纳税人丢失已开具专用发票的发票联和抵扣联，如果丢失前已认证相符的，购买方可凭销售方提供的相应专用发票记账联复印件及销售方主管税务机关出具的《丢失增值税专用发票已报税证明单》或《丢失货物运输业增值税专用发票已报税证明单》，作为增值税进项税额的抵扣凭证；如果丢失前未认证的，购买方凭销售方提供的相应专用发票记账联复印件进行认证，认证相符的可凭专用发票记账联复印件及销售方主管税务机关出具的《证明单》，作为增值税进项税额的抵扣凭证。专用发票记账联复印件和《证明单》留存备查。

一般纳税人丢失已开具专用发票的抵扣联，如果丢失前已认证相符的，可使用专用发票发票联复印件留存备查；如果丢失前未认证的，可使用专用发票发票联认证，专用发票发票联复印件留存备查。

一般纳税人丢失已开具专用发票的发票联，可将专用发票抵扣联作为记账凭证，专用发票抵扣联复印件留存备查。

（参见《国家税务总局关于简化增值税发票领用和使用程序有关问题的公告》国家税务总局公告2014年第19号）

四、一般纳税人注销税务登记或者转为小规模纳税人，是否缴销专用发票？

一般纳税人注销税务登记或者转为小规模纳税人，应将专用设备和结存未用的纸质专用发票送交主管税务机关。

主管税务机关应缴销其专用发票，并按有关安全管理的要求处理专用设备。

（参见《国家税务总局关于修订〈增值税专用发票使用规定〉的通知》第二十三条的规定）

专用发票的缴销，是指主管税务机关在纸质专用发票监制章处按“V”字剪角作废，同时作废相应的专用发票数据电文。

（参见《国家税务总局关于修订〈增值税专用发票使用规定〉的通知》第六条的规定）

第六节 发票管理的法律责任

一、非法印制发票的，如何处罚？

非法印制发票的，由税务机关销毁非法印制的发票，没收违法所得和作案工具，并处一万元以上五万元以下的罚款；构成犯罪的，依法追究刑事责任。

（参见《中华人民共和国税收征收管理法》第七十一条的规定）

私自印制、伪造、变造发票的，由税务机关没收违法所得，没收、销毁作案工具和非法物品，并处1万元以上5万元以下的罚款；情节严重的，并处5万元以上50万元以下的罚款；对印制发票的企业，可以并处吊销发票准印证；构成犯罪的，依法追究刑事责任。

前款规定的处罚，《中华人民共和国税收征收管理法》有规定的，依照其规定执行。

（参见《中华人民共和国发票管理办法》第三十八条的规定）

二、应当开具而未开具发票的，如何处罚？

应当开具而未开具发票的，由税务机关责令改正，可以处1万元以下的罚款；有违法所得的予以没收。

（参见《中华人民共和国发票管理办法》第三十五条的规定）

三、未按照规定的时限、顺序、栏目，全部联次一次性开具发票，或者未加盖发票专用章的，如何处罚？

未按照规定的时限、顺序、栏目，全部联次一次性开具发票，或者未加盖发票专用章的，由税务机关责令改正，可以处1万元以下的罚款；有违法所得的予以没收。

（参见《中华人民共和国发票管理办法》第三十五条的规定）

四、虚开发票的，如何处罚？

违法虚开发票的，由税务机关没收违法所得；虚开金额在1万元以下的，可以并处5万元以下的罚款；虚开金额超过1万元的，并处5万元以上50万元以下的罚款；构成犯罪的，依法追究刑事责任。

非法代开发票的，依照前款规定处罚。

（参见《中华人民共和国发票管理办法》第三十七条的规定）

五、使用税控装置开具发票，未按期向主管税务机关报送开具发票的数据的，如何处罚？

使用税控装置开具发票，未按期向主管税务机关报送开具发票的数据的，由税务机关责令改正，可以处1万元以下的罚款；有违法所得的予以没收。

（参见《中华人民共和国发票管理办法》第三十五条的规定）

六、使用非税控电子器具开具发票，未将说明资料报主管税务机关备案，或者未保存、报送开具发票的数据的，如何处罚？

使用非税控电子器具开具发票，未将非税控电子器具使用的软件程序说明资料报主管税务机关备案，或者未按照规定保存、报送开具发票的数据的，由税务机关责令改正，可以处1万元以下的罚款；有违法所得的予以没收。

（参见《中华人民共和国发票管理办法》第三十五条的规定）

对使用未经税务机关批准的计算机开票软件或擅自改动统一开票软件的，按照上述规定进行处理。

（参见《国家税务总局关于使用计算机开具普通发票有关问题的批复》国税函〔2005〕1102号）

七、转借、转让、介绍他人转让发票，如何处罚？

转借、转让、介绍他人转让发票的，由税务机关处1万元以上5万元以下的罚款；情节严重的，处5万元以上50万元以下的罚款；有违法所得的予以没收。

（参见《中华人民共和国发票管理办法》第三十九条的规定）

八、知道是私自印制、伪造、变造、非法取得或者废止的发票而受让、开具、存放、携带、邮寄、运输的，如何处罚？

应当知道是私自印制、伪造、变造、非法取得或者废止的发票而受让、开具、存放、携带、邮寄、运输的，由税务机关处1万元以上5万元以下的罚款；情节严重的，处5万元以上50万元以下的罚款；有违法所得的予以没收。

（参见《中华人民共和国发票管理办法》第三十九条的规定）

九、拆本使用发票的，如何处罚？

拆本使用发票的，由税务机关责令改正，可以处1万元以下的罚款；有违法所得的予以没收。

（参见《中华人民共和国发票管理办法》第三十五条的规定）

十、扩大发票使用范围的，如何处罚？

扩大发票使用范围的，由税务机关责令改正，可以处1万元以下的罚款；有违法所得的予以没收。

（参见《中华人民共和国发票管理办法》第三十五条的规定）

十一、以其他凭证代替发票使用的，如何处罚？

以其他凭证代替发票使用的，由税务机关责令改正，可以处1万元以下的罚款；有违法所得的予以没收。

（参见《中华人民共和国发票管理办法》第三十五条的规定）

十二、跨规定区域开具发票的，如何处罚？

跨规定区域开具发票的，由税务机关责令改正，可以处1万元以下的罚款；有违法所得的予以没收。

（参见《中华人民共和国发票管理办法》第三十五条的规定）

十三、跨规定的使用区域携带、邮寄、运输空白发票，以及携带、邮寄或者运输空白发票出入境的，如何处罚？

跨规定的使用区域携带、邮寄、运输空白发票，以及携带、邮寄或者运输空白发票出入境的，由税务机关责令改正，可以处1万元以下的罚款；情节严重的，处1万元以上3万元以下的罚款；有违法所得的予以没收。

（参见《中华人民共和国发票管理办法》第三十六条的规定）

十四、未按照规定存放、保管和缴销发票的，如何处罚？

未按照规定存放、保管和缴销发票的，由税务机关责令改正，可以处1万元以下的罚款；有违法所得的予以没收。

（参见《中华人民共和国发票管理办法》第三十五条的规定）

十五、丢失发票的，如何处罚？

丢失发票或者擅自损毁发票的，可以处 1 万元以下的罚款；情节严重的，处 1 万元以上 3 万元以下的罚款；有违法所得的予以没收。

（参见《中华人民共和国发票管理办法》第三十六条的规定）

纳税人必须严格按《增值税专用发票使用法规》保管使用专用发票、对违反法规发生被盗、丢失专用发票的纳税人，主管税务机关必须严格按《中华人民共和国税收征收管理法》和《中华人民共和国发票管理办法》的法规，处以一万元以下的罚款，并可视具体情况，对丢失专用发票纳税人，在一定期限内（最长不超过半年）停止领购专用发票。对纳税人申报遗失的专用发票，如发现非法代开、虚开问题的，该纳税人应承担偷税、骗税的连带责任。

（参见《国家税务总局关于被盗、丢失增值税专用发票的处理意见的通知》国税函〔1995〕292 号）

十六、违反发票管理，导致其他单位或者个人未缴、少缴或者骗取税款的，如何处罚？

违反发票管理法规，导致其他单位或者个人未缴、少缴或者骗取税款的，由税务机关没收违法所得，可以并处未缴、少缴或者骗取的税款 1 倍以下的罚款。

（参见《中华人民共和国发票管理办法》第四十一条的规定）

及时处理丢失或被盗发票。当发生发票丢失或被盗时，税务机关应要求纳税人按规定及时刊登公告，声明作废，并列入丢失或被盗发票数据库。一旦发现有开具作废发票者，一律依法从重处罚。

（参见《国家税务总局关于进一步加强普通发票管理工作的通知》国税发〔2008〕80 号）

十七、违反发票管理，向社会公告的条件？

对违反发票管理规定 2 次以上或者情节严重的单位和个人，税务机关可以向社会公告。

（参见《中华人民共和国发票管理办法》第四十条的规定）

公告是指，税务机关应当在办税场所或者广播、电视、报纸、期刊、网络等新闻媒体上公告纳税人发票违法的情况。公告内容包括：纳税人名称、纳税人识别号、经营地点、违反发票管理法规的具体情况。

（参见《中华人民共和国发票管理办法实施细则》第三十五条的规定）

十八、违反增值税专用发票管理规定，情节显著轻微的，如何处理？

有伪造或者出售伪造的增值税专用发票的；非法出售增值税专用发票的；非法购买增值税专用发票或者伪造的增值税专用发票的；伪造、擅自制造或者出售伪造、擅自制造的可以用于骗取出口退税、抵扣税款的其他发票的行为，情节显著轻微，尚不构成犯罪的，由公安机关处十五日以下拘留、五千元以下罚款。

（参见《全国人民代表大会常务委员会关于惩治虚开、伪造和非法出售增值税专用发票犯罪的决定》中华人民共和国主席令第57号）

第七节 进项税额不能抵扣风险

一、抵扣主体

（一）一般纳税人会计核算不健全、不能提供准确税务资料的，进项税额是否可以抵扣?

根据《中华人民共和国增值税暂行条例实施细则》第三十四条规定，一般纳税人会计核算不健全、不能够提供准确税务资料的，应按销售额依照增值税税率计算应纳税额，不得抵扣进项税额，也不得使用增值税专用发票。

建筑业企业作为一般纳税人的，其会计核算不健全、不能够提供准确税务资料的，应按销售额依照增值税税率计算应纳税额，不得抵扣进项税额，也不得使用增值税专用发票。

（二）销售额超过小规模纳税人标准，未申请办理一般纳税人认定手续的，进项税额是否可以抵扣？

除年应税销售额超过小规模纳税人标准的其他个人按小规模纳税人纳税；非企业性单位、不经常发生应税行为的企业可选择按小规模纳税人纳税外，纳税人销售额超过小规模纳税人标准，未申请办理一般纳税人认定手续的，不得抵扣进项税额，也不得使用增值税专用发票。

（参见《中华人民共和国增值税暂行条例实施细则》第三十四条的规定）

不得抵扣进项税额是指纳税人在停止抵扣进项税额期间发生的全部进项税额，包括在停止抵扣期间取得的进项税额、上期留抵税额以及经批准允许抵扣的期初存货已征税款。

纳税人经税务机关核准恢复抵扣进项税额资格后，其在停止抵扣进项税额期间发生的全部进项税额不得抵扣。

（参见《国家税务总局关于增值税一般纳税人恢复抵扣进项税额资格后有关问题的批复》国税函〔2000〕584 号）

二、抵扣凭证

（一）纳税人认定或登记为一般纳税人前取得的增值税扣税凭证，进项税额如何抵扣？

纳税人自办理税务登记至认定或登记为一般纳税人期间，未取得生产经营收入，未按照销售额和征收率简易计算应纳税额申报缴纳增值税的，其在此期间取得的增值税扣税凭证，可以在认定或登记为一般纳税人后抵扣进项税额。

上述增值税扣税凭证按照现行规定无法办理认证或者稽核比对的，按照以下规定处理：

（1）购买方纳税人取得的增值税专用发票，由销售方纳税人开具红字增值税专用发票后重新开具蓝字增值税专用发票。

购买方纳税人填开《开具红字增值税专用发票信息表》或《开具红字货物运输业增值税专用发票信息表》时，选择“所购货物或劳务、服务不属于增值税扣税项目范围”或“所购服务不属于增值税扣税项目范围”。

（2）纳税人取得的海关进口增值税专用缴款书，经国家税务总局稽核比对相符后抵扣进项税额。

（参见《国家税务总局关于纳税人认定或登记为一般纳税人前进项税额抵扣问题的公告》，2015年第59号）

（二）纳税人取得的增值税扣税凭证不合规或者资料不全的，是否可以抵扣进项税额？

纳税人取得的增值税扣税凭证不符合法律、行政法规或者国家税务总局有关规定的，其进项税额不得从销项税额中抵扣。

增值税扣税凭证，是指增值税专用发票、海关进口增值税专用缴款书、农产品收购发票、农产品销售发票和完税凭证。

纳税人凭完税凭证抵扣进项税额的，应当具备书面合同、付款证明和境外单位的对账单或者发票。资料不全的，其进项税额不得从销项税额中抵扣。

（参见《财政部 国家税务总局关于全面推开营业税改征增值税试点的通知》财税〔2016〕36号）

（三）虚开代开的增值税专用发票，是否可以抵扣？

对纳税人取得虚开代开的增值税专用发票，不得作为增值税合法的抵扣凭证抵扣进项税额。

（参见《国家税务总局关于加强增值税征收管理若干问题的通知》国税发〔1995〕192号）

（四）纳税人善意取得虚开的增值税专用发票，进项税额是否可以抵扣？

购货方与销售方存在真实的交易，销售方使用的是其所在省（自治区、直辖市和计划单列市）的专用发票，专用发票注明的销售方名称、印章、货物数量、金额及税额等全部内容与实际相符，且没有证据表明购货方知道销售方提供的专用发票是以非法手段获得的，对购货方不以偷税或者骗取出口退税论处。但应按有关规定不予抵扣进项税款或者不予出口退税；购货方已经抵扣的进项税款或者取得的出口退税，应依法追缴。

购货方能够重新从销售方取得防伪税控系统开出的合法、有效专用发票的，或者取得手工开出的合法、有效专用发票且取得了销售方所在地税务机关已经或者正在依法对销售方虚开专用发票行为进行查处证明的，购货方所在地税务机关应依法准予抵扣进项税款或者出口退税。

（参见《国家税务总局关于纳税人善意取得虚开的增值税专用发票处理问题的通知》国税发〔2000〕187号）

（五）一般纳税人取得的账外经营部分增值税专用发票，进项税额是否抵扣？

鉴于纳税人采用账外经营手段进行偷税，其取得的账外经营部分防伪税控专用发票，未按上述规定的时限进行认证，或者未在认证通过的当月按照增值税有关规定核算当期进项税额并申报抵扣，因此，不得抵扣其账外经营部分的销项税额。

（参见《国家税务总局关于增值税一般纳税人取得的账外经营部分防伪税控增值税专用发票进项税额抵扣问题的批复》国税函〔2005〕763 号）

（六）一般纳税人取得由税务机关代开的专用发票后，如何抵扣进项？

主管税务机关为小规模纳税人代开专用发票，增值税一般纳税人取得由税务机关代开的专用发票后，应以专用发票上填写的税额为进项税额。

（参见《国家税务总局关于取消小规模企业销售货物或应税劳务由税务所代开增值税专用发票审批后有关问题的通知》国税函〔2004〕895 号）

（七）纳税人取得失控发票，是否可以抵扣进项？

在税务机关按非正常户登记失控增值税专用发票（失控发票）后，增值税一般纳税人又向税务机关申请防伪税控报税的，属于销售方已申报并缴纳税款的，该失控发票可作为购买方抵扣增值税进项税额的凭证。

（参见《关于失控增值税专用发票处理的批复》国税函〔2008〕607 号）

（八）废旧物资专用发票，是否准予抵扣进项税额？

自 2009 年 4 月 1 日起，废旧物资专用发票一律不得作为增值税扣税凭证计算抵扣进项税额。

（参见《国家税务总局关于废旧物资发票抵扣增值税有关事项的公告》2008 年第 1 号）

（九）增值税纳税人购进再生资源，是否抵扣进项税额？

增值税一般纳税人购进再生资源，应当凭取得的扣税凭证抵扣进项税额。

（参见《财政部、国家税务总局关于再生资源增值税政策的通知》财税〔2008〕157 号）

（十）增值税纳税人取得的运输费用结算单据，是否可以抵扣？

原增值税纳税人取得的2014年1月1日后开具的运输费用结算单据，不得作为增值税扣税凭证。

（参见《财政部　国家税务总局关于铁路运输和邮政业营业税改征增值税试点有关政策的补充通知》财税〔2013〕121号）

（十一）纳税人利用信托资金融资进行项目开发过程中，取得的增值税专用发票能否进行抵扣？

项目运营方利用信托资金融资进行项目建设开发是指项目运营方与经批准成立的信托公司合作进行项目建设开发，信托公司负责筹集资金并设立信托计划，项目运营方负责项目建设与运营，项目建设完成后，项目资产归项目运营方所有。该经营模式下项目运营方在项目建设期内取得的增值税专用发票和其他抵扣凭证，允许其予以抵扣。

（参见《国家税务总局关于项目运营方利用信托资金融资过程中增值税进项税额抵扣问题的公告》国家税务总局公告2010年第8号）

（十二）一般纳税人丢失发票联和抵扣联的，是否可以抵扣进项？

一般纳税人丢失已开具专用发票的发票联和抵扣联，如果丢失前已认证相符的，购买方可凭销售方提供的相应专用发票记账联复印件及销售方主管税务机关出具的《丢失增值税专用发票已报税证明单》或《丢失货物运输业增值税专用发票已报税证明单》，作为增值税进项税额的抵扣凭证。

一般纳税人丢失已开具专用发票的发票联和抵扣联，如果丢失前未认证的，购买方凭销售方提供的相应专用发票记账联复印件进行认证，认证相符的可凭专用发票记账联复印件及销售方主管税务机关出具的《证明单》，作为增值税进项税额的抵扣凭证。专用发票记账联复印件和《证明单》留存备查。

（参见《国家税务总局关于简化增值税发票领用和使用程序有关问题的公告》国家税务总局公告2014年第19号）

（十三）对异常增值税专用发票，是否准予抵扣？

税收风险分析评估中，主管税务机关发现增值税一般纳税人存在购进、销售货物（服务）品名明显背离，虚假填列纳税申报表特定项目以规避税务机关审核比对等异常情形的，应及时约谈纳税人。因电话、地址等税务登记信息虚假无法联系或两次约谈不到的，纳税人主动联系主管税务机关之前，主管税务机关可通过增值税发票系统升级版暂停该纳税人开具发票，并将其取得和开具的增值税发票列入异常增值税扣税凭证范围，录入增值税抵扣凭证审核检查系统。

主管税务机关应对纳税人取得的异常凭证进行调查核实。尚未申报抵扣的异常凭证，暂不允许抵扣，经主管税务机关核实后，符合现行增值税进项税抵扣规定的，应当允许纳税人继续申报抵扣。已经申报抵扣的异常凭证，经主管税务机关核实后，凡不符合现行增值税进项税抵扣规定的，一律作进项税转出。

（参见《国家税务总局关于异常增值税扣税凭证抵扣问题的通知》税总发〔2015〕148 号）

（十四）一般纳税人支付的道路、桥、闸通行费，是否抵扣进项税额？

2016 年 5 月 1 日至 7 月 31 日，一般纳税人支付的道路、桥、闸通行费，暂凭取得的通行费发票（不含财政票据）上注明的收费金额按照下列公式计算可抵扣的进项税额：

高速公路通行费可抵扣进项税额 = 高速公路通行费发票上注明的金额 ÷（1 + 3%）× 3%

一级公路、二级公路、桥、闸通行费可抵扣进项税额 = 一级公路、二级公路、桥、闸通行费发票上注明的金额 ÷（1 + 5%）× 5%

通行费，是指有关单位依法或者依规设立并收取的过路、过桥和过闸费用。

（参见《财政部　国家税务总局关于进一步明确全面推开“营改增”试点有关劳务派遣服务、收费公路通行费抵扣等政策的通知》财税〔2016〕47 号）

（十五）试点纳税人 2016 年 5 月 1 日之前发生的购进货物业务，在 5 月 1 日之后取得进项税发票，是否可按规定认证抵扣？

不可以。

（参见《“营改增”问答》税总纳便函〔2016〕71 号）

（十六）纳税人进口货物，未支付货款，进项税额是否可以抵扣？

纳税人进口货物，凡已缴纳了进口环节增值税的，不论其是否已经支付货款，其取得的海关完税凭证均可作为增值税进项税额抵扣凭证。

（参见《国家税务总局关于增值税一般纳税人取得海关进口增值税专用缴款书抵扣进项税额问题的通知》国税发〔2004〕148号）

三、抵扣范围

（一）增值税专用发票上注明的增值税额，是否准予从销项税额中抵扣？

从销售方取得的增值税专用发票（含税控机动车销售统一发票）上注明的增值税额，准予从销项税额中抵扣。

（参见《财政部　国家税务总局关于全面推开营业税改征增值税试点的通知》财税〔2016〕36号）

（二）购进货物或应税劳务支付货款、劳务费用的对象不符，是否可以抵扣？

纳税人购进货物或应税劳务，支付运输费用，所支付款项的单位，必须与开具抵扣凭证的销货单位、提供劳务的单位一致，才能够申报抵扣进项税额，否则不予抵扣。

（参见《国家税务总局关于加强增值税征收管理若干问题的通知》国税发〔1995〕192号）

（三）含税价格换算后出现误差的专用发票，是否可以抵扣？

纳税人以含税单价销售货物或应税劳务的，应换算成不含税单价填开专用发票，如果换算使单价、销售额和税额等项目发生尾数误差的，应按以下方法计算填开：

（1）销售额计算公式如下：

销售额＝含税总收入÷（1＋税率或征收率）

（2）税额计算公式如下：

税额＝含税总收入－销售额

（3）不含税单价计算公式如下：

不含税单价＝销售额÷数量

按照上述方法计算开具的专用发票，如果票面“货物数量×不含税单价＝销售额”这一逻辑关系存在少量尾数误差，属于正常现象，可以作为购货方的扣税凭证。

（参见《国家税务总局关于填开增值税专用发票有关问题的通知》国税发〔1996〕166号）

（四）用于非增值税应税项目的进项税额，是否可以抵扣？

用于非增值税应税项目的购进货物或者应税劳务以及相关货物的运输费用，进项税额不得从销项税额中抵扣。

（参见《增值税暂行条例》第十条的规定）

原增值税一般纳税人购进货物或者接受加工修理修配劳务，用于《销售服务、无形资产或者不动产注释》所列项目的，不属于用于非增值税应税项目，其进项税额准予从销项税额中抵扣。

（参见《财政部　国家税务总局关于全面推开营业税改征增值税试点的通知》财税〔2016〕36号）

（五）用于免征增值税项目的进项税额，是否可以抵扣？

用于免征增值税项目的购进货物或者应税劳务以及相关货物的运输费用，进项税额不得从销项税额中抵扣。

（参见《增值税暂行条例》第十条的规定）

用于免征增值税项目的购进货物、加工修理修配劳务、服务、无形资产和不动产的进项税额不得从销项税额中抵扣。

其中涉及的固定资产、无形资产、不动产，仅指专用于上述项目的固定资产、无形资产（不包括其他权益性无形资产）、不动产。

（参见《财政部　国家税务总局关于全面推开营业税改征增值税试点的通知》财税〔2016〕36号）

不动产、无形资产的具体范围，按照本办法所附的《销售服务、无形资产或者不动产注释》执行。

固定资产，是指使用期限超过12个月的机器、机械、运输工具以及其他与生产经营有关的设备、工具、器具等有形动产。

（参见《财政部　国家税务总局关于全面推开营业税改征增值税试点的通知》财税〔2016〕36号）

原增值税一般纳税人购进服务、无形资产或者不动产用于免征增值税项目的进项税额不得从销项税额中抵扣。

（参见《财政部　国家税务总局关于全面推开营业税改征增值税试点的通

知》财税〔2016〕36号)

(六)用于集体福利的进项税额,是否可以抵扣?

用于集体福利的购进货物或者应税劳务以及相关货物的运输费用的进项税额不得从销项税额中抵扣。

(参见《增值税暂行条例》第十条的规定)

用于集体福利的购进货物、加工修理修配劳务、服务、无形资产和不动产的进项税额不得从销项税额中抵扣。

(参见《财政部 国家税务总局关于全面推开营业税改征增值税试点的通知》财税〔2016〕36号)

原增值税一般纳税人购进服务、无形资产或者不动产用于集体福利的进项税额不得从销项税额中抵扣。

(参见《财政部 国家税务总局关于全面推开营业税改征增值税试点的通知》财税〔2016〕36号)

(七)用于个人消费的进项税额,是否可以抵扣?

用于个人消费的购进货物或者应税劳务以及相关货物的运输费用的进项税额不得从销项税额中抵扣。

(参见《增值税暂行条例》第十条的规定)

“个人消费”包括纳税人的交际应酬消费。

(参见《增值税暂行条例实施细则》第二十二条的规定)

用于个人消费的购进货物、加工修理修配劳务、服务、无形资产和不动产的进项税额不得从销项税额中抵扣。

(参见《财政部 国家税务总局关于全面推开营业税改征增值税试点的通知》财税〔2016〕36号)

(八)非正常损失的购进货物的进项税额,是否可以抵扣?

非正常损失的购进货物及相关的应税劳务和运输费用的进项税额不得从销项税额中抵扣。

(参见《增值税暂行条例》第十条的规定)

非正常损失的购进货物,以及相关的加工修理修配劳务和交通运输服务的进项税额不得从销项税额中抵扣。

货物是指构成不动产实体的材料和设备,包括建筑装饰材料和给排水、采暖、卫生、通风、照明、通讯、煤气、消防、中央空调、电梯、电气、智能化楼宇设备及配套设施。

（参见《财政部 国家税务总局关于全面推开营业税改征增值税试点的通知》财税〔2016〕36号）

非正常损失，是指因管理不善造成货物被盗、丢失、霉烂变质，以及因违反法律法规造成货物或者不动产被依法没收、销毁、拆除的情形。

（参见《财政部 国家税务总局关于全面推开营业税改征增值税试点的通知》财税〔2016〕36号）

原增值税一般纳税人非正常损失的购进货物，以及相关的加工修理修配劳务和交通运输服务的进项税额不得从销项税额中抵扣。

（参见《财政部 国家税务总局关于全面推开营业税改征增值税试点的通知》财税〔2016〕36号）

（九）非正常损失的在产品、产成品的进项税额，是否可以抵扣?

非正常损失的在产品、产成品所耗用的购进货物或者应税劳务以及相关货物运输费用的进项税额，不得从销项税额中抵扣。

（参见《增值税暂行条例》第十条的规定）

非正常损失的在产品、产成品所耗用的购进货物（不包括固定资产）、加工修理修配劳务和交通运输服务的进项税额不得从销项税额中抵扣。

（参见《财政部 国家税务总局关于全面推开营业税改征增值税试点的通知》财税〔2016〕36号）

原增值税一般纳税人非正常损失的在产品、产成品所耗用的购进货物（不包括固定资产）、加工修理修配劳务和交通运输服务的进项税额不得从销项税额中抵扣。

（参见《财政部 国家税务总局关于全面推开营业税改征增值税试点的通知》财税〔2016〕36号）

（十）国务院财政、税务主管部门规定的纳税人自用消费品的进项税额，是否可以抵扣?

国务院财政、税务主管部门规定的纳税人自用消费品以及相关货物的运输费用的进项税额不得从销项税额中抵扣。

（参见《增值税暂行条例》第十条的规定）

（十一）销售免税货物的运输费用的进项税额，是否可以抵扣？

销售免税货物的运输费用的进项税额，不得从销项税额中抵扣。

（参见《增值税暂行条例》第十条的规定）

（十二）用于简易计税方法计税项目的进项税额，是否可以抵扣？

用于简易计税方法计税项目的购进货物、加工修理修配劳务、服务、无形资产和不动产的进项税额不得从销项税额中抵扣。

（参见《财政部　国家税务总局关于全面推开营业税改征增值税试点的通知》财税〔2016〕36号）

原增值税一般纳税人购进服务、无形资产或者不动产用于简易计税方法计税项目的进项税额不得从销项税额中抵扣。

（参见《财政部　国家税务总局关于全面推开营业税改征增值税试点的通知》财税〔2016〕36号）

（十三）企业既有简易计税项目，又有一般计税项目，“营改增”后购进办公用不动产，能否抵扣进项税？

纳税人“营改增”后购进办公用不动产，能够取得增值税专用发票，并且不是专用于简易计税办法计税项目的，可以抵扣进项税额。

（参见《“营改增”问答》税总纳便函〔2016〕71号）

（十四）非正常损失的不动产的进项税额，是否可以抵扣？

非正常损失的不动产，以及该不动产所耗用的购进货物、设计服务和建筑服务的进项税额不得从销项税额中抵扣。

（参见《财政部　国家税务总局关于全面推开营业税改征增值税试点的通知》财税〔2016〕36号）

原增值税一般纳税人非正常损失的不动产，以及该不动产所耗用的购进货物、设计服务和建筑服务的进项税额不得从销项税额中抵扣。

（参见《财政部　国家税务总局关于全面推开营业税改征增值税试点的通知》财税〔2016〕36号）

（十五）非正常损失的不动产在建工程的进项税额，是否可以抵扣？

非正常损失的不动产在建工程所耗用的购进货物、设计服务和建筑服务的进项税额不得从销项税额中抵扣。

纳税人新建、改建、扩建、修缮、装饰不动产，均属于不动产在建工程。

（参见《财政部　国家税务总局关于全面推开营业税改征增值税试点的通知》财税〔2016〕36号）

原增值税一般纳税人非正常损失的不动产在建工程所耗用的购进货物、设计服务和建筑服务的进项税额不得从销项税额中抵扣。

（参见《财政部　国家税务总局关于全面推开营业税改征增值税试点的通知》财税〔2016〕36号）

（十六）购进的旅客运输服务的进项税额，是否可以抵扣？

购进的旅客运输服务的进项税额不得从销项税额中抵扣。

（参见《财政部　国家税务总局关于全面推开营业税改征增值税试点的通知》财税〔2016〕36号）

（十七）购进的贷款服务的进项税额，是否可以抵扣？

购进的贷款服务的进项税额不得从销项税额中抵扣。

（参见《财政部　国家税务总局关于全面推开营业税改征增值税试点的通知》财税〔2016〕36号）

纳税人接受贷款服务向贷款方支付的与该笔贷款直接相关的投融资顾问费、手续费、咨询费等费用，其进项税额不得从销项税额中抵扣。

（参见《财政部　国家税务总局关于全面推开营业税改征增值税试点的通知》财税〔2016〕36号）

（十八）购进的餐饮服务的进项税额，是否可以抵扣？

购进的餐饮服务的进项税额不得从销项税额中抵扣。

（参见《财政部　国家税务总局关于全面推开营业税改征增值税试点的通知》财税〔2016〕36号）

（十九）购进的居民日常服务的进项税额，是否可以抵扣？

购进的居民日常服务的进项税额不得从销项税额中抵扣。

（参见《财政部　国家税务总局关于全面推开营业税改征增值税试点的通知》财税〔2016〕36号）

（二十）购进的娱乐服务的进项税额，是否可以抵扣？

购进的娱乐服务的进项税额不得从销项税额中抵扣。

（参见《财政部　国家税务总局关于全面推开营业税改征增值税试点的通知》财税〔2016〕36号）

（二十一）不得抵扣且未抵扣进项税额的固定资产、无形资产、不动产，发生用途改变，用于允许抵扣进项税额的应税项目，是否可以抵扣进项税额？

不得抵扣且未抵扣进项税额的固定资产、无形资产、不动产，发生用途改变，用于允许抵扣进项税额的应税项目，可在用途改变的次月按照下列公式，依据合法有效的增值税扣税凭证，计算可以抵扣的进项税额：

可以抵扣的进项税额＝固定资产、无形资产、不动产净值/（1＋适用税率）×适用税率

上述可以抵扣的进项税额应取得合法有效的增值税扣税凭证。

（参见《财政部　国家税务总局关于全面推开营业税改征增值税试点的通知》财税〔2016〕36号）

（二十二）纳税人自用的应征消费税的摩托车、汽车、游艇，其进项税额是否抵扣？

原增值税一般纳税人自用的应征消费税的摩托车、汽车、游艇，其进项税额准予从销项税额中抵扣。

（参见《财政部　国家税务总局关于全面推开营业税改征增值税试点的通知》财税〔2016〕36号）

（二十三）销售免征增值税货物开具专用发票的，进项税额是否抵扣？

增值税一般纳税人销售免税货物违反规定开具专用发票的，则对其开具的销售额依照增值税适用税率全额征收增值税，不得抵扣进项税额。

（参见《国家税务总局关于加强免征增值税货物专用发票管理的通知》国税函〔2005〕780号）

（二十四）一般纳税人购进或者自制固定资产发生的进项税额，是否可以抵扣？

自2009年1月1日起，增值税一般纳税人购进（包括接受捐赠、实物投

资）或者自制（包括改扩建、安装）固定资产发生的进项税额，可凭增值税专用发票、海关进口增值税专用缴款书和运输费用结算单据从销项税额中抵扣。

（参见《财政部　国家税务总局关于全国实施增值税转型改革若干问题的通知》财税〔2008〕170号）

（二十五）个别货物进口环节与国内环节以及国内地区间增值税税率执行不一致，进项税额如何抵扣？

对在进口环节与国内环节，以及国内地区间个别货物（如初级农产品、矿产品等）增值税适用税率执行不一致的，纳税人应按其取得的增值税专用发票和海关进口完税凭证上注明的增值税额抵扣进项税额。

主管税务机关发现同一货物进口环节与国内环节以及地区间增值税税率执行不一致的，应当将有关情况逐级上报至共同的上一级税务机关，由上一级税务机关予以明确。

（参见《财政部　国家税务总局关于增值税若干政策的通知》财税〔2005〕165号）

（二十六）增值税一般纳税人支付的国际货物运输代理费用，是否作为运输费用抵扣进项税额？

国际货物运输代理业务是国际货运代理企业作为委托方和承运单位的中介人，受托办理国际货物运输和相关事宜并收取中介报酬的业务。因此，增值税一般纳税人支付的国际货物运输代理费用，不得作为运输费用抵扣进项税额。

（参见《国家税务总局关于增值税一般纳税人支付的货物运输代理费用不得抵扣进项税额的批复》2016年第34号）

四、抵扣程序

（一）增值税进项税额抵扣，是否需要认证相符？

用于抵扣增值税进项税额的专用发票应经税务机关认证相符（国家税务总局另有规定的除外）。认证相符的专用发票应作为购买方的记账凭证，不得退还销售方。

认证，是税务机关通过防伪税控系统对专用发票所列数据的识别、确认。

认证相符，是指纳税人识别号无误，专用发票所列密文解译后与明文一致。

（参见《国家税务总局关于修订〈增值税专用发票使用规定〉的通知》第二十五条的规定）

（二）无法认证的，如何处理？

无法认证的，不得作为增值税进项税额的抵扣凭证，税务机关退还原件，购买方可要求销售方重新开具专用发票。

无法认证，是指专用发票所列密文或者明文不能辨认，无法产生认证结果。

（参见《国家税务总局关于修订〈增值税专用发票使用规定〉的通知》第二十六条的规定）

（三）纳税人识别号认证不符的，如何处理？

纳税人识别号认证不符，不得作为增值税进项税额的抵扣凭证，税务机关退还原件，购买方可要求销售方重新开具专用发票。

纳税人识别号认证不符，是指专用发票所列购买方纳税人识别号有误。

（参见《国家税务总局关于修订〈增值税专用发票使用规定〉的通知》第二十六条的规定）

（四）专用发票代码、号码认证不符的，如何处理？

专用发票代码、号码认证不符的，不得作为增值税进项税额的抵扣凭证，税务机关退还原件，购买方可要求销售方重新开具专用发票。

专用发票代码、号码认证不符，是指专用发票所列密文解译后与明文的代码或者号码不一致。

（参见《国家税务总局关于修订〈增值税专用发票使用规定〉的通知》第二十六条的规定）

（五）重复认证的，如何处理？

重复认证的，暂不得作为增值税进项税额的抵扣凭证，税务机关扣留原件，查明原因，分别情况进行处理。

重复认证，是指已经认证相符的同一张专用发票再次认证。

（参见《国家税务总局关于修订〈增值税专用发票使用规定〉的通知》第

二十七条的规定）

（六）密文有误的，如何处理？

经认证，密文有误的，暂不得作为增值税进项税额的抵扣凭证，税务机关扣留原件，查明原因，分别情况进行处理。

密文有误，是指专用发票所列密文无法解译。

（参见《国家税务总局关于修订〈增值税专用发票使用规定〉的通知》第二十七条，国税发〔2006〕156号）

（七）认证不符的，如何处理？

经认证，认证不符的，暂不得作为增值税进项税额的抵扣凭证，税务机关扣留原件，查明原因，分别情况进行处理。

认证不符，是指纳税人识别号有误，或者专用发票所列密文解译后与明文不一致。

认证不符不含第二十六条第二项、第三项所列情形。

纳税人识别号认证不符，是指专用发票所列购买方纳税人识别号有误。

专用发票代码、号码认证不符，是指专用发票所列密文解译后与明文的代码或者号码不一致。

（参见《国家税务总局关于修订〈增值税专用发票使用规定〉的通知》第二十七条的规定）

（八）列为失控专用发票的，如何处理？

经认证，列为失控专用发票的，暂不得作为增值税进项税额的抵扣凭证，税务机关扣留原件，查明原因，分别情况进行处理。

列为失控专用发票，是指认证时的专用发票已被登记为失控专用发票。

（参见《国家税务总局关于修订〈增值税专用发票使用规定〉的通知》第二十七条的规定）

（九）增值税专用发票，申请认证、抵扣的期限？

增值税一般纳税人取得2010年1月1日以后开具的增值税专用发票、公路内河货物运输业统一发票和机动车销售统一发票，应在开具之日起180日内到税务机关办理认证，并在认证通过的次月申报期内，向主管税务机关申报抵扣进项税额。

（参见《国家税务总局关于调整增值税扣税凭证抵扣期限有关问题的通知》国税函〔2009〕617号）

增值税一般纳税人取得2010年1月1日以后开具的增值税专用发票、公路内河货物运输业统一发票、机动车销售统一发票，未在规定期限内到税务机关办理认证、申报抵扣的，不得作为合法的增值税扣税凭证，不得计算进项税额抵扣。

（参见《国家税务总局关于调整增值税扣税凭证抵扣期限有关问题的通知》国税函〔2009〕617号）

（十）增值税扣税凭证逾期未认证、稽核比对的，是否准予抵扣进项税额?

对增值税一般纳税人发生真实交易但由于客观原因造成增值税扣税凭证逾期的，经主管税务机关审核、逐级上报，由国家税务总局认证、稽核比对后，对比对相符的增值税扣税凭证，允许纳税人继续抵扣其进项税额。

增值税扣税凭证，包括增值税专用发票、海关进口增值税专用缴款书和公路内河货物运输业统一发票。

（参见《国家税务总局关于逾期增值税扣税凭证抵扣问题的公告》国家税务总局公告2011年第50号）

（十一）增值税扣税凭证逾期未认证、稽核比对的，准予抵扣进项税额的客观原因包括哪些?

对增值税一般纳税人由于客观原因造成增值税扣税凭证逾期的，允许纳税人继续抵扣其进项税额。

客观原因包括如下类型：

（1）因自然灾害、社会突发事件等不可抗力因素造成增值税扣税凭证逾期；

（2）增值税扣税凭证被盗、抢，或者因邮寄丢失、误递导致逾期；

（3）有关司法、行政机关在办理业务或者检查中，扣押增值税扣税凭证，纳税人不能正常履行申报义务，或者税务机关信息系统、网络故障，未能及时处理纳税人网上认证数据等导致增值税扣税凭证逾期；

（4）买卖双方因经济纠纷，未能及时传递增值税扣税凭证，或者纳税人变更纳税地点，注销旧户和重新办理税务登记的时间过长，导致增值税扣税凭证逾期；

（5）由于企业办税人员伤亡、突发危重疾病或者擅自离职，未能办理交接手续，导致增值税扣税凭证逾期；

(6) 国家税务总局规定的其他情形。

增值税一般纳税人由于其他原因造成增值税扣税凭证逾期的，仍应按照增值税扣税凭证抵扣期限有关规定执行。

(参见《国家税务总局关于逾期增值税扣税凭证抵扣问题的公告》国家税务总局公告 2011 年第 50 号)

(十二) 纳税人未按期认证或者稽核比对的，申请办理逾期抵扣时，应报送的资料?

纳税人申请办理逾期抵扣时，应报送如下资料：

(1)《逾期增值税扣税凭证抵扣申请单》。

(2) 增值税扣税凭证逾期情况说明。纳税人应详细说明未能按期办理认证或者申请稽核比对的原因，并加盖企业公章。其中，对客观原因不涉及第三方的，纳税人应说明的情况具体为：发生自然灾害、社会突发事件等不可抗力原因的，纳税人应详细说明自然灾害或者社会突发事件发生的时间、影响地区、对纳税人生产经营的实际影响等；纳税人变更纳税地点，注销旧户和重新办理税务登记的时间过长，导致增值税扣税凭证逾期的，纳税人应详细说明办理搬迁时间、注销旧户和注册新户的时间、搬出及搬入地点等；企业办税人员擅自离职，未办理交接手续的，纳税人应详细说明事情经过、办税人员姓名、离职时间等，并提供解除劳动关系合同及企业内部相关处理决定。

(3) 客观原因涉及第三方的，应提供第三方证明或说明。具体为：企业办税人员伤亡或者突发危重疾病的，应提供公安机关、交通管理部门或者医院证明；有关司法、行政机关在办理业务或者检查中，扣押增值税扣税凭证，导致纳税人不能正常履行申报义务的，应提供相关司法、行政机关证明；增值税扣税凭证被盗、抢的，应提供公安机关证明；买卖双方因经济纠纷，未能及时传递增值税扣税凭证的，应提供卖方出具的情况说明；邮寄丢失或者误递导致增值税扣税凭证逾期的，应提供邮政单位出具的说明。

(4) 逾期增值税扣税凭证电子信息。

(5) 逾期增值税扣税凭证复印件（复印件必须整洁、清晰，在凭证备注栏注明"与原件一致"并加盖企业公章，增值税专用发票复印件必须裁剪成与原票大小一致）。

由于税务机关自身原因造成纳税人增值税扣税凭证逾期的，主管税务机关应在上报文件中说明相关情况。具体为，税务机关信息系统或者网络故障，未能及时处理纳税人网上认证数据的，主管税务机关应详细说明信息系统或网络故障出现、持续的时间，故障原因及表现等。

（参见《国家税务总局关于逾期增值税扣税凭证抵扣问题的公告》国家税务总局公告2011年第50号）

（十三）增值税扣税凭证未按期申报抵扣，是否可以抵扣进项税额？

增值税一般纳税人取得的增值税扣税凭证已认证或已采集上报信息但未按照规定期限申报抵扣；实行纳税辅导期管理的增值税一般纳税人以及实行海关进口增值税专用缴款书"先比对后抵扣"管理办法的增值税一般纳税人，取得的增值税扣税凭证稽核比对结果相符但未按规定期限申报抵扣，属于发生真实交易且符合客观原因的，经主管税务机关审核，允许纳税人继续申报抵扣其进项税额。

增值税扣税凭证，包括增值税专用发票（含货物运输业增值税专用发票）、海关进口增值税专用缴款书和公路内河货物运输业统一发票。

（参见《国家税务总局关于未按期申报抵扣增值税扣税凭证有关问题的公告》国家税务总局公告2011年第78号）

（十四）增值税扣税凭证未按期申报抵扣，可以抵扣进项税额的客观原因包括哪些？

增值税扣税凭证已认证或已采集上报信息和稽核比对，但未按照规定期限申报抵扣，有客观原因的，允许申报抵扣进项税额。

客观原因包括如下类型：

（1）因自然灾害、社会突发事件等不可抗力原因造成增值税扣税凭证未按期申报抵扣；

（2）有关司法、行政机关在办理业务或者检查中，扣押、封存纳税人账簿资料，导致纳税人未能按期办理申报手续；

（3）税务机关信息系统、网络故障，导致纳税人未能及时取得认证结果通知书或稽核结果通知书，未能及时办理申报抵扣；

（4）由于企业办税人员伤亡、突发危重疾病或者擅自离职，未能办理交接手续，导致未能按期申报抵扣；

（5）国家税务总局规定的其他情形。

增值税一般纳税人其他原因造成增值税扣税凭证未按期申报抵扣的，仍按照现行增值税扣税凭证申报抵扣有关规定执行。

（参见《国家税务总局关于未按期申报抵扣增值税扣税凭证有关问题的公告》国家税务总局公告2011年第78号）

（十五）增值税扣税凭证未按期申报抵扣，继续申请办理抵扣应报送哪些资料？

纳税人申请办理抵扣时，应报送如下资料：

（1）《未按期申报抵扣增值税扣税凭证抵扣申请单》。

（2）《已认证增值税扣税凭证清单》。

（3）增值税扣税凭证未按期申报抵扣情况说明。纳税人应详细说明未能按期申报抵扣的原因，并加盖企业印章。对客观原因不涉及第三方的，纳税人应说明的情况具体为：发生自然灾害、社会突发事件等不可抗力原因的，纳税人应详细说明自然灾害或者社会突发事件发生的时间、影响地区、对纳税人生产经营的实际影响等；企业办税人员擅自离职，未办理交接手续的，纳税人应详细说明事情经过、办税人员姓名、离职时间等，并提供解除劳动关系合同及企业内部相关处理决定。对客观原因涉及第三方的，应提供第三方证明或说明。具体为：企业办税人员伤亡或者突发危重疾病的，应提供公安机关、交通管理部门或者医院证明；有关司法、行政机关在办理业务或者检查中，扣押、封存纳税人账簿资料，导致纳税人未能按期办理申报手续的，应提供相关司法、行政机关证明。对于因税务机关信息系统或者网络故障原因造成纳税人增值税扣税凭证未能按期申报抵扣的，主管税务机关应予以核实。

（4）未按期申报抵扣增值税扣税凭证复印件。

（参见《国家税务总局关于未按期申报抵扣增值税扣税凭证有关问题的公告》国家税务总局公告2011年第78号）

主管税务机关审核无误后，发送《未按期申报抵扣增值税扣税凭证允许继续抵扣通知单》，企业凭《通知单》进行申报抵扣。

（参见《国家税务总局关于未按期申报抵扣增值税扣税凭证有关问题的公告》国家税务总局公告2011年第78号）

五、进项税额转出

（一）已抵扣的进项税额，在什么情形下应当将该进项税额从当期进项税额中扣减？

已抵扣进项税额的购进货物或者应税劳务，发生下列情形的（免税项目、非增值税应税劳务除外），应当将该项购进货物或者应税劳务的进项税额从当期的进项税额中扣减；无法确定该项进项税额的，按当期实际成本计算应扣减的进项税额。

（1）用于非增值税应税项目、免征增值税项目、集体福利或者个人消费的购进货物或者应税劳务；

（2）非正常损失的购进货物及相关的应税劳务；

（3）非正常损失的在产品、产成品所耗用的购进货物或者应税劳务；

（4）国务院财政、税务主管部门规定的纳税人自用消费品。

（参见《增值税暂行条例实施细则》第二十七条的规定）

已抵扣进项税额的购进货物（不含固定资产）、劳务、服务，发生下列情形（简易计税方法计税项目、免征增值税项目除外）的，应当将该进项税额从当期进项税额中扣减；无法确定该进项税额的，按照当期实际成本计算应扣减的进项税额。

（1）用于简易计税方法计税项目、免征增值税项目、集体福利或者个人消费的购进货物、加工修理修配劳务、服务、无形资产和不动产。

（2）非正常损失的购进货物，以及相关的加工修理修配劳务和交通运输服务。

（3）非正常损失的在产品、产成品所耗用的购进货物（不包括固定资产）、加工修理修配劳务和交通运输服务。

（4）非正常损失的不动产，以及该不动产所耗用的购进货物、设计服务和建筑服务。

（5）非正常损失的不动产在建工程所耗用的购进货物、设计服务和建筑服务。

（6）购进的旅客运输服务、贷款服务、餐饮服务、居民日常服务和娱乐服务。

（7）财政部和国家税务总局规定的其他情形。

（参见《财政部　国家税务总局关于全面推开营业税改征增值税试点的通知》财税〔2016〕36号）

（二）已抵扣的进项税额，如何计算进项税额转出的金额？

已抵扣进项税额的固定资产、无形资产或者不动产，发生进项税额需要转出情形的，按照下列公式计算不得抵扣的进项税额：

不得抵扣的进项税额＝固定资产、无形资产或者不动产净值×适用税率

固定资产、无形资产或者不动产净值，是指纳税人根据财务会计制度计提折旧或摊销后的余额。

（参见《财政部　国家税务总局关于全面推开营业税改征增值税试点的通知》财税〔2016〕36号）

（三）企业由于资产评估减值而发生流动资产损失，已抵扣进项税额是否转出？

对于企业由于资产评估减值而发生流动资产损失，如果流动资产未丢失或损坏，只是由于市场发生变化，价格降低，价值量减少，则不属于非正常损失，不作进项税额转出处理。

（参见《国家税务总局关于企业改制中资产评估减值发生的流动资产损失进项税额抵扣问题的批复》国税函〔2002〕1103号）

（四）一般纳税人购进货物退出或者折让，进项税额如何扣减？

小规模纳税人以外的纳税人（一般纳税人）因购进货物退出或者折让而收回的增值税额，应从发生购进货物退出或者折让当期的进项税额中扣减。

（参见《增值税暂行条例实施细则》第十一条的规定）

纳税人适用一般计税方法计税的，因销售折让、中止或者退回而退还给购买方的增值税额，应当从当期的销项税额中扣减；因销售折让、中止或者退回而收回的增值税额，应当从当期的进项税额中扣减。

（参见《财政部　国家税务总局关于全面推开营业税改征增值税试点的通知》财税〔2016〕36号）

（五）适用一般计税方法的纳税人，兼营简易计税方法计税项目、免征增值税项目而无法划分不得抵扣的进项税额，如何处理？

适用一般计税方法的纳税人，兼营简易计税方法计税项目、免征增值税项

目而无法划分不得抵扣的进项税额，按照下列公式计算不得抵扣的进项税额：

不得抵扣的进项税额 = 当期无法划分的全部进项税额 ×（当期简易计税方法计税项目销售额 + 免征增值税项目销售额）÷ 当期全部销售额

主管税务机关可以按照上述公式依据年度数据对不得抵扣的进项税额进行清算。

（参见《财政部　国家税务总局关于全面推开营业税改征增值税试点的通知》财税〔2016〕36 号）

对由于纳税人月度之间购销不均衡，按上述公式计算出现不得抵扣的进项税额不实的现象，税务征收机关可采取按年度清算的办法，即：年末按当年的有关数据计算当年不得抵扣的进项税额，对月度计算的数据进行调整。

（参见《国家税务总局关于印发〈增值税问题解答（之一）〉的通知》国税函发〔1995〕288 号）

纳税人在计算不得抵扣进项税额时，对其取得的销售免税货物的销售收入和经营非应税项目的营业收入额，不得进行不含税收入的换算。

（参见《国家税务总局关于分摊不得抵扣进项税额时免税项目销售额如何确定问题的批复》国税函〔1997〕529 号）

（六）一般纳税人，因购买货物而从销售方取得的返还资金，进项税额是否转出？

自 1997 年 1 月 1 日起，凡增值税一般纳税人，无论是否有平销行为，因购买货物而从销售方取得的各种形式的返还资金，均应依所购货物的增值税税率计算应冲减的进项税金，并从其取得返还资金当期的进项税金中予以冲减。应冲减的进项税金计算公式如下：

当期应冲减进项税金 = 当期取得的返还资金 × 所购货物适用的增值税税率

（参见《国家税务总局关于平销行为征收增值税问题的通知》国税发〔1997〕167 号）

与总机构实行统一核算的分支机构从总机构取得的日常工资、电话费、租金等资金，不应视为因购买货物而取得的返利收入，不应做冲减进项税额处理。

（参见《国家税务总局关于增值税一般纳税人平销行为征收增值税问题的批复》国税函〔2001〕247 号）

（七）企业已经申报扣税的“无法认证”、“认证不符”、“丢失被盗”的专用发票，进项税额是否转出？

主管税务机关应在企业申报月份内完成企业申报所属月份的防伪税控专用发票抵扣联的认证。对因褶皱、揉搓等无法认证的加盖“无法认证”戳记，认证不符的加盖“认证不符”戳记，属于利用丢失被盗金税卡开具的加盖“丢失被盗”戳记。认证完毕后，应将认证相符和无法认证的专用发票抵扣联退还企业，并同时向企业下达《认证结果通知书》。

（参见《国家税务总局关于印发〈增值税防伪税控系统管理办法〉的通知》第二十三条，国税发〔1999〕221号）

经税务机关认证确定为“无法认证”、“认证不符”以及“丢失被盗”的专用发票，防伪税控企业如已申报扣税的，应调减当月进项税额。

（参见《国家税务总局关于印发〈增值税防伪税控系统管理办法〉的通知》第二十五条，国税发〔1999〕221号）

（八）一般纳税人取得专用发票后，发生销货退回、开票有误等情形但不符合作废条件的，或者因销货部分退回及发生销售折让的，如何处理？

一般纳税人取得专用发票后，发生销货退回、开票有误等情形但不符合作废条件的，或者因销货部分退回及发生销售折让的，视不同情况分别按以下办法处理：

（1）因专用发票抵扣联、发票联均无法认证的，由购买方填报《开具红字增值税专用发票申请单》，并在申请单上填写具体原因以及相对应蓝字专用发票的信息，主管税务机关审核后出具《开具红字增值税专用发票通知单》。购买方不作进项税额转出处理。

（2）购买方所购货物不属于增值税扣税项目范围，取得的专用发票未经认证的，由购买方填报申请单，并在申请单上填写具体原因以及相对应蓝字专用发票的信息，主管税务机关审核后出具通知单。购买方不作进项税额转出处理。

（参见《国家税务总局关于修订增值税专用发票使用规定的补充通知》国税发〔2007〕第018号）

（九）纳税人已抵扣进项税额的固定资产发生哪些情形，应在当月计算不得抵扣的进项税额？

纳税人已抵扣进项税额的固定资产发生下列情形的，应在当月按下列公式计算不得抵扣的进项税额：

不得抵扣的进项税额 = 固定资产净值 × 适用税率

固定资产净值，是指纳税人按照财务会计制度计提折旧后计算的固定资产净值。

（1）用于非增值税应税项目、免征增值税项目、集体福利或者个人消费的购进货物或者应税劳务；

（2）非正常损失的购进货物及相关的应税劳务；

（3）非正常损失的在产品、产成品所耗用的购进货物或者应税劳务；

（参见《财政部 国家税务总局关于全国实施增值税转型改革若干问题的通知》财税〔2008〕170 号）

（十）用于增值税即征即退或者先征后退项目的进项税额无法划分的，如何计算？

用于增值税即征即退或者先征后退项目的进项税额无法划分的，按照下列公式计算：

无法划分进项税额中用于增值税即征即退或者先征后退项目的部分 = 当月无法划分的全部进项税额 × 当月增值税即征即退或者先征后退项目销售额 ÷ 当月全部销售额、营业额合计

（参见《国家税务总局关于纳税人既享受增值税即征即退先征后退政策又享受免抵退税政策有关问题的公告》国家税务总局公告 2011 年第 69 号）

六、期末留抵税额

（一）当期销项税额小于当期进项税额不足抵扣时，留抵税额是否可以继续抵扣？

当期销项税额小于当期进项税额不足抵扣时，其不足部分可以结转下期继续抵扣。

（参见《增值税暂行条例》第四条的规定）

（二）一般纳税人，如何用期末留抵税额抵减增值税欠税？

对纳税人因销项税额小于进项税额而产生期末留抵税额的，应以期末留抵税额抵减增值税欠税。

（参见《国家税务总局关于增值税一般纳税人用进项留抵税额抵减增值税欠税问题的通知》国税发〔2004〕112 号）

抵减欠缴税款时，应按欠税发生时间逐笔抵扣，先发生的先抵。抵缴的欠税包含呆账税金及欠税滞纳金。确定实际抵减金额时，按填开《通知书》的日期作为截止期，计算欠缴税款的应缴未缴滞纳金金额，应缴未缴滞纳金金额加欠税金额为欠缴总额。若欠缴总额大于期末留抵税额，实际抵减金额应等于期末留抵税额，并按配比方法计算抵减的欠税和滞纳金；若欠缴总额小于期末留抵税额，实际抵减金额应等于欠缴总额。

（参见《国家税务总局关于增值税进项留抵税额抵减增值税欠税有关处理事项的通知》国税函〔2004〕1197 号）

增值税一般纳税人拖欠纳税检查应补缴的增值税税款，如果纳税人有进项留抵税额，可按照国税发〔2004〕112 号的规定，用增值税留抵税额抵减查补税款欠税。

为确保税务机关和国库入库数字对账一致，抵减的查补税款不能作为稽查已入库税款统计。考核查补税款入库率时，可将计算公式调整为：

查补税款入库率 =（实际缴纳入库的查补税款 + 增值税进项留抵税额实际抵减的查补税款欠税）/应缴纳入库的查补税款 ×100%

其中，“增值税进项留抵税额实际抵减的查补税款欠税”反映考核期内实际抵减的查补税款欠税。

（参见《国家税务总局关于增值税一般纳税人将增值税进项留抵税额抵减查补税款欠税问题的批复》国税函〔2005〕169 号）

纳税人在以固定资产进项税额抵减欠税时，应以配比的方法同时抵减欠税和滞纳金。

（参见《国家税务总局关于纳税人固定资产进项税额抵减欠税后滞纳金处理问题的批复》国税函〔2008〕703 号）

（三）一般纳税人注销时，存货及留抵税额如何处理？

对因破产、倒闭、解散、停业而注销税务登记的企业，其期初存货中尚未抵扣的已征税款，以及征税后出现的进项税额大于销项税额后不足抵扣部分

（即留抵税额），税务机关不再退税。

（参见《国家税务总局关于企业破产、倒闭、解散、停业后增值税留抵税额处理问题的批复》国税函〔1998〕429号）

一般纳税人注销或被取消辅导期一般纳税人资格，转为小规模纳税人时，其存货不作进项税额转出处理，其留抵税额也不予以退税。

（参见《财政部　国家税务总局关于增值税若干政策的通知》财税〔2005〕165号）

（四）一般纳税人迁移后，办理注销登记前期末留抵税额如何抵扣？

增值税一般纳税人因住所、经营地点变动，因涉及改变税务登记机关，需要办理注销税务登记并重新办理税务登记的，在迁达地重新办理税务登记后，其增值税一般纳税人资格予以保留，办理注销税务登记前尚未抵扣的进项税额允许继续抵扣。

迁出地主管税务机关应认真核实纳税人在办理注销税务登记前尚未抵扣的进项税额，填写《增值税一般纳税人迁移进项税额转移单》。

迁达地主管税务机关应将迁出地主管税务机关传递来的《增值税一般纳税人迁移进项税额转移单》与纳税人报送资料进行认真核对，对其迁移前尚未抵扣的进项税额，在确认无误后，允许纳税人继续申报抵扣。

（参见《国家税务总局关于一般纳税人迁移有关增值税问题的公告》2011年第71号）

（五）原增值税一般纳税人兼有销售服务、无形资产或者不动产的，截至纳入“营改增”试点之日前的增值税期末留抵税额，是否可以抵扣？

原增值税一般纳税人兼有销售服务、无形资产或者不动产的，截至纳入“营改增”试点之日前的增值税期末留抵税额，不得从销售服务、无形资产或者不动产的销项税额中抵扣。

（参见《财政部　国家税务总局关于全面推开营业税改征增值税试点的通知》财税〔2016〕36号）

七、专用缴款书

（一）取得增值税专用缴款书，准予抵扣的税额?

从海关取得的海关进口增值税专用缴款书上注明的增值税额，准予从销项税额中抵扣。

（参见《增值税暂行条例》第八条的规定）

（二）增值税专用缴款书上标明有两个单位名称，抵扣税款的单位?

对海关代征进口环节增值税开具的增值税专用缴款书上标明有两个单位名称，即既有代理进口单位名称，又有委托进口单位名称的，只准予其中取得专用缴款书原件的一个单位抵扣税款。

（参见《国家税务总局关于加强进口环节增值税专用缴款书抵扣税款管理的通知》国税发〔1996〕32 号）

（三）委托进口单位，申报抵扣进项时应该提供的资料?

申报抵扣税款的委托进口单位，必须提供相应的海关代征增值税专用缴款书原件、委托代理合同及付款凭证，否则，不予抵扣进项税款。

（参见《国家税务总局关于加强进口环节增值税专用缴款书抵扣税款管理的通知》国税发〔1996〕32 号）

（四）易货贸易进口环节减征的增值税税款，是否可以抵扣进项?

对与周边国家易货贸易进口环节减征的增值税税款，不能作为下一道环节的进项税金抵扣。

（参见《国家税务总局关于易货贸易进口环节减征的增值税税款抵扣问题的通知》国税函发〔1996〕550 号）

（五）进口免税设备解除海关监管补缴进口环节增值税，进项税额是否抵扣?

进口减免税货物，应当由海关在一定年限内进行监管，提前解除监管的，应向主管海关申请办理补缴税款。

纳税人免税进口的自用设备，由于提前解除海关监管，从海关取得的海关进口增值税专用缴款书，其所注明的增值税额准予从销项税额中抵扣。纳税人销售上述货物，应当按照增值税适用税率计算缴纳增值税。

（参见《国家税务总局关于进口免税设备解除海关监管补缴进口环节增值税抵扣问题的批复》国税函〔2009〕158号）

（六）纳税人进口货物取得的价格差额部分以及从境外供应商取得的退还或返还的资金，是否做进项税额转出？

纳税人进口货物取得的合法海关进口增值税专用缴款书，是计算增值税进项税额的唯一依据，其价格差额部分以及从境外供应商取得的退还或返还的资金，不作进项税额转出处理。

（参见《国家税务总局关于纳税人进口货物增值税进项税额抵扣有关问题的通知》国税函〔2007〕第350号）

（七）海关缴款书，办理稽核比对、申报抵扣的期限？

实行海关进口增值税专用缴款书（海关缴款书）“先比对后抵扣”管理办法的增值税一般纳税人取得2010年1月1日以后开具的海关缴款书，应在开具之日起180日内向主管税务机关报送《海关完税凭证抵扣清单》（包括纸质资料和电子数据）申请稽核比对。

未实行海关缴款书“先比对后抵扣”管理办法的增值税一般纳税人取得2010年1月1日以后开具的海关缴款书，应在开具之日起180日后的第一个纳税申报期结束以前，向主管税务机关申报抵扣进项税额。

（参见《国家税务总局关于调整增值税扣税凭证抵扣期限有关问题的通知》国税函〔2009〕617号）

自2013年7月1日起，进口增值税专用缴款书“先比对后抵扣”管理办法，在全国范围推广实行。

增值税一般纳税人进口货物取得的属于增值税扣税范围的海关缴款书，需经税务机关稽核比对相符后，其增值税额方能作为进项税额在销项税额中抵扣。

（参见《国家税务总局　海关总署关于实行海关进口增值税专用缴款书“先比对后抵扣”管理办法有关问题的公告》国家税务总局、海关总署公告2013年第31号）

增值税一般纳税人取得2010年1月1日以后开具的海关缴款书，未在规定期限内到税务机关申请稽核比对的，不得作为合法的增值税扣税凭证，不得计算进项税额抵扣。

（参见《国家税务总局关于调整增值税扣税凭证抵扣期限有关问题的通知》国税函〔2009〕617 号）

（八）稽核比对的结果，包括哪些？

稽核比对的结果分为相符、不符、滞留、缺联、重号五种。

相符，是指纳税人申请稽核的海关缴款书，其号码与海关已核销的海关缴款书号码一致，并且比对的相关数据也均相同。

不符，是指纳税人申请稽核的海关缴款书，其号码与海关已核销的海关缴款书号码一致，但比对的相关数据有一项或多项不同。

滞留，是指纳税人申请稽核的海关缴款书，在规定的稽核期内系统中暂无相对应的海关已核销海关缴款书号码，留待下期继续比对。

缺联，是指纳税人申请稽核的海关缴款书，在规定的稽核期结束时系统中仍无相对应的海关已核销海关缴款书号码。

重号，是指两个或两个以上的纳税人申请稽核同一份海关缴款书，并且比对的相关数据与海关已核销海关缴款书数据相同。

（参见《国家税务总局　海关总署关于实行海关进口增值税专用缴款书"先比对后抵扣"管理办法有关问题的公告》国家税务总局、海关总署公告 2013 年第 31 号）

（九）纳税人申报抵扣的期限？

税务机关于每月纳税申报期内，向纳税人提供上月稽核比对结果，纳税人应向主管税务机关查询稽核比对结果信息。

对稽核比对结果为相符的海关缴款书，纳税人应在税务机关提供稽核比对结果的当月纳税申报期内申报抵扣，逾期的其进项税额不予抵扣。

（参见《国家税务总局　海关总署关于实行海关进口增值税专用缴款书"先比对后抵扣"管理办法有关问题的公告》国家税务总局、海关总署公告 2013 年第 31 号）

（十）稽核比对结果异常，如何处理？

稽核比对结果异常，是指稽核比对结果为不符、缺联、重号、滞留。

（1）对于稽核比对结果为不符、缺联的海关缴款书，纳税人应于产生稽核结果的 180 日内，持海关缴款书原件向主管税务机关申请数据修改或者核对，逾期的其进项税额不予抵扣。属于纳税人数据采集错误的，数据修改后再次进行稽核比对；不属于数据采集错误的，纳税人可向主管税务机关申请数据核对，主管税务机关会同海关进行核查。经核查，海关缴款书票面信息与纳税人实际进口货物业务一致的，纳税人应在收到主管税务机关书面通知的次月申报期内申报抵扣，逾期的其进项税额不予抵扣。

（2）对于稽核比对结果为重号的海关缴款书，由主管税务机关进行核查。经核查，海关缴款书票面信息与纳税人实际进口货物业务一致的，纳税人应在收到税务机关书面通知的次月申报期内申报抵扣，逾期的其进项税额不予抵扣。

（3）对于稽核比对结果为滞留的海关缴款书，可继续参与稽核比对，纳税人不需申请数据核对。

（参见《国家税务总局　海关总署关于实行海关进口增值税专用缴款书“先比对后抵扣”管理办法有关问题的公告》国家税务总局、海关总署公告2013年第31号）

对稽核比对结果为不符、缺联的海关缴款书，如纳税人有异议，应提交《“异常”海关缴款书数据核对申请书》申请数据核对，同时附海关缴款书原件。主管税务机关会同海关进行核查。主管税务机关应及时以《海关缴款书核查结果通知书》通知纳税人申报抵扣税款。

对于稽核比对结果为重号的海关缴款书，由主管税务机关进行核查，不需向海关发函核查。

（参见《国家税务总局　海关总署关于实行海关进口增值税专用缴款书“先比对后抵扣”管理办法有关事项的通知》税总发〔2013〕76号）

（十一）增值税纳税申报表及税务机关“一窗式”比对项目，如何调整？

（1）自2013年7月1日起，纳税人已申请稽核但尚未取得稽核相符结果的海关缴款书进项税额填入《增值税纳税申报表》（一般纳税人适用）附表二“待抵扣进项税额”中的“海关进口增值税专用缴款书”栏。

（2）自2013年8月1日起，海关缴款书“一窗式”比对项目调整为：核对《增值税纳税申报表》（一般纳税人适用）附表二第5栏税额是否等于或小于稽核系统比对相符和核查后允许抵扣的海关缴款书税额。

（参见《国家税务总局　海关总署关于实行海关进口增值税专用缴款书“先比对后抵扣”管理办法有关问题的公告》国家税务总局、海关总署公告2013年第31号）

（十二）丢失海关缴款书，如何办理抵扣进项税额？

增值税一般纳税人丢失海关缴款书，应在开具之日起 180 日内或者开具之日起 180 日后的第一个纳税申报期结束以前，凭报关地海关出具的相关已完税证明，向主管税务机关提出抵扣申请。主管税务机关受理申请后，应当进行审核，并将纳税人提供的海关缴款书电子数据纳入稽核系统进行比对。稽核比对无误后，方可允许计算进项税额抵扣。

实行海关进口增值税专用缴款书"先比对后抵扣"管理办法的增值税一般纳税人应在开具之日起 180 日内。

未实行海关缴款书"先比对后抵扣"管理办法的增值税一般纳税人应在开具之日起 180 日后的第一个纳税申报期结束以前。

（参见《国家税务总局关于调整增值税扣税凭证抵扣期限有关问题的通知》国税函〔2009〕617 号）

第六章 “营改增”案例分析

建筑业“营改增”案例1

（一）工程简介

X已完工房建项目。该项目累计实现工程产值105 626 129元，实际发生成本总额为97 370 443元，营业税及附加3 549 038元，利润总额4 706 648元，主营业务利润率4.46%。

（二）税负对比分析

为了保证营业税与增值税税负比较具有一致性，两者税负计算的基数均采用含税收入105 626 129元（不考虑配比的城建税等附加税），经测算，初步结果如下：

1. 营业税时代，营业税税负为3%。

2. 增值税核算方法按两种方法三种结果来测算：

（1）增值税按简易计税方法核算，增值税实际税负2.91%。

（2）增值税选择一般计税方法核算：

A. 理想状态下，增值税实际税负为3.35%；

B. 现实状况下，增值税实际税负介于5.17%～5.96%之间。

3. 详细对比分析表见表6－1。

表6－1　　锦锈X城2－2期“营改增”税负对比分析表　　单位：元

核算明细	营业税核算方式	两种方法下增值税核算方式					
		简易计税方法		一般计税方法（理想化）		一般计税方法（现实状况）	
		开票金额	增值税应纳税额	开票金额	销项税金	销项税金	备注
一、工程结算收入（预计）	105 626 129	105 626 129	3 076 489	105 626 129	10 467 454	10 467 454	
二、工程成本		增值税率	进项税金	增值税率	进项税金	进项税金	
1. 人工费	28611396			3%	833 342	833 342	
2. 材料费	41 626 668				0		
钢材	16 320 318			17%	2 371 328	2 371 328	
木方	132 754			17%	19 289	19 289	
模板	160 763			17%	23 359	23 359	
商品混凝土	11 709 461			3%	341 052	341 052	
水泥	1 181 113			17%	171 615	171 615	
黄砂	1 560 747			3%	45 459		
石子	199 926	简易计税不可抵扣进项税金		3%	5823		理论上可取得专票，实际中抵扣很难
标准砖	194723			3%	5 672		
加气砖	1 050 352			17%	152 615	152 615	
周转材料使用费	7 220 035			17%	1 049 065		公司自有机械，无法取票
其他材料	1 896 475			17%	275 556		专票能取得较少
3. 机械使用费	3 761 127			17%	546 489		公司自有机械，无法取票
4. 其他直接费	1 260 275						专票能取得较少

续表

核算明细	营业税核算方式	两种方法下增值税核算方式					
		简易计税方法		一般计税方法（理想化）		一般计税方法（现实状况）	
		开票金额	增值税应纳税额	开票金额	销项税金	销项税金	备注
二、工程成本		增值税率	进项税金	增值税率	进项税金	进项税金	
5. 间接费用	10 123 073	简易计税不可抵扣进项税金			0		专票能取得较少
6. 分项工程	10 987 904					0	
保温分项	2 989 373			11%	296 244	296 244	
防水分项	580 638			11%	57 541	57 541	
其他分项工程	7 417 893			11%	735 106	735 106	
合计	96370443				6 929 554	5 001 491	
营业税应纳税额	3 168 784						
营业税负	3.00%						
增值税应纳税额			3 076 489		3 537 900	5 465 963	如劳务没有外包，则没有任何抵扣，则税负达到5.96%。但选择简易计税方式税负确实比营业税有所降低
相比增值税负			2.91%		3.35%	5.17%	

（三）根据测算结果分析税负

1. 简易计税方式下，建筑业“营改增”后税负确实降低，由3%降2.91%。考虑城建税等附加税后，主营业务利润变为4 810 018元，主营业务利润率4.55%，利润率也提高0.09%。

2. 一般计税方法下，分为两种情况。

（1）理想化情况。

A. 从外部取得的材料均能取得所对应的一般纳税人最高税率的增值税专

用发票。

B. 人工费实行劳务分包，取得3%的增值税专用发票。

C. 分包的专业工程均能取得11%的增值税专用发票。

D. 项目发生的间接费用由金额较小，且基本为不可取得增值税专用发票，暂不考虑。

这种理想的核算方法下，增值税负3.35%。相比营业税实际税负上升了0.35%，考虑城建税等附加税后，主营业务利润变为4 293 238元，主营业务利润率4.06%，利润率也降低了0.4%。

（2）实际情况。

A. 人工费考虑实行劳务分包，取得3%的增值税专用发票。但如果人工费完全是企业自营，这部分班组发生的人工成本是无法取得任何类型的发票，人工费在这种情况下是没有任何抵扣的，直接增加了增值税实际税负。

B. 从外部取得的材料仅有部分能取得专票，很多砂石、砖均是就地取材（从自然人处购买），无法取得专票或部分材料只能取得税务机关代开的3%的增值税专用发票。

C. 施工机械、周转材料的使用，基本是公司自有，无法取得增值税专用发票，这部分成本无法抵扣。

D. 项目发生的部分直接费用和间接费用基本为不可取得增值税专用发票，如缴纳的规费、财务费用、企业项目内部费用等。

这种最真实的核算方法下，考虑人工费是否取得专票差异对增值税的影响，增值税税负在5.17%或5.96%，比营业税税负上升了2.17%或2.96%，主营业务利润变为2 133 809或1 200 645元，主营业务利润率2.02%或1.14%，利润率也降低了2.24%或3.32%。

综上所述，建筑业“营改增”后，在简易计税方法下，各类税负确实有所降低。但在一般计税方法下，增值税实际税负比营业税实际税负加重了，主要是因为建筑业可抵扣增值税发票取得很难或只能取得税率不高的增值税专用发票，上下游税负严重不对等。且同时由于增值税政策实施后，票据来源的合规性增强，采购过程中的可选择性减少，会造成企业施工成本的增加，估计整体成本上浮0.5%～1%左右，企业整体利润率会有很大程度下降。在保证企业各类成本费用最低的基础上获取最大额度的进项税额的抵扣，这个纳税平衡点是每个建筑企业都要深入研究的问题。

鉴于建筑业增值税实际税负较重，如果国家对商品混凝土、施工地材、人工费用、自有机械等增值税抵扣政策有所调整则建筑企业税负才能有效降低。

建筑业"营改增"案例2

（一）项目简介

B项目属于安装工程，合同内容是污水处理厂升级改造，合同价款6 500万元，合同工期自2016年6月1日至2016年12月8日，污水处理厂的所需的主要设备由业主采购，交付施工企业负责安装并实施配套工程，业主要求乙方向其开具11%的增值税专用发票，工程结算金额70 174 949元。

（二）毛利与税负

工程完工后发生施工成本61 433 800元，采用不同计税方法对项目资料进行测算，毛利和税负各有不同，如下述：

1. 营业税计税方法下工程收入70 174 949元，工程施工成本64 507 239元，主营业务利润3 309 832元，主营业务利润率为4.72%。

2. 增值税简易征税方法下工程收入68 131 018元、工程成本64 507 239元、主营业务利润3 378 508元、主营业务利润率4.96%。

3. 增值税一般计税方法下工程收入63 220 675元、工程成本61 433 800元、主营业务利润1 320 993元、主营业务利润率2.09%。

为了保证营业税和增值税税负比较具有一致性，税负计算的基数均采用含税收入70 174 949元，经测算，营业税计税方法下应交营业税2 105 248元，税负3%；增值税简易征税方法下应交增值税2 043 931元，税负2.91%；增值税一般计税方法，应交增值税3 882 354元，税负5.53%。

（三）税负对比分析表

表6-2 税负对比分析表 单位：元

序号	核算明细	营业税核算方法	增值税核算方式					
			简易计税方法			一般计税方法		
			不含税价格	征收率	应纳增值税	不含税价格	税率	销项或进项税额
1	一、工程结算收入（预计）	70 174 949	68 131 018	3%	2 043 931	63 220 675	11%	6 954 274

续表

序号	核算明细	营业税核算方法	增值税核算方式					
			简易计税方法			一般计税方法		
			不含税价格	征收率	应纳增值税	不含税价格	税率	销项或进项税额
2	二、工程成本	64 507 239	64 507 239		0	61 433 800		3 071 920
3	1. 人工费	9 281 800				9 281 800	3%	0
4	2. 材料费	14 477 842				12 542 417		1 933 906
5	钢材	10 858 382				9 280 668	17%	1 577 714
6	木方	434 335				371 227	17%	63 109
7	模板	0				0	17%	0
8	商品混凝土	289 557				281 123	3%	8 434
9	水泥	0				0	17%	0
10	黄砂	0				0	3%	0
11	石子	0				0	3%	0
12	标准砖	72 389	简易计税不可抵扣进项税金			70 281	3%	2 108
13	加气砖	72 389				61 871	17%	10 518
14	周转材料使用费	434 335				371 227	17%	0
15	其他材料	2 316 455				2 106 021	17%	272 024
16	3. 机械使用费	897 997				897 997	17%	0
17	4. 其他直接费	87 659				87 659	6%	0
18	5. 间接费用	690 113				690 113		0
19	6. 分项工程	39 071 828				37933813		1 138 014
20	保温分项	1 953 591				1 896 691	3%	56 901
21	防水分项	1 953 591				1 896 691	3%	56 901
22	安装分项工程	35 164 645				34 140 432	3%	1 024 213
24	营业税或增值税应纳税额	2 105 248	2 043 931			3 882 354		
25	营业税或增值税税负	3.00%	2.91%			5.53%		

（四）税负增减分析

1. 简易计税方法。由于计税收入以含税收入扣除增值税税额为基数，使得税负较营业税下有所降低，从3%降为2.91%，降低0.09%。

2. 一般计税方法。受价税分离、企业管理能力、进项税额多少等多种因素的影响，该计税方法下税负达到5.53%，较营业税税负增加2.53%。

（1）人工费。人工费部分全部由企业自有职工完成，该部分将不会有任何的抵扣进项税额，直接带动税负增加；人工费采用劳务分包方式，又会因现阶段劳务分包公司采取差额纳税，仅就其取得的管理费部分可以开具5%的增值税专用发票，其进项税额因数额太小，几乎可以忽略不计，对进项税额抵扣无贡献可言。

（2）材料费。成本中22%属于材料费，较房建类型的项目材料费占比较低，因该项目耗用钢材、预制钢构件较多，90%的主材可以取得17%的增值税专用发票，剩余10%的零星材料可以取得3%税率的增值税专用发票，进项税额取得较为充分，占据了进项税额总额的62.95%比重，为本项目降低税负贡献较大。

（3）机械使用费。施工企业购置的机械设备更新速度较慢，现有项目使用的大多为"营改增"之前购置的原有设备，无可抵扣的进项税额。

（4）其他直接费。该部分费用基本不能取得增值税发票或者取得进项税额较少，可以忽略不计。

（5）间接费用。该部分费用基本不能取得增值税发票或者取得进项税额较少，可以忽略不计。

（6）分包工程。成本中62%属于安装分包工程，分包单位因项目所需材料基本由总包单位购买，分包单位只能提供3%税率的增值税专用发票，进项税占总体进项税的37%。

从上述增减分析可以看出，在工程结算确定不能从业主方获取税金补偿的前提下，影响税负增减的主要因素是进项税额、为获取最大的进项税额，应该在项目承接后，详细测算成本费用构成，重点把握成本占比加大的成本项目，结合现有市场行情、企业议价能力、分包商供应商的资格及履约能力，估算各类成本的综合成本，在保证综合成本最低的前提下，最大限度获取进项税额。该项目中材料费基本取得了最大的进项税额，而分包费进项税额取得严重不足，需要进一步深度分析。

建筑业“营改增”案例3

（一）项目简介

C项目属于钢结构工程，施工内容是体育馆篮球馆建造，合同价款1 550万元，合同工期自2016年8月3日至2016年11月18日，工程结算金额17 501 637元。

（二）毛利与税负

项目发生施工成本13 391 018元，采用不同计税方式对项目资料进行测算，主营业务利润率和税负各有不同，如：

1. 营业税计税方法下工程收入17 501 637元，工程施工成本14 578 863元，主营业务利润2 334 719元，主营业务利润率为13.34%。

2. 增值税简易征税方法下工程收入16 991 881元、工程成本14 578 863元、主营业务利润2 351 846元、主营业务利润率13.84%。

3. 增值税一般计税方法下工程收入15 767 241元、工程成本13 391 088元、主营业务利润2 310 558元、主营业务利润率14.65%。

为了保证“营改增”前后税负比较具有一致性，税负计算的基数均采用含税收入17 501 637元，经测算，营业税计税方式下应交营业税588 055元，税负3%；增值税简易征税方式下应交增值税509 756元，税负2.91%；增值税一般计税方式，应交增值税546 621元，税负3.12%。

（三）税负对比分析表

表6-3　　　　税负对比分析表　　　　单位：元

序号	核算明细	营业税核算方法	增值税核算方法					
			简易计税方法			一般计税方法		
			不含税价格	征收率	应纳增值税	不含税价格	税率	销项或进项税额
1	一、工程结算收入（预计）	17 501 637	16 991 881	3%	509 756	15 767 241	11%	1 734 396
2	二、工程成本	14 578 863	14 578 863		0	13 391 088		1 187 775

续表

序号	核算明细	营业税核算方法	增值税核算方法					
			简易计税方法			一般计税方法		
			不含税价格	征收率	应纳增值税	不含税价格	税率	销项或进项税额
3	1. 人工费	208 935				208 935	3%	0
4	2. 材料费	8 604 934				7 417 159		1 187 775
5	钢材	5 335 059				4 559 880	17%	775 180
6	木方					0	17%	0
7	模板					0	17%	0
8	商品混凝土					0	3%	0
9	水泥					0	17%	0
10	黄砂					0	3%	0
11	石子					0	3%	0
12	标准砖		简易计税不可抵扣进项税金			0	3%	0
13	加气砖					0	17%	0
14	周转材料使用费	430 247				430 247	17%	0
15	其他材料	2 839 628				2 427 033	17%	412 596
16	3. 机械使用费	1 649 798				1 649 798	17%	0
17	4. 其他直接费	89 548				89 548	6%	0
18	5. 间接费用	1 190 712				1 190 712		0
19	6. 分项工程	2 834 936				2 834 936		0
20	保温分项	0				0	3%	0
21	防水分项	0				0	3%	0
22	劳务分包工程	2 834 936				2 834 936	3%	0
24	营业税或增值税应纳税额	525 049	509 756			546 621		
25	营业税或增值税税负	3.00%	2.91%			3.12%		

（四）税负增减分析

1. 简易计税方法。由于计税收入以含税收入扣除增值税税额为基数，使得税负较营业税有所下降，从3%降为2.91%，降低0.09%。

2. 一般计税方法。钢结构工程，因材料费中耗用的钢材居多，基本在成本的50%～60%之间，对税负影响较大，该项目一般计税方式下税负为3.12%，较营业税税负增加0.12%。

（1）人工费。人工费中由企业自有职工完成的部分，不会有任何的抵扣进项税额，将直接推动税负增加；人工费中采用劳务分包方式，又因现阶段劳务分包公司采取差额纳税，仅就其取得的管理费部分可以开具5%的增值税专用发票，其进项税额因数额太小，几乎可以忽略不计，所以同样推高了整体税负。

（2）材料费。成本中50%属于材料费开支，耗用的主要是钢材、预制钢构件和周转材料，周转材料使用的都是企业原购进工具，无法取得增值税专项发票，钢材、预制钢构件均可取得17%税率的增值税专项发票，可用于抵扣销项税额，对降低税负贡献较大。

（3）机械使用费。施工企业购置的机械设备更新速度较慢，现有项目使用的大多为"营改增"之前购置的原有设备，不可抵扣进项税额。

（4）其他直接费。该部分费用基本不能取得增值税发票或者取得进项税额较少，可以忽略不计。

（5）间接费用。该部分费用基本不能取得增值税发票或者取得进项税额较少，可以忽略不计。

（6）分包工程。成本中20%属于劳务分包工程，劳务公司仅就其管理费部分开具了增值税发票，因进项税额极少，对降低税负毫无意义可言。

从上述项目可以看出，钢结构成本组成主要是人工费和材料费，材料费的进项税额抵扣比较充分，人工费限于当前的劳务公司管理模式，能够取到的进项税额非常少，如果坚持劳务公司开具全额的增值税发票，必然带动人工费的上升，由施工企业承担该部分税负，届时，将会出现成本加大，项目毛利降低，以成本换取税负的降低现象。解决这一矛盾，需要施工企业与业主协商谈判，尽可能地从业主方获取一定程度的补偿。

建筑业“营改增”案例 4

（一）工程简介

D工程项目，已完工高速公路项目。该项目累计实现工程产值154 778 136元，实际发生成本总额为137 373 406元，营业税及附加5 200 545元，利润总额12 204 185元，主营业务利润率7.88%。

（二）税负对比分析

为了保证营业税与增值税税负比较具有一致性，两者税负计算的基数均采用含税收入105 626 129元（不考虑配比的城建税等附加税），经测算，初步结果如下：

1. 营业税税负为3%。

2. 增值税核算方式按两种方法来测算：

（1）增值税按简易计税方法核算，增值税实际税负2.91%；

（2）增值税选择一般计税方法核算，增值税实际税负介于4.8%~5.45%之间。

3. 详细对比分析表，如表6－4所示。

表6－4　　高速公路项目“营改增”税负对比分析表

核算明细	营业税核算方法	两种状态下增值税核算方法				
		简易计税方法		一般计税方法		
		开票金额	销项税金	开票金额	销项税金	备注
工程结算收入	154 778 136	154 778 136	4 508 101	154 778 136	15 338 374	
工程成本		增值税率	进项税金	增值税率	进项税金	
1. 人工费	34 362 099			3%	1 000 838	
2. 材料费	68 564 271				5 902 268	
3. 机械使用费	16 927 733	简易计税不可抵扣进项税金		17%		公司自有机械，无法取票
4. 其他直接费	7 601 085					专票能取得较少

续表

核算明细	营业税核算方法	两种状态下增值税核算方法				
		简易计税方法		一般计税方法		
		开票金额	销项税金	开票金额	销项税金	备注
5. 间接费用	9 918 218	简易计税不可抵扣进项税金			0	专票能取得较少
合计	137 373 406				7 903 106	
营业税应纳税额	4 643 344					
营业税负	3.00%					
附加税	557 201		540 972.13		892 232.13	
增值税应纳税额			4 508 101		8 435 268	如劳务没有外包，则没有任何抵扣，则税负达到6.1%．选择简易计税方式税负确实比营业税有所降低
相比增值税负			2.91%		5.14%	

（三）根据测算结果分析税负

1. 简易计税方法下，建筑业“营改增”后税负确实降低，由3%降2.91%。考虑城建税等附加税后，主营业务利润变为12 355 657元，主营业务利润率7.98%，利润率也提高0.1%。

2. 一般计税方法下，增值税税负在5.45%或6.1%，比营业税税负增加了2.45%或3.1%，主营业务利润变为7 957 230或6 836 291元，主营业务利润率5.14%或4.42%，利润率也降低了2.74%或3.47%。

造成税负增加的原因主要有以下三点：

（1）机械使用费、周转材料占很大比例，除施工出现有部分自有施工机械外，很多小型施工机械均需从当地自然人手中租赁，这部分自然人均不会提供发票，要开增值税专用发票必将提高租赁价格，将税负转嫁给施工企业，整个施工成本必须会加大，自有机械、周转材料除购入时可产生增值税抵税外，后期折旧摊销均无法对增值税进行抵扣。

（2）人工费取得进项税的难度也较大，就是劳务外包，最多也只能取得3%的增值税专用发票。

（3）但如果桥梁较少，抵扣率17%的钢材占比就不会大，则构成材料费的主要是混凝土、石灰、砂石、沥青、水泥等。除沥青、水泥等为17%，其他材料抵扣率均3%，因此能取得的进项税票较少且数额不大。

综上所述，高速公司工程增值税税负增加主要是人工费、机械使用费、材料费取得进项税额较少三大原因所导致的，要解决这个问题，只有在企业管理精细化上多下功夫，并结合后期国家出台的专门优惠政策，才能实现施工企业的整体税负的降低。

建筑业“营改增”案例5

（一）工程简介

E已完工回迁房项目，工程结算收入31 386 600元，工程成本为26 065 649元。

（二）计算及分析

1. 销项税额的测算。

工程销项税额 =［工程结算收入 ÷（1 +11%）］×11%

=31 386 600 ÷（1 +11%）×11%

=3 110 383.78（元）

2. 进项税额的计算。

（1）人工费都是散工，不是从劳务公司派遣的，无法拿到增值税专票抵扣。

（2）钢筋、水泥、瓷砖可以取得17%税率增值税专用发票，混凝土可取得3%增值税专用发票，砂浆、砖、砂石及其他零星辅材无法取得专票。

（3）机械费，吊车租赁费、挖方运输费等，一部分是自有机械，无法拿到发票；一部分是租赁或是分包到运输队的，基本上是无法取得增值税专用发票的，最多可以拿到加油的油票。

此项目总进项税额合计866 030.43元。

工程进项税额 = Σ［材料等含税成本 ÷（1 + 材料等适用税率）］× 适用税率

=866 030.43（元）

3. “营改增”后的增值税的实际税负。

增值税应纳税额 = 工程销项税额 − 工程进项税额

=3 110 383.78 −866 030.43

=2 244 353.35（元）

增值税税负 = 增值税应纳税额 ÷ 含税工程结算收入

=2 244 353.35 ÷ 31 386 600

=7.15%

建筑业“营改增”案例6

一、工程简介

F为桩基工程，该工程2013年9月26日中标，开工日期：2013年10月9日，竣工日期：2014年6月2日。该工程合同价为63 381 590元，营业成本约为58 944 878元。

二、税负对比分析

1. “营改增”前，应缴纳营业税为1 901 447.70元，营业税税负3%，实际工程利润率约为3.64%。

表6－5

征收项目	“营改增”前	
营业税	结算基数×3%	1 901 447.70
城建税	营业税额×7%	133 101.34
教育费附加	营业税额×3%	57 043.43
地方教育附加	营业税额×2%	38 028.95
合　计		2 129 621.42

2. “营改增”后。

（1）假设其该项目完成工程结算收入为63 381 590元。

销项税额 =［工程结算收入 ÷（1 +11%）］×11%

=63 381 590 ÷（1 +11%）×11%

=6 281 058.47（元）

（2）工程结算成本约为58 944 878元。

工程结算成本中，原材料约占56%（建筑材料成本中商品砼约占31.62%，水泥约占7.81%，钢材约占15.46%，其他材料约占1.11%），人工成本约占16.5%，机械使用费19.5%，其他费用占比约为8%。

“营改增”后，假设施工企业购入以上材料都能取得正规增值税发票，可抵扣的进项税率为3%和17%，但钢材只占工程原材料比例的15.46%，人工成本占合同价的16.5%无法抵扣，机械使用和其他费用均不能取得专票，施工企业实际发生的成本必将加大纳税成本，从而加大建筑业实际税负，挤占利润空间。

“营改增”后，该项目主材可抵扣数据主要如表6-6所示。

表6-6

品种	数量	单价（元）	金额（元）	抵扣率	抵扣金额（元）
商品砼	58 082m^3	345.00	20 038 290.00	3%	583 639.51
水泥	11.641T	425.00	4 947 425.00	17%	718 856.62
钢材（钢管）	87.91T	4 800.00	421 968.00	17%	61 311.6
钢材（螺纹）	1 778.6T	4 090.00	7 274 474.00	17%	1 056 974.85
钢材（高线）	510T	4 120.00	2 101 200.00	17%	305 302.56
合　计					2 287 271.44

（3）企业将日常期间费用中可抵扣增值税进项税的按统一的计算方法分摊给项目，可实现抵扣进项税额为268 371.63元。

（4）这个项目可抵扣的进项税金总额为2 994 456.77元。

（5）应纳增值税＝增值税销项税金－增值税进项税金＝6 281 058.47－2 994 456.77＝3 286 601.7元，增值税实际税负5.23%，如果上述的期间费用配比的进项税额不能取得，则增值税实际税负最高达5.61%。

（6）实际工程利润率降为0.77%。

3. 根据以上分析，在“营改增”后，建筑企业的成本构成的特殊性导致其获得可抵扣进项数额严重不足，导致增值税销项税实际缴纳金额远高于营业税金额，一方面建筑业实际税负增加了，另一方面本身利润率就不高的工程利润率又降低了，后期税收政策的优惠、招标计价方式的改变、企业管理的精细会对整个税负及利润空间有一定改善。

4. 按照该项目只有部分材料取得增值税扣税凭证的测算，该项目实际税负率 7.15%，远远高于“营改增”之前 3% 的税率。由此可见，在现有环境下，不是所有涉及建筑成本供货企业都是增值税一般纳税人，并非每项支出都可以取得增值税专用发票从而获取进项税。增值税发票取得不易，加之获取相应的专票付出的开票成本，均会造成建筑企业实际税负加重。

综上所述，建筑业企业一定要树立全员、全过程、全方位税务意识，强化企业经营管理的规范化、制度化、程序化和标准化。打造企业上下游环环相扣的增值税抵扣链条，确保销项税额和进项税额之间的匹配。重塑战略合作伙伴和协力队伍，剔除不能取得进项税额合作企业和单位，杜绝与可能带来税务风险和影响企业整体效益的利害关系人的合作。

第七章

后“营改增”时代新政建议

我国营业税彻底退出历史舞台，增值税实现了对货物和服务的全覆盖。同时，本次改革将不动产纳入抵扣范围，相应始于2004年的增值税转型（从生产型转向消费型）也基本到位。

虽然，本次“营改增”全面试点改革已经告一段落，但从增值税的内在要求及目前我国增值税制度的现状来看，“营改增”之后增值税改革还远未完成。

“营改增”全面试点改革及今后的增值税改革是供给侧结构性改革的重要举措，它对产业的社会化分工协作、促进生产性服务业发展和制造业转型升级具有重要意义。“营改增”全面试点改革乃至今后的增值税改革是“牵一发而动全身”的改革，必将对我国经济、财政体制乃至社会管理产生全面而深远的影响。同时，“营改增”全面试点改革及增值税的继续改革自身也是一项重大的制度创新，在某些方面（如金融业适用增值税）无通用的国际经验可循。因此，“营改增”之后，及时发现全面试点改革中存在的问题并予以完善，进一步研究增值税后续改革不仅重要而且必要。

第一节
简并增值税税率

增值税是公认的中性税种。所谓中性税种，是指税收不影响投资者的投资选择和消费者的消费选择，便于保证不同投资的公平竞争，不同消费的公平待遇。税率越少，越能起到税收中性的作用，税率越多，选择越多，税收中性越难以保证。因此，增值税一档税率，一直是一些学者推崇的理想状态。当然，实行增值税的国家，很少有设置一档税率的，但也很少有国家设置超过两档的多档税率。

一、目前我国增值税税率现状

增值税的税率，适用于一般纳税人，目前有17%、13%、11%、6%和0共五档税率；增值税的征收率适用于小规模纳税人和特定一般纳税人。小规模纳税人统一按3%的征收率计征；对一些特定的一般纳税人，则适用6%、5%、4%、3%四档征收率。具体来说，征收率为6%的项目包括自来水、小型水力发电单位生产的电力、部分建材产品和生物制品；征收率为5%的项目为中外合作开采的原油、天然气；征收率为4%的项目包括寄售、典当和拍卖商品、销售旧货；征收率为3%的项目为公共交通运输等“营改增”个别应税服务。

可以说，在“营改增”改革试点之初，为平衡改革所涉及各方利益，多档并行的增值税税率政策起到了重要的推动作用，是非常必要的，但从长期来看其负面影响也是显而易见的。首先，多档税率并存会扭曲增值税的中性税率特点，影响资源的合理配置。其次，多档税率并存的制度也增加了税收征纳成本，不利于节约社会资源。

二、世界主要国家增值税税率现状及经验借鉴

增值税在世界范围内广泛开征，参考其他国家的成熟做法，可为我国的改革提供有益借鉴。

（一）欧盟国家的税率档次

欧盟是增值税的发源地，其各国税率多为一档基本税率加上1到2档优惠税率。欧盟委员会一直试图在欧盟区统一增值税税率，但鉴于尊重各国传统，统一增值税税率的进程非常缓慢。欧盟地区各国增值税税率情况见表7-1。

表7-1　　欧盟国家最新增值税税率表

国别	标准税率	优惠税率
奥地利	20%	10%（租赁居住房，垃圾处理、食品、书籍杂志，艺术品收入）
比利时	21%	12%
保加利亚	20%	7%
塞浦路斯	17%	5%，8%（公共交通）
捷克	21%	15%（食品、医药、书籍、公共交通）
丹麦	25%	0%
爱沙尼亚	20%	9%
芬兰	24%	14%，10%
法国	19.6%	5.5%，2.1%，7%
德国	19%	7%（食品店，书籍，花等）
希腊	23%	13%，6.5%（住宿业）
匈牙利	27%	18%，5%
爱尔兰	23%	13.5%，9.0%，4.8%
意大利	21%	10%，4%
拉脱维亚	21%	12%

续表

国别	标准税率	优惠税率
立陶宛	21%	9%，5%
卢森堡	15%	12%，9%，6%，3%
马耳他	18%	5%
荷兰	21%	6%
波兰	23%	8%，5%
葡萄牙	23%	13%，6%
罗马尼亚	24%	9%（医药和书籍），5%（特殊情况下首次购买新房）
斯洛伐克	20%	10%
斯洛文尼亚	20%	8.5%
西班牙	21%或7%	10%
瑞典	25%	12%（食品，餐馆，住宿），6%（公共交通，书籍）
英国	20%	5%（家庭能源再利用，杂货铺，水、处方药，童装，公共交通，书籍，杂志）

资料来源：http://en.wikipedia.org/wiki/Value_added_tax#cite_note-22.

（二）非欧盟国家（地区）增值税税率

从税率结构上看，非欧盟国家也采取了基本税率加优惠税率的模式，除少数国家外，优惠税率多为一档。非欧盟国家增值税税率情况见表7-2。

表7-2　非欧盟国家增值税税率情况

国别	标准税率	优惠税率
阿尔巴尼亚	20%	10%（医疗服务）
科索沃	16%	
安道尔	4.5%	1%
阿塞拜疆	18%	10.5%
阿根廷	21%	10.5%
亚美尼亚	20%	
澳大利亚	10%	
白俄罗斯	20%	10%，0.5%

续表

国别	标准税率	优惠税率
孟加拉国	15%	4%，5%，5%，5.5%
巴巴多斯	17.5%	
波斯尼亚和黑塞哥维那	17%	
巴西	12%	0%
玻利维亚	13%	
加拿大	5% +0－10% HST（GST + PST）	5%
智利	19%	
哥伦比亚	16%	
克罗地亚	25%	10%，5%
多米尼加圣多明各	16%	12%
厄瓜多尔	12%	
埃及	10%	
萨尔瓦多	13%	
埃塞俄比亚	15%	
斐济	15%	0%
法罗群岛国	25%	
格鲁吉亚	18%	0%
加纳	13%	
危地马拉	12%	
圭亚那	16%	0%
伊朗	5%	
冰岛	25.5%	7%
印度	13.5%	12.5%，5%，1%，0%
印度尼西亚	10%	5%
以色列	17%	0%
日本	5%	
泽西	5%	0%
约旦	16%	

续表

国别	标准税率	优惠税率
哈萨克斯坦	12%	
黎巴嫩	10%	
列支敦士登	8.0%	3.8%，5%
摩洛哥	20%	
摩尔多瓦	20%	8%，5%，0%
马其顿	18%	5%
马来西亚	10%	
马尔代夫	6%	0%
墨西哥	16%	11%，0%
摩纳哥	19.6%	5.6%
黑山	17%	
毛里求斯	15%	
纳米比亚	15%	0%
尼泊尔	13%	0%
新西兰	15%	
挪威	25%	15%，8%
巴勒斯坦地区	14.5%	
巴基斯坦	16%	1%，0%
巴拿马	7%	0%
巴拉圭	10%	5%
秘鲁	16%	
菲律宾	12%	6%
俄罗斯	18%	10%，0%
圣克里斯托弗	17%	
塞尔维亚	20%	8%，0%
新加坡	7%	
南非	14%	0%
韩国	10%	
斯里兰卡	12%	0%

续表

国别	标准税率	优惠税率
瑞士	8%	3.8%，5%
中国台湾	5%	
泰国	7%	
特立尼达和多巴哥	15%	0%
突尼斯	18%	
土耳其	18%	8%，1%
乌克兰	20%	0%
乌拉圭	22%	10%
乌兹别克斯坦	20%	
越南	10%	5%，0%
委内瑞拉	12%	11%

资料来源：http：//en. wikipedia. org/wiki/Value_ added_ tax#cite_ note－22。

（三）经验借鉴

从世界各国和地区的增值税税率实践来看，可总结经验如下：首先，多数国家选取基本税率加优惠税率的基本模式。这种模式既在较大限度上保证增值税中性税率的要求，也兼顾了社会政策和产业政策的导向，削弱了增值税在调节收入分配方面的累退性。其次，多数国家在基本税率之外仅设计了一档优惠税率，少数国家超过两档。在参考的103个国家中仅有26个国家的优惠税率为两档及以上，仅有6个国家的优惠率超过两档。再次，多数国家和地区优惠税率为低于基本税率约十个百分点。

三、增值税税率调整的政策建议

根据增值税制度的内在要求，并参考国际经验，我们认为：

我国增值税税率也不可能实现完全中性的一档税率，可将基本税率加一档非零优惠税率作为改革目标。基本税率保持目前的水平或略有降低为13%～17%，非零优惠税率参考目前的优惠税率水平及低于基本税率约十个百分点的国际通行做法，设为6%～8%。同时保留现有的出口退税政策，即保留现行的增值税0税率。

第二节
清理过渡时期的特殊税收优惠政策

为了平稳有序推进营业税改征增值税改革试点，根据国家明确的“改革试点行业总体税负不增加或略有下降，基本消除重复征税”的税制改革原则，我国多数省市和地区都根据自身的具体情况，针对“营改增”试点过程中因新老税制转换而产生的税负有所增加的试点企业，制定了相应的过渡性财政扶持政策。

以上海市为例，2012 年 2 月 2 日，上海市财政局、上海市国家税务局、上海市地方税务局联合发布《关于实施营业税改征增值税试点过渡期财政扶持政策的通知》。通知要求，对于在营业税改征增值税试点以后，按照新税制（即试点政策）规定缴纳的增值税比按照老税制（即原营业税政策）规定计算的营业税确实有所增加的试点企业，由市与区县两级财政分别设立“营业税改征增值税改革试点财政扶持资金”，专项用于对营业税改征增值税试点企业的财政扶持。财政扶持资金按现行市与区县财政管理体制分别负担。

再以北京市为例，2012 年 9 月 12 日，北京市财政局、北京市国家税务局、北京市地方税务局也发布了类似的通知《关于实施营业税改增值税试点过渡性财政扶持政策的通知》，要求对于在营业税改征增值税试点以后，按照新税制（即试点政策）规定缴纳的增值税比按照老税制（即原营业税政策）规定计算的营业税确实有所增加的试点企业，按照现行市与区县财政管理体制，财政扶持资金由市与区县分别负担。市与区县两级财政分别设立“营业税改征增值税试点改革财政扶持资金”，专项用于对营业税改征增值税试点企业的财政扶持。

不仅上海和北京，全国各地几乎所有的试点地区都制定了相应的过渡性政策。

在营业税改征增值税试点过程中，制定过渡性财政扶持政策，有利于政策的推进。在营业税改征增值税改革试点过程中，部分试点企业由于成本结构不同、发展时期不同等原因，在新老税制转换期内产生税负出现小幅增加的情况，为了有效平衡这部分试点企业的税负，顺利推进营业税改征增值税改革试点，制定过渡性的财政扶持政策。对税负有所增加的试点企业实施过渡性的财政扶持政策，不仅有利于帮助试点企业在新老税制转换过程中实现平稳过渡，确保试点行业和企业税负基本不增加，而且也会进一步调动试点企业参与改革试点的积极性，促进试点企业抓住机遇、用好政策，整合业务资源、转变经营方式、创新服务领域。

但在目前全国范围内全面推进改革试点的当下，继续实行过渡期财政扶持政策，其不利影响也较为明显。首先，对于个别企业的财政补贴会变相导致税负不公平。过渡期财政补贴政策并非所有企业和行业都能享受，个别企业的税负通过财政补贴，有所降低，对于未能享受财政补贴的企业和行业不公平。其次，过渡期财政补贴政策不可能长期存在，如果企业过度依赖财政补贴，不能很好地适应新的增值税制度，反而不利于改革试点的进一步推进。

建筑业“营改增”会引发行业洗牌：工程成本增加导致管理混乱，依靠不开发票偷逃税收降低成本的低价竞争企业将逐渐被淘汰；而有较强经营管理能力，规范财务核算，健全内控制度的企业将会更好地生存下来。留给纳税人的应对时间十分紧迫，企业应尽快了解政策，按增值税制要求，加强税收内控制度建设，确保依法依规；企业要适时调整生产经营模式，降低税负；重新梳理供应商，首选具有一般纳税人资格的设备、大宗材料供应商；开展专项培训，财务人员、业务人员及管理层都要认识到增值税法规对企业管理的重要性，确保享受政策红利。随着增值税抵扣链条的逐步完善，建筑业增值税税负也将会趋于平稳。针对建筑企业的产品、生产、管理、经营特点，建议给予相应的优惠政策。

一、地方取材建筑材料以实际支出为计税依据

建筑业企业承建的工程项目，普通比较分散，且有些工程项目所处地域偏僻，大部分砖瓦、白灰、砂石、土方等地方料以及部分小五金等零星材料，多数是就地取材，当地采购；采购时所面对的供应商，一般均为小规模纳税人，甚至是个体户或农民，难以取得增值税专用发票，无法获得纳税抵扣。这在建筑施工企业中，是一种极其普遍的客观现象。参照财税〔2012〕38号文《关于在部分行业试行农产品增值税进项税额核定扣除办法的通知》，建议经过工程项目所在地税务机关认定，建筑业企业可以购进砖瓦、白灰、砂石、土方等地方料的实际支出额为计算依据，按11%的扣除率计算进项税额，进行纳税扣除。

二、在法规规定范围内延长建筑业纳税期

纳税期是指纳税人在其纳税义务发生后，实际缴税税款的日期。增值税暂行条例规定，“增值税的纳税期分别为1日、3日、5日、10日、15日、1个月或1个季度。纳税人的具体纳税期限，由主管税务机关根据纳税人应纳税额的大小分别核定；不能按照固定期限纳税的，可以按次纳税”。

根据建筑业的产品和生产特点，在缴纳营业税的情况下，我国建筑业的纳税期普遍规定为1个月。“营改增”后，根据建筑业的特点，考虑进一步支持建筑业的发展，缓解11%增值税率可能增加企业税负的实际情况，我们认为较为合理的做法是，在增值税暂行条例的规定范围内，适当延长建筑业的纳税期限，统一规定为“建筑业增值税的纳税期限为一个季度，自期满之日起15日内申报纳税”。

三、生产用存量资产的进项额抵扣

建筑业企业的生产用存量资产，如固定资产、周转材料、临时设施等，其净值或摊余价值，还要在“营改增”以后的一段时间内转移为建筑施工产值，同时产生销项税。但可扣除的进项税额已经无法取得，造成了“营改增”后的销项税和进项税不匹配，产生纳税的不公平，相对增加企业税负。它涉及建筑业中的每一个企业，量大面广。

“营改增”后，如果不能给予建筑业3～5年过渡期和实行“即征即退”（超征返还）政策，以建筑企业“营改增”时点前生产用存量资产的净值和摊余价值为准，按照“营改增”时点后被使用而转化为销售额的实际数乘以相应进项税率，逐月计算出进项税额，在相应的纳税期内，在相应的合同工程上作纳税抵扣。抵扣时间可以限定为3～5年，也可以到各项存量资产的净值或（摊余价值）至零为止。

在“营改增”的过渡期间，采取上述办法对生产用存量资产的进项税额进行计算抵扣，对企业是公平的，但具体操作上，与上述采取区分新老合同工程分别纳税的过渡办法一样，交缴双方都很麻烦和繁琐，需要事先做出更详细的设计和安排。

第三节
逐步以免征额制度取代起征点和小规模纳税人制度

一、小规模纳税人征收率税收实践

（一）我国小规模纳税人的基本规定

增值税，顾名思义是对增值额进行征税，根据其理论原理，增值税在税制设计中以环环抵扣、道道计征的方式实现其税收中性的要求，但在实践中，由于征管能力的限制，很难实现完全的扣税计税的方法。小规模纳税人制度便是针对规模小、财务管理不健全的纳税人实行的建议征收的办法。

根据我国税法的相关规定：小规模纳税人是指年销售额在规定标准以下，并且会计核算不健全，不能按规定报送有关税务资料的增值税纳税人。所称会计核算不健全是指不能正确核算增值税的销项税额、进项税额和应纳税额。

我国目前对小规模纳税人具体的认定标准为：从事货物生产或者提供应税劳务的纳税人，以及以从事货物生产或者提供应税劳务为主，并兼营货物批发或者零售的纳税人，年应征增值税销售额在50万元以下的；对上述规定以外的纳税人，年应税销售额在80万元以下的。对于服务业，根据《财政部　国家税务总局关于将铁路运输和邮政业纳入营业税改征增值税试点的通知》（财税〔2013〕106号）规定，应税服务年销售额标准为500万元（含本数）以上的可以认定为一般纳税人，反之，小规模纳税人的认定标准即为年应税劳务销售额为500万元以下。

（二）小规模纳税人制度的弊端及我国制度设计存在的问题

小规模纳税人制度的弊端在制定之初就存在，而在营业税改征增值税之后，其弊端表现得更为突出，表现在：一是以简易征收率替代环环紧扣的增值税抵扣制度破坏了增值税的抵扣链条，不符合增值税本身的中性税制原则，影响行业间、纳税人之间的公平竞争。二是实践证明小规模纳税人的征收率不一定比实行抵扣制的一般纳税人税负低，这不符合国家降低小微企业税负的政策主基调。三是适用简易征收的征收率的小规模纳税人的数量过于庞大，但税收的贡献小，大大增加了税收的征管成本。四是工业企业和服务业小规模纳税人标准不统一。如前所述，小规模纳税人的认定标准在工业企业和服务业之间存在较大的差异，行业之间的税收公平性受到一定影响。

二、我国起征点制度的基本情况及其存在的问题

有学者建议以现行起征点制度统一小规模纳税人制度规定，我们认为，起征点制度也存在明显的不足，不应以起征点制度作为“营改增”之后小规模纳税人调整的目标。

（一）我国起征点制度的基本情况

起征点制度是增值税税制的重要内容之一，实行增值税的国家均根据本国实际情况设立了起征点制度，我国也不例外。

起征点，又名“征税起点”或“起税点”，是税法规定的对课税对象开始征税的最低界限，当课税对象的应税数额达到起征点时，需全额征税；未达到起征点时则无须征税。所以一般把规定起征点的征税方式称为全额累进制。起征点又可分为起征税额和起征价额。前者则以应征税额为起征数额，后者是以征税对象的价值金额作为起征数额。

为照顾个体经营者，主要是广大的个体工商户的发展，我国对增值税和营业税规定了起征点，均为起征价额，其计税依据为业户的实际销售额。2011年11月1日，我国大幅提高了增值税起征点，销售货物和提供应税劳务的，月销售额由原来的2 000～5 000元和1 500～3 000元统一提高到5 000～20 000元；按次纳税的，每次（日）销售额由150～200元提高到300～500元。营业税起征点的幅度也大幅上调，按期纳税的，月营业额从1 000～5 000元上调至5 000～20 000元；按次纳税的，每次（日）营业额从100元上调为300元～500元。

（二）起征点制度存在的问题

以起征点制度代替目前的小规模纳税人制度，可以有效解决小规模纳税人制度存在的不足，同时也统一了个体工商户和一般法人企业两套制度，但是起征点制度也存在明显的不足，即起征点制度在起征点上下税负存在陡增的现象，税负公平性存疑。由于起征点这种税收优惠方式是起征点之下不征税，而

起征点之上全额征税，从而带来起征点上下税负的陡然变化。

以定期缴纳营业税的交通运输业个体经营者为例，起征点为月营业额20 000元。当该交通运输个体经营者营业额为19 999元时，税额为零，而营业额为20 001元，税额为600.03元，营业额相差2元，但税款相差600.03元，且起征点越高，税负陡增程度越明显，税负不公感越强，便更加诱发市场经营户拆分其经营主体，这与我们国家目前鼓励市场经营户做大做强的引导方向相违背。

三、以免征额逐步取代小规模纳税人和起征点制度

解决营业税和增值税中的起征点所导致的税负不公平问题，需要改流转税起征点为免征额。改增值税起征点为免征额，不仅能够解决税制设计本身的不足，避免起征点制度存在的税负陡然变化。而且，这一改革也符合我国当前结构性减税的大方向。扶持小微经济体的发展是目前公共政策改革的重要目标之一，改营业税和增值税起征点为免征额受益的正是大量的规模较小的广大小微企业。

当然，免征额取代起征点制度，国家财政收入会减收，所以改革也可以分步进行：在国家财力不允许的情况下，现行以起征点制度代替小规模纳税人制度，部分解决小规模纳税制度的不足；在国家财力允许的情况下，逐步以免征额规定取代现行的小规模纳税人制度和起征点制度，以彻底解决小规模纳税人和起征点制度的不足。改革的推进也可以参考其他改革实践，选取个别地区先行先试，在试点的基础上全面推开。

第四节
加快推进增值税立法

2016年3月23日，财政部和国家税务总局联合发布《关于全面推开营业税改征增值税试点的通知》财税〔2016〕36号（以下简称36号文），通知要求在全国范围内全面推开营业税改征增值税（以下称"营改增"）试点，建筑业、房地产业、金融业、生活服务业等全部营业税纳税人，纳入试点范围，由缴纳营业税改为缴纳增值税。同时下发《营业税改征增值税试点实施办法》、

《营业税改征增值税试点有关事项的规定》、《营业税改征增值税试点过渡政策的规定》、《跨境应税行为适用增值税零税率和免税政策的规定》。36 号文标志着我国营业税改征增值税改革试点在我国的全面推开，改革取得了阶段性的成功。但也同时表明我国的增值税实际上并存两套法规，其中之一是 36 号文，另一个是 36 号文之前便已存在的《中华人民共和国增值税暂行条例》（以下简称《暂行条例》）。二者的区别在于适用不同的纳税人。36 号文对应的是建筑业、房地产业、金融业、生活服务业等原来缴纳营业税的纳税人，而《暂行条例》适用的是“营改增”之前缴纳增值税的原纳税人，即在中华人民共和国境内销售货物或者提供加工、修理修配劳务以及进口货物的单位和个人。

在“营改增”全面试点改革的当下，利用改革的过渡期研究合并两套法规，尽快出台法律层面的增值税法，不仅是增值税改革的需要，也是党的十八大三中全会决定提出的一项重要改革任务。2013 年，党的十八届三中全会审议通过了《中共中央关于全面深化改革若干重大问题的决定》，其中明确“加强人大预算决算审查监督、国有资产监督职能，落实税收法定原则”。十二届全国人大三次会议表决通过了修改《立法法》决定。2015 年 3 月《立法法》通过修订，其中正式确定了税收法定原则，《立法法》第八条第六项规定“税种的设立、税率的确定和税收征收管理等税收基本制度”只能制定法律，即明确我国的基本税收制度必须逐步完成立法。目前，现行的 18 个税种中，除个人所得税、企业所得税、车船税由法律规定征收外，增值税、消费税、营业税、资源税、城镇土地使用税、土地增值税、房产税、城市维护建设税、车辆购置税、印花税、契税、耕地占用税、烟叶税、船舶吨税、关税（《海关法》只规定征收关税，但具体税收要素由条例规定）等 15 个税种由国务院制定的有关暂行条例规定征收。修改后的《立法法》为实现宪法确立的税收法定原则，提供了制度保障。依照法律规定设税、征税、治税，是建设法治国家、法治政府、法治社会的迫切需要，也是推动实现国家治理体系和治理能力现代化的必然要求，更是人民当家做主的直接体现。2015 年 3 月党中央审议通过《贯彻落实税收法定原则的实施意见》（以下简称实施意见），实施意见进一步对现行 15 个税收条例修改上升为法律或者废止的时间做出了安排，要求在 2020 年之前逐步完成相关立法工作。

在“营改增”全面试点改革推开之后，为配合党中央实施意见的时间安排，研究讨论统一目前并行的两套增值税法规，加快推进增值税立法工作势在必行。

第五节
进一步深化财政体制改革

根据我国现行财政体制对于税收收入的划分，“营改增”全面试点改革之后，地方税制的建设和财政体制的完善变得更为迫切。

1994年税制改革以来，国家对地方税相继进行了一系列改革，但地方税建设仍相对滞后，有利于加快经济发展方式转变的地方税收体系尚未真正建立。而在“营改增”改革后，将原属于地方税收收入的营业税改为属于中央与地方共享税后，必然也会对地方税体系产生影响，最重要的影响便是，地方税体系丧失了作为主体税种的营业税。营业税属于地方税体系的主体税种，2007—2011年营业税收入占到地方税收入的平均比重约为55%。“营改增”后，营业税收入由于转变为增值税收入而不属于地方税收入，将导致地方税体系的主体税种流失，这将需要有其他地方税来替代营业税作为主体。但目前我们国家有18个税种，大的税源有4个税种，增值税、企业所得税、个人所得税和营业税，全部都是共享税。根据马斯格雷夫关于政府间税收划分的原则，目前我们国家现有开征的其余13个税种，从其制度设计和收入规模看，都难以替代营业税的主体地位，必须重建新的税种，或者对原有的税种进行必要的改革，才能承担地方主体税种的职能。

针对“营改增”之后地方政府财政减收的具体情况，国务院按照党的十八届三中全会关于“保持现有中央和地方财力格局总体稳定，结合税制改革，考虑税种属性，进一步理顺中央和地方收入划分”的要求，同时考虑到税制改革未完全到位，决定暂时调整增值税收入在政府间的分享比例。2016年4月30日，国家税务总局下发《全面推开“营改增”试点后调整中央与地方增值税收入划分过渡方案》。通知主要内容包含：（1）以2014年为基数核定中央返还和地方上缴基数；（2）所有行业企业缴纳的增值税均纳入中央和地方共享范围；（3）中央分享增值税的50%；（4）地方按税收缴纳地分享增值税的50%；（5）中央上划收入通过税收返还方式给地方，确保地方既有财力不变；（6）中央集中的收入增量通过均衡性转移支付分配给地方，主要用于加大对中西部地区的支持力度。与此同时，该通知也对政策调整的过渡期限有明确说明，即该调整自2016年5月1日起执行，过渡期暂定2~3年，届时根据中央与地方事权和支出责任划分、地方税体系建设等改革进展情况，研究是否适当调整。

虽然过渡期政策能够在短期内缓解地方政府财力减少的局面，但毕竟这种调整仅仅为短期权宜之计，从长期来看，以“营改增”为契机，加快研究中央和地方事权和支出责任划分，继而推进地方税体系建设才是长期的解决办法。

第八章

“营改增”政策节选

财政部　国家税务总局关于《全面推开营业税改征增值税试点》的通知

财税〔2016〕36号

各省、自治区、直辖市、计划单列市财政厅（局）、国家税务局、地方税务局，新疆生产建设兵团财务局：

经国务院批准，自2016年5月1日起，在全国范围内全面推开营业税改征增值税（以下称营改增）试点，建筑业、房地产业、金融业、生活服务业等全部营业税纳税人，纳入试点范围，由缴纳营业税改为缴纳增值税。现将《营业税改征增值税试点实施办法》、《营业税改征增值税试点有关事项的规定》、《营业税改征增值税试点过渡政策的规定》和《跨境应税行为适用增值税零税率和免税政策的规定》印发你们，请遵照执行。

本通知附件规定的内容，除另有规定执行时间外，自2016年5月1日起执行。《财政部　国家税务总局关于将铁路运输和邮政业纳入营业税改征增值税试点的通知》（财税〔2013〕106号）、《财政部 国家税务总局关于铁路运输和邮政业营业税改征增值税试点有关政策的补充通知》（财税〔2013〕121号）、《财政部 国家税务总局关于将电信业纳入营业税改征增值税试点的通知》（财税〔2014〕43号）、《财政部 国家税务总局关于国际水路运输增值税零税率政策的补充通知》（财税〔2014〕50号）和《财政部 国家税务总局关于影视等出口服务适用增值税零税率政策的通知》（财税〔2015〕118号），除另有规定的条款外，相应废止。

各地要高度重视营改增试点工作，切实加强试点工作的组织领导，周密安排，明确责任，采取各种有效措施，做好试点前的各项准备以及试点过程中的监测分析和宣传解释等工作，确保改革的平稳、有序、顺利进行。遇到问题请及时向财政部和国家税务总局反映。

附件：1. 营业税改征增值税试点实施办法
2. 营业税改征增值税试点有关事项的规定
3. 营业税改征增值税试点过渡政策的规定
4. 跨境应税行为适用增值税零税率和免税政策的规定

财政部 国家税务总局

2016年3月23日

附件1：

营业税改征增值税试点实施办法

第一章 纳税人和扣缴义务人

第一条 在中华人民共和国境内（以下称境内）销售服务、无形资产或者不动产（以下称应税行为）的单位和个人，为增值税纳税人，应当按照本办法缴纳增值税，不缴纳营业税。

单位，是指企业、行政单位、事业单位、军事单位、社会团体及其他单位。

个人，是指个体工商户和其他个人。

第二条 单位以承包、承租、挂靠方式经营的，承包人、承租人、挂靠人（以下统称承包人）以发包人、出租人、被挂靠人（以下统称发包人）名义对外经营并由发包人承担相关法律责任的，以该发包人为纳税人。否则，以承包人为纳税人。

第三条 纳税人分为一般纳税人和小规模纳税人。

应税行为的年应征增值税销售额（以下称应税销售额）超过财政部和国家税务总局规定标准的纳税人为一般纳税人，未超过规定标准的纳税人为小规模纳税人。

年应税销售额超过规定标准的其他个人不属于一般纳税人。年应税销售额超过规定标准但不经常发生应税行为的单位和个体工商户可选择按照小规模纳税人纳税。

第四条 年应税销售额未超过规定标准的纳税人，会计核算健全，能够提供准确税务资料的，可以向主管税务机关办理一般纳税人资格登记，成为一般纳税人。

会计核算健全，是指能够按照国家统一的会计制度规定设置账簿，根据合法、有效凭证核算。

第五条 符合一般纳税人条件的纳税人应当向主管税务机关办理一般纳税人资格登记。具体登记办法由国家税务总局制定。

除国家税务总局另有规定外，一经登记为一般纳税人后，不得转为小规模纳税人。

第六条 中华人民共和国境外（以下称境外）单位或者个人在境内发生应税行为，在境内未设有经营机构的，以购买方为增值税扣缴义务人。财政部和国家税务总局另有规定的除外。

第七条 两个或者两个以上的纳税人，经财政部和国家税务总局批准可以视为一个纳税人合并纳税。具体办法由财政部和国家税务总局另行制定。

第八条 纳税人应当按照国家统一的会计制度进行增值税会计核算。

第二章 征税范围

第九条 应税行为的具体范围，按照本办法所附的《销售服务、无形资产、不动产注释》执行。

第十条 销售服务、无形资产或者不动产，是指有偿提供服务、有偿转让无形资产或者不动产，但属于下列非经营活动的情形除外：

（一）行政单位收取的同时满足以下条件的政府性基金或者行政事业性收费。

1. 由国务院或者财政部批准设立的政府性基金，由国务院或者省级人民政府及其财政、价格主管部门批准设立的行政事业性收费；

2. 收取时开具省级以上（含省级）财政部门监（印）制的财政票据；

3. 所收款项全额上缴财政。

（二）单位或者个体工商户聘用的员工为本单位或者雇主提供取得工资的服务。

（三）单位或者个体工商户为聘用的员工提供服务。

（四）财政部和国家税务总局规定的其他情形。

第十一条 有偿，是指取得货币、货物或者其他经济利益。

第十二条 在境内销售服务、无形资产或者不动产，是指：

（一）服务（租赁不动产除外）或者无形资产（自然资源使用权除外）的销售方或者购买方在境内；

（二）所销售或者租赁的不动产在境内；

（三）所销售自然资源使用权的自然资源在境内；

（四）财政部和国家税务总局规定的其他情形。

第十三条 下列情形不属于在境内销售服务或者无形资产：

（一）境外单位或者个人向境内单位或者个人销售完全在境外发生的服务。

（二）境外单位或者个人向境内单位或者个人销售完全在境外使用的无形资产。

（三）境外单位或者个人向境内单位或者个人出租完全在境外使用的有形动产。

（四）财政部和国家税务总局规定的其他情形。

第十四条 下列情形视同销售服务、无形资产或者不动产：

（一）单位或者个体工商户向其他单位或者个人无偿提供服务，但用于公益事业或者以社会公众为对象的除外。

（二）单位或者个人向其他单位或者个人无偿转让无形资产或者不动产，但用于公益事业或者以社会公众为对象的除外。

（三）财政部和国家税务总局规定的其他情形。

第三章 税率和征收率

第十五条 增值税税率：

（一）纳税人发生应税行为，除本条第（二）项、第（三）项、第（四）项规定外，税率为6%。

（二）提供交通运输、邮政、基础电信、建筑、不动产租赁服务，销售不动产，转让土地使用权，税率为11%。

（三）提供有形动产租赁服务，税率为17%。

（四）境内单位和个人发生的跨境应税行为，税率为零。具体范围由财政部和国家税务总局另行规定。

第十六条 增值税征收率为3%，财政部和国家税务总局另有规定的除外。

第四章 应纳税额的计算

第一节 一般性规定

第十七条 增值税的计税方法，包括一般计税方法和简易计税方法。

第十八条 一般纳税人发生应税行为适用一般计税方法计税。

一般纳税人发生财政部和国家税务总局规定的特定应税行为，可以选择适用简易计税方法计税，但一经选择，36个月内不得变更。

第十九条 小规模纳税人发生应税行为适用简易计税方法计税。

第二十条 境外单位或者个人在境内发生应税行为，在境内未设有经营机构的，扣缴义务人按照下列公式计算应扣缴税额：

应扣缴税额＝购买方支付的价款÷（1＋税率）×税率

第二节 一般计税方法

第二十一条 一般计税方法的应纳税额，是指当期销项税额抵扣当期进项税额后的余额。应纳税额计算公式：

应纳税额＝当期销项税额－当期进项税额

当期销项税额小于当期进项税额不足抵扣时，其不足部分可以结转下期继续抵扣。

第二十二条 销项税额，是指纳税人发生应税行为按照销售额和增值税税率计算并收取的增值税额。销项税额计算公式：

销项税额 = 销售额 × 税率

第二十三条 一般计税方法的销售额不包括销项税额，纳税人采用销售额和销项税额合并定价方法的，按照下列公式计算销售额：

销售额 = 含税销售额 ÷（1 + 税率）

第二十四条 进项税额，是指纳税人购进货物、加工修理修配劳务、服务、无形资产或者不动产，支付或者负担的增值税额。

第二十五条 下列进项税额准予从销项税额中抵扣：

（一）从销售方取得的增值税专用发票（含税控机动车销售统一发票，下同）上注明的增值税额。

（二）从海关取得的海关进口增值税专用缴款书上注明的增值税额。

（三）购进农产品，除取得增值税专用发票或者海关进口增值税专用缴款书外，按照农产品收购发票或者销售发票上注明的农产品买价和13%的扣除率计算的进项税额。计算公式为：

进项税额 = 买价 × 扣除率

买价，是指纳税人购进农产品在农产品收购发票或者销售发票上注明的价款和按照规定缴纳的烟叶税。

购进农产品，按照《农产品增值税进项税额核定扣除试点实施办法》抵扣进项税额的除外。

（四）从境外单位或者个人购进服务、无形资产或者不动产，自税务机关或者扣缴义务人取得的解缴税款的完税凭证上注明的增值税额。

第二十六条 纳税人取得的增值税扣税凭证不符合法律、行政法规或者国家税务总局有关规定的，其进项税额不得从销项税额中抵扣。

增值税扣税凭证，是指增值税专用发票、海关进口增值税专用缴款书、农产品收购发票、农产品销售发票和完税凭证。

纳税人凭完税凭证抵扣进项税额的，应当具备书面合同、付款证明和境外单位的对账单或者发票。资料不全的，其进项税额不得从销项税额中抵扣。

第二十七条 下列项目的进项税额不得从销项税额中抵扣：

（一）用于简易计税方法计税项目、免征增值税项目、集体福利或者个人消费的购进货物、加工修理修配劳务、服务、无形资产和不动产。其中涉及的固定资产、无形资产、不动产，仅指专用于上述项目的固定资产、无形资产（不包括其他权益性无形资产）、不动产。

纳税人的交际应酬消费属于个人消费。

（二）非正常损失的购进货物，以及相关的加工修理修配劳务和交通运输服务。

（三）非正常损失的在产品、产成品所耗用的购进货物（不包括固定资产）、加工修理修配劳务和交通运输服务。

（四）非正常损失的不动产，以及该不动产所耗用的购进货物、设计服务和建筑服务。

（五）非正常损失的不动产在建工程所耗用的购进货物、设计服务和建筑服务。

纳税人新建、改建、扩建、修缮、装饰不动产，均属于不动产在建工程。

（六）购进的旅客运输服务、贷款服务、餐饮服务、居民日常服务和娱乐服务。

（七）财政部和国家税务总局规定的其他情形。

本条第（四）项、第（五）项所称货物，是指构成不动产实体的材料和设备，包括建筑装饰材料和给排水、采暖、卫生、通风、照明、通讯、煤气、消防、中央空调、电梯、电气、智能化楼宇设备及配套设施。

第二十八条 不动产、无形资产的具体范围，按照本办法所附的《销售服务、无形资产或者不动产注释》执行。

固定资产，是指使用期限超过12个月的机器、机械、运输工具以及其他与生产经营有关的设备、工具、器具等有形动产。

非正常损失，是指因管理不善造成货物被盗、丢失、霉烂变质，以及因违反法律法规造成货物或者不动产被依法没收、销毁、拆除的情形。

第二十九条 适用一般计税方法的纳税人，兼营简易计税方法计税项目、免征增值税项目而无法划分不得抵扣的进项税额，按照下列公式计算不得抵扣的进项税额：

不得抵扣的进项税额 = 当期无法划分的全部进项税额 ×（当期简易计税方法计税项目销售额 + 免征增值税项目销售额）÷ 当期全部销售额

主管税务机关可以按照上述公式依据年度数据对不得抵扣的进项税额进行清算。

第三十条 已抵扣进项税额的购进货物（不含固定资产）、劳务、服务，发生本办法第二十七条规定情形（简易计税方法计税项目、免征增值税项目除外）的，应当将该进项税额从当期进项税额中扣减；无法确定该进项税额的，按照当期实际成本计算应扣减的进项税额。

第三十一条 已抵扣进项税额的固定资产、无形资产或者不动产，发生本办法第二十七条规定情形的，按照下列公式计算不得抵扣的进项税额：

不得抵扣的进项税额 = 固定资产、无形资产或者不动产净值 × 适用税率

固定资产、无形资产或者不动产净值，是指纳税人根据财务会计制度计提折旧或摊销后的余额。

第三十二条 纳税人适用一般计税方法计税的，因销售折让、中止或者退回而退还给购买方的增值税额，应当从当期的销项税额中扣减；因销售折让、中止或者退回而收回的增值税额，应当从当期的进项税额中扣减。

第三十三条 有下列情形之一者，应当按照销售额和增值税税率计算应纳税额，不得抵扣进项税额，也不得使用增值税专用发票：

（一）一般纳税人会计核算不健全，或者不能够提供准确税务资料的。

（二）应当办理一般纳税人资格登记而未办理的。

第三节 简易计税方法

第三十四条 简易计税方法的应纳税额，是指按照销售额和增值税征收率计算的增值税额，不得抵扣进项税额。应纳税额计算公式：

应纳税额 = 销售额 × 征收率

第三十五条 简易计税方法的销售额不包括其应纳税额，纳税人采用销售额和应纳税额合并定价方法的，按照下列公式计算销售额：

销售额 = 含税销售额 ÷（1 + 征收率）

第三十六条 纳税人适用简易计税方法计税的，因销售折让、中止或者退回而退还给购买方的销售额，应当从当期销售额中扣减。扣减当期销售额后仍有余额造成多缴的税款，可以从以后的应纳税额中扣减。

第四节 销售额的确定

第三十七条 销售额，是指纳税人发生应税行为取得的全部价款和价外费用，财政部和国家税务总局另有规定的除外。

价外费用，是指价外收取的各种性质的收费，但不包括以下项目：

（一）代为收取并符合本办法第十条规定的政府性基金或者行政事业性收费。

（二）以委托方名义开具发票代委托方收取的款项。

第三十八条 销售额以人民币计算。

纳税人按照人民币以外的货币结算销售额的，应当折合成人民币计算，折合率可以选择销售额发生的当天或者当月 1 日的人民币汇率中间价。纳税人应当在事先确定采用何种折合率，确定后 12 个月内不得变更。

第三十九条 纳税人兼营销售货物、劳务、服务、无形资产或者不动产，适用不同税率或者征收率的，应当分别核算适用不同税率或者征收率的销售额；未分别核算的，从高适用税率。

第四十条 一项销售行为如果既涉及服务又涉及货物，为混合销售。从事货物的生产、批发或者零售的单位和个体工商户的混合销售行为，按照销售货物缴纳增值税；其他单位和个体工商户的混合销售行为，按照销售服务缴纳增值税。

本条所称从事货物的生产、批发或者零售的单位和个体工商户，包括以从事货物的生产、批发或者零售为主，并兼营销售服务的单位和个体工商户在内。

第四十一条 纳税人兼营免税、减税项目的，应当分别核算免税、减税项目的销售额；未分别核算的，不得免税、减税。

第四十二条 纳税人发生应税行为，开具增值税专用发票后，发生开票有误或者销售折让、中止、退回等情形的，应当按照国家税务总局的规定开具红字增值税专用发票；未按照规定开具红字增值税专用发票的，不得按照本办法第三十二条和第三十六条的规定扣减销项税额或者销售额。

第四十三条 纳税人发生应税行为，将价款和折扣额在同一张发票上分别注明的，以折扣后的价款为销售额；未在同一张发票上分别注明的，以价款为销售额，不得扣减折扣额。

第四十四条 纳税人发生应税行为价格明显偏低或者偏高且不具有合理商业目的的，或者发生本办法第十四条所列行为而无销售额的，主管税务机关有权按照下列顺序确定销售额：

（一）按照纳税人最近时期销售同类服务、无形资产或者不动产的平均价格确定。

（二）按照其他纳税人最近时期销售同类服务、无形资产或者不动产的平均价格确定。

（三）按照组成计税价格确定。组成计税价格的公式为：

组成计税价格 = 成本 ×（1 + 成本利润率）

成本利润率由国家税务总局确定。

不具有合理商业目的，是指以谋取税收利益为主要目的，通过人为安排，减少、免除、推迟缴纳增值税税款，或者增加退还增值税税款。

第五章 纳税义务、扣缴义务发生时间和纳税地点

第四十五条 增值税纳税义务、扣缴义务发生时间为：

（一）纳税人发生应税行为并收讫销售款项或者取得索取销售款项凭据的当天；先开具发票的，为开具发票的当天。

收讫销售款项，是指纳税人销售服务、无形资产、不动产过程中或者完成后收到款项。

取得索取销售款项凭据的当天，是指书面合同确定的付款日期；未签订书面合同或者书面合同未确定付款日期的，为服务、无形资产转让完成的当天或者不动产权属变更的当天。

（二）纳税人提供建筑服务、租赁服务采取预收款方式的，其纳税义务发生时间为收到预收款的当天。

（三）纳税人从事金融商品转让的，为金融商品所有权转移的当天。

（四）纳税人发生本办法第十四条规定情形的，其纳税义务发生时间为服务、无形资产转让完成的当天或者不动产权属变更的当天。

（五）增值税扣缴义务发生时间为纳税人增值税纳税义务发生的当天。

第四十六条 增值税纳税地点为：

（一）固定业户应当向其机构所在地或者居住地主管税务机关申报纳税。总机构和分支机构不在同一县（市）的，应当分别向各自所在地的主管税务机关申报纳税；经财政部和国家税务总局或者其授权的财政和税务机关批准，可以由总机构汇总向总机构所在地的主管税务机关申报纳税。

（二）非固定业户应当向应税行为发生地主管税务机关申报纳税；未申报纳税的，由其机构所在地或者居住地主管税务机关补征税款。

（三）其他个人提供建筑服务，销售或者租赁不动产，转让自然资源使用权，应向建筑服务发生地、不动产所在地、自然资源所在地主管税务机关申报纳税。

（四）扣缴义务人应当向其机构所在地或者居住地主管税务机关申报缴纳扣缴的税款。

第四十七条 增值税的纳税期限分别为1日、3日、5日、10日、15日、1个月或者1个季度。纳税人的具体纳税期限，由主管税务机关根据纳税人应纳税额的大小分别核定。以1个季度为纳税期限的规定适用于小规模纳税人、银行、财务公司、信托投资公司、信用社，以及财政部和国家税务总局规定的其他纳税人。不能按照固定期限纳税的，可以按次纳税。

纳税人以1个月或者1个季度为1个纳税期的，自期满之日起15日内申报纳税；以1日、3日、5日、10日或者15日为1个纳税期的，自期满之日起5日内预缴税款，于次月1日起15日内申报纳税并结清上月应纳税款。

扣缴义务人解缴税款的期限，按照前两款规定执行。

第六章 税收减免的处理

第四十八条 纳税人发生应税行为适用免税、减税规定的，可以放弃免税、减税，依照本办法的规定缴纳增值税。放弃免税、减税后，36个月内不得再申请免税、减税。

纳税人发生应税行为同时适用免税和零税率规定的，纳税人可以选择适用免税或者零税率。

第四十九条 个人发生应税行为的销售额未达到增值税起征点的，免征增值税；达到起征点的，全额计算缴纳增值税。

增值税起征点不适用于登记为一般纳税人的个体工商户。

第五十条 增值税起征点幅度如下：

（一）按期纳税的，为月销售额5 000~20 000元（含本数）。

（二）按次纳税的，为每次（日）销售额300~500元（含本数）。

起征点的调整由财政部和国家税务总局规定。省、自治区、直辖市财政厅（局）和国家税务局应当在规定的幅度内，根据实际情况确定本地区适用的起征点，并报财政部和国家税务总局备案。

对增值税小规模纳税人中月销售额未达到2万元的企业或非企业性单位，免征增值税。2017年12月31日前，对月销售额2万元（含本数）至3万元的增值税小规模纳税人，免征增值税。

第七章 征收管理

第五十一条 营业税改征的增值税，由国家税务局负责征收。纳税人销售取得的不动产和其他个人出租不动产的增值税，国家税务局暂委托地方税务局代为征收。

第五十二条 纳税人发生适用零税率的应税行为，应当按期向主管税务机关申报办理退（免）税，具体办法由财政部和国家税务总局制定。

第五十三条 纳税人发生应税行为，应当向索取增值税专用发票的购买方开具增值税专用发票，并在增值税专用发票上分别注明销售额和销项税额。

属于下列情形之一的，不得开具增值税专用发票：

（一）向消费者个人销售服务、无形资产或者不动产。

（二）适用免征增值税规定的应税行为。

第五十四条 小规模纳税人发生应税行为，购买方索取增值税专用发票的，可以向主管税务机关申请代开。

第五十五条 纳税人增值税的征收管理，按照本办法和《中华人民共和国税收征收管理法》及现行增值税征收管理有关规定执行。

附：销售服务、无形资产、不动产注释

附：

销售服务、无形资产、不动产注释

一、销售服务

销售服务，是指提供交通运输服务、邮政服务、电信服务、建筑服务、金融服务、现代服务、生活服务。

（一）交通运输服务。

交通运输服务，是指利用运输工具将货物或者旅客送达目的地，使其空间位置得到转移的业务活动。包括陆路运输服务、水路运输服务、航空运输服务和管道运输服务。

1. 陆路运输服务。

陆路运输服务，是指通过陆路（地上或者地下）运送货物或者旅客的运输业务活动，包括铁路运输服务和其他陆路运输服务。

（1）铁路运输服务，是指通过铁路运送货物或者旅客的运输业务活动。

（2）其他陆路运输服务，是指铁路运输以外的陆路运输业务活动。包括公路运输、缆车运输、索道运输、地铁运输、城市轻轨运输等。

出租车公司向使用本公司自有出租车的出租车司机收取的管理费用，按照陆路运输服务缴纳增值税。

2. 水路运输服务。

水路运输服务，是指通过江、河、湖、川等天然、人工水道或者海洋航道运送货物或者旅客的运输业务活动。

水路运输的程租、期租业务，属于水路运输服务。

程租业务，是指运输企业为租船人完成某一特定航次的运输任务并收取租赁费的业务。

期租业务，是指运输企业将配备有操作人员的船舶承租给他人使用一定期限，承租期内听候承租方调遣，不论是否经营，均按天向承租方收取租赁费，发生的固定费用均由船东负担的业务。

3. 航空运输服务。

航空运输服务，是指通过空中航线运送货物或者旅客的运输业务活动。

航空运输的湿租业务，属于航空运输服务。

湿租业务，是指航空运输企业将配备有机组人员的飞机承租给他人使用一定期限，承租期内听候承租方调遣，不论是否经营，均按一定标准向承租方收取租赁费，发生的固定费用均由承租方承担的业务。

航天运输服务，按照航空运输服务缴纳增值税。

航天运输服务，是指利用火箭等载体将卫星、空间探测器等空间飞行器发射到空间轨道的业务活动。

4. 管道运输服务。

管道运输服务，是指通过管道设施输送气体、液体、固体物质的运输业务活动。

无运输工具承运业务，按照交通运输服务缴纳增值税。

无运输工具承运业务，是指经营者以承运人身份与托运人签订运输服务合同，收取运费并承担承运人责任，然后委托实际承运人完成运输服务的经营活动。

（二）邮政服务。

邮政服务，是指中国邮政集团公司及其所属邮政企业提供邮件寄递、邮政汇兑和机要通信等邮政基本服务的业务活动。包括邮政普遍服务、邮政特殊服务和其他邮政服务。

1. 邮政普遍服务。

邮政普遍服务，是指函件、包裹等邮件寄递，以及邮票发行、报刊发行和邮政汇兑等业务活动。

函件，是指信函、印刷品、邮资封片卡、无名址函件和邮政小包等。

包裹，是指按照封装上的名址递送给特定个人或者单位的独立封装的物品，其重量不超过五十千克，任何一边的尺寸不超过一百五十厘米，长、宽、高合计不超过三百厘米。

2. 邮政特殊服务。

邮政特殊服务，是指义务兵平常信函、机要通信、盲人读物和革命烈士遗物的寄递等业务活动。

3. 其他邮政服务。

其他邮政服务，是指邮册等邮品销售、邮政代理等业务活动。

（三）电信服务。

电信服务，是指利用有线、无线的电磁系统或者光电系统等各种通信网络资源，提供语音通话服务，传送、发射、接收或者应用图像、短信等电子数据和信息的业务活动。包括基础电信服务和增值电信服务。

1. 基础电信服务。

基础电信服务，是指利用固网、移动网、卫星、互联网，提供语音通话服务的业务活动，以及出租或者出售带宽、波长等网络元素的业务活动。

2. 增值电信服务。

增值电信服务，是指利用固网、移动网、卫星、互联网、有线电视网络，提供短信和彩信服务、电子数据和信息的传输及应用服务、互联网接入服务等业务活动。

卫星电视信号落地转接服务，按照增值电信服务缴纳增值税。

（四）建筑服务。

建筑服务，是指各类建筑物、构筑物及其附属设施的建造、修缮、装饰，线路、管道、设备、设施等的安装以及其他工程作业的业务活动。包括工程服务、安装服务、修缮服务、装饰服务和其他建筑服务。

1. 工程服务。

工程服务，是指新建、改建各种建筑物、构筑物的工程作业，包括与建筑物相连的各种设备或者支柱、操作平台的安装或者装设工程作业，以及各种窑炉和金属结构工程作业。

2. 安装服务。

安装服务，是指生产设备、动力设备、起重设备、运输设备、传动设备、医疗实验设备以及其他各种设备、设施的装配、安置工程作业，包括与被安装设备相连的工作台、梯子、栏杆的装设工程作业，以及被安装设备的绝缘、防腐、保温、油漆等工程作业。

固定电话、有线电视、宽带、水、电、燃气、暖气等经营者向用户收取的安装费、初装费、开户费、扩容费以及类似收费，按照安装服务缴纳增值税。

3. 修缮服务。

修缮服务，是指对建筑物、构筑物进行修补、加固、养护、改善，使之恢复原来的使用价值或者延长其使用期限的工程作业。

4. 装饰服务。

装饰服务，是指对建筑物、构筑物进行修饰装修，使之美观或者具有特定用途的工程作业。

5. 其他建筑服务。

其他建筑服务，是指上列工程作业之外的各种工程作业服务，如钻井（打井）、拆除建筑物或者构筑物、平整土地、园林绿化、疏浚（不包括航道疏浚）、建筑物平移、搭脚手架、爆破、矿山穿孔、表面附着物（包括岩层、土层、沙层等）剥离和清理等工程作业。

（五）金融服务。

金融服务，是指经营金融保险的业务活动。包括贷款服务、直接收费金融服务、保险服务和金融商品转让。

1. 贷款服务。

贷款，是指将资金贷与他人使用而取得利息收入的业务活动。

各种占用、拆借资金取得的收入，包括金融商品持有期间（含到期）利息（保本收益、报酬、资金占用费、补偿金等）收入、信用卡透支利息收入、买入返售金融商品利息收入、融资融券收取的利息收入，以及融资性售后回租、押汇、罚息、票据贴现、转贷等业务取得的利息及利息性质的收入，按照贷款服务缴纳增值税。

融资性售后回租，是指承租方以融资为目的，将资产出售给从事融资性售后回租业务的企业后，从事融资性售后回租业务的企业将该资产出租给承租方的业务活动。

以货币资金投资收取的固定利润或者保底利润，按照贷款服务缴纳增值税。

2. 直接收费金融服务。

直接收费金融服务，是指为货币资金融通及其他金融业务提供相关服务并且收取费用的业务活动。包括提供货币兑换、账户管理、电子银行、信用卡、信用证、财务担保、资产管理、信托管理、基金管理、金融交易场所（平台）管理、资金结算、资金清算、金融支付等服务。

3. 保险服务。

保险服务，是指投保人根据合同约定，向保险人支付保险费，保险人对于合同约定的可能发生的事故因其发生所造成的财产损失承担赔偿保险金责任，或者当被保险人死亡、伤残、疾病或者达到合同约定的年龄、期限等条件时承担给付保险金责任的商业保险行为。包括人身保险服务和财产保险服务。

人身保险服务，是指以人的寿命和身体为保险标的的保险业务活动。

财产保险服务，是指以财产及其有关利益为保险标的的保险业务活动。

4. 金融商品转让。

金融商品转让，是指转让外汇、有价证券、非货物期货和其他金融商品所有权的业务活动。

其他金融商品转让包括基金、信托、理财产品等各类资产管理产品和各种金融衍生品的转让。

(六) 现代服务。

现代服务，是指围绕制造业、文化产业、现代物流产业等提供技术性、知识性服务的业务活动。包括研发和技术服务、信息技术服务、文化创意服务、物流辅助服务、租赁服务、鉴证咨询服务、广播影视服务、商务辅助服务和其他现代服务。

1. 研发和技术服务。

研发和技术服务，包括研发服务、合同能源管理服务、工程勘察勘探服务、专业技术服务。

(1) 研发服务，也称技术开发服务，是指就新技术、新产品、新工艺或者新材料及其系统进行研究与试验开发的业务活动。

(2) 合同能源管理服务，是指节能服务公司与用能单位以契约形式约定节能目标，节能服务公司提供必要的服务，用能单位以节能效果支付节能服务公司投入及其合理报酬的业务活动。

(3) 工程勘察勘探服务，是指在采矿、工程施工前后，对地形、地质构造、地下资源蕴藏情况进行实地调查的业务活动。

(4) 专业技术服务，是指气象服务、地震服务、海洋服务、测绘服务、城市规划、环境与生态监测服务等专项技术服务。

2. 信息技术服务。

信息技术服务，是指利用计算机、通信网络等技术对信息进行生产、收集、处理、加工、存储、运输、检索和利用，并提供信息服务的业务活动。包括软件服务、电路设计及测试服务、信息系统服务、业务流程管理服务和信息系统增值服务。

(1) 软件服务，是指提供软件开发服务、软件维护服务、软件测试服务的业务活动。

（2）电路设计及测试服务，是指提供集成电路和电子电路产品设计、测试及相关技术支持服务的业务活动。

（3）信息系统服务，是指提供信息系统集成、网络管理、网站内容维护、桌面管理与维护、信息系统应用、基础信息技术管理平台整合、信息技术基础设施管理、数据中心、托管中心、信息安全服务、在线杀毒、虚拟主机等业务活动。包括网站对非自有的网络游戏提供的网络运营服务。

（4）业务流程管理服务，是指依托信息技术提供的人力资源管理、财务经济管理、审计管理、税务管理、物流信息管理、经营信息管理和呼叫中心等服务的活动。

（5）信息系统增值服务，是指利用信息系统资源为用户附加提供的信息技术服务。包括数据处理、分析和整合、数据库管理、数据备份、数据存储、容灾服务、电子商务平台等。

3. 文化创意服务。

文化创意服务，包括设计服务、知识产权服务、广告服务和会议展览服务。

（1）设计服务，是指把计划、规划、设想通过文字、语言、图画、声音、视觉等形式传递出来的业务活动。包括工业设计、内部管理设计、业务运作设计、供应链设计、造型设计、服装设计、环境设计、平面设计、包装设计、动漫设计、网游设计、展示设计、网站设计、机械设计、工程设计、广告设计、创意策划、文印晒图等。

（2）知识产权服务，是指处理知识产权事务的业务活动。包括对专利、商标、著作权、软件、集成电路布图设计的登记、鉴定、评估、认证、检索服务。

（3）广告服务，是指利用图书、报纸、杂志、广播、电视、电影、幻灯、路牌、招贴、橱窗、霓虹灯、灯箱、互联网等各种形式为客户的商品、经营服务项目、文体节目或者通告、声明等委托事项进行宣传和提供相关服务的业务活动。包括广告代理和广告的发布、播映、宣传、展示等。

（4）会议展览服务，是指为商品流通、促销、展示、经贸洽谈、民间交流、企业沟通、国际往来等举办或者组织安排的各类展览和会议的业务活动。

4. 物流辅助服务。

物流辅助服务，包括航空服务、港口码头服务、货运客运场站服务、打捞救助服务、装卸搬运服务、仓储服务和收派服务。

（1）航空服务，包括航空地面服务和通用航空服务。

航空地面服务，是指航空公司、飞机场、民航管理局、航站等向在境内航行或者在境内机场停留的境内外飞机或者其他飞行器提供的导航等劳务性地面服务的业务活动。包括旅客安全检查服务、停机坪管理服务、机场候机厅管理服务、飞机清洗消毒服务、空中飞行管理服务、飞机起降服务、飞行通讯服务、地面信号服务、飞机安全服务、飞机跑道管理服务、空中交通管理服务等。

通用航空服务，是指为专业工作提供飞行服务的业务活动，包括航空摄影、航空培训、航空测量、航空勘探、航空护林、航空吊挂播洒、航空降雨、航空气象探测、航空海洋监测、航空科学实验等。

（2）港口码头服务，是指港务船舶调度服务、船舶通讯服务、航道管理服务、航道疏浚服务、灯塔管理服务、航标管理服务、船舶引航服务、理货服务、系解缆服务、停泊和移泊服务、海上船舶溢油清除服务、水上交通管理服务、船只专业清洗消毒检测服务和防止船只漏油服务等为船只提供服务的业务活动。

港口设施经营人收取的港口设施保安费按照港口码头服务缴纳增值税。

（3）货运客运场站服务，是指货运客运场站提供货物配载服务、运输组织服务、中转换乘服务、车辆调度服务、票务服务、货物打包整理、铁路线路使用服务、加挂铁路客车服务、铁路行包专列发送服务、铁路到达和中转服务、铁路车辆编解服务、车辆挂运服务、铁路接触网服务、铁路机车牵引服务等业务活动。

（4）打捞救助服务，是指提供船舶人员救助、船舶财产救助、水上救助和沉船沉物打捞服务的业务活动。

（5）装卸搬运服务，是指使用装卸搬运工具或者人力、畜力将货物在运输工具之间、装卸现场之间或者运输工具与装卸现场之间进行装卸和搬运的业务活动。

（6）仓储服务，是指利用仓库、货场或者其他场所代客贮放、保管货物的业务活动。

（7）收派服务，是指接受寄件人委托，在承诺的时限内完成函件和包裹的收件、分拣、派送服务的业务活动。

收件服务，是指从寄件人收取函件和包裹，并运送到服务提供方同城的集散中心的业务活动。

分拣服务，是指服务提供方在其集散中心对函件和包裹进行归类、分发的业务活动。

派送服务，是指服务提供方从其集散中心将函件和包裹送达同城的收件人的业务活动。

5. 租赁服务。

租赁服务，包括融资租赁服务和经营租赁服务。

（1）融资租赁服务，是指具有融资性质和所有权转移特点的租赁活动。即出租人根据承租人所要求的规格、型号、性能等条件购入有形动产或者不动产租赁给承租人，合同期内租赁物所有权属于出租人，承租人只拥有使用权，合同期满付清租金后，承租人有权按照残值购入租赁物，以拥有其所有权。不论出租人是否将租赁物销售给承租人，均属于融资租赁。

按照标的物的不同，融资租赁服务可分为有形动产融资租赁服务和不动产融资租赁服务。

融资性售后回租不按照本税目缴纳增值税。

（2）经营租赁服务，是指在约定时间内将有形动产或者不动产转让他人使用且租赁物所有权不变更的业务活动。

按照标的物的不同，经营租赁服务可分为有形动产经营租赁服务和不动产经营租赁服务。

将建筑物、构筑物等不动产或者飞机、车辆等有形动产的广告位出租给其他单位或者个人用于发布广告，按照经营租赁服务缴纳增值税。

车辆停放服务、道路通行服务（包括过路费、过桥费、过闸费等）等按照不动产经营租赁服务缴纳增值税。

水路运输的光租业务、航空运输的干租业务，属于经营租赁。

光租业务，是指运输企业将船舶在约定的时间内出租给他人使用，不配备操作人员，不承担运输过程中发生的各项费用，只收取固定租赁费的业务活动。

干租业务，是指航空运输企业将飞机在约定的时间内出租给他人使用，不配备机组人员，不承担运输过程中发生的各项费用，只收取固定租赁费的业务活动。

6. 鉴证咨询服务。

鉴证咨询服务，包括认证服务、鉴证服务和咨询服务。

（1）认证服务，是指具有专业资质的单位利用检测、检验、计量等技术，证明产品、服务、管理体系符合相关技术规范、相关技术规范的强制性要求或者标准的业务活动。

（2）鉴证服务，是指具有专业资质的单位受托对相关事项进行鉴证，发表具有证明力的意见的业务活动。包括会计鉴证、税务鉴证、法律鉴证、职业技能鉴定、工程造价鉴证、工程监理、资产评估、环境评估、房地产土地评估、建筑图纸审核、医疗事故鉴定等。

(3) 咨询服务，是指提供信息、建议、策划、顾问等服务的活动。包括金融、软件、技术、财务、税收、法律、内部管理、业务运作、流程管理、健康等方面的咨询。

翻译服务和市场调查服务按照咨询服务缴纳增值税。

7. 广播影视服务。

广播影视服务，包括广播影视节目（作品）的制作服务、发行服务和播映（含放映，下同）服务。

(1) 广播影视节目（作品）制作服务，是指进行专题（特别节目）、专栏、综艺、体育、动画片、广播剧、电视剧、电影等广播影视节目和作品制作的服务。具体包括与广播影视节目和作品相关的策划、采编、拍摄、录音、音视频文字图片素材制作、场景布置、后期的剪辑、翻译（编译）、字幕制作、片头、片尾、片花制作、特效制作、影片修复、编目和确权等业务活动。

(2) 广播影视节目（作品）发行服务，是指以分账、买断、委托等方式，向影院、电台、电视台、网站等单位和个人发行广播影视节目（作品）以及转让体育赛事等活动的报道及播映权的业务活动。

(3) 广播影视节目（作品）播映服务，是指在影院、剧院、录像厅及其他场所播映广播影视节目（作品），以及通过电台、电视台、卫星通信、互联网、有线电视等无线或者有线装置播映广播影视节目（作品）的业务活动。

8. 商务辅助服务。

商务辅助服务，包括企业管理服务、经纪代理服务、人力资源服务、安全保护服务。

(1) 企业管理服务，是指提供总部管理、投资与资产管理、市场管理、物业管理、日常综合管理等服务的业务活动。

(2) 经纪代理服务，是指各类经纪、中介、代理服务。包括金融代理、知识产权代理、货物运输代理、代理报关、法律代理、房地产中介、职业中介、婚姻中介、代理记账、拍卖等。

货物运输代理服务，是指接受货物收货人、发货人、船舶所有人、船舶承租人或者船舶经营人的委托，以委托人的名义，为委托人办理货物运输、装卸、仓储和船舶进出港口、引航、靠泊等相关手续的业务活动。

代理报关服务，是指接受进出口货物的收、发货人委托，代为办理报关手续的业务活动。

（3）人力资源服务，是指提供公共就业、劳务派遣、人才委托招聘、劳动力外包等服务的业务活动。

（4）安全保护服务，是指提供保护人身安全和财产安全，维护社会治安等的业务活动。包括场所住宅保安、特种保安、安全系统监控以及其他安保服务。

9. 其他现代服务。

其他现代服务，是指除研发和技术服务、信息技术服务、文化创意服务、物流辅助服务、租赁服务、鉴证咨询服务、广播影视服务和商务辅助服务以外的现代服务。

（七）生活服务。

生活服务，是指为满足城乡居民日常生活需求提供的各类服务活动。包括文化体育服务、教育医疗服务、旅游娱乐服务、餐饮住宿服务、居民日常服务和其他生活服务。

1. 文化体育服务。

文化体育服务，包括文化服务和体育服务。

（1）文化服务，是指为满足社会公众文化生活需求提供的各种服务。包括：文艺创作、文艺表演、文化比赛，图书馆的图书和资料借阅，档案馆的档案管理，文物及非物质遗产保护，组织举办宗教活动、科技活动、文化活动，提供游览场所。

（2）体育服务，是指组织举办体育比赛、体育表演、体育活动，以及提供体育训练、体育指导、体育管理的业务活动。

2. 教育医疗服务。

教育医疗服务，包括教育服务和医疗服务。

（1）教育服务，是指提供学历教育服务、非学历教育服务、教育辅助服务的业务活动。

学历教育服务，是指根据教育行政管理部门确定或者认可的招生和教学计划组织教学，并颁发相应学历证书的业务活动。包括初等教育、初级中等教育、高级中等教育、高等教育等。

非学历教育服务，包括学前教育、各类培训、演讲、讲座、报告会等。

教育辅助服务，包括教育测评、考试、招生等服务。

（2）医疗服务，是指提供医学检查、诊断、治疗、康复、预防、保健、接生、计划生育、防疫服务等方面的服务，以及与这些服务有关的提供药品、医用材料器具、救护车、病房住宿和伙食的业务。

3. 旅游娱乐服务。

旅游娱乐服务，包括旅游服务和娱乐服务。

（1）旅游服务，是指根据旅游者的要求，组织安排交通、游览、住宿、餐饮、购物、文娱、商务等服务的业务活动。

（2）娱乐服务，是指为娱乐活动同时提供场所和服务的业务。

具体包括：歌厅、舞厅、夜总会、酒吧、台球、高尔夫球、保龄球、游艺（包括射击、狩猎、跑马、游戏机、蹦极、卡丁车、热气球、动力伞、射箭、飞镖）。

4. 餐饮住宿服务。

餐饮住宿服务，包括餐饮服务和住宿服务。

（1）餐饮服务，是指通过同时提供饮食和饮食场所的方式为消费者提供饮食消费服务的业务活动。

（2）住宿服务，是指提供住宿场所及配套服务等的活动。包括宾馆、旅馆、旅社、度假村和其他经营性住宿场所提供的住宿服务。

5. 居民日常服务。

居民日常服务，是指主要为满足居民个人及其家庭日常生活需求提供的服务，包括市容市政管理、家政、婚庆、养老、殡葬、照料和护理、救助救济、美容美发、按摩、桑拿、氧吧、足疗、沐浴、洗染、摄影扩印等服务。

6. 其他生活服务。

其他生活服务，是指除文化体育服务、教育医疗服务、旅游娱乐服务、餐饮住宿服务和居民日常服务之外的生活服务。

二、销售无形资产

销售无形资产，是指转让无形资产所有权或者使用权的业务活动。无形资产，是指不具实物形态，但能带来经济利益的资产，包括技术、商标、著作权、商誉、自然资源使用权和其他权益性无形资产。

技术，包括专利技术和非专利技术。

自然资源使用权，包括土地使用权、海域使用权、探矿权、采矿权、取水权和其他自然资源使用权。

其他权益性无形资产，包括基础设施资产经营权、公共事业特许权、配额、经营权（包括特许经营权、连锁经营权、其他经营权）、经销权、分销权、代理权、会员权、席位权、网络游戏虚拟道具、域名、名称权、肖像权、冠名权、转会费等。

三、销售不动产

销售不动产，是指转让不动产所有权的业务活动。不动产，是指不能移动或者移动后会引起性质、形状改变的财产，包括建筑物、构筑物等。

建筑物，包括住宅、商业营业用房、办公楼等可供居住、工作或者进行其他活动的建造物。

构筑物，包括道路、桥梁、隧道、水坝等建造物。

转让建筑物有限产权或者永久使用权的，转让在建的建筑物或者构筑物所有权的，以及在转让建筑物或者构筑物时一并转让其所占土地的使用权的，按照销售不动产缴纳增值税。

附件2：

营业税改征增值税试点有关事项的规定

一、营改增试点期间，试点纳税人［指按照《营业税改征增值税试点实施办法》（以下称《试点实施办法》）缴纳增值税的纳税人］有关政策

（一）兼营。

试点纳税人销售货物、加工修理修配劳务、服务、无形资产或者不动产适用不同税率或者征收率的，应当分别核算适用不同税率或者征收率的销售额，未分别核算销售额的，按照以下方法适用税率或者征收率：

1. 兼有不同税率的销售货物、加工修理修配劳务、服务、无形资产或者不动产，从高适用税率。

2. 兼有不同征收率的销售货物、加工修理修配劳务、服务、无形资产或者不动产，从高适用征收率。

3. 兼有不同税率和征收率的销售货物、加工修理修配劳务、服务、无形资产或者不动产，从高适用税率。

（二）不征收增值税项目。

1. 根据国家指令无偿提供的铁路运输服务、航空运输服务，属于《试点实施办法》第十四条规定的用于公益事业的服务。

2. 存款利息。

3. 被保险人获得的保险赔付。

4. 房地产主管部门或者其指定机构、公积金管理中心、开发企业以及物业管理单位代收的住宅专项维修资金。

5. 在资产重组过程中，通过合并、分立、出售、置换等方式，将全部或者部分实物资产以及与其相关联的债权、负债和劳动力一并转让给其他单位和个人，其中涉及的不动产、土地使用权转让行为。

（三）销售额。

1. 贷款服务，以提供贷款服务取得的全部利息及利息性质的收入为销售额。

2. 直接收费金融服务，以提供直接收费金融服务收取的手续费、佣金、酬金、管理费、服务费、经手费、开户费、过户费、结算费、转托管费等各类费用为销售额。

3. 金融商品转让，按照卖出价扣除买入价后的余额为销售额。

转让金融商品出现的正负差，按盈亏相抵后的余额为销售额。若相抵后出现负差，可结转下一纳税期与下期转让金融商品销售额相抵，但年末时仍出现负差的，不得转入下一个会计年度。

金融商品的买入价，可以选择按照加权平均法或者移动加权平均法进行核算，选择后36个月内不得变更。

金融商品转让，不得开具增值税专用发票。

4. 经纪代理服务，以取得的全部价款和价外费用，扣除向委托方收取并代为支付的政府性基金或者行政事业性收费后的余额为销售额。向委托方收取的政府性基金或者行政事业性收费，不得开具增值税专用发票。

5. 融资租赁和融资性售后回租业务。

（1）经人民银行、银监会或者商务部批准从事融资租赁业务的试点纳税人，提供融资租赁服务，以取得的全部价款和价外费用，扣除支付的借款利息（包括外汇借款和人民币借款利息）、发行债券利息和车辆购置税后的余额为销售额。

（2）经人民银行、银监会或者商务部批准从事融资租赁业务的试点纳税人，提供融资性售后回租服务，以取得的全部价款和价外费用（不含本金），扣除对外支付的借款利息（包括外汇借款和人民币借款利息）、发行债券利息后的余额作为销售额。

(3) 试点纳税人根据2016年4月30日前签订的有形动产融资性售后回租合同，在合同到期前提供的有形动产融资性售后回租服务，可继续按照有形动产融资租赁服务缴纳增值税。

继续按照有形动产融资租赁服务缴纳增值税的试点纳税人，经人民银行、银监会或者商务部批准从事融资租赁业务的，根据2016年4月30日前签订的有形动产融资性售后回租合同，在合同到期前提供的有形动产融资性售后回租服务，可以选择以下方法之一计算销售额：

①以向承租方收取的全部价款和价外费用，扣除向承租方收取的价款本金，以及对外支付的借款利息（包括外汇借款和人民币借款利息）、发行债券利息后的余额为销售额。

纳税人提供有形动产融资性售后回租服务，计算当期销售额时可以扣除的价款本金，为书面合同约定的当期应当收取的本金。无书面合同或者书面合同没有约定的，为当期实际收取的本金。

试点纳税人提供有形动产融资性售后回租服务，向承租方收取的有形动产价款本金，不得开具增值税专用发票，可以开具普通发票。

②以向承租方收取的全部价款和价外费用，扣除支付的借款利息（包括外汇借款和人民币借款利息）、发行债券利息后的余额为销售额。

(4) 经商务部授权的省级商务主管部门和国家经济技术开发区批准的从事融资租赁业务的试点纳税人，2016年5月1日后实收资本达到1.7亿元的，从达到标准的当月起按照上述第(1)、(2)、(3)点规定执行；2016年5月1日后实收资本未达到1.7亿元但注册资本达到1.7亿元的，在2016年7月31日前仍可按照上述第(1)、(2)、(3)点规定执行，2016年8月1日后开展的融资租赁业务和融资性售后回租业务不得按照上述第(1)、(2)、(3)点规定执行。

6. 航空运输企业的销售额，不包括代收的机场建设费和代售其他航空运输企业客票而代收转付的价款。

7. 试点纳税人中的一般纳税人（以下称一般纳税人）提供客运场站服务，以其取得的全部价款和价外费用，扣除支付给承运方运费后的余额为销售额。

8. 试点纳税人提供旅游服务，可以选择以取得的全部价款和价外费用，扣除向旅游服务购买方收取并支付给其他单位或者个人的住宿费、餐饮费、交通费、签证费、门票费和支付给其他接团旅游企业的旅游费用后的余额为销售额。

选择上述办法计算销售额的试点纳税人，向旅游服务购买方收取并支付的上述费用，不得开具增值税专用发票，可以开具普通发票。

9. 试点纳税人提供建筑服务适用简易计税方法的，以取得的全部价款和价外费用扣除支付的分包款后的余额为销售额。

10. 房地产开发企业中的一般纳税人销售其开发的房地产项目（选择简易计税方法的房地产老项目除外），以取得的全部价款和价外费用，扣除受让土地时向政府部门支付的土地价款后的余额为销售额。

房地产老项目，是指《建筑工程施工许可证》注明的合同开工日期在 2016 年 4 月 30 日前的房地产项目。

11. 试点纳税人按照上述 4—10 款的规定从全部价款和价外费用中扣除的价款，应当取得符合法律、行政法规和国家税务总局规定的有效凭证。否则，不得扣除。

上述凭证是指：

（1）支付给境内单位或者个人的款项，以发票为合法有效凭证。

（2）支付给境外单位或者个人的款项，以该单位或者个人的签收单据为合法有效凭证，税务机关对签收单据有疑议的，可以要求其提供境外公证机构的确认证明。

（3）缴纳的税款，以完税凭证为合法有效凭证。

（4）扣除的政府性基金、行政事业性收费或者向政府支付的土地价款，以省级以上（含省级）财政部门监（印）制的财政票据为合法有效凭证。

（5）国家税务总局规定的其他凭证。

纳税人取得的上述凭证属于增值税扣税凭证的，其进项税额不得从销项税额中抵扣。

（四）进项税额。

1. 适用一般计税方法的试点纳税人，2016 年 5 月 1 日后取得并在会计制度上按固定资产核算的不动产或者 2016 年 5 月 1 日后取得的不动产在建工程，其进项税额应自取得之日起分 2 年从销项税额中抵扣，第一年抵扣比例为 60%，第二年抵扣比例为 40%。

取得不动产，包括以直接购买、接受捐赠、接受投资入股、自建以及抵债等各种形式取得不动产，不包括房地产开发企业自行开发的房地产项目。

融资租入的不动产以及在施工现场修建的临时建筑物、构筑物，其进项税额不适用上述分 2 年抵扣的规定。

2. 按照《试点实施办法》第二十七条第（一）项规定不得抵扣且未抵扣进项

税额的固定资产、无形资产、不动产，发生用途改变，用于允许抵扣进项税额的应税项目，可在用途改变的次月按照下列公式计算可以抵扣的进项税额：

可以抵扣的进项税额＝固定资产、无形资产、不动产净值/（1＋适用税率）×适用税率

上述可以抵扣的进项税额应取得合法有效的增值税扣税凭证。

3. 纳税人接受贷款服务向贷款方支付的与该笔贷款直接相关的投融资顾问费、手续费、咨询费等费用，其进项税额不得从销项税额中抵扣。

（五）一般纳税人资格登记。

《试点实施办法》第三条规定的年应税销售额标准为500万元（含本数）。财政部和国家税务总局可以对年应税销售额标准进行调整。

（六）计税方法。

一般纳税人发生下列应税行为可以选择适用简易计税方法计税：

1. 公共交通运输服务。

公共交通运输服务，包括轮客渡、公交客运、地铁、城市轻轨、出租车、长途客运、班车。

班车，是指按固定路线、固定时间运营并在固定站点停靠的运送旅客的陆路运输服务。

2. 经认定的动漫企业为开发动漫产品提供的动漫脚本编撰、形象设计、背景设计、动画设计、分镜、动画制作、摄制、描线、上色、画面合成、配音、配乐、音效合成、剪辑、字幕制作、压缩转码（面向网络动漫、手机动漫格式适配）服务，以及在境内转让动漫版权（包括动漫品牌、形象或者内容的授权及再授权）。

动漫企业和自主开发、生产动漫产品的认定标准和认定程序，按照《文化部 财政部 国家税务总局关于印发〈动漫企业认定管理办法（试行）〉的通知》（文市发〔2008〕51号）的规定执行。

3. 电影放映服务、仓储服务、装卸搬运服务、收派服务和文化体育服务。

4. 以纳入营改增试点之日前取得的有形动产为标的物提供的经营租赁服务。

5. 在纳入营改增试点之日前签订的尚未执行完毕的有形动产租赁合同。

（七）建筑服务。

1. 一般纳税人以清包工方式提供的建筑服务，可以选择适用简易计税方法计税。

以清包工方式提供建筑服务，是指施工方不采购建筑工程所需的材料或只

采购辅助材料，并收取人工费、管理费或者其他费用的建筑服务。

2. 一般纳税人为甲供工程提供的建筑服务，可以选择适用简易计税方法计税。

甲供工程，是指全部或部分设备、材料、动力由工程发包方自行采购的建筑工程。

3. 一般纳税人为建筑工程老项目提供的建筑服务，可以选择适用简易计税方法计税。

建筑工程老项目，是指：

（1）《建筑工程施工许可证》注明的合同开工日期在2016年4月30日前的建筑工程项目；

（2）未取得《建筑工程施工许可证》的，建筑工程承包合同注明的开工日期在2016年4月30日前的建筑工程项目。

4. 一般纳税人跨县（市）提供建筑服务，适用一般计税方法计税的，应以取得的全部价款和价外费用为销售额计算应纳税额。纳税人应以取得的全部价款和价外费用扣除支付的分包款后的余额，按照2%的预征率在建筑服务发生地预缴税款后，向机构所在地主管税务机关进行纳税申报。

5. 一般纳税人跨县（市）提供建筑服务，选择适用简易计税方法计税的，应以取得的全部价款和价外费用扣除支付的分包款后的余额为销售额，按照3%的征收率计算应纳税额。纳税人应按照上述计税方法在建筑服务发生地预缴税款后，向机构所在地主管税务机关进行纳税申报。

6. 试点纳税人中的小规模纳税人（以下称小规模纳税人）跨县（市）提供建筑服务，应以取得的全部价款和价外费用扣除支付的分包款后的余额为销售额，按照3%的征收率计算应纳税额。纳税人应按照上述计税方法在建筑服务发生地预缴税款后，向机构所在地主管税务机关进行纳税申报。

（八）销售不动产。

1. 一般纳税人销售其2016年4月30日前取得（不含自建）的不动产，可以选择适用简易计税方法，以取得的全部价款和价外费用减去该项不动产购置原价或者取得不动产时的作价后的余额为销售额，按照5%的征收率计算应纳税额。纳税人应按照上述计税方法在不动产所在地预缴税款后，向机构所在地主管税务机关进行纳税申报。

2. 一般纳税人销售其2016年4月30日前自建的不动产，可以选择适用简易计税方法，以取得的全部价款和价外费用为销售额，按照5%的征收率计算应纳税额。纳税人应按照上述计税方法在不动产所在地预缴税款后，向机构所在地主管税务机关进行纳税申报。

3. 一般纳税人销售其2016年5月1日后取得（不含自建）的不动产，应适用一般计税方法，以取得的全部价款和价外费用为销售额计算应纳税额。纳税人应以取得的全部价款和价外费用减去该项不动产购置原价或者取得不动产时的作价后的余额，按照5%的预征率在不动产所在地预缴税款后，向机构所在地主管税务机关进行纳税申报。

4. 一般纳税人销售其2016年5月1日后自建的不动产，应适用一般计税方法，以取得的全部价款和价外费用为销售额计算应纳税额。纳税人应以取得的全部价款和价外费用，按照5%的预征率在不动产所在地预缴税款后，向机构所在地主管税务机关进行纳税申报。

5. 小规模纳税人销售其取得（不含自建）的不动产（不含个体工商户销售购买的住房和其他个人销售不动产），应以取得的全部价款和价外费用减去该项不动产购置原价或者取得不动产时的作价后的余额为销售额，按照5%的征收率计算应纳税额。纳税人应按照上述计税方法在不动产所在地预缴税款后，向机构所在地主管税务机关进行纳税申报。

6. 小规模纳税人销售其自建的不动产，应以取得的全部价款和价外费用为销售额，按照5%的征收率计算应纳税额。纳税人应按照上述计税方法在不动产所在地预缴税款后，向机构所在地主管税务机关进行纳税申报。

7. 房地产开发企业中的一般纳税人，销售自行开发的房地产老项目，可以选择适用简易计税方法按照5%的征收率计税。

8. 房地产开发企业中的小规模纳税人，销售自行开发的房地产项目，按照5%的征收率计税。

9. 房地产开发企业采取预收款方式销售所开发的房地产项目，在收到预收款时按照3%的预征率预缴增值税。

10. 个体工商户销售购买的住房，应按照附件3《营业税改征增值税试点过渡政策的规定》第五条的规定征免增值税。纳税人应按照上述计税方法在不动产所在地预缴税款后，向机构所在地主管税务机关进行纳税申报。

11. 其他个人销售其取得（不含自建）的不动产（不含其购买的住房），应以取得的全部价款和价外费用减去该项不动产购置原价或者取得不动产时的作价后的余额为销售额，按照5%的征收率计算应纳税额。

（九）不动产经营租赁服务。

1. 一般纳税人出租其2016年4月30日前取得的不动产，可以选择适用简易计税方法，按照5%的征收率计算应纳税额。纳税人出租其2016年4月30

日前取得的与机构所在地不在同一县（市）的不动产，应按照上述计税方法在不动产所在地预缴税款后，向机构所在地主管税务机关进行纳税申报。

2. 公路经营企业中的一般纳税人收取试点前开工的高速公路的车辆通行费，可以选择适用简易计税方法，减按3%的征收率计算应纳税额。

试点前开工的高速公路，是指相关施工许可证明上注明的合同开工日期在2016年4月30日前的高速公路。

3. 一般纳税人出租其2016年5月1日后取得的、与机构所在地不在同一县（市）的不动产，应按照3%的预征率在不动产所在地预缴税款后，向机构所在地主管税务机关进行纳税申报。

4. 小规模纳税人出租其取得的不动产（不含个人出租住房），应按照5%的征收率计算应纳税额。纳税人出租与机构所在地不在同一县（市）的不动产，应按照上述计税方法在不动产所在地预缴税款后，向机构所在地主管税务机关进行纳税申报。

5. 其他个人出租其取得的不动产（不含住房），应按照5%的征收率计算应纳税额。

6. 个人出租住房，应按照5%的征收率减按1.5%计算应纳税额。

（十）一般纳税人销售其2016年4月30日前取得的不动产（不含自建），适用一般计税方法计税的，以取得的全部价款和价外费用为销售额计算应纳税额。上述纳税人应以取得的全部价款和价外费用减去该项不动产购置原价或者取得不动产时的作价后的余额，按照5%的预征率在不动产所在地预缴税款后，向机构所在地主管税务机关进行纳税申报。

房地产开发企业中的一般纳税人销售房地产老项目，以及一般纳税人出租其2016年4月30日前取得的不动产，适用一般计税方法计税的，应以取得的全部价款和价外费用，按照3%的预征率在不动产所在地预缴税款后，向机构所在地主管税务机关进行纳税申报。

一般纳税人销售其2016年4月30日前自建的不动产，适用一般计税方法计税的，应以取得的全部价款和价外费用为销售额计算应纳税额。纳税人应以取得的全部价款和价外费用，按照5%的预征率在不动产所在地预缴税款后，向机构所在地主管税务机关进行纳税申报。

（十一）一般纳税人跨省（自治区、直辖市或者计划单列市）提供建筑服务或者销售、出租取得的与机构所在地不在同一省（自治区、直辖市或者计划单列市）的不动产，在机构所在地申报纳税时，计算的应纳税额小于已预缴税额，且差额较大的，由国家税务总局通知建筑服务发生地或者不动产所在地省级税务机关，在一定时期内暂停预缴增值税。

（十二）纳税地点。

属于固定业户的试点纳税人，总分支机构不在同一县（市），但在同一省（自治区、直辖市、计划单列市）范围内的，经省（自治区、直辖市、计划单列市）财政厅（局）和国家税务局批准，可以由总机构汇总向总机构所在地的主管税务机关申报缴纳增值税。

（十三）试点前发生的业务。

1. 试点纳税人发生应税行为，按照国家有关营业税政策规定差额征收营业税的，因取得的全部价款和价外费用不足以抵减允许扣除项目金额，截至纳入营改增试点之日前尚未扣除的部分，不得在计算试点纳税人增值税应税销售额时抵减，应当向原主管地税机关申请退还营业税。

2. 试点纳税人发生应税行为，在纳入营改增试点之日前已缴纳营业税，营改增试点后因发生退款减除营业额的，应当向原主管地税机关申请退还已缴纳的营业税。

3. 试点纳税人纳入营改增试点之日前发生的应税行为，因税收检查等原因需要补缴税款的，应按照营业税政策规定补缴营业税。

（十四）销售使用过的固定资产。

一般纳税人销售自己使用过的、纳入营改增试点之日前取得的固定资产，按照现行旧货相关增值税政策执行。

使用过的固定资产，是指纳税人符合《试点实施办法》第二十八条规定并根据财务会计制度已经计提折旧的固定资产。

（十五）扣缴增值税适用税率。

境内的购买方为境外单位和个人扣缴增值税的，按照适用税率扣缴增值税。

（十六）其他规定。

1. 试点纳税人销售电信服务时，附带赠送用户识别卡、电信终端等货物或者电信服务的，应将其取得的全部价款和价外费用进行分别核算，按各自适用的税率计算缴纳增值税。

2. 油气田企业发生应税行为，适用《试点实施办法》规定的增值税税率，不再适用《财政部国家税务总局关于印发〈油气田企业增值税管理办法〉的通知》（财税〔2009〕8号）规定的增值税税率。

二、原增值税纳税人［指按照《中华人民共和国增值税暂行条例》（国务院令第538号）（以下称《增值税暂行条例》）缴纳增值税的纳税人］有关政策

（一）进项税额。

1. 原增值税一般纳税人购进服务、无形资产或者不动产，取得的增值税专用发票上注明的增值税额为进项税额，准予从销项税额中抵扣。

2016年5月1日后取得并在会计制度上按固定资产核算的不动产或者2016年5月1日后取得的不动产在建工程，其进项税额应自取得之日起分2年从销项税额中抵扣，第一年抵扣比例为60%，第二年抵扣比例为40%。

融资租入的不动产以及在施工现场修建的临时建筑物、构筑物，其进项税额不适用上述分2年抵扣的规定。

2. 原增值税一般纳税人自用的应征消费税的摩托车、汽车、游艇，其进项税额准予从销项税额中抵扣。

3. 原增值税一般纳税人从境外单位或者个人购进服务、无形资产或者不动产，按照规定应当扣缴增值税的，准予从销项税额中抵扣的进项税额为自税务机关或者扣缴义务人取得的解缴税款的完税凭证上注明的增值税额。

纳税人凭完税凭证抵扣进项税额的，应当具备书面合同、付款证明和境外单位的对账单或者发票。资料不全的，其进项税额不得从销项税额中抵扣。

4. 原增值税一般纳税人购进货物或者接受加工修理修配劳务，用于《销售服务、无形资产或者不动产注释》所列项目的，不属于《增值税暂行条例》第十条所称的用于非增值税应税项目，其进项税额准予从销项税额中抵扣。

5. 原增值税一般纳税人购进服务、无形资产或者不动产，下列项目的进项税额不得从销项税额中抵扣：

（1）用于简易计税方法计税项目、免征增值税项目、集体福利或者个人消费。其中涉及的无形资产、不动产，仅指专用于上述项目的无形资产（不包括其他权益性无形资产）、不动产。

纳税人的交际应酬消费属于个人消费。

（2）非正常损失的购进货物，以及相关的加工修理修配劳务和交通运输服务。

（3）非正常损失的在产品、产成品所耗用的购进货物（不包括固定资产）、加工修理修配劳务和交通运输服务。

（4）非正常损失的不动产，以及该不动产所耗用的购进货物、设计服务和建筑服务。

（5）非正常损失的不动产在建工程所耗用的购进货物、设计服务和建筑服务。

纳税人新建、改建、扩建、修缮、装饰不动产，均属于不动产在建工程。

（6）购进的旅客运输服务、贷款服务、餐饮服务、居民日常服务和娱乐服务。

（7）财政部和国家税务总局规定的其他情形。

上述第（4）点、第（5）点所称货物，是指构成不动产实体的材料和设备，包括建筑装饰材料和给排水、采暖、卫生、通风、照明、通讯、煤气、消防、中央空调、电梯、电气、智能化楼宇设备及配套设施。

纳税人接受贷款服务向贷款方支付的与该笔贷款直接相关的投融资顾问费、手续费、咨询费等费用，其进项税额不得从销项税额中抵扣。

6. 已抵扣进项税额的购进服务，发生上述第5点规定情形（简易计税方法计税项目、免征增值税项目除外）的，应当将该进项税额从当期进项税额中扣减；无法确定该进项税额的，按照当期实际成本计算应扣减的进项税额。

7. 已抵扣进项税额的无形资产或者不动产，发生上述第5点规定情形的，按照下列公式计算不得抵扣的进项税额：

不得抵扣的进项税额 = 无形资产或者不动产净值 × 适用税率

8. 按照《增值税暂行条例》第十条和上述第5点不得抵扣且未抵扣进项税额的固定资产、无形资产、不动产，发生用途改变，用于允许抵扣进项税额的应税项目，可在用途改变的次月按照下列公式，依据合法有效的增值税扣税凭证，计算可以抵扣的进项税额：

可以抵扣的进项税额 = 固定资产、无形资产、不动产净值/（1 + 适用税率）× 适用税率

上述可以抵扣的进项税额应取得合法有效的增值税扣税凭证。

（二）增值税期末留抵税额。

原增值税一般纳税人兼有销售服务、无形资产或者不动产的，截止到纳入营改增试点之日前的增值税期末留抵税额，不得从销售服务、无形资产或者不动产的销项税额中抵扣。

（三）混合销售。

一项销售行为如果既涉及货物又涉及服务，为混合销售。从事货物的

生产、批发或者零售的单位和个体工商户的混合销售行为，按照销售货物缴纳增值税；其他单位和个体工商户的混合销售行为，按照销售服务缴纳增值税。

上述从事货物的生产、批发或者零售的单位和个体工商户，包括以从事货物的生产、批发或者零售为主，并兼营销售服务的单位和个体工商户在内。

附件3：

营业税改征增值税试点过渡政策的规定

一、下列项目免征增值税

（一）托儿所、幼儿园提供的保育和教育服务。

托儿所、幼儿园，是指经县级以上教育部门审批成立、取得办园许可证的实施0~6岁学前教育的机构，包括公办和民办的托儿所、幼儿园、学前班、幼儿班、保育院。

公办托儿所、幼儿园免征增值税的收入是指，在省级财政部门和价格主管部门审核报省级人民政府批准的收费标准以内收取的教育费、保育费。

民办托儿所、幼儿园免征增值税的收入是指，在报经当地有关部门备案并公示的收费标准范围内收取的教育费、保育费。

超过规定收费标准的收费，以开办实验班、特色班和兴趣班等为由另外收取的费用以及与幼儿入园挂钩的赞助费、支教费等超过规定范围的收入，不属于免征增值税的收入。

（二）养老机构提供的养老服务。

养老机构，是指依照民政部《养老机构设立许可办法》（民政部令第48号）设立并依法办理登记的为老年人提供集中居住和照料服务的各类养老机构；养老服务，是指上述养老机构按照民政部《养老机构管理办法》（民政部令第49号）的规定，为收住的老年人提供的生活照料、康复护理、精神慰藉、文化娱乐等服务。

（三）残疾人福利机构提供的育养服务。

（四）婚姻介绍服务。

（五）殡葬服务。

殡葬服务，是指收费标准由各地价格主管部门会同有关部门核定，或者实行政府指导价管理的遗体接运（含抬尸、消毒）、遗体整容、遗体防腐、存放（含冷藏）、火化、骨灰寄存、吊唁设施设备租赁、墓穴租赁及管理等服务。

（六）残疾人员本人为社会提供的服务。

（七）医疗机构提供的医疗服务。

医疗机构，是指依据国务院《医疗机构管理条例》（国务院令第 149 号）及卫生部《医疗机构管理条例实施细则》（卫生部令第 35 号）的规定，经登记取得《医疗机构执业许可证》的机构，以及军队、武警部队各级各类医疗机构。具体包括：各级各类医院、门诊部（所）、社区卫生服务中心（站）、急救中心（站）、城乡卫生院、护理院（所）、疗养院、临床检验中心，各级政府及有关部门举办的卫生防疫站（疾病控制中心）、各种专科疾病防治站（所），各级政府举办的妇幼保健所（站）、母婴保健机构、儿童保健机构，各级政府举办的血站（血液中心）等医疗机构。

本项所称的医疗服务，是指医疗机构按照不高于地（市）级以上价格主管部门会同同级卫生主管部门及其他相关部门制定的医疗服务指导价格（包括政府指导价和按照规定由供需双方协商确定的价格等）为就医者提供《全国医疗服务价格项目规范》所列的各项服务，以及医疗机构向社会提供卫生防疫、卫生检疫的服务。

（八）从事学历教育的学校提供的教育服务。

1. 学历教育，是指受教育者经过国家教育考试或者国家规定的其他入学方式，进入国家有关部门批准的学校或者其他教育机构学习，获得国家承认的学历证书的教育形式。具体包括：

（1）初等教育：普通小学、成人小学。

（2）初级中等教育：普通初中、职业初中、成人初中。

（3）高级中等教育：普通高中、成人高中和中等职业学校（包括普通中专、成人中专、职业高中、技工学校）。

（4）高等教育：普通本专科、成人本专科、网络本专科、研究生（博士、硕士）、高等教育自学考试、高等教育学历文凭考试。

2. 从事学历教育的学校，是指：

（1）普通学校。

（2）经地（市）级以上人民政府或者同级政府的教育行政部门批准成立、

国家承认其学员学历的各类学校。

(3) 经省级及以上人力资源社会保障行政部门批准成立的技工学校、高级技工学校。

(4) 经省级人民政府批准成立的技师学院。

上述学校均包括符合规定的从事学历教育的民办学校，但不包括职业培训机构等国家不承认学历的教育机构。

3. 提供教育服务免征增值税的收入，是指对列入规定招生计划的在籍学生提供学历教育服务取得的收入，具体包括：经有关部门审核批准并按规定标准收取的学费、住宿费、课本费、作业本费、考试报名费收入，以及学校食堂提供餐饮服务取得的伙食费收入。除此之外的收入，包括学校以各种名义收取的赞助费、择校费等，不属于免征增值税的范围。

学校食堂是指依照《学校食堂与学生集体用餐卫生管理规定》（教育部令第 14 号）管理的学校食堂。

（九）学生勤工俭学提供的服务。

（十）农业机耕、排灌、病虫害防治、植物保护、农牧保险以及相关技术培训业务，家禽、牲畜、水生动物的配种和疾病防治。

农业机耕，是指在农业、林业、牧业中使用农业机械进行耕作（包括耕耘、种植、收割、脱粒、植物保护等）的业务；排灌，是指对农田进行灌溉或者排涝的业务；病虫害防治，是指从事农业、林业、牧业、渔业的病虫害测报和防治的业务；农牧保险，是指为种植业、养殖业、牧业种植和饲养的动植物提供保险的业务；相关技术培训，是指与农业机耕、排灌、病虫害防治、植物保护业务相关以及为使农民获得农牧保险知识的技术培训业务；家禽、牲畜、水生动物的配种和疾病防治业务的免税范围，包括与该项服务有关的提供药品和医疗用具的业务。

（十一）纪念馆、博物馆、文化馆、文物保护单位管理机构、美术馆、展览馆、书画院、图书馆在自己的场所提供文化体育服务取得的第一道门票收入。

（十二）寺院、宫观、清真寺和教堂举办文化、宗教活动的门票收入。

（十三）行政单位之外的其他单位收取的符合《试点实施办法》第十条规定条件的政府性基金和行政事业性收费。

（十四）个人转让著作权。

（十五）个人销售自建自用住房。

（十六）2018 年 12 月 31 日前，公共租赁住房经营管理单位出租公共租赁住房。

公共租赁住房，是指纳入省、自治区、直辖市、计划单列市人民政府及新疆生产建设兵团批准的公共租赁住房发展规划和年度计划，并按照《关于加快发展公共租赁住房的指导意见》（建保〔2010〕87号）和市、县人民政府制定的具体管理办法进行管理的公共租赁住房。

（十七）台湾航运公司、航空公司从事海峡两岸海上直航、空中直航业务在大陆取得的运输收入。

台湾航运公司，是指取得交通运输部颁发的“台湾海峡两岸间水路运输许可证”且该许可证上注明的公司登记地址在台湾的航运公司。

台湾航空公司，是指取得中国民用航空局颁发的“经营许可”或者依据《海峡两岸空运协议》和《海峡两岸空运补充协议》规定，批准经营两岸旅客、货物和邮件不定期（包机）运输业务，且公司登记地址在台湾的航空公司。

（十八）纳税人提供的直接或者间接国际货物运输代理服务。

1. 纳税人提供直接或者间接国际货物运输代理服务，向委托方收取的全部国际货物运输代理服务收入，以及向国际运输承运人支付的国际运输费用，必须通过金融机构进行结算。

2. 纳税人为大陆与香港、澳门、台湾地区之间的货物运输提供的货物运输代理服务参照国际货物运输代理服务有关规定执行。

3. 委托方索取发票的，纳税人应当就国际货物运输代理服务收入向委托方全额开具增值税普通发票。

（十九）以下利息收入。

1. 2016年12月31日前，金融机构农户小额贷款。

小额贷款，是指单笔且该农户贷款余额总额在10万元（含本数）以下的贷款。

所称农户，是指长期（一年以上）居住在乡镇（不包括城关镇）行政管理区域内的住户，还包括长期居住在城关镇所辖行政村范围内的住户和户口不在本地而在本地居住一年以上的住户，国有农场的职工和农村个体工商户。位于乡镇（不包括城关镇）行政管理区域内和在城关镇所辖行政村范围内的国有经济的机关、团体、学校、企事业单位的集体户；有本地户口，但举家外出谋生一年以上的住户，无论是否保留承包耕地均不属于农户。农户以户为统计单位，既可以从事农业生产经营，也可以从事非农业生产经营。农户贷款的判定应以贷款发放时的承贷主体是否属于农户为准。

2. 国家助学贷款。

3. 国债、地方政府债。

4. 人民银行对金融机构的贷款。

5. 住房公积金管理中心用住房公积金在指定的委托银行发放的个人住房贷款。

6. 外汇管理部门在从事国家外汇储备经营过程中，委托金融机构发放的外汇贷款。

7. 统借统还业务中，企业集团或企业集团中的核心企业以及集团所属财务公司按不高于支付给金融机构的借款利率水平或者支付的债券票面利率水平，向企业集团或者集团内下属单位收取的利息。

统借方向资金使用单位收取的利息，高于支付给金融机构借款利率水平或者支付的债券票面利率水平的，应全额缴纳增值税。

统借统还业务，是指：

（1）企业集团或者企业集团中的核心企业向金融机构借款或对外发行债券取得资金后，将所借资金分拨给下属单位（包括独立核算单位和非独立核算单位，下同），并向下属单位收取用于归还金融机构或债券购买方本息的业务。

（2）企业集团向金融机构借款或对外发行债券取得资金后，由集团所属财务公司与企业集团或者集团内下属单位签订统借统还贷款合同并分拨资金，并向企业集团或者集团内下属单位收取本息，再转付企业集团，由企业集团统一归还金融机构或债券购买方的业务。

（二十）被撤销金融机构以货物、不动产、无形资产、有价证券、票据等财产清偿债务。

被撤销金融机构，是指经人民银行、银监会依法决定撤销的金融机构及其分设于各地的分支机构，包括被依法撤销的商业银行、信托投资公司、财务公司、金融租赁公司、城市信用社和农村信用社。除另有规定外，被撤销金融机构所属、附属企业，不享受被撤销金融机构增值税免税政策。

（二十一）保险公司开办的一年期以上人身保险产品取得的保费收入。

一年期以上人身保险，是指保险期间为一年期及以上返还本利的人寿保险、养老年金保险，以及保险期间为一年期及以上的健康保险。

人寿保险，是指以人的寿命为保险标的的人身保险。

养老年金保险，是指以养老保障为目的，以被保险人生存为给付保险金条件，并按约定的时间间隔分期给付生存保险金的人身保险。养老年金保险应当同时符合下列条件：

1. 保险合同约定给付被保险人生存保险金的年龄不得小于国家规定的退休年龄。

2. 相邻两次给付的时间间隔不得超过一年。

健康保险，是指以因健康原因导致损失为给付保险金条件的人身保险。

上述免税政策实行备案管理，具体备案管理办法按照《国家税务总局关于一年期以上返还性人身保险产品免征营业税审批事项取消后有关管理问题的公告》（国家税务总局公告2015年第65号）规定执行。

（二十二）下列金融商品转让收入。

1. 合格境外投资者（QFII）委托境内公司在我国从事证券买卖业务。

2. 香港市场投资者（包括单位和个人）通过沪港通买卖上海证券交易所上市A股。

3. 对香港市场投资者（包括单位和个人）通过基金互认买卖内地基金份额。

4. 证券投资基金（封闭式证券投资基金，开放式证券投资基金）管理人运用基金买卖股票、债券。

5. 个人从事金融商品转让业务。

（二十三）金融同业往来利息收入。

1. 金融机构与人民银行所发生的资金往来业务。包括人民银行对一般金融机构贷款，以及人民银行对商业银行的再贴现等。

2. 银行联行往来业务。同一银行系统内部不同行、处之间所发生的资金账务往来业务。

3. 金融机构间的资金往来业务。是指经人民银行批准，进入全国银行间同业拆借市场的金融机构之间通过全国统一的同业拆借网络进行的短期（一年以下含一年）无担保资金融通行为。

4. 金融机构之间开展的转贴现业务。

金融机构是指：

（1）银行：包括人民银行、商业银行、政策性银行。

（2）信用合作社。

（3）证券公司。

（4）金融租赁公司、证券基金管理公司、财务公司、信托投资公司、证券投资基金。

（5）保险公司。

(6) 其他经人民银行、银监会、证监会、保监会批准成立且经营金融保险业务的机构等。

(二十四) 同时符合下列条件的担保机构从事中小企业信用担保或者再担保业务取得的收入（不含信用评级、咨询、培训等收入）3 年内免征增值税：

1. 已取得监管部门颁发的融资性担保机构经营许可证，依法登记注册为企（事）业法人，实收资本超过 2000 万元。

2. 平均年担保费率不超过银行同期贷款基准利率的 50%。平均年担保费率 = 本期担保费收入/（期初担保余额 + 本期增加担保金额）×100%。

3. 连续合规经营 2 年以上，资金主要用于担保业务，具备健全的内部管理制度和为中小企业提供担保的能力，经营业绩突出，对受保项目具有完善的事前评估、事中监控、事后追偿与处置机制。

4. 为中小企业提供的累计担保贷款额占其两年累计担保业务总额的 80% 以上，单笔 800 万元以下的累计担保贷款额占其累计担保业务总额的 50% 以上。

5. 对单个受保企业提供的担保余额不超过担保机构实收资本总额的 10%，且平均单笔担保责任金额最多不超过 3000 万元人民币。

6. 担保责任余额不低于其净资产的 3 倍，且代偿率不超过 2%。

担保机构免征增值税政策采取备案管理方式。符合条件的担保机构应到所在地县（市）主管税务机关和同级中小企业管理部门履行规定的备案手续，自完成备案手续之日起，享受 3 年免征增值税政策。3 年免税期满后，符合条件的担保机构可按规定程序办理备案手续后继续享受该项政策。

具体备案管理办法按照《国家税务总局关于中小企业信用担保机构免征营业税审批事项取消后有关管理问题的公告》（国家税务总局公告 2015 年第 69 号）规定执行，其中税务机关的备案管理部门统一调整为县（市）级国家税务局。

(二十五) 国家商品储备管理单位及其直属企业承担商品储备任务，从中央或者地方财政取得的利息补贴收入和价差补贴收入。

国家商品储备管理单位及其直属企业，是指接受中央、省、市、县四级政府有关部门（或者政府指定管理单位）委托，承担粮（含大豆）、食用油、棉、糖、肉、盐（限于中央储备）等 6 种商品储备任务，并按有关政策收储、销售上述 6 种储备商品，取得财政储备经费或者补贴的商品储备企业。利息补贴收入，是指国家商品储备管理单位及其直属企业因承担上述商品储备任务从金融机构贷款，并从中央或者地方财政取得的用于偿还贷款利息的贴息收入。

价差补贴收入包括销售价差补贴收入和轮换价差补贴收入。销售价差补贴收入，是指按照中央或者地方政府指令销售上述储备商品时，由于销售收入小于库存成本而从中央或者地方财政获得的全额价差补贴收入。轮换价差补贴收入，是指根据要求定期组织政策性储备商品轮换而从中央或者地方财政取得的商品新陈品质价差补贴收入。

（二十六）纳税人提供技术转让、技术开发和与之相关的技术咨询、技术服务。

1. 技术转让、技术开发，是指《销售服务、无形资产、不动产注释》中“转让技术”“研发服务”范围内的业务活动。技术咨询，是指就特定技术项目提供可行性论证、技术预测、专题技术调查、分析评价报告等业务活动。

与技术转让、技术开发相关的技术咨询、技术服务，是指转让方（或者受托方）根据技术转让或者开发合同的规定，为帮助受让方（或者委托方）掌握所转让（或者委托开发）的技术，而提供的技术咨询、技术服务业务，且这部分技术咨询、技术服务的价款与技术转让或者技术开发的价款应当在同一张发票上开具。

2. 备案程序。试点纳税人申请免征增值税时，须持技术转让、开发的书面合同，到纳税人所在地省级科技主管部门进行认定，并持有关的书面合同和科技主管部门审核意见证明文件报主管税务机关备查。

（二十七）同时符合下列条件的合同能源管理服务：

1. 节能服务公司实施合同能源管理项目相关技术，应当符合国家质量监督检验检疫总局和国家标准化管理委员会发布的《合同能源管理技术通则》（GB/T24915－2010）规定的技术要求。

2. 节能服务公司与用能企业签订节能效益分享型合同，其合同格式和内容，符合《中华人民共和国合同法》和《合同能源管理技术通则》（GB/T24915－2010）等规定。

（二十八）2017年12月31日前，科普单位的门票收入，以及县级及以上党政部门和科协开展科普活动的门票收入。

科普单位，是指科技馆、自然博物馆，对公众开放的天文馆（站、台）、气象台（站）、地震台（站），以及高等院校、科研机构对公众开放的科普基地。

科普活动，是指利用各种传媒以浅显的、让公众易于理解、接受和参与的方式，向普通大众介绍自然科学和社会科学知识，推广科学技术的应用，倡导科学方法，传播科学思想，弘扬科学精神的活动。

（二十九）政府举办的从事学历教育的高等、中等和初等学校（不含下属单位），举办进修班、培训班取得的全部归该学校所有的收入。

全部归该学校所有，是指举办进修班、培训班取得地全部收入进入该学校统一账户，并纳入预算全额上缴财政专户管理，同时由该学校对有关票据进行统一管理和开具。

举办进修班、培训班取得的收入进入该学校下属部门自行开设账户的，不予免征增值税。

（三十）政府举办的职业学校设立的主要为在校学生提供实习场所、并由学校出资自办、由学校负责经营管理、经营收入归学校所有的企业，从事《销售服务、无形资产或者不动产注释》中“现代服务”（不含融资租赁服务、广告服务和其他现代服务）、“生活服务”（不含文化体育服务、其他生活服务和桑拿、氧吧）业务活动取得的收入。

（三十一）家政服务企业由员工制家政服务员提供家政服务取得的收入。

家政服务企业，是指在企业营业执照的规定经营范围中包括家政服务内容的企业。

员工制家政服务员，是指同时符合下列3个条件的家政服务员：

1. 依法与家政服务企业签订半年及半年以上的劳动合同或者服务协议，且在该企业实际上岗工作。

2. 家政服务企业为其按月足额缴纳了企业所在地人民政府根据国家政策规定的基本养老保险、基本医疗保险、工伤保险、失业保险等社会保险。对已享受新型农村养老保险和新型农村合作医疗等社会保险或者下岗职工原单位继续为其缴纳社会保险的家政服务员，如果本人书面提出不再缴纳企业所在地人民政府根据国家政策规定的相应的社会保险，并出具其所在乡镇或者原单位开具的已缴纳相关保险的证明，可视同家政服务企业已为其按月足额缴纳了相应的社会保险。

3. 家政服务企业通过金融机构向其实际支付不低于企业所在地适用的经省级人民政府批准的最低工资标准的工资。

（三十二）福利彩票、体育彩票的发行收入。

（三十三）军队空余房产租赁收入。

（三十四）为了配合国家住房制度改革，企业、行政事业单位按房改成本价、标准价出售住房取得的收入。

（三十五）将土地使用权转让给农业生产者用于农业生产。

（三十六）涉及家庭财产分割的个人无偿转让不动产、土地使用权。

家庭财产分割，包括下列情形：离婚财产分割；无偿赠与配偶、父母、子女、祖父母、外祖父母、孙子女、外孙子女、兄弟姐妹；无偿赠与对其承担直接抚养或者赡养义务的抚养人或者赡养人；房屋产权所有人死亡，法定继承人、遗嘱继承人或者受遗赠人依法取得房屋产权。

（三十七）土地所有者出让土地使用权和土地使用者将土地使用权归还给土地所有者。

（三十八）县级以上地方人民政府或自然资源行政主管部门出让、转让或收回自然资源使用权（不含土地使用权）。

（三十九）随军家属就业。

1. 为安置随军家属就业而新开办的企业，自领取税务登记证之日起，其提供的应税服务 3 年内免征增值税。

享受税收优惠政策的企业，随军家属必须占企业总人数的 60%（含）以上，并有军（含）以上政治和后勤机关出具的证明。

2. 从事个体经营的随军家属，自办理税务登记事项之日起，其提供的应税服务 3 年内免征增值税。

随军家属必须有师以上政治机关出具的可以表明其身份的证明。

按照上述规定，每一名随军家属可以享受一次免税政策。

（四十）军队转业干部就业。

1. 从事个体经营的军队转业干部，自领取税务登记证之日起，其提供的应税服务 3 年内免征增值税。

2. 为安置自主择业的军队转业干部就业而新开办的企业，凡安置自主择业的军队转业干部占企业总人数 60%（含）以上的，自领取税务登记证之日起，其提供的应税服务 3 年内免征增值税。

享受上述优惠政策的自主择业的军队转业干部必须持有师以上部队颁发的转业证件。

二、增值税即征即退

（一）一般纳税人提供管道运输服务，对其增值税实际税负超过 3% 的部分实行增值税即征即退政策。

（二）经人民银行、银监会或者商务部批准从事融资租赁业务的试点纳税人中的一般纳税人，提供有形动产融资租赁服务和有形动产融资性售后回租服务，对其增值税实际税负超过 3% 的部分实行增值税即征即退政策。商务部授权的省级商务主管部门和国家经济技术开发区批准的从事融资租赁业务和融资性售后回租业务的试点纳税人中的一般纳税人，2016 年 5 月 1 日后实收资本达到 1.7 亿元的，从达到标准的当月起按照上述规定执行；2016 年 5 月 1 日后实收资本未达到 1.7 亿元但注册资本达到 1.7 亿元的，在 2016 年 7 月 31 日前仍可按照上述规定执行，2016 年 8 月 1 日后开展的有形动产融资租赁业务和有形动产融资性售后回租业务不得按照上述规定执行。

（三）本规定所称增值税实际税负，是指纳税人当期提供应税服务实际缴纳的增值税额占纳税人当期提供应税服务取得的全部价款和价外费用的比例。

三、扣减增值税规定

（一）退役士兵创业就业。

1. 对自主就业退役士兵从事个体经营的，在 3 年内按每户每年 8000 元为限额依次扣减其当年实际应缴纳的增值税、城市维护建设税、教育费附加、地方教育附加和个人所得税。限额标准最高可上浮 20%，各省、自治区、直辖市人民政府可根据本地区实际情况在此幅度内确定具体限额标准，并报财政部和国家税务总局备案。

纳税人年度应缴纳税款小于上述扣减限额的，以其实际缴纳的税款为限；大于上述扣减限额的，应以上述扣减限额为限。纳税人的实际经营期不足一年的，应当以实际月份换算其减免税限额。换算公式为：减免税限额 = 年度减免税限额 ÷ 12 × 实际经营月数。

纳税人在享受税收优惠政策的当月，持《中国人民解放军义务兵退出现役证》或《中国人民解放军士官退出现役证》以及税务机关要求的相关材料向主管税务机关备案。

2. 对商贸企业、服务型企业、劳动就业服务企业中的加工型企业和街道社区具有加工性质的小型企业实体，在新增加的岗位中，当年新招用自主就业退役士兵，与其签订 1 年以上期限劳动合同并依法缴纳社会保险费的，在 3 年内按实际招用人数予以定额依次扣减增值税、城市维护建设税、教育费附加、地方教育附加和企业所得税优惠。定额标准为每人每年 4000 元，最高可上浮 50%，各省、自治区、直辖市人民政府可根据本地区实际情况在此幅度内确定具体定额标准，并报财政部和国家税务总局备案。

本条所称服务型企业是指从事《销售服务、无形资产、不动产注释》中“不动产租赁服务”“商务辅助服务”（不含货物运输代理和代理报关服务）、“生活服务”（不含文化体育服务）范围内业务活动的企业以及按照《民办非企业单位登记管理暂行条例》（国务院令第 251 号）登记成立的民办非企业单位。

纳税人按企业招用人数和签订的劳动合同时间核定企业减免税总额，在核定减免税总额内每月依次扣减增值税、城市维护建设税、教育费附加和地方教育附加。纳税人实际应缴纳的增值税、城市维护建设税、教育费附加和地方教育附加小于核定减免税总额的，以实际应缴纳的增值税、城市维护建设税、教育费附加和地方教育附加为限；实际应缴纳的增值税、城市维护建设税、教育费附加和地方教育附加大于核定减免税总额的，以核定减免税总额为限。

纳税年度终了，如果企业实际减免的增值税、城市维护建设税、教育费附加和地方教育附加小于核定的减免税总额，企业在企业所得税汇算清缴时扣减企业所得税。当年扣减不足的，不再结转以后年度扣减。

计算公式为：企业减免税总额 = ∑每名自主就业退役士兵本年度在本企业工作月份 ÷ 12 × 定额标准。

企业自招用自主就业退役士兵的次月起享受税收优惠政策，并于享受税收优惠政策的当月，持下列材料向主管税务机关备案：

（1）新招用自主就业退役士兵的《中国人民解放军义务兵退出现役证》或《中国人民解放军士官退出现役证》。

（2）企业与新招用自主就业退役士兵签订的劳动合同（副本），企业为职工缴纳的社会保险费记录。

（3）自主就业退役士兵本年度在企业工作时间表。

（4）主管税务机关要求的其他相关材料。

3. 上述所称自主就业退役士兵是指依照《退役士兵安置条例》（国务院、中央军委令第 608 号）的规定退出现役并按自主就业方式安置的退役士兵。

4. 上述税收优惠政策的执行期限为 2016 年 5 月 1 日至 2016 年 12 月 31 日，纳税人在 2016 年 12 月 31 日未享受满 3 年的，可继续享受至 3 年期满为止。

按照《财政部　国家税务总局 民政部关于调整完善扶持自主就业退役士兵创业就业有关税收政策的通知》（财税〔2014〕42 号）规定享受营业税优惠政策的纳税人，自 2016 年 5 月 1 日起按照上述规定享受增值税优惠政策，在 2016 年 12 月 31 日未享受满 3 年的，可继续享受至 3 年期满为止。

《财政部　国家税务总局关于将铁路运输和邮政业纳入营业税改征增值税试点的通知》（财税〔2013〕106 号）附件 3 第一条第（十二）项城镇退役士兵就业免征增值税政策，自 2014 年 7 月 1 日起停止执行。在 2014 年 6 月 30

日未享受满3年的，可继续享受至3年期满为止。

（二）重点群体创业就业。

1. 对持《就业创业证》（注明“自主创业税收政策”或“毕业年度内自主创业税收政策”）或2015年1月27日前取得的《就业失业登记证》（注明“自主创业税收政策”或附着《高校毕业生自主创业证》）的人员从事个体经营的，在3年内按每户每年8 000元为限额依次扣减其当年实际应缴纳的增值税、城市维护建设税、教育费附加、地方教育附加和个人所得税。限额标准最高可上浮20%，各省、自治区、直辖市人民政府可根据本地区实际情况在此幅度内确定具体限额标准，并报财政部和国家税务总局备案。

纳税人年度应缴纳税款小于上述扣减限额的，以其实际缴纳的税款为限；大于上述扣减限额的，应以上述扣减限额为限。

上述人员是指：

（1）在人力资源社会保障部门公共就业服务机构登记失业半年以上的人员。

（2）零就业家庭、享受城市居民最低生活保障家庭劳动年龄内的登记失业人员。

（3）毕业年度内高校毕业生。高校毕业生是指实施高等学历教育的普通高等学校、成人高等学校毕业的学生；毕业年度是指毕业所在自然年，即1月1日至12月31日。

2. 对商贸企业、服务型企业、劳动就业服务企业中的加工型企业和街道社区具有加工性质的小型企业实体，在新增加的岗位中，当年新招用在人力资源社会保障部门公共就业服务机构登记失业半年以上且持《就业创业证》或2015年1月27日前取得的《就业失业登记证》（注明“企业吸纳税收政策”）人员，与其签订1年以上期限劳动合同并依法缴纳社会保险费的，在3年内按实际招用人数予以定额依次扣减增值税、城市维护建设税、教育费附加、地方教育附加和企业所得税优惠。定额标准为每人每年4 000元，最高可上浮30%，各省、自治区、直辖市人民政府可根据本地区实际情况在此幅度内确定具体定额标准，并报财政部和国家税务总局备案。

按上述标准计算的税收扣减额应在企业当年实际应缴纳的增值税、城市维护建设税、教育费附加、地方教育附加和企业所得税税额中扣减，当年扣减不足的，不得结转下年使用。

本条所称服务型企业是指从事《销售服务、无形资产、不动产注释》中“不动产租赁服务”“商务辅助服务”（不含货物运输代理和代理报关服务）、

“生活服务”（不含文化体育服务）范围内业务活动的企业以及按照《民办非企业单位登记管理暂行条例》（国务院令第251号）登记成立的民办非企业单位。

3. 享受上述优惠政策的人员按以下规定申领《就业创业证》:

（1）按照《就业服务与就业管理规定》（劳动和社会保障部令第28号）第六十三条的规定，在法定劳动年龄内，有劳动能力，有就业要求，处于无业状态的城镇常住人员，在公共就业服务机构进行失业登记，申领《就业创业证》。其中，农村进城务工人员和其他非本地户籍人员在常住地稳定就业满6个月的，失业后可以在常住地登记。

（2）零就业家庭凭社区出具的证明，城镇低保家庭凭低保证明，在公共就业服务机构登记失业，申领《就业创业证》。

（3）毕业年度内高校毕业生在校期间凭学生证向公共就业服务机构按规定申领《就业创业证》，或委托所在高校就业指导中心向公共就业服务机构按规定代为其申领《就业创业证》；毕业年度内高校毕业生离校后直接向公共就业服务机构按规定申领《就业创业证》。

（4）上述人员申领相关凭证后，由就业和创业地人力资源社会保障部门对人员范围、就业失业状态、已享受政策情况进行核实，在《就业创业证》上注明“自主创业税收政策”“毕业年度内自主创业税收政策”或“企业吸纳税收政策”字样，同时符合自主创业和企业吸纳税收政策条件的，可同时加注；主管税务机关在《就业创业证》上加盖戳记，注明减免税所属时间。

4. 上述税收优惠政策的执行期限为2016年5月1日至2016年12月31日，纳税人在2016年12月31日未享受满3年的，可继续享受至3年期满为止。

按照《财政部　国家税务总局 人力资源社会保障部关于继续实施支持和促进重点群体创业就业有关税收政策的通知》（财税〔2014〕39号）规定享受营业税优惠政策的纳税人，自2016年5月1日起按照上述规定享受增值税优惠政策，在2016年12月31日未享受满3年的，可继续享受至3年期满为止。

《财政部　国家税务总局关于将铁路运输和邮政业纳入营业税改征增值税试点的通知》（财税〔2013〕106号）附件3第一条第（十三）项失业人员就业增值税优惠政策，自2014年1月1日起停止执行。在2013年12月31日未享受满3年的，可继续享受至3年期满为止。

四、金融企业发放贷款后，自结息日起90天内发生的应收未收利息按现行规定缴纳增值税，自结息日起90天后发生的应收未收利息暂不缴纳增值税，待实际收到利息时按规定缴纳增值税。

上述所称金融企业，是指银行（包括国有、集体、股份制、合资、外资银行以及其他所有制形式的银行）、城市信用社、农村信用社、信托投资公司、财务公司。

五、个人将购买不足2年的住房对外销售的，按照5%的征收率全额缴纳增值税；个人将购买2年以上（含2年）的住房对外销售的，免征增值税。上述政策适用于北京市、上海市、广州市和深圳市之外的地区。

个人将购买不足2年的住房对外销售的，按照5%的征收率全额缴纳增值税；个人将购买2年以上（含2年）的非普通住房对外销售的，以销售收入减去购买住房价款后的差额按照5%的征收率缴纳增值税；个人将购买2年以上（含2年）的普通住房对外销售的，免征增值税。上述政策仅适用于北京市、上海市、广州市和深圳市。

办理免税的具体程序、购买房屋的时间、开具发票、非购买形式取得住房行为及其他相关税收管理规定，按照《国务院办公厅转发建设部等部门关于做好稳定住房价格工作意见的通知》（国办发〔2005〕26号）、《国家税务总局 财政部 建设部关于加强房地产税收管理的通知》（国税发〔2005〕89号）和《国家税务总局关于房地产税收政策执行中几个具体问题的通知》（国税发〔2005〕172号）的有关规定执行。

六、上述增值税优惠政策除已规定期限的项目和第五条政策外，其他均在营改增试点期间执行。如果试点纳税人在纳入营改增试点之日前已经按照有关政策规定享受了营业税税收优惠，在剩余税收优惠政策期限内，按照本规定享受有关增值税优惠。

附件4：

跨境应税行为适用增值税零税率和免税政策的规定

一、中华人民共和国境内（以下称境内）的单位和个人销售的下列服务和无形资产，适用增值税零税率：

（一）国际运输服务。

国际运输服务，是指：

1. 在境内载运旅客或者货物出境。

2. 在境外载运旅客或者货物入境。

3. 在境外载运旅客或者货物。

（二）航天运输服务。

（三）向境外单位提供的完全在境外消费的下列服务：

1. 研发服务。

2. 合同能源管理服务。

3. 设计服务。

4. 广播影视节目（作品）的制作和发行服务。

5. 软件服务。

6. 电路设计及测试服务。

7. 信息系统服务。

8. 业务流程管理服务。

9. 离岸服务外包业务。

离岸服务外包业务，包括信息技术外包服务（ITO）、技术性业务流程外包服务（BPO）、技术性知识流程外包服务（KPO），其所涉及的具体业务活动，按照《销售服务、无形资产、不动产注释》相对应的业务活动执行。

10. 转让技术。

（四）财政部和国家税务总局规定的其他服务。

二、境内的单位和个人销售的下列服务和无形资产免征增值税，但财政部和国家税务总局规定适用增值税零税率的除外：

（一）下列服务：

1. 工程项目在境外的建筑服务。

2. 工程项目在境外的工程监理服务。

3. 工程、矿产资源在境外的工程勘察勘探服务。

4. 会议展览地点在境外的会议展览服务。

5. 存储地点在境外的仓储服务。

6. 标的物在境外使用的有形动产租赁服务。

7. 在境外提供的广播影视节目（作品）的播映服务。

8. 在境外提供的文化体育服务、教育医疗服务、旅游服务。

（二）为出口货物提供的邮政服务、收派服务、保险服务。

为出口货物提供的保险服务，包括出口货物保险和出口信用保险。

（三）向境外单位提供的完全在境外消费的下列服务和无形资产：

1. 电信服务。

2. 知识产权服务。

3. 物流辅助服务（仓储服务、收派服务除外）。

4. 鉴证咨询服务。

5. 专业技术服务。

6. 商务辅助服务。

7. 广告投放地在境外的广告服务。

8. 无形资产。

（四）以无运输工具承运方式提供的国际运输服务。

（五）为境外单位之间的货币资金融通及其他金融业务提供的直接收费金融服务，且该服务与境内的货物、无形资产和不动产无关。

（六）财政部和国家税务总局规定的其他服务。

三、按照国家有关规定应取得相关资质的国际运输服务项目，纳税人取得相关资质的，适用增值税零税率政策，未取得的，适用增值税免税政策。

境内的单位或个人提供程租服务，如果租赁的交通工具用于国际运输服务和港澳台运输服务，由出租方按规定申请适用增值税零税率。

境内的单位和个人向境内单位或个人提供期租、湿租服务，如果承租方利用租赁的交通工具向其他单位或个人提供国际运输服务和港澳台运输服务，由承租方适用增值税零税率。境内的单位或个人向境外单位或个人提供期租、湿租服务，由出租方适用增值税零税率。

境内单位和个人以无运输工具承运方式提供的国际运输服务，由境内实际承运人适用增值税零税率；无运输工具承运业务的经营者适用增值税免税政策。

四、境内的单位和个人提供适用增值税零税率的服务或者无形资产，如果属于适用简易计税方法的，实行免征增值税办法。如果属于适用增值税一般计税方法的，生产企业实行免抵退税办法，外贸企业外购服务或者无形资产出口实行免退税办法，外贸企业直接将服务或自行研发的无形资产出口，视同生产企业连同其出口货物统一实行免抵退税办法。

服务和无形资产的退税率为其按照《试点实施办法》第十五条第（一）至（三）项规定适用的增值税税率。实行退（免）税办法的服务和无形资产，如果主管税务机关认定出口价格偏高的，有权按照核定的出口价格计算退（免）税，核定的出口价格低于外贸企业购进价格的，低于部分对应的进项税额不予退税，转入成本。

五、境内的单位和个人销售适用增值税零税率的服务或无形资产的，可以放弃适用增值税零税率，选择免税或按规定缴纳增值税。放弃适用增值税零税率后，36 个月内不得再申请适用增值税零税率。

六、境内的单位和个人销售适用增值税零税率的服务或无形资产，按月向主管退税的税务机关申报办理增值税退（免）税手续。具体管理办法由国家税务总局商财政部另行制定。

七、本规定所称完全在境外消费，是指：

（一）服务的实际接受方在境外，且与境内的货物和不动产无关。

（二）无形资产完全在境外使用，且与境内的货物和不动产无关。

（三）财政部和国家税务总局规定的其他情形。

八、境内单位和个人发生的与香港、澳门、台湾有关的应税行为，除本文另有规定外，参照上述规定执行。

九、2016 年 4 月 30 日前签订的合同，符合《财政部国家税务总局关于将铁路运输和邮政业纳入营业税改征增值税试点的通知》（财税〔2013〕106 号）附件 4 和《财政部 国家税务总局关于影视等出口服务适用增值税零税率政策的通知》（财税〔2015〕118 号）规定的零税率或者免税政策条件的，在合同到期前可以继续享受零税率或者免税政策。

财政部 国家税务总局关于《营业税改征增值税试点有关文化事业建设费政策及征收管理问题》的通知

财税〔2016〕25号

各省、自治区、直辖市、计划单列市财政厅（局）、国家税务局、地方税务局：

为促进文化事业发展，现就营业税改征增值税（以下简称营改增）试点中文化事业建设费政策及征收管理有关问题通知如下：

一、在中华人民共和国境内提供广告服务的广告媒介单位和户外广告经营单位，应按照本通知规定缴纳文化事业建设费。

二、中华人民共和国境外的广告媒介单位和户外广告经营单位在境内提供广告服务，在境内未设有经营机构的，以广告服务接受方为文化事业建设费的扣缴义务人。

三、缴纳文化事业建设费的单位（以下简称缴纳义务人）应按照提供广告服务取得的计费销售额和3%的费率计算应缴费额，计算公式如下：

应缴费额＝计费销售额×3%

计费销售额，为缴纳义务人提供广告服务取得的全部含税价款和价外费用，减除支付给其他广告公司或广告发布者的含税广告发布费后的余额。

缴纳义务人减除价款的，应当取得增值税专用发票或国家税务总局规定的其他合法有效凭证，否则，不得减除。

四、按规定扣缴文化事业建设费的，扣缴义务人应按下列公式计算应扣缴费额：

应扣缴费额＝支付的广告服务含税价款×费率

五、文化事业建设费的缴纳义务发生时间和缴纳地点，与缴纳义务人的增值税纳税义务发生时间和纳税地点相同。

文化事业建设费的扣缴义务发生时间，为缴纳义务人的增值税纳税义务发生时间。

文化事业建设费的扣缴义务人应当向其机构所在地或者居住地主管税务机关申报缴纳其扣缴的文化事业建设费。

六、文化事业建设费的缴纳期限与缴纳义务人的增值税纳税期限相同。

文化事业建设费扣缴义务人解缴税款的期限，应按照前款规定执行。

七、增值税小规模纳税人中月销售额不超过2万元（按季纳税6万元）的企业和非企业性单位提供的应税服务，免征文化事业建设费。

自2015年1月1日起至2017年12月31日，对按月纳税的月销售额不超过3万元（含3万元），以及按季纳税的季度销售额不超过9万元（含9万元）的缴纳义务人，免征文化事业建设费。

八、营改增后的文化事业建设费，由国家税务局征收。

九、营改增试点中文化事业建设费的预算科目、预算级次和缴库办法等，参照《财政部关于开征文化事业建设费有关预算管理问题的通知》（财预字〔1996〕469号）的规定执行，具体如下：

中央所属企事业单位缴纳的文化事业建设费，中央所属企事业单位组成的联营企业、股份制企业缴纳的文化事业建设费，中央所属企事业单位与集体企业、私营企业组成的联营企业、股份制企业缴纳的文化事业建设费，中央所属企事业单位与港、澳、台商组成的合资经营企业（港或澳、台资）、合作经营企业（港或澳、台资）缴纳的文化事业建设费，中央所属企事业单位与外商组成的中外合资经营企业、中外合作经营企业缴纳的文化事业建设费，全部作为中央预算收入，由税务机关开具税收缴款书，以"1030217 文化事业建设费收入"项级科目就地缴入中央国库。

地方所属企事业单位、集体企业、私营企业、港澳台商独资经营企业、外商独资企业缴纳的文化事业建设费，地方所属企事业单位、集体企业、私营企业组成的联营企业、股份制企业缴纳的文化事业建设费，地方所属企事业单位、集体企业、私营企业与港、澳、台商组成的合资经营企业（港或澳、台资）、合作经营企业（港或澳、台资）缴纳的文化事业建设费，地方所属企事业单位、集体企业、私营企业与外商组成的中外合资经营企业、中外合作经营企业缴纳的文化事业建设费，全部作为地方预算收入，由税务机关开具税收缴款书，以"1030217 文化事业建设费收入"项级科目，按各地方规定的缴库级次就地缴入地方国库。

中央所属企事业单位与地方所属企事业单位组成的联营企业、股份制企业缴纳的文化事业建设费，中央所属企事业单位与地方所属企事业单位联合与集体企业、私营企业、港澳台商、外商组成的联营企业、股份制企业、合资经营企业（港或澳、台资）、合作经营企业（港或澳、台资）、中外合资经营企业、中外合作经营企业缴纳的文化事业建设费，按中央、地方各自投资占中央和地方投资之和的比例，分别作为中央预算收入和地方预算收入，由税务机关开具税收缴款书就地缴入中央国库和地方规定的地方国库。

十、文化事业建设费纳入财政预算管理，用于文化事业建设。具体管理和使用办法，另行制定。

十一、本通知所称广告服务，是指《财政部国家税务总局关于全面推开营业税改征增值祝试点的通知》（财税〔2016〕36 号）的《销售服务、无形资产、不动产注释》中“广告服务”范围内的服务。

十二、本通知所称广告媒介单位和户外广告经营单位，是指发布、播映、宣传、展示户外广告和其他广告的单位，以及从事广告代理服务的单位。

十三、本通知自 2016 年 5 月 1 日起执行。《关于营业税改征增值税试点有关文化事业建设费征收管理问题的通知》（财综〔2013〕88 号）同时废止。

财政部　国家税务总局

2016 年 3 月 28 日

财政部　国家税务总局关于《营改增后契税　房产税　土地增值税　个人所得税计税依据问题》的通知

财税〔2016〕43号

各省、自治区、直辖市、计划单列市财政厅（局）、地方税务局，西藏、宁夏、青海省（自治区）国家税务局，新疆生产建设兵团财务局：

经研究，现将营业税改征增值税后契税、房产税、土地增值税、个人所得税计税依据有关问题明确如下：

一、计征契税的成交价格不含增值税。

二、房产出租的，计征房产税的租金收入不含增值税。

三、土地增值税纳税人转让房地产取得的收入为不含增值税收入。

《中华人民共和国土地增值税暂行条例》等规定的土地增值税扣除项目涉及的增值税进项税额，允许在销项税额中计算抵扣的，不计入扣除项目，不允许在销项税额中计算抵扣的，可以计入扣除项目。

四、个人转让房屋的个人所得税应税收入不含增值税，其取得房屋时所支付价款中包含的增值税计入财产原值，计算转让所得时可扣除的税费不包括本次转让缴纳的增值税。

个人出租房屋的个人所得税应税收入不含增值税，计算房屋出租所得可扣除的税费不包括本次出租缴纳的增值税。个人转租房屋的，其向房屋出租方支付的租金及增值税额，在计算转租所得时予以扣除。

五、免征增值税的，确定计税依据时，成交价格、租金收入、转让房地产取得的收入不扣减增值税额。

六、在计征上述税种时，税务机关核定的计税价格或收入不含增值税。

本通知自2016年5月1日起执行。

财政部　国家税务总局

2016年4月25日

财政部 国家税务总局 关于《进一步明确全面推开营改增试点金融业有关政策》的通知

财税〔2016〕46号

各省、自治区、直辖市、计划单列市财政厅（局）、国家税务局、地方税务局，新疆生产建设兵团财务局：

经研究，现将营改增试点期间有关金融业政策补充通知如下：

一、金融机构开展下列业务取得的利息收入，属于《营业税改征增值税试点过渡政策的规定》（财税〔2016〕36号，以下简称《过渡政策的规定》）第一条第（二十三）项所称的金融同业往来利息收入：

（一）质押式买入返售金融商品。

质押式买入返售金融商品，是指交易双方进行的以债券等金融商品为权利质押的一种短期资金融通业务。

（二）持有政策性金融债券。

政策性金融债券，是指开发性、政策性金融机构发行的债券。

二、《过渡政策的规定》第一条第（二十一）项中，享受免征增值税的一年期及以上返还本利的人身保险包括其他年金保险，其他年金保险是指养老年金以外的年金保险。

三、农村信用社、村镇银行、农村资金互助社、由银行业机构全资发起设立的贷款公司、法人机构在县（县级市、区、旗）及县以下地区的农村合作银行和农村商业银行提供金融服务收入，可以选择适用简易计税方法按照3%的征收率计算缴纳增值税。

村镇银行，是指经中国银行业监督管理委员会依据有关法律、法规批准，由境内外金融机构、境内非金融机构企业法人、境内自然人出资，在农村地区设立的主要为当地农民、农业和农村经济发展提供金融服务的银行业金融机构。

农村资金互助社，是指经银行业监督管理机构批准，由乡（镇）、行政村农民和农村小企业自愿入股组成，为社员提供存款、贷款、结算等业务的社区互助性银行业金融机构。

由银行业机构全资发起设立的贷款公司，是指经中国银行业监督管理委员会依据有关法律、法规批准，由境内商业银行或农村合作银行在农村地区设立的专门为县域农民、农业和农村经济发展提供贷款服务的非银行业金融机构。

县（县级市、区、旗），不包括直辖市和地级市所辖城区。

四、对中国农业银行纳入“三农金融事业部”改革试点的各省、自治区、直辖市、计划单列市分行下辖的县域支行和新疆生产建设兵团分行下辖的县域支行（也称县事业部），提供农户贷款、农村企业和农村各类组织贷款（具体贷款业务清单见附件）取得的利息收入，可以选择适用简易计税方法按照3%的征收率计算缴纳增值税。

农户贷款，是指金融机构发放给农户的贷款，但不包括按照《过渡政策的规定》第一条第（十九）项规定的免征增值税的农户小额贷款。

农户，是指《过渡政策的规定》第一条第（十九）项所称的农户。

农村企业和农村各类组织贷款，是指金融机构发放给注册在农村地区的企业及各类组织的贷款。

五、本通知自2016年5月1日起执行。

财政部　国家税务总局

2016年4月29日

附件：

享受增值税优惠的涉农贷款业务清单

1. 法人农业贷款
2. 法人林业贷款

3. 法人畜牧业贷款

4. 法人渔业贷款

5. 法人农林牧渔服务业贷款

6. 法人其他涉农贷款（煤炭、烟草、采矿业、房地产业、城市基础设施建设和其他类的法人涉农贷款除外）

7. 小型农田水利设施贷款

8. 大型灌区改造

9. 中低产田改造

10. 防涝抗旱减灾体系建设

11. 农产品加工贷款

12. 农业生产资料制造贷款

13. 农业物资流通贷款

14. 农副产品流通贷款

15. 农产品出口贷款

16. 农业科技贷款

17. 农业综合生产能力建设

18. 农田水利设施建设

19. 农产品流通设施建设

20. 其他农业生产性基础设施建设

21. 农村饮水安全工程

22. 农村公路建设

23. 农村能源建设

24. 农村沼气建设

25. 其他农村生活基础设施建设

26. 农村教育设施建设

27. 农村卫生设施建设

28. 农村文化体育设施建设

29. 林业和生态环境建设

30. 个人农业贷款

31. 个人林业贷款

32. 个人畜牧业贷款

33. 个人渔业贷款

34. 个人农林牧渔服务业贷款

35. 农户其他生产经营贷款
36. 农户助学贷款
37. 农户医疗贷款
38. 农户住房贷款
39. 农户其他消费贷款

财政部 国家税务总局关于《进一步明确全面推开营改增试点有关劳务派遣服务、收费公路通行费抵扣等政策》的通知

财税〔2016〕47 号

各省、自治区、直辖市、计划单列市财政厅（局）、国家税务局、地方税务局，新疆生产建设兵团财务局：

经研究，现将营改增试点期间劳务派遣服务等政策补充通知如下：

一、劳务派遣服务政策

一般纳税人提供劳务派遣服务，可以按照《财政部 国家税务总局关于全面推开营业税改征增值税试点的通知》（财税〔2016〕36 号）的有关规定，以取得的全部价款和价外费用为销售额，按照一般计税方法计算缴纳增值税；也可以选择差额纳税，以取得的全部价款和价外费用，扣除代用工单位支付给劳务派遣员工的工资、福利和为其办理社会保险及住房公积金后的余额为销售额，按照简易计税方法依 5% 的征收率计算缴纳增值税。

小规模纳税人提供劳务派遣服务，可以按照《财政部 国家税务总局关于全面推开营业税改征增值税试点的通知》（财税〔2016〕36 号）的有关规定，以取得的全部价款和价外费用为销售额，按照简易计税方法依 3% 的征收率计算缴纳增值税；也可以选择差额纳税，以取得的全部价款和价外费用，扣除代用工单位支付给劳务派遣员工的工资、福利和为其办理社会保险及住房公积金后的余额为销售额，按照简易计税方法依 5% 的征收率计算缴纳增值税。

选择差额纳税的纳税人，向用工单位收取用于支付给劳务派遣员工工资、福利和为其办理社会保险及住房公积金的费用，不得开具增值税专用发票，可以开具普通发票。

劳务派遣服务，是指劳务派遣公司为了满足用工单位对于各类灵活用工的需求，将员工派遣至用工单位，接受用工单位管理并为其工作的服务。

二、收费公路通行费抵扣及征收政策

（一）2016年5月1日至7月31日，一般纳税人支付的道路、桥、闸通行费，暂凭取得的通行费发票（不含财政票据，下同）上注明的收费金额按照下列公式计算可抵扣的进项税额：

高速公路通行费可抵扣进项税额 = 高速公路通行费发票上注明的金额 ÷ (1 + 3%) × 3%

一级公路、二级公路、桥、闸通行费可抵扣进项税额 = 一级公路、二级公路、桥、闸通行费发票上注明的金额 ÷ (1 + 5%) × 5%

通行费，是指有关单位依法或者依规设立并收取的过路、过桥和过闸费用。

（二）一般纳税人收取试点前开工的一级公路、二级公路、桥、闸通行费，可以选择适用简易计税方法，按照5%的征收率计算缴纳增值税。

试点前开工，是指相关施工许可证注明的合同开工日期在2016年4月30日前。

三、其他政策

（一）纳税人提供人力资源外包服务，按照经纪代理服务缴纳增值税，其销售额不包括受客户单位委托代为向客户单位员工发放的工资和代理缴纳的社会保险、住房公积金。向委托方收取并代为发放的工资和代理缴纳的社会保险、住房公积金，不得开具增值税专用发票，可以开具普通发票。

一般纳税人提供人力资源外包服务，可以选择适用简易计税方法，按照5%的征收率计算缴纳增值税。

（二）纳税人以经营租赁方式将土地出租给他人使用，按照不动产经营租赁服务缴纳增值税。

纳税人转让2016年4月30日前取得的土地使用权，可以选择适用简易计税方法，以取得的全部价款和价外费用减去取得该土地使用权的原价后的余额为销售额，按照5%的征收率计算缴纳增值税。

（三）一般纳税人2016年4月30日前签订的不动产融资租赁合同，或以2016年4月30日前取得的不动产提供的融资租赁服务，可以选择适用简易计税方法，按照5%的征收率计算缴纳增值税。

（四）一般纳税人提供管道运输服务和有形动产融资租赁服务，按照《营业税改征增值税试点过渡政策的规定》（财税〔2013〕106号）第二条有关规定适用的增值税实际税负超过3%部分即征即退政策，在2016年1月1日至4月30日期间继续执行。

四、本通知规定的内容，除另有规定执行时间外，自2016年5月1日起执行。

财政部　国家税务总局

2016年4月30日

国家税务总局关于《全面推开营业税改征增值税试点后增值税纳税申报有关事项》的公告

国家税务总局公告2016年第13号

为保障全面推开营业税改征增值税改革试点工作顺利实施，现将增值税纳税申报有关事项公告如下：

一、中华人民共和国境内增值税纳税人均应按照本公告的规定进行增值税纳税申报。

二、纳税申报资料

纳税申报资料包括纳税申报表及其附列资料和纳税申报其他资料。

（一）纳税申报表及其附列资料

1. 增值税一般纳税人（以下简称一般纳税人）纳税申报表及其附列资料包括：

（1）《增值税纳税申报表（一般纳税人适用）》。

（2）《增值税纳税申报表附列资料（一）》（本期销售情况明细）。

（3）《增值税纳税申报表附列资料（二）》（本期进项税额明细）。

（4）《增值税纳税申报表附列资料（三）》（服务、不动产和无形资产扣除项目明细）。

一般纳税人销售服务、不动产和无形资产，在确定服务、不动产和无形资产销售额时，按照有关规定可以从取得的全部价款和价外费用中扣除价款的，需填报《增值税纳税申报表附列资料（三）》。其他情况不填写该附列资料。

（5）《增值税纳税申报表附列资料（四）》（税额抵减情况表）。

（6）《增值税纳税申报表附列资料（五）》（不动产分期抵扣计算表）。

（7）《固定资产（不含不动产）进项税额抵扣情况表》。

（8）《本期抵扣进项税额结构明细表》。

（9）《增值税减免税申报明细表》。

2. 增值税小规模纳税人（以下简称小规模纳税人）纳税申报表及其附列资料包括：

（1）《增值税纳税申报表（小规模纳税人适用）》。

（2）《增值税纳税申报表（小规模纳税人适用）附列资料》。

小规模纳税人销售服务，在确定服务销售额时，按照有关规定可以从取得的全部价款和价外费用中扣除价款的，需填报《增值税纳税申报表（小规模纳税人适用）附列资料》。其他情况不填写该附列资料。

（3）《增值税减免税申报明细表》。

3. 上述纳税申报表及其附列资料表样和填写说明详见附件 1 至附件 4。

（二）纳税申报其他资料

1. 已开具的税控机动车销售统一发票和普通发票的存根联。

2. 符合抵扣条件且在本期申报抵扣的增值税专用发票（含税控机动车销售统一发票）的抵扣联。

3. 符合抵扣条件且在本期申报抵扣的海关进口增值税专用缴款书、购进农产品取得的普通发票的复印件。

4. 符合抵扣条件且在本期申报抵扣的税收完税凭证及其清单，书面合同、付款证明和境外单位的对账单或者发票。

5. 已开具的农产品收购凭证的存根联或报查联。

6. 纳税人销售服务、不动产和无形资产，在确定服务、不动产和无形资产销售额时，按照有关规定从取得的全部价款和价外费用中扣除价款的合法凭证及其清单。

7. 主管税务机关规定的其他资料。

（三）纳税申报表及其附列资料为必报资料。纳税申报其他资料的报备要求由各省、自治区、直辖市和计划单列市国家税务局确定。

三、纳税人跨县（市）提供建筑服务、房地产开发企业预售自行开发的房地产项目、纳税人出租与机构所在地不在同一县（市）的不动产，按规定需要在项目所在地或不动产所在地主管国税机关预缴税款的，需填写《增值税预缴税款表》，表样及填写说明详见附件 5 至附件 6。

四、主管税务机关应做好增值税纳税申报的宣传和辅导工作。

五、本公告自 2016 年 6 月 1 日起施行。《国家税务总局关于调整增值税纳税申报有关事项的公告》(国家税务总局公告2012年第31号)、《国家税务总局关于营业税改征增值税总分机构试点纳税人增值税纳税申报有关事项的公告》(国家税务总局公告2013年第22号)、《国家税务总局关于调整增值税纳税申报有关事项的公告》(国家税务总局公告2013年第32号)、《国家税务总局关于铁路运输和邮政业营业税改征增值税后纳税申报有关事项的公告》(国家税务总局公告2014年第7号)、《国家税务总局关于调整增值税纳税申报有关事项的公告》(国家税务总局公告2014年第45号)、《国家税务总局关于调整增值税纳税申报有关事项的公告》(国家税务总局公告2014年第58号)、《国家税务总局关于调整增值税纳税申报有关事项的公告》(国家税务总局公告2014年第69号)、《国家税务总局关于调整增值税纳税申报有关事项的公告》(国家税务总局公告2015年第23号)同时废止。

特此公告。

附件：1.《增值税纳税申报表(一般纳税人适用)》及其附列资料
2.《增值税纳税申报表(一般纳税人适用)》及其附列资料填写说明
3.《增值税纳税申报表(小规模纳税人适用)》及其附列资料
4.《增值税纳税申报表(小规模纳税人适用)》及其附列资料填写说明
5.《增值税预缴税款表》
6.《增值税预缴税款表》填写说明

国家税务总局

2016年3月31日

附件 1

增值税纳税申报表

（一般纳税人适用）

根据国家税收法律法规及增值税相关规定制定本表。纳税人不论有无销售额，均应按税务机关核定的纳税期限填写本表，并向当地税务机关申报。

税款所属时间：自　年　月　日至　年　月　日　填表日期：　年　月　日　金额单位：元至角分

纳税人识别号		所属行业：					
纳税人名称	（公章）	法定代表人姓名		注册地址		生产经营地址	
开户银行及账号		登记注册类型				电话号码	

项目		栏次	一般项目		即征即退项目	
			本月数	本年累计	本月数	本年累计
销售额	（一）按适用税率计税销售额	1				
	其中：应税货物销售额	2				
	应税劳务销售额	3				
	纳税检查调整的销售额	4				
	（二）按简易办法计税销售额	5				
	其中：纳税检查调整的销售额	6				
	（三）免、抵、退办法出口销售额	7			—	—
	（四）免税销售额	8			—	—
	其中：免税货物销售额	9			—	—
	免税劳务销售额	10			—	—
税款计算	销项税额	11				
	进项税额	12				
	上期留抵税额	13				—
	进项税额转出	14				
	免、抵、退应退税额	15			—	—
	按适用税率计算的纳税检查应补缴税额	16			—	—
	应抵扣税额合计	17 = 12 + 13 - 14 - 15 + 16		—		—
	实际抵扣税额	18（如 17 < 11，则为 17，否则为 11）				

续表

	项目	栏次	一般项目		即征即退项目	
			本月数	本年累计	本月数	本年累计
税款计算	应纳税额	19 = 11 - 18				
	期末留抵税额	20 = 17 - 18				—
	简易计税办法计算的应纳税额	21				
	按简易计税办法计算的纳税检查应补缴税额	22			—	—
	应纳税额减征额	23				
	应纳税额合计	24 = 19 + 21 - 23				
税款缴纳	期初未缴税额（多缴为负数）	25				
	实收出口开具专用缴款书退税额	26			—	—
	本期已缴税额	27 = 28 + 29 + 30 + 31		—		—
	①分次预缴税额	28		—	—	—
	②出口开具专用缴款书预缴税额	29		—	—	—
	③本期缴纳上期应纳税额	30				
	④本期缴纳欠缴税额	31				
	期末未缴税额（多缴为负数）	32 = 24 + 25 + 26 - 27		—		—
	其中：欠缴税额（≥0）	33 = 25 + 26 - 27		—		—
	本期应补（退）税额	34 = 24 - 28 - 29		—		—
	即征即退实际退税额	35	—	—		—
	期初未缴查补税额	36			—	—
	本期入库查补税额	37			—	—
	期末未缴查补税额	38 = 16 + 22 + 36 - 37			—	—

授权声明	如果你已委托代理人申报，请填写下列资料： 为代理一切税务事宜，现授权 （地址）　　　　　为本纳税人的代理申报人，任何与本申报表有关的往来文件，都可寄予此人。 授权人签字：	申报人声明	本纳税申报表是根据国家税收法律法规及相关规定填报的，我确定它是真实的、可靠的、完整的。 声明人签字：

主管税务机关：　　　　接收人：　　　　接收日期：

增值税纳税申报表附列资料（一）

（本期销售情况明细）

税款所属时间：　年　月　日至　年　月　日

纳税人名称：（公章）　　　　　　　　　　　　　　　　金额单位：元至角分

项目及栏次				开具增值税专用发票		开具其他发票		未开具发票		纳税检查调整		合计			服务、不动产和无形资产扣除项目本期实际扣除金额	扣除后	
				销售额	销项（应纳）税额	销售额	销项（应纳）税额	销售额	销项（应纳）税额	销售额	销项（应纳）税额	销售额	销项（应纳）税额	价税合计		含税（免税）销售额	销项（应纳）税额
				1	2	3	4	5	6	7	8	9=1+3+5+7	10=2+4+6+8	11=9+10	12	13=11-12	14=13÷(100%+税率或征收率)×税率或征收率
一、一般计税方法计税	全部征税项目	17%税率的货物及加工修理修配劳务	1											—	—	—	—
		17%税率的服务、不动产和无形资产	2														
		13%税率	3											—	—	—	—
		11%税率	4														
		6%税率	5														
	其中：即征即退项目	即征即退货物及加工修理修配劳务	6	—	—	—	—	—	—	—	—			—	—	—	—
		即征即退服务、不动产和无形资产	7	—	—	—	—	—	—	—	—						
二、简易计税方法计税	全部征税项目	6%征收率	8							—	—			—	—	—	—
		5%征收率的货物及加工修理修配劳务	9a							—	—			—	—	—	—
		5%征收率的服务、不动产和无形资产	9b							—	—						
		4%征收率	10							—	—			—	—	—	—
		3%征收率的货物及加工修理修配劳务	11							—	—			—	—	—	—
		3%征收率的服务、不动产和无形资产	12							—	—						
		预征率　%	13a							—	—						
		预征率　%	13b							—	—						
		预征率　%	13c							—	—						
	其中：即征即退项目	即征即退货物及加工修理修配劳务	14	—	—	—	—	—	—	—	—			—	—	—	—
		即征即退服务、不动产和无形资产	15	—	—	—	—	—	—	—	—						
三、免抵退税	货物及加工修理修配劳务		16	—	—		—		—	—	—		—	—	—	—	—
	服务、不动产和无形资产		17	—	—		—		—	—	—		—				—
四、免税	货物及加工修理修配劳务		18				—		—	—	—		—	—	—	—	—
	服务、不动产和无形资产		19	—	—		—		—	—	—		—				—

增值税纳税申报表附列资料（二）

（本期进项税额明细）

税款所属时间：　年　月　日至　年　月　日

纳税人名称：（公章）　　　　金额单位：元至角分

一、申报抵扣的进项税额

项　目	栏次	份数	金额	税额
（一）认证相符的增值税专用发票	1 =2 +3			
其中：本期认证相符且本期申报抵扣	2			
前期认证相符且本期申报抵扣	3			
（二）其他扣税凭证	4 =5 +6 +7 +8			
其中：海关进口增值税专用缴款书	5			
农产品收购发票或者销售发票	6			
代扣代缴税收缴款凭证	7		——	
其他	8			
（三）本期用于购建不动产的扣税凭证	9			
（四）本期不动产允许抵扣进项税额	10	——	——	
（五）外贸企业进项税额抵扣证明	11	——	——	
当期申报抵扣进项税额合计	12 =1 +4 −9 +10 +11			

二、进项税额转出额

项目	栏次	税额
本期进项税额转出额	13 =14 至 23 之和	
其中：免税项目用	14	
集体福利、个人消费	15	
非正常损失	16	
简易计税方法征税项目用	17	
免抵退税办法不得抵扣的进项税额	18	
纳税检查调减进项税额	19	
红字专用发票信息表注明的进项税额	20	
上期留抵税额抵减欠税	21	
上期留抵税额退税	22	
其他应作进项税额转出的情形	23	

续表

三、待抵扣进项税额				
项　　目	栏次	份数	金额	税额
(一) 认证相符的增值税专用发票	24	——	——	——
期初已认证相符但未申报抵扣	25			
本期认证相符且本期未申报抵扣	26			
期末已认证相符但未申报抵扣	27			
其中：按照税法规定不允许抵扣	28			
(二) 其他扣税凭证	29 = 30 至 33 之和			
其中：海关进口增值税专用缴款书	30			
农产品收购发票或者销售发票	31			
代扣代缴税收缴款凭证	32		——	
其他	33			
	34			

四、其他				
项目	栏次	份数	金额	税额
本期认证相符的增值税专用发票	35			
代扣代缴税额	36	——	——	

增值税纳税申报表附列资料（三）

（服务、不动产和无形资产扣除项目明细）

税款所属时间：　年　月　日至　年　月　日

纳税人名称：(公章)　　　　金额单位：元至角分

项目及栏次		本期服务、不动产和无形资产价税合计额（免税销售额）	服务、不动产和无形资产扣除项目				
			期初余额	本期发生额	本期应扣除金额	本期实际扣除金额	期末余额
		1	2	3	4 = 2 + 3	5 (5≤1 且 5≤4)	6 = 4 - 5
17% 税率的项目	1						
11% 税率的项目	2						
6% 税率的项目（不含金融商品转让）	3						
6% 税率的金融商品转让项目	4						
5% 征收率的项目	5						
3% 征收率的项目	6						
免抵退税的项目	7						
免税的项目	8						

增值税纳税申报表附列资料（四）

（税额抵减情况表）

税款所属时间：　年　月　日至　年　月　日

纳税人名称：（公章）　　　　金额单位：元至角分

序号	抵减项目	期初余额	本期发生额	本期应抵减税额	本期实际抵减税额	期末余额
		1	2	3 = 1 + 2	4≤3	5 = 3 - 4
1	增值税税控系统专用设备费及技术维护费					
2	分支机构预征缴纳税款					
3	建筑服务预征缴纳税款					
4	销售不动产预征缴纳税款					
5	出租不动产预征缴纳税款					

增值税纳税申报表附列资料（五）

（不动产分期抵扣计算表）

税款所属时间：　年　月　日至　年　月　日

纳税人名称：（公章）　　　　金额单位：元至角分

期初待抵扣不动产进项税额	本期不动产进项税额增加额	本期可抵扣不动产进项税额	本期转入的待抵扣不动产进项税额	本期转出的待抵扣不动产进项税额	期末待抵扣不动产进项税额
1	2	3≤1 + 2 + 4	4	5≤1 + 4	6 = 1 + 2 - 3 + 4 - 5

固定资产（不含不动产）进项税额抵扣情况表

填表日期：　年　月　日

纳税人名称：（公章）　　　　金额单位：元至角分

项　　目	当期申报抵扣的固定资产进项税额	申报抵扣的固定资产进项税额累计
增值税专用发票		
海关进口增值税专用缴款书		
合　　计		

本期抵扣进项税额结构明细表

税款所属时间：　年　月　日至　年　月　日

纳税人名称：（公章）　　　　金额单位：元至角分

项　　目	栏次	金额	税额
合计	1 = 2 + 4 + 5 + 10 + 13 + 15 + 17 + 18 + 19		
17%税率的进项	2		
其中：有形动产租赁的进项	3		
13%税率的进项	4		
11%税率的进项	5		
其中：货物运输服务的进项	6		
建筑安装服务的进项	7		
不动产租赁服务的进项	8		
购入不动产的进项	9		
6%税率的进项	10		
其中：直接收费金融服务的进项	11		
财产保险的进项	12		
5%征收率的进项	13		
其中：购入不动产的进项	14		
3%征收率的进项	15		
其中：建筑安装服务的进项	16		
1.5%征收率的进项	17		
农产品核定扣除进项	18		
外贸企业进项税额抵扣证明注明的进项	19		
	20		
	21		

增值税减免税申报明细表

税款所属时间：　年　月　日至　年　月　日

纳税人名称（公章）：　　　　　　　　　　　　　　　　金额单位：元至角分

一、减税项目

减税性质代码及名称	栏次	期初余额	本期发生额	本期应抵减税额	本期实际抵减税额	期末余额
		1	2	3 =1 +2	4≤3	5 =3 -4
合计	1					
	2					
	3					
	4					
	5					
	6					

二、免税项目

免税性质代码及名称	栏次	免征增值税项目销售额	免税销售额扣除项目本期实际扣除金额	扣除后免税销售额	免税销售额对应的进项税额	免税额
		1	2	3 =1 -2	4	5
合　计	7					
出口免税	8		——	——	——	——
其中：跨境服务	9		——	——	——	——
	10					
	11					
	12					
	13					
	14					
	15					
	16					

附件 2

《增值税纳税申报表（一般纳税人适用）》及其附列资料填写说明

本纳税申报表及其附列资料填写说明（以下简称本表及填写说明）适用于增值税一般纳税人（以下简称纳税人）。

一、名词解释

（一）本表及填写说明所称"货物"，是指增值税的应税货物。

（二）本表及填写说明所称"劳务"，是指增值税的应税加工、修理、修配劳务。

（三）本表及填写说明所称"服务、不动产和无形资产"，是指销售服务、不动产和无形资产。

（四）本表及填写说明所称"按适用税率计税""按适用税率计算"和"一般计税方法"，均指按"应纳税额＝当期销项税额－当期进项税额"公式计算增值税应纳税额的计税方法。

（五）本表及填写说明所称"按简易办法计税""按简易征收办法计算"和"简易计税方法"，均指按"应纳税额＝销售额×征收率"公式计算增值税应纳税额的计税方法。

（六）本表及填写说明所称"扣除项目"，是指纳税人销售服务、不动产和无形资产，在确定销售额时，按照有关规定允许其从取得的全部价款和价外费用中扣除价款的项目。

二、《增值税纳税申报表（一般纳税人适用）》填写说明

（一）"税款所属时间"：指纳税人申报的增值税应纳税额的所属时间，应填写具体的起止年、月、日。

（二）"填表日期"：指纳税人填写本表的具体日期。

（三）"纳税人识别号"：填写纳税人的税务登记证件号码。

（四）"所属行业"：按照国民经济行业分类与代码中的小类行业填写。

（五）"纳税人名称"：填写纳税人单位名称全称。

（六）“法定代表人姓名”：填写纳税人法定代表人的姓名。

（七）“注册地址”：填写纳税人税务登记证件所注明的详细地址。

（八）“生产经营地址”：填写纳税人实际生产经营地的详细地址。

（九）“开户银行及账号”：填写纳税人开户银行的名称和纳税人在该银行的结算账户号码。

（十）“登记注册类型”：按纳税人税务登记证件的栏目内容填写。

（十一）“电话号码”：填写可联系到纳税人的常用电话号码。

（十二）“即征即退项目”列：填写纳税人按规定享受增值税即征即退政策的货物、劳务和服务、不动产、无形资产的征（退）税数据。

（十三）“一般项目”列：填写除享受增值税即征即退政策以外的货物、劳务和服务、不动产、无形资产的征（免）税数据。

（十四）“本年累计”列：一般填写本年度内各月“本月数”之和。其中，第13、20、25、32、36、38栏及第18栏“实际抵扣税额”“一般项目”列的“本年累计”分别按本填写说明第（二十七）（三十四）（三十九）（四十六）（五十）（五十二）（三十二）条要求填写。

（十五）第1栏“（一）按适用税率计税销售额”：填写纳税人本期按一般计税方法计算缴纳增值税的销售额，包含：在财务上不作销售但按税法规定应缴纳增值税的视同销售和价外费用的销售额；外贸企业作价销售进料加工复出口货物的销售额；税务、财政、审计部门检查后按一般计税方法计算调整的销售额。

营业税改征增值税的纳税人，服务、不动产和无形资产有扣除项目的，本栏应填写扣除之前的不含税销售额。

本栏“一般项目”列“本月数” = 《附列资料（一）》第9列第1至5行之和 - 第9列第6、7行之和；本栏“即征即退项目”列“本月数” = 《附列资料（一）》第9列第6、7行之和。

（十六）第2栏“其中：应税货物销售额”：填写纳税人本期按适用税率计算增值税的应税货物的销售额。包含在财务上不作销售但按税法规定应缴纳增值税的视同销售货物和价外费用销售额，以及外贸企业作价销售进料加工复出口货物的销售额。

（十七）第3栏“应税劳务销售额”：填写纳税人本期按适用税率计算增值税的应税劳务的销售额。

（十八）第4栏“纳税检查调整的销售额”：填写纳税人因税务、财政、审计部门检查，并按一般计税方法在本期计算调整的销售额。但享受增值税即征即退政策的货物、劳务和服务、不动产、无形资产，经纳税检查属于偷税的，不填入“即征即退项目”列，而应填入“一般项目”列。

营业税改征增值税的纳税人，服务、不动产和无形资产有扣除项目的，本栏应填写扣除之前的不含税销售额。

本栏“一般项目”列“本月数”＝《附列资料（一）》第7列第1至5行之和。

（十九）第5栏“按简易办法计税销售额”：填写纳税人本期按简易计税方法计算增值税的销售额。包含纳税检查调整按简易计税方法计算增值税的销售额。

营业税改征增值税的纳税人，服务、不动产和无形资产有扣除项目的，本栏应填写扣除之前的不含税销售额；服务、不动产和无形资产按规定汇总计算缴纳增值税的分支机构，其当期按预征率计算缴纳增值税的销售额也填入本栏。

本栏“一般项目”列“本月数”≥《附列资料（一）》第9列第8至13b行之和－第9列第14、15行之和；本栏“即征即退项目”列“本月数”≥《附列资料（一）》第9列第14、15行之和。

（二十）第6栏“其中：纳税检查调整的销售额”：填写纳税人因税务、财政、审计部门检查，并按简易计税方法在本期计算调整的销售额。但享受增值税即征即退政策的货物、劳务和服务、不动产、无形资产，经纳税检查属于偷税的，不填入“即征即退项目”列，而应填入“一般项目”列。

营业税改征增值税的纳税人，服务、不动产和无形资产有扣除项目的，本栏应填写扣除之前的不含税销售额。

（二十一）第7栏“免、抵、退办法出口销售额”：填写纳税人本期适用免、抵、退税办法的出口货物、劳务和服务、无形资产的销售额。

营业税改征增值税的纳税人，服务、无形资产有扣除项目的，本栏应填写扣除之前的销售额。

本栏“一般项目”列“本月数”＝《附列资料（一）》第9列第16、17行之和。

（二十二）第8栏“免税销售额”：填写纳税人本期按照税法规定免征增值税的销售额和适用零税率的销售额，但零税率的销售额中不包括适用免、抵、退税办法的销售额。

营业税改征增值税的纳税人，服务、不动产和无形资产有扣除项目的，本栏应填写扣除之前的免税销售额。

本栏“一般项目”列“本月数” =《附列资料（一）》第9列第18、19行之和。

（二十三）第9栏“其中：免税货物销售额”：填写纳税人本期按照税法规定免征增值税的货物销售额及适用零税率的货物销售额，但零税率的销售额中不包括适用免、抵、退税办法出口货物的销售额。

（二十四）第10栏“免税劳务销售额”：填写纳税人本期按照税法规定免征增值税的劳务销售额及适用零税率的劳务销售额，但零税率的销售额中不包括适用免、抵、退税办法的劳务的销售额。

（二十五）第11栏“销项税额”：填写纳税人本期按一般计税方法计税的货物、劳务和服务、不动产、无形资产的销项税额。

营业税改征增值税的纳税人，服务、不动产和无形资产有扣除项目的，本栏应填写扣除之后的销项税额。

本栏“一般项目”列“本月数” =《附列资料（一）》（第10列第1、3行之和 - 第10列第6行） + （第14列第2、4、5行之和 - 第14列第7行）；

本栏“即征即退项目”列“本月数” =《附列资料（一）》第10列第6行 + 第14列第7行。

（二十六）第12栏“进项税额”：填写纳税人本期申报抵扣的进项税额。

本栏“一般项目”列“本月数” + “即征即退项目”列“本月数” =《附列资料（二）》第12栏“税额”。

（二十七）第13栏“上期留抵税额”

1. 上期留抵税额按规定须挂账的纳税人，按以下要求填写本栏的“本月数”和“本年累计”。

上期留抵税额按规定须挂账的纳税人是指试点实施之日前一个税款所属期的申报表第20栏“期末留抵税额”“一般货物、劳务和应税服务”列“本月数”大于零，且兼有营业税改征增值税服务、不动产和无形资产的纳税人（下同）。其试点实施之日前一个税款所属期的申报表第20栏“期末留抵税额”“一般货物、劳务和应税服务”列“本月数”，以下称为货物和劳务挂账留抵税额。

（1）本栏“一般项目”列“本月数”：试点实施之日的税款所属期填写“0”；以后各期按上期申报表第20栏“期末留抵税额”“一般项目”列“本月数”填写。

（2）本栏“一般项目”列“本年累计”：反映货物和劳务挂账留抵税额本期期初余额。试点实施之日的税款所属期按试点实施之日前一个税款所属期的申报表第20栏“期末留抵税额”“一般货物、劳务和应税服务”列“本月数”填写；以后各期按上期申报表第20栏“期末留抵税额”“一般项目”列“本年累计”填写。

(3) 本栏“即征即退项目”列“本月数”：按上期申报表第20栏“期末留抵税额”“即征即退项目”列“本月数”填写。

2. 其他纳税人，按以下要求填写本栏“本月数”和“本年累计”。

其他纳税人是指除上期留抵税额按规定须挂账的纳税人之外的纳税人(下同)。

(1) 本栏“一般项目”列“本月数”：按上期申报表第20栏“期末留抵税额”“一般项目”列“本月数”填写。

(2) 本栏“一般项目”列“本年累计”：填写“0”。

(3) 本栏“即征即退项目”列“本月数”：按上期申报表第20栏“期末留抵税额”“即征即退项目”列“本月数”填写。

(二十八) 第14栏“进项税额转出”：填写纳税人已经抵扣，但按税法规定本期应转出的进项税额。

本栏“一般项目”列“本月数” + “即征即退项目”列“本月数” = 《附列资料(二)》第13栏“税额”。

(二十九) 第15栏“免、抵、退应退税额”：反映税务机关退税部门按照出口货物、劳务和服务、无形资产免、抵、退办法审批的增值税应退税额。

(三十) 第16栏“按适用税率计算的纳税检查应补缴税额”：填写税务、财政、审计部门检查，按一般计税方法计算的纳税检查应补缴的增值税税额。

本栏“一般项目”列“本月数” ≤ 《附列资料(一)》第8列第1至5行之和 + 《附列资料(二)》第19栏。

(三十一) 第17栏“应抵扣税额合计”：填写纳税人本期应抵扣进项税额的合计数。按表中所列公式计算填写。

(三十二) 第18栏“实际抵扣税额”

1. 上期留抵税额按规定须挂账的纳税人，按以下要求填写本栏的“本月数”和“本年累计”。

(1) 本栏“一般项目”列“本月数”：按表中所列公式计算填写。

(2) 本栏“一般项目”列“本年累计”：填写货物和劳务挂账留抵税额本期实际抵减一般货物和劳务应纳税额的数额。将“货物和劳务挂账留抵税额本期期初余额”与“一般计税方法的一般货物及劳务应纳税额”两个数据相比较，取二者中小的数据。

其中：货物和劳务挂账留抵税额本期期初余额 = 第 13 栏“上期留抵税额”“一般项目”列“本年累计”；

一般计税方法的一般货物及劳务应纳税额 = （第 11 栏“销项税额”“一般项目”列“本月数” - 第 18 栏“实际抵扣税额”“一般项目”列“本月数”）×一般货物及劳务销项税额比例；

一般货物及劳务销项税额比例 = （《附列资料（一）》第 10 列第 1、3 行之和 - 第 10 列第 6 行）÷第 11 栏“销项税额”“一般项目”列“本月数”×100%。

（3）本栏“即征即退项目”列“本月数”：按表中所列公式计算填写。

2. 其他纳税人，按以下要求填写本栏的“本月数”和“本年累计”：

（1）本栏“一般项目”列“本月数”：按表中所列公式计算填写。

（2）本栏“一般项目”列“本年累计”：填写“0”。

（3）本栏“即征即退项目”列“本月数”：按表中所列公式计算填写。

（三十三）第 19 栏“应纳税额”：反映纳税人本期按一般计税方法计算并应缴纳的增值税额。按以下公式计算填写：

1. 本栏“一般项目”列“本月数” = 第 11 栏“销项税额”“一般项目”列“本月数” - 第 18 栏“实际抵扣税额”“一般项目”列“本月数” - 第 18 栏“实际抵扣税额”“一般项目”列“本年累计”。

2. 本栏“即征即退项目”列“本月数” = 第 11 栏“销项税额”“即征即退项目”列“本月数” - 第 18 栏“实际抵扣税额”“即征即退项目”列“本月数”。

（三十四）第 20 栏“期末留抵税额”

1. 上期留抵税额按规定须挂账的纳税人，按以下要求填写本栏的“本月数”和“本年累计”：

（1）本栏“一般项目”列“本月数”：反映试点实施以后，货物、劳务和服务、不动产、无形资产共同形成的留抵税额。按表中所列公式计算填写。

（2）本栏“一般项目”列“本年累计”：反映货物和劳务挂账留抵税额，在试点实施以后抵减一般货物和劳务应纳税额后的余额。按以下公式计算填写：

本栏“一般项目”列“本年累计” = 第 13 栏“上期留抵税额”“一般项目”列“本年累计” - 第 18 栏“实际抵扣税额”“一般项目”列“本年累计”。

（3）本栏“即征即退项目”列“本月数”：按表中所列公式计算填写。

2. 其他纳税人，按以下要求填写本栏“本月数”和“本年累计”：

(1) 本栏“一般项目”列“本月数”：按表中所列公式计算填写。

(2) 本栏“一般项目”列“本年累计”：填写“0”。

(3) 本栏“即征即退项目”列“本月数”：按表中所列公式计算填写。

(三十五) 第21栏“简易计税办法计算的应纳税额”：反映纳税人本期按简易计税方法计算并应缴纳的增值税额，但不包括按简易计税方法计算的纳税检查应补缴税额。按以下公式计算填写：

本栏“一般项目”列“本月数” = 《附列资料（一）》（第10列第8、9a、10、11行之和 - 第10列第14行）+（第14列第9b、12、13a、13b行之和 - 第14列第15行）

本栏“即征即退项目”列“本月数” = 《附列资料（一）》第10列第14行 + 第14列第15行。

营业税改征增值税的纳税人，服务、不动产和无形资产按规定汇总计算缴纳增值税的分支机构，应将预征增值税额填入本栏。预征增值税额 = 应预征增值税的销售额 × 预征率。

(三十六) 第22栏“按简易计税办法计算的纳税检查应补缴税额”：填写纳税人本期因税务、财政、审计部门检查并按简易计税方法计算的纳税检查应补缴税额。

(三十七) 第23栏“应纳税额减征额”：填写纳税人本期按照税法规定减征的增值税应纳税额。包含按照规定可在增值税应纳税额中全额抵减的增值税税控系统专用设备费用以及技术维护费。

当本期减征额小于或等于第19栏“应纳税额”与第21栏“简易计税办法计算的应纳税额”之和时，按本期减征额实际填写；当本期减征额大于第19栏“应纳税额”与第21栏“简易计税办法计算的应纳税额”之和时，按本期第19栏与第21栏之和填写。本期减征额不足抵减部分结转下期继续抵减。

(三十八) 第24栏“应纳税额合计”：反映纳税人本期应缴增值税的合计数。按表中所列公式计算填写。

(三十九) 第25栏“期初未缴税额（多缴为负数）”：“本月数”按上一税款所属期申报表第32栏“期末未缴税额（多缴为负数）”“本月数”填写。“本年累计”按上年度最后一个税款所属期申报表第32栏“期末未缴税额（多缴为负数）”“本年累计”填写。

(四十) 第26栏“实收出口开具专用缴款书退税额”：本栏不填写。

（四十一）第 27 栏“本期已缴税额”：反映纳税人本期实际缴纳的增值税额，但不包括本期入库的查补税款。按表中所列公式计算填写。

（四十二）第 28 栏“①分次预缴税额”：填写纳税人本期已缴纳的准予在本期增值税应纳税额中抵减的税额。

营业税改征增值税的纳税人，分以下几种情况填写：

1. 服务、不动产和无形资产按规定汇总计算缴纳增值税的总机构，其可以从本期增值税应纳税额中抵减的分支机构已缴纳的税款，按当期实际可抵减数填入本栏，不足抵减部分结转下期继续抵减。

2. 销售建筑服务并按规定预缴增值税的纳税人，其可以从本期增值税应纳税额中抵减的已缴纳的税款，按当期实际可抵减数填入本栏，不足抵减部分结转下期继续抵减。

3. 销售不动产并按规定预缴增值税的纳税人，其可以从本期增值税应纳税额中抵减的已缴纳的税款，按当期实际可抵减数填入本栏，不足抵减部分结转下期继续抵减。

4. 出租不动产并按规定预缴增值税的纳税人，其可以从本期增值税应纳税额中抵减的已缴纳的税款，按当期实际可抵减数填入本栏，不足抵减部分结转下期继续抵减。

（四十三）第 29 栏“②出口开具专用缴款书预缴税额”：本栏不填写。

（四十四）第 30 栏“③本期缴纳上期应纳税额”：填写纳税人本期缴纳上一税款所属期应缴未缴的增值税额。

（四十五）第 31 栏“④本期缴纳欠缴税额”：反映纳税人本期实际缴纳和留抵税额抵减的增值税欠税额，但不包括缴纳入库的查补增值税额。

（四十六）第 32 栏“期末未缴税额（多缴为负数）”：“本月数”反映纳税人本期期末应缴未缴的增值税额，但不包括纳税检查应缴未缴的税额。按表中所列公式计算填写。“本年累计”与“本月数”相同。

（四十七）第 33 栏“其中：欠缴税额（≥0）”：反映纳税人按照税法规定已形成欠税的增值税额。按表中所列公式计算填写。

（四十八）第 34 栏“本期应补（退）税额”：反映纳税人本期应纳税额中应补缴或应退回的数额。按表中所列公式计算填写。

（四十九）第 35 栏“即征即退实际退税额”：反映纳税人本期因符合增值税即征即退政策规定，而实际收到的税务机关退回的增值税额。

（五十）第 36 栏“期初未缴查补税额”：“本月数”按上一税款所属期申报表第 38 栏“期末未缴查补税额”“本月数”填写。“本年累计”按上年度最后一个税款所属期申报表第38栏“期末未缴查补税额”“本年累计”填写。

（五十一）第37栏“本期入库查补税额”：反映纳税人本期因税务、财政、审计部门检查而实际入库的增值税额，包括按一般计税方法计算并实际缴纳的查补增值税额和按简易计税方法计算并实际缴纳的查补增值税额。

（五十二）第38栏“期末未缴查补税额”：“本月数”反映纳税人接受纳税检查后应在本期期末缴纳而未缴纳的查补增值税额。按表中所列公式计算填写，“本年累计”与“本月数”相同。

三、《增值税纳税申报表附列资料（一）》（本期销售情况明细）填写说明

（一）“税款所属时间”“纳税人名称”的填写同主表。

（二）各列说明

1. 第1至2列“开具增值税专用发票”：反映本期开具增值税专用发票（含税控机动车销售统一发票，下同）的情况。

2. 第3至4列“开具其他发票”：反映除增值税专用发票以外本期开具的其他发票的情况。

3. 第5至6列“未开具发票”：反映本期未开具发票的销售情况。

4. 第7至8列“纳税检查调整”：反映经税务、财政、审计部门检查并在本期调整的销售情况。

5. 第9至11列“合计”：按照表中所列公式填写。

营业税改征增值税的纳税人，服务、不动产和无形资产有扣除项目的，第1至11列应填写扣除之前的征（免）税销售额、销项（应纳）税额和价税合计额。

6. 第12列“服务、不动产和无形资产扣除项目本期实际扣除金额”：营业税改征增值税的纳税人，服务、不动产和无形资产有扣除项目的，按《附列资料（三）》第5列对应各行次数据填写，其中本列第5栏等于《附列资料（三）》第5列第3行与第4行之和；服务、不动产和无形资产无扣除项目的，本列填写“0”。其他纳税人不填写。

营业税改征增值税的纳税人，服务、不动产和无形资产按规定汇总计算缴纳增值税的分支机构，当期服务、不动产和无形资产有扣除项目的，填入本列第13行。

7. 第13列“扣除后”“含税（免税）销售额”：营业税改征增值税的纳税人，服务、不动产和无形资产有扣除项目的，本列各行次 = 第11列对应各行次 - 第12列对应各行次。其他纳税人不填写。

8. 第14列"扣除后""销项（应纳）税额"：营业税改征增值税的纳税人，服务、不动产和无形资产有扣除项目的，按以下要求填写本列，其他纳税人不填写。

（1）服务、不动产和无形资产按照一般计税方法计税

本列各行次＝第13列÷（100%＋对应行次税率）×对应行次税率

本列第7行"按一般计税方法计税的即征即退服务、不动产和无形资产"不按本列的说明填写。具体填写要求见"各行说明"第2条第（2）项第③点的说明。

（2）服务、不动产和无形资产按照简易计税方法计税

本列各行次＝第13列÷（100%＋对应行次征收率）×对应行次征收率

本列第13行"预征率%"不按本列的说明填写。具体填写要求见"各行说明"第4条第（2）项。

（3）服务、不动产和无形资产实行免抵退税或免税的，本列不填写。

（三）各行说明

1. 第1至5行"一、一般计税方法计税""全部征税项目"各行：按不同税率和项目分别填写按一般计税方法计算增值税的全部征税项目。有即征即退征税项目的纳税人，本部分数据中既包括即征即退征税项目，又包括不享受即征即退政策的一般征税项目。

2. 第6至7行"一、一般计税方法计税""其中：即征即退项目"各行：只反映按一般计税方法计算增值税的即征即退项目。按照税法规定不享受即征即退政策的纳税人，不填写本行。即征即退项目是全部征税项目的其中数。

（1）第6行"即征即退货物及加工修理修配劳务"：反映按一般计税方法计算增值税且享受即征即退政策的货物和加工修理修配劳务。本行不包括服务、不动产和无形资产的内容。

①本行第9列"合计""销售额"栏：反映按一般计税方法计算增值税且享受即征即退政策的货物及加工修理修配劳务的不含税销售额。该栏不按第9列所列公式计算，应按照税法规定据实填写。

②本行第10列"合计""销项（应纳）税额"栏：反映按一般计税方法计算增值税且享受即征即退政策的货物及加工修理修配劳务的销项税额。该栏不按第10列所列公式计算，应按照税法规定据实填写。

（2）第7行"即征即退服务、不动产和无形资产"：反映按一般计税方法计算增值税且享受即征即退政策的服务、不动产和无形资产。本行不包括货物及加工修理修配劳务的内容。

①本行第9列“合计”“销售额”栏：反映按一般计税方法计算增值税且享受即征即退政策的服务、不动产和无形资产的不含税销售额。服务、不动产和无形资产有扣除项目的，按扣除之前的不含税销售额填写。该栏不按第9列所列公式计算，应按照税法规定据实填写。

②本行第10列“合计”“销项（应纳）税额”栏：反映按一般计税方法计算增值税且享受即征即退政策的服务、不动产和无形资产的销项税额。服务、不动产和无形资产有扣除项目的，按扣除之前的销项税额填写。该栏不按第10列所列公式计算，应按照税法规定据实填写。

③本行第14列“扣除后”“销项（应纳）税额”栏：反映按一般计税方法征收增值税且享受即征即退政策的服务、不动产和无形资产实际应计提的销项税额。服务、不动产和无形资产有扣除项目的，按扣除之后的销项税额填写；服务、不动产和无形资产无扣除项目的，按本行第10列填写。该栏不按第14列所列公式计算，应按照税法规定据实填写。

3. 第8至12行“二、简易计税方法计税”“全部征税项目”各行：按不同征收率和项目分别填写按简易计税方法计算增值税的全部征税项目。有即征即退征税项目的纳税人，本部分数据中既包括即征即退项目，也包括不享受即征即退政策的一般征税项目。

4. 第13a至13c行“二、简易计税方法计税”“预征率%”：反映营业税改征增值税的纳税人，服务、不动产和无形资产按规定汇总计算缴纳增值税的分支机构，预征增值税销售额、预征增值税应纳税额。其中，第13a行“预征率%”适用于所有实行汇总计算缴纳增值税的分支机构试点纳税人；第13b、13c行“预征率%”适用于部分实行汇总计算缴纳增值税的铁路运输试点纳税人。

（1）第13a至13c行第1至6列按照销售额和销项税额的实际发生数填写。

（2）第13a至13c行第14列，纳税人按“应预征缴纳的增值税=应预征增值税销售额×预征率”公式计算后据实填写。

5. 第14至15行“二、简易计税方法计税”“其中：即征即退项目”各行：只反映按简易计税方法计算增值税的即征即退项目。按照税法规定不享受即征即退政策的纳税人，不填写本行。即征即退项目是全部征税项目的其中数。

（1）第14行“即征即退货物及加工修理修配劳务”：反映按简易计税方法计算增值税且享受即征即退政策的货物及加工修理修配劳务。本行不包括服务、不动产和无形资产的内容。

①本行第9列“合计”“销售额”栏：反映按简易计税方法计算增值税且享受即征即退政策的货物及加工修理修配劳务的不含税销售额。该栏不按第9列所列公式计算，应按照税法规定据实填写。

②本行第10列“合计”“销项（应纳）税额”栏：反映按简易计税方法计算增值税且享受即征即退政策的货物及加工修理修配劳务的应纳税额。该栏不按第10列所列公式计算，应按照税法规定据实填写。

（2）第15行“即征即退服务、不动产和无形资产”：反映按简易计税方法计算增值税且享受即征即退政策的服务、不动产和无形资产。本行不包括货物及加工修理修配劳务的内容。

①本行第9列“合计”“销售额”栏：反映按简易计税方法计算增值税且享受即征即退政策的服务、不动产和无形资产的不含税销售额。服务、不动产和无形资产有扣除项目的，按扣除之前的不含税销售额填写。该栏不按第9列所列公式计算，应按照税法规定据实填写。

②本行第10列“合计”“销项（应纳）税额”栏：反映按简易计税方法计算增值税且享受即征即退政策的服务、不动产和无形资产的应纳税额。服务、不动产和无形资产有扣除项目的，按扣除之前的应纳税额填写。该栏不按第10列所列公式计算，应按照税法规定据实填写。

③本行第14列“扣除后”“销项（应纳）税额”栏：反映按简易计税方法计算增值税且享受即征即退政策的服务、不动产和无形资产实际应计提的应纳税额。服务、不动产和无形资产有扣除项目的，按扣除之后的应纳税额填写；服务、不动产和无形资产无扣除项目的，按本行第10列填写。

6. 第16行“三、免抵退税”“货物及加工修理修配劳务”：反映适用免、抵、退税政策的出口货物、加工修理修配劳务。

7. 第17行“三、免抵退税”“服务、不动产和无形资产”：反映适用免、抵、退税政策的服务、不动产和无形资产。

8. 第18行“四、免税”“货物及加工修理修配劳务”：反映按照税法规定免征增值税的货物及劳务和适用零税率的出口货物及劳务，但零税率的销售额中不包括适用免、抵、退税办法的出口货物及劳务。

9. 第19行“四、免税”“服务、不动产和无形资产”：反映按照税法规定免征增值税的服务、不动产、无形资产和适用零税率的服务、不动产、无形资产，但零税率的销售额中不包括适用免、抵、退税办法的服务、不动产和无形资产。

四、《增值税纳税申报表附列资料（二）》（本期进项税额明细）填写说明

（一）“税款所属时间”“纳税人名称”的填写同主表。

（二）第1至12栏“一、申报抵扣的进项税额”：分别反映纳税人按税法规定符合抵扣条件，在本期申报抵扣的进项税额。

1. 第1栏“（一）认证相符的增值税专用发票”：反映纳税人取得的认证相符本期申报抵扣的增值税专用发票情况。该栏应等于第2栏“本期认证相符且本期申报抵扣”与第3栏“前期认证相符且本期申报抵扣”数据之和。

2. 第2栏“其中：本期认证相符且本期申报抵扣”：反映本期认证相符且本期申报抵扣的增值税专用发票的情况。本栏是第1栏的其中数，本栏只填写本期认证相符且本期申报抵扣的部分。

适用取消增值税发票认证规定的纳税人，当期申报抵扣的增值税发票数据，也填报在本栏中。

3. 第3栏“前期认证相符且本期申报抵扣”：反映前期认证相符且本期申报抵扣的增值税专用发票的情况。

辅导期纳税人依据税务机关告知的稽核比对结果通知书及明细清单注明的稽核相符的增值税专用发票填写本栏。本栏是第1栏的其中数，只填写前期认证相符且本期申报抵扣的部分。

4. 第4栏“（二）其他扣税凭证”：反映本期申报抵扣的除增值税专用发票之外的其他扣税凭证的情况。具体包括：海关进口增值税专用缴款书、农产品收购发票或者销售发票（含农产品核定扣除的进项税额）、代扣代缴税收完税凭证和其他符合政策规定的抵扣凭证。该栏应等于第5至8栏之和。

5. 第5栏“海关进口增值税专用缴款书”：反映本期申报抵扣的海关进口增值税专用缴款书的情况。按规定执行海关进口增值税专用缴款书先比对后抵扣的，纳税人需依据税务机关告知的稽核比对结果通知书及明细清单注明的稽核相符的海关进口增值税专用缴款书填写本栏。

6. 第6栏“农产品收购发票或者销售发票”：反映本期申报抵扣的农产品收购发票和农产品销售普通发票的情况。执行农产品增值税进项税额核定扣除办法的，填写当期允许抵扣的农产品增值税进项税额，不填写“份数”“金额”。

7. 第7栏“代扣代缴税收缴款凭证”：填写本期按规定准予抵扣的完税凭

证上注明的增值税额。

8. 第8栏“其他”：反映按规定本期可以申报抵扣的其他扣税凭证情况。

纳税人按照规定不得抵扣且未抵扣进项税额的固定资产、无形资产、不动产，发生用途改变，用于允许抵扣进项税额的应税项目，可在用途改变的次月将按公式计算出的可以抵扣的进项税额，填入“税额”栏。

9. 第9栏“（三）本期用于购建不动产的扣税凭证”：反映按规定本期用于购建不动产并适用分2年抵扣规定的扣税凭证上注明的金额和税额。购建不动产是指纳税人2016年5月1日后取得并在会计制度上按固定资产核算的不动产或者2016年5月1日后取得的不动产在建工程。

取得不动产，包括以直接购买、接受捐赠、接受投资入股、自建以及抵债等各种形式取得不动产，不包括房地产开发企业自行开发的房地产项目。

本栏次包括第1栏中本期用于购建不动产的增值税专用发票和第4栏中本期用于购建不动产的其他扣税凭证。

本栏“金额”“税额”<第1栏+第4栏且本栏“金额”“税额”≥0。

纳税人按照规定不得抵扣且未抵扣进项税额的不动产，发生用途改变，用于允许抵扣进项税额的应税项目，可在用途改变的次月将按公式计算出的可以抵扣的进项税额，填入“税额”栏。

本栏“税额”列=《附列资料（五）》第2列“本期不动产进项税额增加额”。

10. 第10栏“（四）本期不动产允许抵扣进项税额”：反映按规定本期实际申报抵扣的不动产进项税额。本栏“税额”列=《附列资料（五）》第3列“本期可抵扣不动产进项税额”

11. 第11栏“（五）外贸企业进项税额抵扣证明”：填写本期申报抵扣的税务机关出口退税部门开具的《出口货物转内销证明》列明允许抵扣的进项税额。

12. 第12栏“当期申报抵扣进项税额合计”：反映本期申报抵扣进项税额的合计数。按表中所列公式计算填写。

（三）第13至23栏“二、进项税额转出额”各栏：分别反映纳税人已经抵扣但按规定应在本期转出的进项税额明细情况。

1. 第13栏“本期进项税额转出额”：反映已经抵扣但按规定应在本期转出的进项税额合计数。按表中所列公式计算填写。

2. 第14栏“免税项目用”：反映用于免征增值税项目，按规定应在本期转出的进项税额。

3. 第15栏“集体福利、个人消费”：反映用于集体福利或者个人消费，按规定应在本期转出的进项税额。

4. 第16栏“非正常损失”：反映纳税人发生非正常损失，按规定应在本期转出的进项税额。

5. 第17栏“简易计税方法征税项目用”：反映用于按简易计税方法征税项目，按规定应在本期转出的进项税额。

营业税改征增值税的纳税人，服务、不动产和无形资产按规定汇总计算缴纳增值税的分支机构，当期应由总机构汇总的进项税额也填入本栏。

6. 第18栏“免抵退税办法不得抵扣的进项税额”：反映按照免、抵、退税办法的规定，由于征税税率与退税税率存在税率差，在本期应转出的进项税额。

7. 第19栏“纳税检查调减进项税额”：反映税务、财政、审计部门检查后而调减的进项税额。

8. 第20栏“红字专用发票信息表注明的进项税额”：填写主管税务机关开具的《开具红字增值税专用发票信息表》注明的在本期应转出的进项税额。

9. 第21栏“上期留抵税额抵减欠税”：填写本期经税务机关同意，使用上期留抵税额抵减欠税的数额。

10. 第22栏“上期留抵税额退税”：填写本期经税务机关批准的上期留抵税额退税额。

11. 第23栏“其他应作进项税额转出的情形”：反映除上述进项税额转出情形外，其他应在本期转出的进项税额。

（四）第24至34栏“三、待抵扣进项税额”各栏：分别反映纳税人已经取得，但按税法规定不符合抵扣条件，暂不予在本期申报抵扣的进项税额情况及按税法规定不允许抵扣的进项税额情况。

1. 第24至28栏均为增值税专用发票的情况。

2. 第25栏“期初已认证相符但未申报抵扣”：反映前期认证相符，但按照税法规定暂不予抵扣及不允许抵扣，结存至本期的增值税专用发票情况。辅导期纳税人填写认证相符但未收到稽核比对结果的增值税专用发票期初情况。

3. 第26栏“本期认证相符且本期未申报抵扣”：反映本期认证相符，但按税法规定暂不予抵扣及不允许抵扣，而未申报抵扣的增值税专用发票情况。辅导期纳税人填写本期认证相符但未收到稽核比对结果的增值税专用发票情况。

4. 第27栏“期末已认证相符但未申报抵扣”：反映截至本期期末，按照税法规定仍暂不予抵扣及不允许抵扣且已认证相符的增值税专用发票情况。辅导期纳税人填写截至本期期末已认证相符但未收到稽核比对结果的增值税专用发票期末情况。

5. 第28栏“其中：按照税法规定不允许抵扣”：反映截至本期期末已认证相符但未申报抵扣的增值税专用发票中，按照税法规定不允许抵扣的增值税专用发票情况。

6. 第29栏“（二）其他扣税凭证”：反映截至本期期末仍未申报抵扣的除增值税专用发票之外的其他扣税凭证情况。具体包括：海关进口增值税专用缴款书、农产品收购发票或者销售发票、代扣代缴税收完税凭证和其他符合政策规定的抵扣凭证。该栏应等于第30至33栏之和。

7. 第30栏“海关进口增值税专用缴款书”：反映已取得但截至本期期末仍未申报抵扣的海关进口增值税专用缴款书情况，包括纳税人未收到稽核比对结果的海关进口增值税专用缴款书情况。

8. 第31栏“农产品收购发票或者销售发票”：反映已取得但截至本期期末仍未申报抵扣的农产品收购发票和农产品销售普通发票情况。

9. 第32栏“代扣代缴税收缴款凭证”：反映已取得但截至本期期末仍未申报抵扣的代扣代缴税收完税凭证情况。

10. 第33栏“其他”：反映已取得但截至本期期末仍未申报抵扣的其他扣税凭证的情况。

（五）第35至36栏“四、其他”各栏。

1. 第35栏“本期认证相符的增值税专用发票”：反映本期认证相符的增值税专用发票的情况。

2. 第36栏“代扣代缴税额”：填写纳税人根据《中华人民共和国增值税暂行条例》第十八条扣缴的应税劳务增值税额与根据营业税改征增值税有关政策规定扣缴的服务、不动产和无形资产增值税额之和。

五、《增值税纳税申报表附列资料（三）》（服务、不动产和无形资产扣除项目明细）填写说明

（一）本表由服务、不动产和无形资产有扣除项目的营业税改征增值税纳税人填写。其他纳税人不填写。

（二）“税款所属时间”“纳税人名称”的填写同主表。

（三）第1列“本期服务、不动产和无形资产价税合计额（免税销售额)”：营业税改征增值税的服务、不动产和无形资产属于征税项目的，填写扣除之前的本期服务、不动产和无形资产价税合计额；营业税改征增值税的服务、不动产和无形资产属于免抵退税或免税项目的，填写扣除之前的本期服务、不动产和无形资产免税销售额。本列各行次等于《附列资料（一)》第11列对应行次，其中本列第3行和第4行之和等于《附列资料（一)》第11列第5栏。

营业税改征增值税的纳税人，服务、不动产和无形资产按规定汇总计算缴纳增值税的分支机构，本列各行次之和等于《附列资料（一)》第11列第13a、13b行之和。

（四）第2列“服务、不动产和无形资产扣除项目”“期初余额”：填写服务、不动产和无形资产扣除项目上期期末结存的金额，试点实施之日的税款所属期填写“0”。本列各行次等于上期《附列资料（三)》第6列对应行次。

本列第4行“6%税率的金融商品转让项目”“期初余额”年初首期填报时应填“0”。

（五）第3列“服务、不动产和无形资产扣除项目”“本期发生额”：填写本期取得的按税法规定准予扣除的服务、不动产和无形资产扣除项目金额。

（六）第4列“服务、不动产和无形资产扣除项目”“本期应扣除金额”：填写服务、不动产和无形资产扣除项目本期应扣除的金额。

本列各行次＝第2列对应各行次＋第3列对应各行次

（七）第5列“服务、不动产和无形资产扣除项目”“本期实际扣除金额”：填写服务、不动产和无形资产扣除项目本期实际扣除的金额。

本列各行次≤第4列对应各行次且本列各行次≤第1列对应各行次

（八）第6列“服务、不动产和无形资产扣除项目”“期末余额”：填写服务、不动产和无形资产扣除项目本期期末结存的金额。

本列各行次＝第4列对应各行次－第5列对应各行次

六、《增值税纳税申报表附列资料（四)》（税额抵减情况表）填写说明

本表第1行由发生增值税税控系统专用设备费用和技术维护费的纳税人填写，反映纳税人增值税税控系统专用设备费用和技术维护费按规定抵减增值税应纳税额的情况。

本表第2行由营业税改征增值税纳税人，服务、不动产和无形资产按规定汇总计算缴纳增值税的总机构填写，反映其分支机构预征缴纳税款抵减总机构

应纳增值税税额的情况。

本表第 3 行由销售建筑服务并按规定预缴增值税的纳税人填写，反映其销售建筑服务预征缴纳税款抵减应纳增值税税额的情况。

本表第 4 行由销售不动产并按规定预缴增值税的纳税人填写，反映其销售不动产预征缴纳税款抵减应纳增值税税额的情况。

本表第 5 行由出租不动产并按规定预缴增值税的纳税人填写，反映其出租不动产预征缴纳税款抵减应纳增值税税额的情况。

未发生上述业务的纳税人不填写本表。

七、《增值税纳税申报表附列资料（五）》（不动产分期抵扣计算表）填表说明

（一）本表由分期抵扣不动产进项税额的纳税人填写。

（二）“税款所属时间”“纳税人名称”的填写同主表。

（三）第 1 列“期初待抵扣不动产进项税额”：填写纳税人上期期末待抵扣不动产进项税额。

（四）第 2 列“本期不动产进项税额增加额”：填写本期取得的符合税法规定的不动产进项税额。

（五）第 3 列“本期可抵扣不动产进项税额”：填写符合税法规定可以在本期抵扣的不动产进项税额。

（六）第 4 列“本期转入的待抵扣不动产进项税额”：填写按照税法规定本期应转入的待抵扣不动产进项税额。

本列数≤《附列资料（二）》第 23 栏“税额”。

（七）第 5 列“本期转出的待抵扣不动产进项税额”：填写按照税法规定本期应转出的待抵扣不动产进项税额。

（八）第 6 列“期末待抵扣不动产进项税额”：填写本期期末尚未抵扣的不动产进项税额，按表中公式填写。

八、《固定资产（不含不动产）进项税额抵扣情况表》填写说明

本表反映纳税人在《附列资料（二）》“一、申报抵扣的进项税额”中固定资产的进项税额。本表按增值税专用发票、海关进口增值税专用缴款书分别填写。

九、《本期抵扣进项税额结构明细表》填写说明

（一）“税款所属时间”“纳税人名称”的填写同主表。

（二）第1栏反映本期申报抵扣进项税额的合计数。按表中所列公式计算填写。

本栏“税额”列=《附列资料（二）》第12栏“税额”列。

（三）第2至17栏分别反映纳税人按税法规定符合抵扣条件，在本期申报抵扣的不同税率（或征收率）的进项税额。其中，用于购建不动产的进项税额按照本期实际抵扣的进项税额填写。

（四）第18栏反映纳税人按照农产品增值税进项税额核定扣除办法计算抵扣的进项税额。

（五）第19栏反映纳税人按照外贸企业进项税额抵扣证明注明的进项税额。

（六）本表内各栏间逻辑关系如下：

第1栏表内公式为1=2+4+5+10+13+15+17+18+19；

第2栏≥第3栏；

第5栏≥第6栏+第7栏+第8栏+第9栏；

第10栏≥第11栏+第12栏；

第13栏≥第14栏；

第15栏≥第16栏。

十、《增值税减免税申报明细表》填写说明

（一）本表由享受增值税减免税优惠政策的增值税一般纳税人和小规模纳税人填写。仅享受月销售额不超过3万元（按季纳税9万元）免征增值税政策或未达起征点的增值税小规模纳税人不需填报本表，即小规模纳税人当期增值税纳税申报表主表第12栏“其他免税销售额”“本期数”和第16栏“本期应纳税额减征额”“本期数”均无数据时，不需填报本表。

（二）“税款所属时间”“纳税人名称”的填写同增值税纳税申报表主表（以下简称主表）。

（三）“一、减税项目”由本期按照税收法律、法规及国家有关税收规定享受减征（包含税额式减征、税率式减征）增值税优惠的纳税人填写。

1.“减税性质代码及名称”：根据国家税务总局最新发布的《减免性质及分类表》所列减免性质代码、项目名称填写。同时有多个减征项目的，应分

别填写。

2. 第1列"期初余额"：填写应纳税额减征项目上期"期末余额"，为对应项目上期应抵减而不足抵减的余额。

3. 第2列"本期发生额"：填写本期发生的按照规定准予抵减增值税应纳税额的金额。

4. 第3列"本期应抵减税额"：填写本期应抵减增值税应纳税额的金额。本列按表中所列公式填写。

5. 第4列"本期实际抵减税额"：填写本期实际抵减增值税应纳税额的金额。本列各行≤第3列对应各行。

一般纳税人填写时，第1行"合计"本列数=主表第23行"一般项目"列"本月数"。

小规模纳税人填写时，第1行"合计"本列数=主表第16行"本期应纳税额减征额""本期数"。

6. 第5列"期末余额"：按表中所列公式填写。

（四）"二、免税项目"由本期按照税收法律、法规及国家有关税收规定免征增值税的纳税人填写。仅享受小微企业免征增值税政策或未达起征点的小规模纳税人不需填写，即小规模纳税人申报表主表第12栏"其他免税销售额""本期数"无数据时，不需填写本栏。

1. "免税性质代码及名称"：根据国家税务总局最新发布的《减免性质及分类表》所列减免性质代码、项目名称填写。同时有多个免税项目的，应分别填写。

2. "出口免税"填写纳税人本期按照税法规定出口免征增值税的销售额，但不包括适用免、抵、退税办法出口的销售额。小规模纳税人不填写本栏。

3. 第1列"免征增值税项目销售额"：填写纳税人免税项目的销售额。免税销售额按照有关规定允许从取得的全部价款和价外费用中扣除价款的，应填写扣除之前的销售额。

一般纳税人填写时，本列"合计"等于主表第8行"一般项目"列"本月数"。

小规模纳税人填写时，本列"合计"等于主表第12行"其他免税销售额""本期数"。

4. 第2列"免税销售额扣除项目本期实际扣除金额"：免税销售额按照有关规定允许从取得的全部价款和价外费用中扣除价款的，据实填写扣除金额；无扣除项目的，本列填写"0"。

5. 第3列“扣除后免税销售额”：按表中所列公式填写。

6. 第4列“免税销售额对应的进项税额”：本期用于增值税免税项目的进项税额。小规模纳税人不填写本列，一般纳税人按下列情况填写：

(1) 纳税人兼营应税和免税项目的，按当期免税销售额对应的进项税额填写；

(2) 纳税人本期销售收入全部为免税项目，且当期取得合法扣税凭证的，按当期取得的合法扣税凭证注明或计算的进项税额填写；

(3) 当期未取得合法扣税凭证的，纳税人可根据实际情况自行计算免税项目对应的进项税额；无法计算的，本栏次填“0”。

7. 第5列“免税额”：一般纳税人和小规模纳税人分别按下列公式计算填写，且本列各行数应大于或等于0。

一般纳税人公式：第5列“免税额”≤第3列“扣除后免税销售额”×适用税率－第4列“免税销售额对应的进项税额”。

小规模纳税人公式：第5列“免税额”＝第3列“扣除后免税销售额”×征收率。

附件3

增值税纳税申报表

（小规模纳税人适用）

纳税人识别号：□□□□□□□□□□□□□□□□□□□□

纳税人名称：（公章） 金额单位：元至角分

税款所属期： 年 月 日至 年 月 日 填表日期： 年 月 日

	项 目	栏次	本期数		本年累计	
			货物及劳务	服务、不动产和无形资产	货物及劳务	服务、不动产和无形资产
一、计税依据	（一）应征增值税不含税销售额	1				
	税务机关代开的增值税专用发票不含税销售额	2				
	税控器具开具的普通发票不含税销售额	3				
	（二）销售、出租不动产不含税销售额	4	——		——	
	税务机关代开的增值税专用发票不含税销售额	5	——		——	
	税控器具开具的普通发票不含税销售额	6	——		——	

续表

	项 目	栏次	本期数		本年累计	
			货物及劳务	服务、不动产和无形资产	货物及劳务	服务、不动产和无形资产
一、计税依据	（三）销售使用过的固定资产不含税销售额	7（7≥8）		——		——
	其中：税控器具开具的普通发票不含税销售额	8		——		——
	（四）免税销售额	9 = 10 + 11 + 12				
	其中：小微企业免税销售额	10				
	未达起征点销售额	11				
	其他免税销售额	12				
	（五）出口免税销售额	13（13≥14）				
	其中：税控器具开具的普通发票销售额	14				
二、税款计算	本期应纳税额	15				
	本期应纳税额减征额	16				
	本期免税额	17				
	其中：小微企业免税额	18				
	未达起征点免税额	19				
	应纳税额合计	20 = 15 - 16				
	本期预缴税额	21			——	——
	本期应补（退）税额	22 = 20 - 21			——	——

纳税人或代理人声明：	如纳税人填报，由纳税人填写以下各栏：
本纳税申报表是根据国家税收法律法规及相关规定填报的，我确定它是真实的、可靠的、完整的。	办税人员： 财务负责人： 法定代表人： 联系电话：
	如委托代理人填报，由代理人填写以下各栏：
	代理人名称（公章）： 经办人： 联系电话：

主管税务机关： 接收人： 接收日期：

增值税纳税申报表（小规模纳税人适用）附列资料

税款所属期：　　年　月　日至　　年　月　日　　　　　　　　填表日期：　年　月　日

纳税人名称（公章）：　　　　　　　　　　　　　　　　　　　　金额单位：元至角分

服务扣除额计算

期初余额	本期发生额	本期扣除额	期末余额
1	2	3（3≤1+2之和，且3≤5）	4=1+2-3

计税销售额计算

全部含税收入	本期扣除额	含税销售额	不含税销售额
5	6=3	7=5-6	8=7÷1.03

附件4

《增值税纳税申报表（小规模纳税人适用）》及其附列资料填写说明

本纳税申报表及其附列资料填写说明（以下简称本表及填写说明）适用于增值税小规模纳税人（以下简称纳税人）。

一、名词解释

（一）本表及填写说明所称“货物”，是指增值税的应税货物。

（二）本表及填写说明所称“劳务”，是指增值税的应税加工、修理、修配劳务。

（三）本表及填写说明所称"服务、不动产和无形资产"，是指销售服务、不动产和无形资产。

（四）本表及填写说明所称"扣除项目"，是指纳税人销售服务、不动产，在确定销售额时，按照有关规定允许其从取得的全部价款和价外费用中扣除价款的项目。

二、《增值税纳税申报表（小规模纳税人适用）》填写说明

本表"货物及劳务"与"服务、不动产和无形资产"各项目应分别填写。

（一）"税款所属期"是指纳税人申报的增值税应纳税额的所属时间，应填写具体的起止年、月、日。

（二）"纳税人识别号"栏，填写纳税人的税务登记证件号码。

（三）"纳税人名称"栏，填写纳税人名称全称。

（四）第1栏"应征增值税不含税销售额"：填写本期销售货物及劳务、服务和无形资产的不含税销售额，不包括销售、出租不动产、销售使用过的固定资产和销售旧货的不含税销售额、免税销售额、出口免税销售额、查补销售额。

服务有扣除项目的纳税人，本栏填写扣除后的不含税销售额，与当期《增值税纳税申报表（小规模纳税人适用）附列资料》第8栏数据一致。

（五）第2栏"税务机关代开的增值税专用发票不含税销售额"：填写税务机关代开的增值税专用发票销售额合计。

（六）第3栏"税控器具开具的普通发票不含税销售额"：填写税控器具开具的货物及劳务、服务和无形资产的普通发票金额换算的不含税销售额。

（七）第4栏"销售、出租不动产不含税销售额"：填写销售、出租不动产的不含税销售额，销售额 = 含税销售额/（1 + 5%）。销售不动产有扣除项目的纳税人，本栏填写扣除后的不含税销售额。

（八）第5栏"税务机关代开的增值税专用发票不含税销售额"：填写税务机关代开的增值税专用发票销售额合计。

（九）第6栏"税控器具开具的普通发票不含税销售额"：填写税控器具开具的销售、出租不动产的普通发票金额换算的不含税销售额。

（十）第7栏"销售使用过的固定资产不含税销售额"：填写销售自己使用过的固定资产（不含不动产，下同）和销售旧货的不含税销售额，销售额 = 含税销售额/（1 + 3%）。

（十一）第8栏"税控器具开具的普通发票不含税销售额"：填写税控器

具开具的销售自己使用过的固定资产和销售旧货的普通发票金额换算的不含税销售额。

（十二）第9栏"免税销售额"：填写销售免征增值税的货物及劳务、服务、不动产和无形资产的销售额，不包括出口免税销售额。

服务、不动产有扣除项目的纳税人，填写扣除之前的销售额。

（十三）第10栏"小微企业免税销售额"：填写符合小微企业免征增值税政策的免税销售额，不包括符合其他增值税免税政策的销售额。个体工商户和其他个人不填写本栏次。

（十四）第11栏"未达起征点销售额"：填写个体工商户和其他个人未达起征点（含支持小微企业免征增值税政策）的免税销售额，不包括符合其他增值税免税政策的销售额。本栏次由个体工商户和其他个人填写。

（十五）第12栏"其他免税销售额"：填写销售免征增值税的货物及劳务、服务、不动产和无形资产的销售额，不包括符合小微企业免征增值税和未达起征点政策的免税销售额。

（十六）第13栏"出口免税销售额"：填写出口免征增值税货物及劳务、出口免征增值税服务、无形资产的销售额。

服务有扣除项目的纳税人，填写扣除之前的销售额。

（十七）第14栏"税控器具开具的普通发票销售额"：填写税控器具开具的出口免征增值税货物及劳务、出口免征增值税服务、无形资产的普通发票销售额。

（十八）第15栏"本期应纳税额"：填写本期按征收率计算缴纳的应纳税额。

（十九）第16栏"本期应纳税额减征额"：填写纳税人本期按照税法规定减征的增值税应纳税额。包含可在增值税应纳税额中全额抵减的增值税税控系统专用设备费用以及技术维护费，可在增值税应纳税额中抵免的购置税控收款机的增值税税额。

当本期减征额小于或等于第15栏"本期应纳税额"时，按本期减征额实际填写；当本期减征额大于第15栏"本期应纳税额"时，按本期第15栏填写，本期减征额不足抵减部分结转下期继续抵减。

（二十）第17栏"本期免税额"：填写纳税人本期增值税免税额，免税额根据第9栏"免税销售额"和征收率计算。

（二十一）第18栏"小微企业免税额"：填写符合小微企业免征增值税政策的增值税免税额，免税额根据第10栏"小微企业免税销售额"和征收率计算。

（二十二）第19栏“未达起征点免税额”：填写个体工商户和其他个人未达起征点（含支持小微企业免征增值税政策）的增值税免税额，免税额根据第11栏“未达起征点销售额”和征收率计算。

（二十三）第21栏“本期预缴税额”：填写纳税人本期预缴的增值税额，但不包括查补缴纳的增值税额。

三、《增值税纳税申报表（小规模纳税人适用）附列资料》填写说明

本附列资料由销售服务有扣除项目的纳税人填写，各栏次均不包含免征增值税项目的金额。

（一）“税款所属期”是指纳税人申报的增值税应纳税额的所属时间，应填写具体的起止年、月、日。

（二）“纳税人名称”栏，填写纳税人名称全称。

（三）第1栏“期初余额”：填写服务扣除项目上期期末结存的金额，试点实施之日的税款所属期填写“0”。

（四）第2栏“本期发生额”：填写本期取得的按税法规定准予扣除的服务扣除项目金额。

（五）第3栏“本期扣除额”：填写服务扣除项目本期实际扣除的金额。

第3栏“本期扣除额”≤第1栏“期初余额”+第2栏“本期发生额”之和，且第3栏“本期扣除额”≤5栏“全部含税收入”

（六）第4栏“期末余额”：填写服务扣除项目本期期末结存的金额。

（七）第5栏“全部含税收入”：填写纳税人销售服务、无形资产取得的全部价款和价外费用数额。

（八）第6栏“本期扣除额”：填写本附列资料第3项“本期扣除额”栏数据。

第6栏“本期扣除额”=第3栏“本期扣除额”

（九）第7栏“含税销售额”：填写服务、无形资产的含税销售额。

第7栏“含税销售额”=第5栏“全部含税收入”-第6栏“本期扣除额”

（十）第8栏“不含税销售额”：填写服务、无形资产的不含税销售额。

第8栏“不含税销售额”=第7栏“含税销售额”÷1.03，与《增值税纳税申报表（小规模纳税人适用）》第1栏“应征增值税不含税销售额”“本期数”“服务、不动产和无形资产”栏数据一致。

附件 5

增值税预缴税款表

税款所属时间： 年 月 日至 年 月 日

纳税人识别号：□□□□□□□□□□□□□□□□□□□□□□□□

是否适用一般计税方法 是□ 否□

<table>
<tr><td colspan="2">纳税人名称：（公章）</td><td></td><td></td><td colspan="2">金额单位：元（列至角分）</td></tr>
<tr><td colspan="2">项目编号</td><td></td><td>项目名称</td><td colspan="2"></td></tr>
<tr><td colspan="2">项目地址</td><td colspan="4"></td></tr>
<tr><td colspan="2" rowspan="2">预征项目和栏次</td><td>销售额</td><td>扣除金额</td><td>预征率</td><td>预征税额</td></tr>
<tr><td>1</td><td>2</td><td>3</td><td>4</td></tr>
<tr><td>建筑服务</td><td>1</td><td></td><td></td><td></td><td></td></tr>
<tr><td>销售不动产</td><td>2</td><td></td><td></td><td></td><td></td></tr>
<tr><td>出租不动产</td><td>3</td><td></td><td></td><td></td><td></td></tr>
<tr><td></td><td>4</td><td></td><td></td><td></td><td></td></tr>
<tr><td></td><td>5</td><td></td><td></td><td></td><td></td></tr>
<tr><td>合计</td><td>6</td><td></td><td></td><td></td><td></td></tr>
<tr><td>授权声明</td><td colspan="2">如果你已委托代理人填报，请填写下列资料：
为代理一切税务事宜，现授权
（地址） 为本次纳税人的代理填报人，任何与本表有关的往来文件，都可寄予此人。
授权人签字：</td><td>填表人申明</td><td colspan="2">以上内容是真实的、可靠的、完整的。
纳税人签字：</td></tr>
</table>

附件 6

《增值税预缴税款表》填写说明

一、本表适用于纳税人发生以下情形按规定在国税机关预缴增值税时填写。

（一）纳税人（不含其他个人）跨县（市）提供建筑服务。

（二）房地产开发企业预售自行开发的房地产项目。

（三）纳税人（不含其他个人）出租与机构所在地不在同一县（市）的不动产。

二、基础信息填写说明：

（一）“税款所属时间”：指纳税人申报的增值税预缴税额的所属时间，应填写具体的起止年、月、日。

（二）“纳税人识别号”：填写纳税人的税务登记证件号码；纳税人为未办理过税务登记证的非企业性单位的，填写其组织机构代码证号码。

（三）“纳税人名称”：填写纳税人名称全称。

（四）“是否适用一般计税方法”：该项目适用一般计税方法的纳税人在该项目后的“□”中打“√”，适用简易计税方法的纳税人在该项目后的“□”中打“×”。

（五）“项目编号”：由异地提供建筑服务的纳税人和房地产开发企业填写《建筑工程施工许可证》上的编号，根据相关规定不需要申请《建筑工程施工许可证》的建筑服务项目或不动产开发项目，不需要填写。出租不动产业务无需填写。

（六）“项目名称”：填写建筑服务或者房地产项目的名称。出租不动产业务不需要填写。

（七）“项目地址”：填写建筑服务项目、房地产项目或出租不动产的具体地址。

三、具体栏次填表说明：

（一）纳税人异地提供建筑服务

纳税人在“预征项目和栏次”部分的第1栏“建筑服务”行次填写相关信息：

1. 第1列“销售额”：填写纳税人跨县（市）提供建筑服务取得的全部价款和价外费用（含税）。

2. 第2列“扣除金额”：填写跨县（市）提供建筑服务项目按照规定准予从全部价款和价外费用中扣除的金额（含税）。

3. 第3列“预征率”：填写跨县（市）提供建筑服务项目对应的预征率或者征收率。

4. 第4列“预征税额”：填写按照规定计算的应预缴税额。

（二）房地产开发企业预售自行开发的房地产项目

纳税人在“预征项目和栏次”部分的第2栏“销售不动产”行次填写相关信息：

1. 第 1 列“销售额”：填写本期收取的预收款（含税），包括在取得预收款当月或主管国税机关确定的预缴期取得的全部预收价款和价外费用。

2. 第 2 列“扣除金额”：房地产开发企业不需填写。

3. 第 3 列“预征率”：房地产开发企业预征率为 3%。

4. 第 4 列“预征税额”：填写按照规定计算的应预缴税额。

（三）纳税人出租不动产

纳税人在“预征项目和栏次”部分的第 3 栏“出租不动产”行次填写相关信息：

1. 第 1 列“销售额”：填写纳税人出租不动产取得全部价款和价外费用（含税）；

2. 第 2 列“扣除金额”无需填写；

3. 第 3 列“预征率”：填写纳税人预缴增值税适用的预征率或者征收率；

4. 第 4 列“预征税额”：填写按照规定计算的应预缴税额。

国家税务总局
关于发布《纳税人转让不动产增值税征收管理暂行办法》的公告

国家税务总局公告 2016 年第 14 号

国家税务总局制定了《纳税人转让不动产增值税征收管理暂行办法》，现予以公布，自 2016 年 5 月 1 日起施行。

特此公告。

国家税务总局
2016 年 3 月 31 日

纳税人转让不动产增值税征收管理暂行办法

第一条 根据《财政部 国家税务总局关于全面推开营业税改征增值税试点的通知》（财税〔2016〕36 号）及现行增值税有关规定，制定本办法。

第二条 纳税人转让其取得的不动产，适用本办法。

本办法所称取得的不动产，包括以直接购买、接受捐赠、接受投资入股、自建以及抵债等各种形式取得的不动产。

房地产开发企业销售自行开发的房地产项目不适用本办法。

第三条 一般纳税人转让其取得的不动产，按照以下规定缴纳增值税：

（一）一般纳税人转让其 2016 年 4 月 30 日前取得（不含自建）的不动产，可以选择适用简易计税方法计税，以取得的全部价款和价外费用扣除不动产购置原价或者取得不动产时的作价后的余额为销售额，按照5%的征收率计算应纳税额。纳税人应按照上述计税方法向不动产所在地主管地税机关预缴税款，向机构所在地主管国税机关申报纳税。

（二）一般纳税人转让其2016年4月30日前自建的不动产，可以选择适用简易计税方法计税，以取得的全部价款和价外费用为销售额，按照5%的征收率计算应纳税额。纳税人应按照上述计税方法向不动产所在地主管地税机关预缴税款，向机构所在地主管国税机关申报纳税。

（三）一般纳税人转让其2016年4月30日前取得（不含自建）的不动产，选择适用一般计税方法计税的，以取得的全部价款和价外费用为销售额计算应纳税额。纳税人应以取得的全部价款和价外费用扣除不动产购置原价或者取得不动产时的作价后的余额，按照5%的预征率向不动产所在地主管地税机关预缴税款，向机构所在地主管国税机关申报纳税。

（四）一般纳税人转让其2016年4月30日前自建的不动产，选择适用一般计税方法计税的，以取得的全部价款和价外费用为销售额计算应纳税额。纳税人应以取得的全部价款和价外费用，按照5%的预征率向不动产所在地主管地税机关预缴税款，向机构所在地主管国税机关申报纳税。

（五）一般纳税人转让其2016年5月1日后取得（不含自建）的不动产，适用一般计税方法，以取得的全部价款和价外费用为销售额计算应纳税额。纳税人应以取得的全部价款和价外费用扣除不动产购置原价或者取得不动产时的作价后的余额，按照5%的预征率向不动产所在地主管地税机关预缴税款，向机构所在地主管国税机关申报纳税。

（六）一般纳税人转让其2016年5月1日后自建的不动产，适用一般计税方法，以取得的全部价款和价外费用为销售额计算应纳税额。纳税人应以取得的全部价款和价外费用，按照5%的预征率向不动产所在地主管地税机关预缴税款，向机构所在地主管国税机关申报纳税。

第四条 小规模纳税人转让其取得的不动产，除个人转让其购买的住房外，按照以下规定缴纳增值税：

（一）小规模纳税人转让其取得（不含自建）的不动产，以取得的全部价款和价外费用扣除不动产购置原价或者取得不动产时的作价后的余额为销售额，按照5%的征收率计算应纳税额。

（二）小规模纳税人转让其自建的不动产，以取得的全部价款和价外费用为销售额，按照5%的征收率计算应纳税额。

除其他个人之外的小规模纳税人，应按照本条规定的计税方法向不动产所在地主管地税机关预缴税款，向机构所在地主管国税机关申报纳税；其他个人按照本条规定的计税方法向不动产所在地主管地税机关申报纳税。

第五条 个人转让其购买的住房，按照以下规定缴纳增值税：

（一）个人转让其购买的住房，按照有关规定全额缴纳增值税的，以取得的全部价款和价外费用为销售额，按照5%的征收率计算应纳税额。

（二）个人转让其购买的住房，按照有关规定差额缴纳增值税的，以取得的全部价款和价外费用扣除购买住房价款后的余额为销售额，按照5%的征收率计算应纳税额。

个体工商户应按照本条规定的计税方法向住房所在地主管地税机关预缴税款，向机构所在地主管国税机关申报纳税；其他个人应按照本条规定的计税方法向住房所在地主管地税机关申报纳税。

第六条 其他个人以外的纳税人转让其取得的不动产，区分以下情形计算应向不动产所在地主管地税机关预缴的税款：

（一）以转让不动产取得的全部价款和价外费用作为预缴税款计算依据的，计算公式为：

应预缴税款＝全部价款和价外费用÷（1＋5%）×5%

（二）以转让不动产取得的全部价款和价外费用扣除不动产购置原价或者取得不动产时的作价后的余额作为预缴税款计算依据的，计算公式为：

应预缴税款＝（全部价款和价外费用－不动产购置原价或者取得不动产时的作价）÷（1＋5%）×5%

第七条 其他个人转让其取得的不动产，按照本办法第六条规定的计算方法计算应纳税额并向不动产所在地主管地税机关申报纳税。

第八条 纳税人按规定从取得的全部价款和价外费用中扣除不动产购置原价或者取得不动产时的作价的，应当取得符合法律、行政法规和国家税务总局规定的合法有效凭证。否则，不得扣除。

上述凭证是指：

（一）税务部门监制的发票。

（二）法院判决书、裁定书、调解书，以及仲裁裁决书、公证债权文书。

（三）国家税务总局规定的其他凭证。

第九条 纳税人转让其取得的不动产，向不动产所在地主管地税机关预缴的增值税税款，可以在当期增值税应纳税额中抵减，抵减不完的，结转下期继续抵减。

纳税人以预缴税款抵减应纳税额，应以完税凭证作为合法有效凭证。

第十条 小规模纳税人转让其取得的不动产，不能自行开具增值税发票的，可向不动产所在地主管地税机关申请代开。

第十一条 纳税人向其他个人转让其取得的不动产，不得开具或申请代开增值税专用发票。

第十二条 纳税人转让不动产，按照本办法规定应向不动产所在地主管地税机关预缴税款而自应当预缴之月起超过6个月没有预缴税款的，由机构所在地主管国税机关按照《中华人民共和国税收征收管理法》及相关规定进行处理。

纳税人转让不动产，未按照本办法规定缴纳税款的，由主管税务机关按照《中华人民共和国税收征收管理法》及相关规定进行处理。

国家税务总局
关于发布《不动产进项税额
分期抵扣暂行办法》的公告

国家税务总局公告 2016 年第 15 号

国家税务总局制定了《不动产进项税额分期抵扣暂行办法》，现予以公布，自2016 年 5 月 1 日起施行。

特此公告。

国家税务总局

2016 年 3 月 31 日

不动产进项税额分期抵扣暂行办法

第一条 根据《财政部 国家税务总局关于全面推开营业税改征增值税试点的通知》（财税〔2016〕36 号）及现行增值税有关规定，制定本办法。

第二条 增值税一般纳税人（以下称纳税人）2016 年 5 月 1 日后取得并在会计制度上按固定资产核算的不动产，以及 2016 年 5 月 1 日后发生的不动产在建工程，其进项税额应按照本办法有关规定分 2 年从销项税额中抵扣，第一年抵扣比例为 60%，第二年抵扣比例为 40%。

取得的不动产，包括以直接购买、接受捐赠、接受投资入股以及抵债等各种形式取得的不动产。

纳税人新建、改建、扩建、修缮、装饰不动产，属于不动产在建工程。

房地产开发企业自行开发的房地产项目，融资租入的不动产，以及在施工现场修建的临时建筑物、构筑物，其进项税额不适用上述分2年抵扣的规定。

第三条 纳税人2016年5月1日后购进货物和设计服务、建筑服务，用于新建不动产，或者用于改建、扩建、修缮、装饰不动产并增加不动产原值超过50%的，其进项税额依照本办法有关规定分2年从销项税额中抵扣。

不动产原值，是指取得不动产时的购置原价或作价。

上述分2年从销项税额中抵扣的购进货物，是指构成不动产实体的材料和设备，包括建筑装饰材料和给排水、采暖、卫生、通风、照明、通讯、煤气、消防、中央空调、电梯、电气、智能化楼宇设备及配套设施。

第四条 纳税人按照本办法规定从销项税额中抵扣进项税额，应取得2016年5月1日后开具的合法有效的增值税扣税凭证。

上述进项税额中，60%的部分于取得扣税凭证的当期从销项税额中抵扣；40%的部分为待抵扣进项税额，于取得扣税凭证的当月起第13个月从销项税额中抵扣。

第五条 购进时已全额抵扣进项税额的货物和服务，转用于不动产在建工程的，其已抵扣进项税额的40%部分，应于转用的当期从进项税额中扣减，计入待抵扣进项税额，并于转用的当月起第13个月从销项税额中抵扣。

第六条 纳税人销售其取得的不动产或者不动产在建工程时，尚未抵扣完毕的待抵扣进项税额，允许于销售的当期从销项税额中抵扣。

第七条 已抵扣进项税额的不动产，发生非正常损失，或者改变用途，专用于简易计税方法计税项目、免征增值税项目、集体福利或者个人消费的，按照下列公式计算不得抵扣的进项税额：

不得抵扣的进项税额 =（已抵扣进项税额 + 待抵扣进项税额）×不动产净值率

不动产净值率 =（不动产净值 ÷ 不动产原值）×100%

不得抵扣的进项税额小于或等于该不动产已抵扣进项税额的，应于该不动产改变用途的当期，将不得抵扣的进项税额从进项税额中扣减。

不得抵扣的进项税额大于该不动产已抵扣进项税额的，应于该不动产改变用途的当期，将已抵扣进项税额从进项税额中扣减，并从该不动产待抵扣进项税额中扣减不得抵扣进项税额与已抵扣进项税额的差额。

第八条 不动产在建工程发生非正常损失的，其所耗用的购进货物、设计服务和建筑服务已抵扣的进项税额应于当期全部转出；其待抵扣进项税额不得抵扣。

第九条 按照规定不得抵扣进项税额的不动产，发生用途改变，用于允许抵扣进项税额项目的，按照下列公式在改变用途的次月计算可抵扣进项税额。

可抵扣进项税额＝增值税扣税凭证注明或计算的进项税额×不动产净值率

依照本条规定计算的可抵扣进项税额，应取得 2016 年 5 月 1 日后开具的合法有效的增值税扣税凭证。

按照本条规定计算的可抵扣进项税额，60% 的部分于改变用途的次月从销项税额中抵扣，40% 的部分为待抵扣进项税额，于改变用途的次月起第 13 个月从销项税额中抵扣。

第十条 纳税人注销税务登记时，其尚未抵扣完毕的待抵扣进项税额于注销清算的当期从销项税额中抵扣。

第十一条 待抵扣进项税额记入"应交税金——待抵扣进项税额"科目核算，并于可抵扣当期转入"应交税金——应交增值税（进项税额）"科目。

对不同的不动产和不动产在建工程，纳税人应分别核算其待抵扣进项税额。

第十二条 纳税人分期抵扣不动产的进项税额，应据实填报增值税纳税申报表附列资料。

第十三条 纳税人应建立不动产和不动产在建工程台账，分别记录并归集不动产和不动产在建工程的成本、费用、扣税凭证及进项税额抵扣情况，留存备查。

用于简易计税方法计税项目、免征增值税项目、集体福利或者个人消费的不动产和不动产在建工程，也应在纳税人建立的台账中记录。

第十四条 纳税人未按照本办法有关规定抵扣不动产和不动产在建工程进项税额的，主管税务机关应按照《中华人民共和国税收征收管理法》及有关规定进行处理。

国家税务总局
关于发布《纳税人提供不动产经营租赁服务增值税征收管理暂行办法》的公告

国家税务总局公告2016年第16号

国家税务总局制定了《纳税人提供不动产经营租赁服务增值税征收管理暂行办法》，现予以公布，自2016年5月1日起施行。

特此公告。

国家税务总局

2016年3月31日

纳税人提供不动产经营租赁服务增值税征收管理暂行办法

第一条 根据《财政部 国家税务总局关于全面推开营业税改征增值税试点的通知》（财税〔2016〕36号）及现行增值税有关规定，制定本办法。

第二条 纳税人以经营租赁方式出租其取得的不动产（以下简称出租不动产），适用本办法。

取得的不动产，包括以直接购买、接受捐赠、接受投资入股、自建以及抵债等各种形式取得的不动产。

纳税人提供道路通行服务不适用本办法。

第三条 一般纳税人出租不动产，按照以下规定缴纳增值税：

（一）一般纳税人出租其2016年4月30日前取得的不动产，可以选择适用简易计税方法，按照5%的征收率计算应纳税额。

不动产所在地与机构所在地不在同一县（市、区）的，纳税人应按照上述计税方法向不动产所在地主管国税机关预缴税款，向机构所在地主管国税机关申报纳税。

不动产所在地与机构所在地在同一县（市、区）的，纳税人向机构所在地主管国税机关申报纳税。

（二）一般纳税人出租其2016年5月1日后取得的不动产，适用一般计税方法计税。

不动产所在地与机构所在地不在同一县（市、区）的，纳税人应按照3%的预征率向不动产所在地主管国税机关预缴税款，向机构所在地主管国税机关申报纳税。

不动产所在地与机构所在地在同一县（市、区）的，纳税人应向机构所在地主管国税机关申报纳税。

一般纳税人出租其2016年4月30日前取得的不动产适用一般计税方法计税的，按照上述规定执行。

第四条 小规模纳税人出租不动产，按照以下规定缴纳增值税：

（一）单位和个体工商户出租不动产（不含个体工商户出租住房），按照5%的征收率计算应纳税额。个体工商户出租住房，按照5%的征收率减按1.5%计算应纳税额。

不动产所在地与机构所在地不在同一县（市、区）的，纳税人应按照上述计税方法向不动产所在地主管国税机关预缴税款，向机构所在地主管国税机关申报纳税。

不动产所在地与机构所在地在同一县（市、区）的，纳税人应向机构所在地主管国税机关申报纳税。

（二）其他个人出租不动产（不含住房），按照5%的征收率计算应纳税额，向不动产所在地主管地税机关申报纳税。其他个人出租住房，按照5%的征收率减按1.5%计算应纳税额，向不动产所在地主管地税机关申报纳税。

第五条 纳税人出租的不动产所在地与其机构所在地在同一直辖市或计划单列市但不在同一县（市、区）的，由直辖市或计划单列市国家税务局决定是否在不动产所在地预缴税款。

第六条 纳税人出租不动产，按照本办法规定需要预缴税款的，应在取得租金的次月纳税申报期或不动产所在地主管国税机关核定的纳税期限预缴税款。

第七条　预缴税款的计算

（一）纳税人出租不动产适用一般计税方法计税的，按照以下公式计算应预缴税款：

应预缴税款 = 含税销售额 ÷（1 + 11%）× 3%

（二）纳税人出租不动产适用简易计税方法计税的，除个人出租住房外，按照以下公式计算应预缴税款：

应预缴税款 = 含税销售额 ÷（1 + 5%）× 5%

（三）个体工商户出租住房，按照以下公式计算应预缴税款：

应预缴税款 = 含税销售额 ÷（1 + 5%）× 1.5%

第八条　其他个人出租不动产，按照以下公式计算应纳税款：

（一）出租住房：

应纳税款 = 含税销售额 ÷（1 + 5%）× 1.5%

（二）出租非住房：

应纳税款 = 含税销售额 ÷（1 + 5%）× 5%

第九条　单位和个体工商户出租不动产，按照本办法规定向不动产所在地主管国税机关预缴税款时，应填写《增值税预缴税款表》。

第十条　单位和个体工商户出租不动产，向不动产所在地主管国税机关预缴的增值税款，可以在当期增值税应纳税额中抵减，抵减不完的，结转下期继续抵减。

纳税人以预缴税款抵减应纳税额，应以完税凭证作为合法有效凭证。

第十一条　小规模纳税人中的单位和个体工商户出租不动产，不能自行开具增值税发票的，可向不动产所在地主管国税机关申请代开增值税发票。

其他个人出租不动产，可向不动产所在地主管地税机关申请代开增值税发票。

第十二条　纳税人向其他个人出租不动产，不得开具或申请代开增值税专用发票。

第十三条　纳税人出租不动产，按照本办法规定应向不动产所在地主管国税机关预缴税款而自应当预缴之月起超过6个月没有预缴税款的，由机构所在地主管国税机关按照《中华人民共和国税收征收管理法》及相关规定进行处理。

纳税人出租不动产，未按照本办法规定缴纳税款的，由主管税务机关按照《中华人民共和国税收征收管理法》及相关规定进行处理。

国家税务总局关于发布《纳税人跨县（市、区）提供建筑服务增值税征收管理暂行办法》的公告

国家税务总局公告2016年第17号

国家税务总局制定了《跨县（市、区）提供建筑服务增值税征收管理暂行办法》，现予以公布，自2016年5月1日起施行。

特此公告。

国家税务总局

2016年3月31日

纳税人跨县（市、区）提供建筑服务增值税征收管理暂行办法

第一条 根据《财政部 国家税务总局关于全面推开营业税改征增值税试点的通知》（财税〔2016〕36号）及现行增值税有关规定，制定本办法。

第二条 本办法所称跨县（市、区）提供建筑服务，是指单位和个体工商户（以下简称纳税人）在其机构所在地以外的县（市、区）提供建筑服务。

纳税人在同一直辖市、计划单列市范围内跨县（市、区）提供建筑服务的，由直辖市、计划单列市国家税务局决定是否适用本办法。

其他个人跨县（市、区）提供建筑服务，不适用本办法。

第三条 纳税人跨县（市、区）提供建筑服务，应按照财税〔2016〕36

号文件规定的纳税义务发生时间和计税方法，向建筑服务发生地主管国税机关预缴税款，向机构所在地主管国税机关申报纳税。

《建筑工程施工许可证》未注明合同开工日期，但建筑工程承包合同注明的开工日期在2016年4月30日前的建筑工程项目，属于财税〔2016〕36号文件规定的可以选择简易计税方法计税的建筑工程老项目。

第四条 纳税人跨县（市、区）提供建筑服务，按照以下规定预缴税款：

（一）一般纳税人跨县（市、区）提供建筑服务，适用一般计税方法计税的，以取得的全部价款和价外费用扣除支付的分包款后的余额，按照2%的预征率计算应预缴税款。

（二）一般纳税人跨县（市、区）提供建筑服务，选择适用简易计税方法计税的，以取得的全部价款和价外费用扣除支付的分包款后的余额，按照3%的征收率计算应预缴税款。

（三）小规模纳税人跨县（市、区）提供建筑服务，以取得的全部价款和价外费用扣除支付的分包款后的余额，按照3%的征收率计算应预缴税款。

第五条 纳税人跨县（市、区）提供建筑服务，按照以下公式计算应预缴税款：

（一）适用一般计税方法计税的，应预缴税款 =（全部价款和价外费用 - 支付的分包款）÷（1 + 11%）×2%

（二）适用简易计税方法计税的，应预缴税款 =（全部价款和价外费用 - 支付的分包款）÷（1 + 3%）×3%

纳税人取得的全部价款和价外费用扣除支付的分包款后的余额为负数的，可结转下次预缴税款时继续扣除。

纳税人应按照工程项目分别计算应预缴税款，分别预缴。

第六条 纳税人按照上述规定从取得的全部价款和价外费用中扣除支付的分包款，应当取得符合法律、行政法规和国家税务总局规定的合法有效凭证，否则不得扣除。

上述凭证是指：

（一）从分包方取得的2016年4月30日前开具的建筑业营业税发票。

上述建筑业营业税发票在2016年6月30日前可作为预缴税款的扣除凭证。

（二）从分包方取得的2016年5月1日后开具的，备注栏注明建筑服务发生地所在县（市、区）、项目名称的增值税发票。

（三）国家税务总局规定的其他凭证。

第七条 纳税人跨县（市、区）提供建筑服务，在向建筑服务发生地主管国税机关预缴税款时，需提交以下资料：

（一）《增值税预缴税款表》；

（二）与发包方签订的建筑合同原件及复印件；

（三）与分包方签订的分包合同原件及复印件；

（四）从分包方取得的发票原件及复印件。

第八条 纳税人跨县（市、区）提供建筑服务，向建筑服务发生地主管国税机关预缴的增值税税款，可以在当期增值税应纳税额中抵减，抵减不完的，结转下期继续抵减。

纳税人以预缴税款抵减应纳税额，应以完税凭证作为合法有效凭证。

第九条 小规模纳税人跨县（市、区）提供建筑服务，不能自行开具增值税发票的，可向建筑服务发生地主管国税机关按照其取得的全部价款和价外费用申请代开增值税发票。

第十条 对跨县（市、区）提供的建筑服务，纳税人应自行建立预缴税款台账，区分不同县（市、区）和项目逐笔登记全部收入、支付的分包款、已扣除的分包款、扣除分包款的发票号码、已预缴税款以及预缴税款的完税凭证号码等相关内容，留存备查。

第十一条 纳税人跨县（市、区）提供建筑服务预缴税款时间，按照财税〔2016〕36 号文件规定的纳税义务发生时间和纳税期限执行。

第十二条 纳税人跨县（市、区）提供建筑服务，按照本办法应向建筑服务发生地主管国税机关预缴税款而自应当预缴之月起超过 6 个月没有预缴税款的，由机构所在地主管国税机关按照《中华人民共和国税收征收管理法》及相关规定进行处理。

纳税人跨县（市、区）提供建筑服务，未按照本办法缴纳税款的，由机构所在地主管国税机关按照《中华人民共和国税收征收管理法》及相关规定进行处理。

国家税务总局关于发布《房地产开发企业销售自行开发的房地产项目增值税征收管理暂行办法》的公告

国家税务总局公告2016年第18号

国家税务总局制定了《房地产开发企业销售自行开发的房地产项目增值税征收管理暂行办法》，现予以公布，自2016年5月1日起施行。

特此公告。

国家税务总局

2016年3月31日

房地产开发企业销售自行开发的房地产项目增值税征收管理暂行办法

第一章 适用范围

第一条 根据《财政部 国家税务总局关于全面推开营业税改征增值税试点的通知》（财税〔2016〕36号）及现行增值税有关规定，制定本办法。

第二条 房地产开发企业销售自行开发的房地产项目，适用本办法。

自行开发，是指在依法取得土地使用权的土地上进行基础设施和房屋建设。

第三条 房地产开发企业以接盘等形式购入未完工的房地产项目继续开发

后，以自己的名义立项销售的，属于本办法规定的销售自行开发的房地产项目。

第二章　一般纳税人征收管理

第一节　销　售　额

第四条　房地产开发企业中的一般纳税人（以下简称一般纳税人）销售自行开发的房地产项目，适用一般计税方法计税，按照取得的全部价款和价外费用，扣除当期销售房地产项目对应的土地价款后的余额计算销售额。销售额的计算公式如下：

销售额 =（全部价款和价外费用 - 当期允许扣除的土地价款）÷（1+11%）

第五条　当期允许扣除的土地价款按照以下公式计算：

当期允许扣除的土地价款 =（当期销售房地产项目建筑面积 ÷ 房地产项目可供销售建筑面积）× 支付的土地价款

当期销售房地产项目建筑面积，是指当期进行纳税申报的增值税销售额对应的建筑面积。

房地产项目可供销售建筑面积，是指房地产项目可以出售的总建筑面积，不包括销售房地产项目时未单独作价结算的配套公共设施的建筑面积。

支付的土地价款，是指向政府、土地管理部门或受政府委托收取土地价款的单位直接支付的土地价款。

第六条　在计算销售额时从全部价款和价外费用中扣除土地价款，应当取得省级以上（含省级）财政部门监（印）制的财政票据。

第七条　一般纳税人应建立台账登记土地价款的扣除情况，扣除的土地价款不得超过纳税人实际支付的土地价款。

第八条　一般纳税人销售自行开发的房地产老项目，可以选择适用简易计税方法按照5%的征收率计税。一经选择简易计税方法计税的，36个月内不得变更为一般计税方法计税。

房地产老项目，是指：

（一）《建筑工程施工许可证》注明的合同开工日期在2016年4月30日前的房地产项目；

（二）《建筑工程施工许可证》未注明合同开工日期或者未取得《建筑工程施工许可证》但建筑工程承包合同注明的开工日期在2016年4月30日前的

建筑工程项目。

第九条 一般纳税人销售自行开发的房地产老项目适用简易计税方法计税的，以取得的全部价款和价外费用为销售额，不得扣除对应的土地价款。

第二节 预缴税款

第十条 一般纳税人采取预收款方式销售自行开发的房地产项目，应在收到预收款时按照3%的预征率预缴增值税。

第十一条 应预缴税款按照以下公式计算：

应预缴税款 = 预收款 ÷ （1 + 适用税率或征收率） ×3%

适用一般计税方法计税的，按照11%的适用税率计算；适用简易计税方法计税的，按照5%的征收率计算。

第十二条 一般纳税人应在取得预收款的次月纳税申报期向主管国税机关预缴税款。

第三节 进项税额

第十三条 一般纳税人销售自行开发的房地产项目，兼有一般计税方法计税、简易计税方法计税、免征增值税的房地产项目而无法划分不得抵扣的进项税额的，应以《建筑工程施工许可证》注明的“建设规模”为依据进行划分。

不得抵扣的进项税额 = 当期无法划分的全部进项税额 × （简易计税、免税房地产项目建设规模 ÷ 房地产项目总建设规模）

第四节 纳税申报

第十四条 一般纳税人销售自行开发的房地产项目适用一般计税方法计税的，应按照《营业税改征增值税试点实施办法》（财税〔2016〕36号文件印发，以下简称《试点实施办法》）第四十五条规定的纳税义务发生时间，以当期销售额和11%的适用税率计算当期应纳税额，抵减已预缴税款后，向主管国税机关申报纳税。未抵减完的预缴税款可以结转下期继续抵减。

第十五条 一般纳税人销售自行开发的房地产项目适用简易计税方法计税的，应按照《试点实施办法》第四十五条规定的纳税义务发生时间，以当期销售额和5%的征收率计算当期应纳税额，抵减已预缴税款后，向主管国税机关申报纳税。未抵减完的预缴税款可以结转下期继续抵减。

第五节　发票开具

第十六条　一般纳税人销售自行开发的房地产项目，自行开具增值税发票。

第十七条　一般纳税人销售自行开发的房地产项目，其2016年4月30日前收取并已向主管地税机关申报缴纳营业税的预收款，未开具营业税发票的，可以开具增值税普通发票，不得开具增值税专用发票。

第十八条　一般纳税人向其他个人销售自行开发的房地产项目，不得开具增值税专用发票。

第三章　小规模纳税人征收管理

第一节　预缴税款

第十九条　房地产开发企业中的小规模纳税人（以下简称小规模纳税人）采取预收款方式销售自行开发的房地产项目，应在收到预收款时按照3%的预征率预缴增值税。

第二十条　应预缴税款按照以下公式计算：

应预缴税款＝预收款÷（1＋5%）×3%

第二十一条　小规模纳税人应在取得预收款的次月纳税申报期或主管国税机关核定的纳税期限向主管国税机关预缴税款。

第二节　纳税申报

第二十二条　小规模纳税人销售自行开发的房地产项目，应按照《试点实施办法》第四十五条规定的纳税义务发生时间，以当期销售额和5%的征收率计算当期应纳税额，抵减已预缴税款后，向主管国税机关申报纳税。未抵减完的预缴税款可以结转下期继续抵减。

第三节　发票开具

第二十三条　小规模纳税人销售自行开发的房地产项目，自行开具增值税普通发票。购买方需要增值税专用发票的，小规模纳税人向主管国税机关申请代开。

第二十四条　小规模纳税人销售自行开发的房地产项目，其2016年4月30日前收取并已向主管地税机关申报缴纳营业税的预收款，未开具营业税发票的，可以开具增值税普通发票，不得申请代开增值税专用发票。

第二十五条　小规模纳税人向其他个人销售自行开发的房地产项目，不得申请代开增值税专用发票。

第四章　其 他 事 项

第二十六条　房地产开发企业销售自行开发的房地产项目，按照本办法规定预缴税款时，应填报《增值税预缴税款表》。

第二十七条　房地产开发企业以预缴税款抵减应纳税额，应以完税凭证作为合法有效凭证。

第二十八条　房地产开发企业销售自行开发的房地产项目，未按本办法规定预缴或缴纳税款的，由主管国税机关按照《中华人民共和国税收征收管理法》及相关规定进行处理。

国家税务总局关于《营业税改征增值税委托地税机关代征税款和代开增值税发票》的公告

国家税务总局公告2016年第19号

根据《中华人民共和国税收征收管理法》、《财政部 国家税务总局关于全面推开营业税改征增值税试点的通知》（财税〔2016〕36号）和《国家税务总局关于加强国家税务局、地方税务局互相委托代征税收的通知》（税总发〔2015〕155号）等有关规定，税务总局决定，营业税改征增值税后由地税机关继续受理纳税人销售其取得的不动产和其他个人出租不动产的申报缴税和代开增值税发票业务，以方便纳税人办税。

本公告自2016年5月1日起施行。

特此公告。

国家税务总局

2016年3月31日

国家税务总局关于《营业税改征增值税委托地税局代征税款和代开增值税发票》的通知

税总函〔2016〕145号

各省、自治区、直辖市和计划单列市国家税务局、地方税务局：

为平稳推进营改增后国税、地税有关工作的顺利衔接，方便纳税人办税，根据《中华人民共和国税收征收管理法》、《财政部　国家税务总局关于全面推开营业税改征增值税试点的通知》（财税〔2016〕36号）和《国家税务总局关于加强国家税务局、地方税务局互相委托代征税收的通知》（税总发〔2015〕155号）等有关规定，现就营改增后纳税人销售其取得的不动产和其他个人出租不动产有关代征税款和代开增值税发票工作通知如下：

一、分工安排

国税局是增值税的主管税务机关。营改增后，为方便纳税人，暂定由地税局办理纳税人销售其取得的不动产和其他个人出租不动产增值税的纳税申报受理、计税价格评估、税款征收、税收优惠备案、发票代开等有关事项。地税局办理征缴、退库业务，使用地税局税收票证，并负责收入对账、会计核算、汇总上报工作。本代征业务国税局和地税局不需签订委托代征协议。

纳税人销售其取得的不动产和其他个人出租不动产，申请代开发票的，由代征税款的地税局代开增值税专用发票或者增值税普通发票（以下简称增值税发票）。对于具备增值税发票安全保管条件、可连通网络、地税局可有效监控代征税款及代开发票情况的政府部门等单位，县（区）以上地税局经评估后认为风险可控的，可以同意其代征税款并代开增值税发票。

2016 年 4 月 25 日前，国税局负责完成同级地税局代开增值税发票操作及相关政策培训工作。

二、代开发票流程

在国税局代开增值税发票流程基础上，地税局按照纳税人销售其取得的不动产和其他个人出租不动产增值税征收管理办法有关规定，为纳税人代开增值税发票。原地税营业税发票停止使用。

（一）代开发票部门登记

比照国税局现有代开增值税发票模式，在国税综合征管软件或金税三期系统中登记维护地税局代开发票部门信息。地税局代开发票部门编码为 15 位，第 11 位为“D”，其他编码规则按照《国家税务总局关于增值税防伪税控代开专用发票系统设备及软件配备的通知》（国税发〔2004〕139 号）规定编制。

（二）税控专用设备发行

地税局代开发票部门登记信息同步至增值税发票管理新系统，比照现有代开增值税发票税控专用设备发行流程，国税局为同级地税局代开发票部门发行税控专用设备并加载税务数字证书。

（三）发票提供

国税局向同级地税局提供六联增值税专用发票和五联增值税普通发票。

（四）发票开具

增值税小规模纳税人销售其取得的不动产以及其他个人出租不动产，购买方或承租方不属于其他个人的，纳税人缴纳增值税后可以向地税局申请代开增值税专用发票。不能自开增值税普通发票的小规模纳税人销售其取得的不动产，以及其他个人出租不动产，可以向地税局申请代开增值税普通发票。地税局代开发票部门通过增值税发票管理新系统代开增值税发票，系统自动在发票上打印“代开”字样。

地税局代开发票部门为纳税人代开的增值税发票，统一使用六联增值税专用发票和五联增值税普通发票。第四联由代开发票岗位留存，以备发票扫描补录；第五联交征收岗位留存，用于代开发票与征收税款的定期核对；其他联次交纳税人。

代开发票岗位应按下列要求填写增值税发票：

1. “税率”栏填写增值税征收率。免税、其他个人出租其取得的不动产适用优惠政策减按1.5%征收、差额征税的，“税率”栏自动打印“＊＊＊”；

2. “销售方名称”栏填写代开地税局名称；

3. “销售方纳税人识别号”栏填写代开发票地税局代码；

4. “销售方开户行及账号”栏填写税收完税凭证字轨及号码（免税代开增值税普通发票可不填写）；

5. 备注栏填写销售或出租不动产纳税人的名称、纳税人识别号（或者组织机构代码）、不动产的详细地址；

6. 差额征税代开发票，通过系统中差额征税开票功能，录入含税销售额（或含税评估额）和扣除额，系统自动计算税额和金额，备注栏自动打印“差额征税”字样；

7. 纳税人销售其取得的不动产代开发票，“货物或应税劳务、服务名称”栏填写不动产名称及房屋产权证书号码，“单位”栏填写面积单位；

8. 按照核定计税价格征税的，“金额”栏填写不含税计税价格，备注栏注明“核定计税价格，实际成交含税金额×××元”。

其他项目按照增值税发票填开的有关规定填写。

地税局代开发票部门应在代开增值税发票的备注栏上，加盖地税代开发票专用章。

（五）开票数据传输

地税局代开发票部门通过网络实时或定期将已代开增值税发票信息传输至增值税发票管理新系统。

（六）发票再次领取

地税局代开发票部门需再次领取增值税发票的，发票抄报税后，国税局通过系统验旧缴销，再次提供发票。

三、发票管理

（一）专用发票安全管理

按照国税局现有增值税发票管理有关规定，地税局应加强安全保卫，采取有效措施，保障增值税发票的安全。

（二）日常信息比对

地税局应加强内部管理，每周将代开发票岗代开发票信息与征收岗税款征收信息进行比对，发现问题的要按有关规定及时处理。

（三）事后信息比对

税务总局将根据有关工作安排，提取地税局征收税款信息与代开发票信息进行比对，防范不征税代开增值税专用发票和少征税多开票等风险。

四、信息系统升级改造

2016 年 4 月 25 日前，金税三期未上线省份应由各省地税局按照税务总局有关规定及时更新升级相关信息系统，调配征管资源、规范受理申报缴税工作。金税三期已上线省份由税务总局（征管科技司）负责统一调试相关信息系统。

五、税控专用设备配备和维护

2016 年 4 月 5 日前，各省地税局将代开增值税发票需要使用的税控专用设备数量告知省国税局。4 月 8 日前，各省国税局将需要初始化的专用设备数量通过可控 FTP 报税务总局（货物劳务税司）。4 月 20 日前，各省国税局向地税局提供税控专用设备。国税局负责协调增值税税控系统服务单位，做好地税局代开增值税发票系统的安装及维护工作。

国税局委托地税局代征和代开增值税发票是深化部门合作的重要内容，各地国税局、地税局要切实履行职责，加强协调配合，形成工作合力；要对纳税人做好政策宣传和纳税辅导工作，提供优质服务和便利条件，方便纳税人申报纳税；要认真做好应急预案，切实关注纳税人反映和动态舆情，确保税制转换平稳顺利。

国家税务总局

2016 年 3 月 31 日

国家税务总局关于进一步做好营改增税控装置安装服务和监督管理工作有关问题的通知

税总函〔2016〕170号

各省、自治区、直辖市和计划单列市国家税务局：

为加强营业税改征增值税（以下简称营改增）纳税人税控装置安装服务的管理，确保2016年5月1日如期顺利开出增值税发票，现将有关问题进一步通知如下：

一、各地国税机关应严格按照税务总局对营改增纳税人税控装置安装服务提出的工作要求，既要结合本地实际情况，周密组织，科学安排，履行好统一组织协调职责，也要维护纳税人权益，尊重纳税人的意见，确保工作积极稳妥，扎实有序。要督导服务单位认真做好营改增纳税人税控装置安装培训等工作，确保按期完成任务。要加强对服务单位的监督管理，督促其提高服务水平和服务质量，及时处理回应纳税人投诉，对存在问题的服务单位责令其立即纠正，并限期整改。税务机关及税务干部要严格执行廉政规定，不得违反纪律参与、干预、引导纳税人选择服务单位，不得以权谋私，更不能从中牟利，否则将依法依规从严处理。

二、各服务单位要规范内部管理，调配资源，加强力量，提升服务水平和服务效率，做到人员责任到位、保障措施到位、技术支持到位，全力以赴做好系统操作培训、税控装置及开票软件的安装、调试及维护等服务工作。工作中不能出现"抢户"、"漏户"现象，不得强迫纳税人接受服务。对服务单位采取过激行为，造成不良社会影响以及恶意竞争、服务不到位、违规搭售设备或软件、乱收费的，国税机关将依法依规严肃处理。

三、对纳税人通过总部招标方式确定服务单位的，原则上分支机构可依据总部选择的结果确定相关服务单位，分支机构所在地区服务单位被暂停服务资格的，可暂由其上一级服务单位提供服务。

四、国税机关与服务单位要加强协同配合，建立沟通联系机制，定期召开会议，及时发现问题并妥善解决，难以解决的应立即逐级向上报告。在营改增实施过程中，如发生突发事件，国税机关要采取坚决措施，迅速处置，并及时向当地党委、政府报告，争取支持，坚决杜绝群体性负面影响事件和重大负面舆情发生，确保营改增顺利实施。

请各省、自治区、直辖市、计划单列市国税局接到此文后第一时间转发至市县国税局及各分局。

国家税务总局
2016 年 4 月 19 日

国家税务总局关于《全面推开营业税改征增值税试点有关税收征收管理事项》的公告

国家税务总局公告2016年第23号

为保障全面推开营业税改征增值税（以下简称营改增）试点工作顺利实施，现将有关税收征收管理事项公告如下：

一、纳税申报期

（一）2016年5月1日新纳入营改增试点范围的纳税人（以下简称试点纳税人），2016年6月份增值税纳税申报期延长至2016年6月27日。

（二）根据工作实际情况，省、自治区、直辖市和计划单列市国家税务局（以下简称省国税局）可以适当延长2015年度企业所得税汇算清缴时间，但最长不得超过2016年6月30日。

（三）实行按季申报的原营业税纳税人，2016年5月申报期内，向主管地税机关申报税款所属期为4月份的营业税；2016年7月申报期内，向主管国税机关申报税款所属期为5、6月份的增值税。

二、增值税一般纳税人资格登记

（一）试点纳税人应按照本公告规定办理增值税一般纳税人资格登记。

（二）除本公告第二条第（三）项规定的情形外，营改增试点实施前（以下简称试点实施前）销售服务、无形资产或者不动产（以下简称应税行为）

的年应税销售额超过500万元的试点纳税人，应向主管国税机关办理增值税一般纳税人资格登记手续。

试点纳税人试点实施前的应税行为年应税销售额按以下公式换算：

应税行为年应税销售额 = 连续不超过12个月应税行为营业额合计 ÷（1 +3%）

按照现行营业税规定差额征收营业税的试点纳税人，其应税行为营业额按未扣除之前的营业额计算。

试点实施前，试点纳税人偶然发生的转让不动产的营业额，不计入应税行为年应税销售额。

（三）试点实施前已取得增值税一般纳税人资格并兼有应税行为的试点纳税人，不需要重新办理增值税一般纳税人资格登记手续，由主管国税机关制作、送达《税务事项通知书》，告知纳税人。

（四）试点实施前应税行为年应税销售额未超过500万元的试点纳税人，会计核算健全，能够提供准确税务资料的，也可以向主管国税机关办理增值税一般纳税人资格登记。

（五）试点实施前，试点纳税人增值税一般纳税人资格登记可由省国税局按照本公告及相关规定采取预登记措施。

（六）试点实施后，符合条件的试点纳税人应当按照《增值税一般纳税人资格认定管理办法》（国家税务总局令第22号）、《国家税务总局关于调整增值税一般纳税人管理有关事项的公告》（国家税务总局公告2015年第18号）及相关规定，办理增值税一般纳税人资格登记。按照营改增有关规定，应税行为有扣除项目的试点纳税人，其应税行为年应税销售额按未扣除之前的销售额计算。

增值税小规模纳税人偶然发生的转让不动产的销售额，不计入应税行为年应税销售额。

（七）试点纳税人兼有销售货物、提供加工修理修配劳务和应税行为的，应税货物及劳务销售额与应税行为销售额分别计算，分别适用增值税一般纳税人资格登记标准。

兼有销售货物、提供加工修理修配劳务和应税行为，年应税销售额超过财政部、国家税务总局规定标准且不经常发生销售货物、提供加工修理修配劳务和应税行为的单位和个体工商户可选择按照小规模纳税人纳税。

（八）试点纳税人在办理增值税一般纳税人资格登记后，发生增值税偷税、骗取出口退税和虚开增值税扣税凭证等行为的，主管国税机关可以对其实行6个月的纳税辅导期管理。

三、发票使用

（一）增值税一般纳税人销售货物、提供加工修理修配劳务和应税行为，使用增值税发票管理新系统（以下简称新系统）开具增值税专用发票、增值税普通发票、机动车销售统一发票、增值税电子普通发票。

（二）增值税小规模纳税人销售货物、提供加工修理修配劳务月销售额超过3万元（按季纳税9万元），或者销售服务、无形资产月销售额超过3万元（按季纳税9万元），使用新系统开具增值税普通发票、机动车销售统一发票、增值税电子普通发票。

（三）增值税普通发票（卷式）启用前，纳税人可通过新系统使用国税机关发放的现有卷式发票。

（四）门票、过路（过桥）费发票、定额发票、客运发票和二手车销售统一发票继续使用。

（五）采取汇总纳税的金融机构，省、自治区所辖地市以下分支机构可以使用地市级机构统一领取的增值税专用发票、增值税普通发票、增值税电子普通发票；直辖市、计划单列市所辖区县及以下分支机构可以使用直辖市、计划单列市机构统一领取的增值税专用发票、增值税普通发票、增值税电子普通发票。

（六）国税机关、地税机关使用新系统代开增值税专用发票和增值税普通发票。代开增值税专用发票使用六联票，代开增值税普通发票使用五联票。

（七）自2016年5月1日起，地税机关不再向试点纳税人发放发票。试点纳税人已领取地税机关印制的发票以及印有本单位名称的发票，可继续使用至2016年6月30日，特殊情况经省国税局确定，可适当延长使用期限，最迟不超过2016年8月31日。

纳税人在地税机关已申报营业税未开具发票，2016年5月1日以后需要补开发票的，可于2016年12月31日前开具增值税普通发票（税务总局另有规定的除外）。

四、增值税发票开具

（一）税务总局编写了《商品和服务税收分类与编码（试行）》（以下简称编码，见附件），并在新系统中增加了编码相关功能。自2016年5月1日起，纳入新系统推行范围的试点纳税人及新办增值税纳税人，应使用新系统选择相应的编码开具增值税发票。北京市、上海市、江苏省和广东省已使用编码的纳税人，应于5月1日前完成开票软件升级。5月1日前已使用新系统的纳税人，应于8月1日前完成开票软件升级。

（二）按照现行政策规定适用差额征税办法缴纳增值税，且不得全额开具增值税发票的（财政部、税务总局另有规定的除外），纳税人自行开具或者税务机关代开增值税发票时，通过新系统中差额征税开票功能，录入含税销售额（或含税评估额）和扣除额，系统自动计算税额和不含税金额，备注栏自动打印“差额征税”字样，发票开具不应与其他应税行为混开。

（三）提供建筑服务，纳税人自行开具或者税务机关代开增值税发票时，应在发票的备注栏注明建筑服务发生地县（市、区）名称及项目名称。

（四）销售不动产，纳税人自行开具或者税务机关代开增值税发票时，应在发票“货物或应税劳务、服务名称”栏填写不动产名称及房屋产权证书号码（无房屋产权证书的可不填写），“单位”栏填写面积单位，备注栏注明不动产的详细地址。

（五）出租不动产，纳税人自行开具或者税务机关代开增值税发票时，应在备注栏注明不动产的详细地址。

（六）个人出租住房适用优惠政策减按1.5%征收，纳税人自行开具或者税务机关代开增值税发票时，通过新系统中征收率减按1.5%征收开票功能，录入含税销售额，系统自动计算税额和不含税金额，发票开具不应与其他应税行为混开。

（七）税务机关代开增值税发票时，“销售方开户行及账号”栏填写税收完税凭证字轨及号码或系统税票号码（免税代开增值税普通发票可不填写）。

（八）国税机关为跨县（市、区）提供不动产经营租赁服务、建筑服务的小规模纳税人（不包括其他个人），代开增值税发票时，在发票备注栏中自动打印“YD”字样。

五、扩大取消增值税发票认证的纳税人范围

（一）纳税信用B级增值税一般纳税人取得销售方使用新系统开具的增值税发票（包括增值税专用发票、货物运输业增值税专用发票、机动车销售统一发票，下同），可以不再进行扫描认证，登录本省增值税发票查询平台，查询、选择用于申报抵扣或者出口退税的增值税发票信息，未查询到对应发票信

息的，仍可进行扫描认证。

（二）2016 年 5 月 1 日新纳入营改增试点的增值税一般纳税人，2016 年 5 月至 7 月期间不需进行增值税发票认证，登录本省增值税发票查询平台，查询、选择用于申报抵扣或者出口退税的增值税发票信息，未查询到对应发票信息的，可进行扫描认证。2016 年 8 月起按照纳税信用级别分别适用发票认证的有关规定。

六、其他纳税事项

（一）原以地市一级机构汇总缴纳营业税的金融机构，营改增后继续以地市一级机构汇总缴纳增值税。

同一省（自治区、直辖市、计划单列市）范围内的金融机构，经省（自治区、直辖市、计划单列市）国家税务局和财政厅（局）批准，可以由总机构汇总向总机构所在地的主管国税机关申报缴纳增值税。

（二）增值税小规模纳税人应分别核算销售货物，提供加工、修理修配劳务的销售额，和销售服务、无形资产的销售额。增值税小规模纳税人销售货物，提供加工、修理修配劳务月销售额不超过 3 万元（按季纳税 9 万元），销售服务、无形资产月销售额不超过 3 万元（按季纳税 9 万元）的，自 2016 年 5 月 1 日起至 2017 年 12 月 31 日，可分别享受小微企业暂免征收增值税优惠政策。

（三）按季纳税申报的增值税小规模纳税人，实际经营期不足一个季度的，以实际经营月份计算当期可享受小微企业免征增值税政策的销售额度。

按照本公告第一条第（三）项规定，按季纳税的试点增值税小规模纳税人，2016 年 7 月纳税申报时，申报的 2016 年 5 月、6 月增值税应税销售额中，销售货物，提供加工、修理修配劳务的销售额不超过 6 万元，销售服务、无形资产的销售额不超过 6 万元的，可分别享受小微企业暂免征收增值税优惠政策。

（四）其他个人采取预收款形式出租不动产，取得的预收租金收入，可在预收款对应的租赁期内平均分摊，分摊后的月租金收入不超过 3 万元的，可享受小微企业免征增值税优惠政策。

七、本公告自 2016 年 5 月 1 日起施行，《国家税务总局关于使用新版不动产销售统一发票和新版建筑业统一发票有关问题的通知》（国税发〔2006〕173 号）、《国家税务总局关于营业税改征增值税试点增值税一般纳税人资格认定有关事项的公告》（国家税务总局公告2013年第75号）、《国家税务总局关于开展商品和服务税收分类与编码试点工作的通知》（税总函〔2016〕56号）同时废止。

特此公告。

附件：商品和服务税收分类与编码（试行）（电子件）

国家税务总局

2016年4月19日

国家税务总局关于《发布增值税发票税控开票软件数据接口规范》的公告

国家税务总局公告 2016 年第 25 号

为配合全面推开营改增试点工作，支持使用商品和服务税收分类与编码开具增值税发票，国家税务总局决定对纳税人使用的增值税发票税控开票软件（以下简称开票软件）相关数据接口规范予以发布。现将有关事项公告如下：

一、开票软件是指增值税纳税人安装使用的增值税发票税控开票软件（金税盘版）和增值税发票税控开票软件（税控盘版）。

二、本次发布的接口规范为开具增值税发票（不含电子发票）的接口规范，包括导入接口规范和导出接口规范。

发票类型支持增值税专用发票、增值税普通发票、机动车销售统一发票和货物运输业增值税专用发票四种发票。导入接口规范是指开票软件可接收的待开具发票信息的数据格式；导出接口规范是指开票软件导出已开具发票信息的数据格式。

三、需要使用本数据接口规范的纳税人，应将开票软件统一升级为 V2. 0. 09 版本。

四、本数据接口规范和开票软件安装包在金税工程纳税人技术服务网（http：//its. chinatax. gov. cn）上发布，纳税人可自行下载免费安装使用。

五、纳税人在使用本数据接口规范过程中如有问题，可通过电子邮件（邮箱：shuikong@ chinatax. gov. cn）向税务总局反映。

六、本公告自 2016 年 5 月 1 日起施行。《国家税务总局关于发布增值税发票系统升级版开票软件数据接口规范的公告》（国家税务总局公告 2015 年第 36 号）同时废止。

特此公告。

国家税务总局

2016 年 4 月 25 日

国家税务总局关于《明确营改增试点若干征管问题》的公告

国家税务总局公告2016年第26号

为确保全面推开营改增试点顺利实施，现将若干税收征管问题公告如下：

一、餐饮行业增值税一般纳税人购进农业生产者自产农产品，可以使用国税机关监制的农产品收购发票，按照现行规定计算抵扣进项税额。

有条件的地区，应积极在餐饮行业推行农产品进项税额核定扣除办法，按照《财政部 国家税务总局关于在部分行业试行农产品增值税进项税额核定扣除办法的通知》（财税〔2012〕38号）有关规定计算抵扣进项税额。

二、个人转让住房，在2016年4月30日前已签订转让合同，2016年5月1日以后办理产权变更事项的，应缴纳增值税，不缴纳营业税。

三、按照现行规定，适用增值税差额征收政策的增值税小规模纳税人，以差额前的销售额确定是否可以享受3万元（按季纳税9万元）以下免征增值税政策。

四、营改增后，门票、过路（过桥）费发票属于予以保留的票种，自2016年5月1日起，由国税机关监制管理。原地税机关监制的上述两类发票，可以延用至2016年6月30日。

本公告自2016年5月1日起施行。

特此公告。

国家税务总局

2016年4月26日

关于征求《关于增值税会计处理的规定（征求意见稿）》意见的函

财办会〔2016〕27号

国务院有关部委、有关直属机构办公厅（室），各省、自治区、直辖市、计划单列市财政厅（局），新疆生产建设兵团财务局，财政部驻各省、自治区、直辖市、计划单列市财政监察专员办事处：

为进一步规范增值税会计处理，促进《关于全面推开营业税改征增值税试点的通知》（财税〔2016〕36号）的贯彻落实，我们起草了《关于增值税会计处理的规定（征求意见稿）》，现印发给你们，请组织征求意见，并于2016年8月1日前将书面意见反馈我部会计司。

联系人：财政部会计司制度二处高大平刘丽华

通讯地址：北京市西城区三里河南三巷3号，100820

联系电话：010－68552528；68552896

邮箱：gaodaping@ mof. gov. cn；liulihua@ mof. gov. cn

财政部办公厅

2016年7月4日

附件：关于增值税会计处理的规定（征求意见稿）

附件

关于增值税会计处理的规定
(征求意见稿)

根据《中华人民共和国增值税暂行条例》和《关于全面推开营业税改征增值税试点的通知》等有关规定，现对增值税有关会计处理规定如下：

一、会计科目及专栏设置

增值税一般纳税人应当在"应交税费"科目下设置"应交增值税"、"未交增值税"、"预缴增值税"、"待抵扣进项税额"、"待认证进项税额"、"待转销项税额"等明细科目。

(一)增值税一般纳税人应在"应交增值税"明细账内设置"进项税额"、"销项税额抵减"、"已交税金"、"转出未交增值税"、"减免税款"、"销项税额"、"出口退税"、"进项税额转出"、"转出多交增值税"、"简易计税"等专栏。其中：

1. "进项税额"专栏，记录一般纳税人购进货物、加工修理修配劳务、服务、无形资产或不动产而支付或负担的、准予从销项税额中抵扣的增值税额；

2. "销项税额抵减"专栏，记录一般纳税人按照现行增值税制度规定因扣减销售额而减少的销项税额；

3. "已交税金"专栏，记录一般纳税人已交纳的当月应交增值税额；

4. "转出未交增值税"和"转出多交增值税"专栏，分别记录一般纳税人月度终了转出当月应交未交或多交的增值税额；

5. "减免税款"专栏，记录一般纳税人按现行增值税制度规定准予减免的增值税额；

6. "销项税额"专栏，记录一般纳税人销售货物、加工修理修配劳务、服务、无形资产或不动产应收取的增值税额，以及从境外单位或个人购进服务、无形资产或不动产应扣缴的增值税额；

7. "出口退税"专栏，记录一般纳税人出口产品按规定退回的增值税额；

8. "进项税额转出"专栏，记录一般纳税人购进货物、加工修理修配劳务、服务、无形资产或不动产等发生非正常损失以及其他原因而不应从销项税额中抵扣，按规定转出的进项税额；

9. “简易计税”专栏，记录一般纳税人采用简易计税方法应交纳的增值税额。

（二）“未交增值税”明细科目，核算一般纳税人月度终了从“应交增值税”或“预缴增值税”明细科目转入当月应交未交、多交或预缴的增值税额，以及当月交纳以前期间未交的增值税额。

（三）“预缴增值税”明细科目，核算一般纳税人转让不动产、提供不动产经营租赁服务、提供建筑服务、采用预收款方式销售自行开发的房地产项目等，按现行增值税制度规定应预缴的增值税额。

（四）“待抵扣进项税额”明细科目，核算一般纳税人已取得增值税扣税凭证并经税务机关认证，按照现行增值税制度规定准予以后期间从销项税额中抵扣的进项税额。包括：一般纳税人自2016年5月1日后取得并按固定资产核算的不动产或者2016年5月1日后取得的不动产在建工程，按现行增值税制度规定准予以后期间从销项税额中抵扣的进项税额；实行纳税辅导期管理的一般纳税人取得的尚未交叉稽核比对的增值税扣税凭证上注明或计算的进项税额。

（五）“待认证进项税额”明细科目，核算一般纳税人由于未取得增值税扣税凭证或未经税务机关认证而不得从当期销项税额中抵扣的进项税额。包括：一般纳税人已取得增值税扣税凭证、按照现行增值税制度规定准予从销项税额中抵扣，但尚未经税务机关认证的进项税额；一般纳税人取得货物等已入账，但由于尚未收到相关增值税扣税凭证而不得从当期销项税额中抵扣的进项税额。

（六）“待转销项税额”明细科目，核算一般纳税人销售货物、加工修理修配劳务、服务、无形资产或不动产，已确认相关收入（或利得）但尚未发生增值税纳税义务而需于以后期间确认为销项税额的增值税额。

小规模纳税人只需在“应交税费”科目下设置“应交增值税”明细科目，不需要设置上述专栏。

二、账务处理

（一）取得资产或接收劳务等业务的账务处理。

1. 采购等业务进项税额允许抵扣的账务处理。一般纳税人购进货物、加工修理修配劳务、服务、无形资产，按应计入相关成本费用的金额，借记“在途物资”或“原材料”、“库存商品”、“生产成本”、“无形资产”、“固定资产”、“管理费用”等科目，按可抵扣的增值税额，借记“应交税费——应交增值税（进项税额）”科目，按应付或实际支付的金额，贷记“应付账款”、

"应付票据"、"银行存款"等科目。发生退货的，应根据税务机关开具的红字增值税专用发票做相反的会计分录。

2. 采购等业务进项税额不得抵扣的账务处理。一般纳税人购进货物、加工修理修配劳务、服务、无形资产或不动产，用于简易计税方法计税项目、免征增值税项目、集体福利或个人消费等，其进项税额按照现行增值税制度规定不得从销项税额中抵扣的，应计入相关成本费用，不通过"应交税费——应交增值税（进项税额）"科目核算。

3. 购进不动产或不动产在建工程按规定进项税额分年抵扣的账务处理。一般纳税人自2016年5月1日后取得并按固定资产核算的不动产或者2016年5月1日后取得的不动产在建工程，其进项税额按现行增值税制度规定自取得之日起分2年从销项税额中抵扣的，应当按取得成本，借记"固定资产"、"在建工程"等科目，按当期可抵扣的增值税额，借记"应交税费——应交增值税（进项税额）"科目，按以后期间可抵扣的增值税额，借记"应交税费——待抵扣进项税额"科目，按应付或实际支付的金额，贷记"应付账款"、"应付票据"、"银行存款"等科目。尚未抵扣的进项税额待以后期间允许抵扣时，按允许抵扣的金额，借记"应交税费——应交增值税（进项税额）"科目，贷记"应交税费——待抵扣进项税额"科目。

4. 货物等已验收入库但尚未取得增值税扣税凭证的账务处理。购进的货物等已到达并验收入库，但尚未收到增值税扣税凭证的，应按货物清单或相关合同协议上的价格暂估入账。按应计入相关成本费用的金额，借记"原材料"、"库存商品"、"无形资产"、"固定资产"等科目，按未来可抵扣的增值税额，借记"应交税费——待认证进项税额"科目，按应付或实际支付的金额，贷记"应付账款"、"应付票据"、"银行存款"等科目。待取得相关增值税扣税凭证并经认证后，借记"应交税费——应交增值税（进项税额）"或"应交税费——待抵扣进项税额"科目，贷记"应交税费——待认证进项税额"科目。

5. 购买方作为扣缴义务人的账务处理。按照现行增值税制度规定，境外单位或个人在境内发生应税行为，在境内未设有经营机构的，以购买方为增值税扣缴义务人。境内一般纳税人购进服务、无形资产或不动产，按应计入相关成本费用的金额，借记"生产成本"、"无形资产"、"固定资产"、"管理费用"等科目，按可抵扣的增值税额，借记"应交税费——待认证进项税额"科目，按应付或实际支付的金额，贷记"应付账款"等科目，按应代扣缴的增值税额，贷记"应交税费——应交增值税（销项税额）"科目。购买方代扣代缴增值税取得解缴税款的完税凭证时，按代扣缴的增值税额，借记"应交税费——应交增值税（已交税金）”科目，贷记“银行存款”科目；同时，按完税凭证上注明的增值税额，借记“应交税费——应交增值税（进项税额）”或“应交税费——待抵扣进项税额”科目，贷记“应交税费——待认证进项税额”科目。

6. 小规模纳税人采购等业务的账务处理。小规模纳税人购买物资、服务、无形资产或不动产，取得增值税专用发票上注明的增值税应计入相关成本费用，不通过“应交税费——应交增值税”核算。

（二）销售等业务的账务处理。

1. 销售业务的账务处理。企业销售货物、加工修理修配劳务、服务、无形资产或不动产，应当按应收或已收的金额，借记“应收账款”、“应收票据”、“银行存款”等科目，按取得的收入金额，贷记“主营业务收入”、“其他业务收入”、“固定资产清理”等科目，按现行增值税制度规定计算的销项税额（或采用简易计税方法计算的应纳增值税额），贷记“应交税费——应交增值税（销项税额或简易计税）”科目（小规模纳税人应贷记“应交税费——应交增值税”科目）。发生销售退回的，应根据税务机关开具的红字增值税专用发票做相反的会计分录。会计上收入或利得确认时点先于增值税纳税义务发生时点的，应将相关销项税额计入“应交税费——待转销项税额”科目，待实际发生纳税义务时再转入“应交税费——应交增值税（销项税额或简易计税）”科目。

2. 视同销售的账务处理。企业发生现行增值税制度规定视同销售的行为，应当按照国家统一的会计制度进行相应的会计处理，并按照现行增值税制度规定计算的销项税额（或采用简易计税方法计算的应纳增值税额），借记“应付职工薪酬”、“利润分配”等科目，贷记“应交税费——应交增值税（销项税额或简易计税）”科目（小规模纳税人应计入“应交税费——应交增值税”科目）。

（三）差额征税的账务处理。

1. 企业发生相关成本费用允许扣减销售额的账务处理。按现行增值税制度规定企业发生相关成本费用允许扣减销售额的，应当按减少的销项税额，借记“应交税费——应交增值税（销项税额抵减）”科目（小规模纳税人应借记“应交税费——应交增值税”科目），按应付或实际支付的金额与上述增值税额的差额，借记“主营业务成本”等科目，按应付或实际支付的金额，贷记“应付账款”、“应付票据”、“银行存款”等科目。

2. 金融商品转让按规定以盈亏相抵后的余额作为销售额的账务处理。对于金融商品转让，可以先将含税金额一并计入“投资收益”科目；待期末一次性进行调整，借记“投资收益”科目，贷记“应交税费——应交增值税

（销项税额）”科目（小规模纳税人应贷记“应交税费——应交增值税”科目）。金融商品转让盈亏相抵后出现负差，按现行增值税制度规定可结转下一纳税期与下期转让金融商品销售额相抵的，企业应在账外备查登记。

（四）出口退税的账务处理。

出口产品按规定退税的，借记“其他应收款”科目，贷记“应交税费——应交增值税（出口退税）”科目（小规模纳税人应贷记“应交税费——应交增值税”科目）。

（五）进项税额抵扣情况发生改变的账务处理。

因发生非正常损失或改变用途等，原已计入进项税额但按现行增值税制度规定不得从销项税额中抵扣的，借记“待处理财产损溢”、“应付职工薪酬”等科目，贷记“应交税费——应交增值税（进项税额转出）”、“应交税费——待抵扣进项税额”或“应交税费——待认证进项税额”科目。

原不得抵扣且未抵扣进项税额的固定资产、无形资产等，因改变用途等用于允许抵扣进项税额的应税项目的，应当在用途改变的次月调整相关资产账面价值，按允许抵扣的进项税额，借记“应交税费——应交增值税（进项税额）”科目，贷记“固定资产”、“无形资产”等科目；固定资产、无形资产经上述调整后，应按调整后的账面价值在剩余尚可使用寿命内计提折旧或摊销。

一般纳税人购进时已全额抵扣进项税额的货物或服务等转用于不动产在建工程的，原已抵扣进项税额的40%部分应于转用当期转出，借记“应交税费——待抵扣进项税额”科目，贷记“应交税费——应交增值税（进项税额转出）”科目。

（六）月末转出多交增值税和未交增值税的账务处理。

月度终了，企业应当将当月应交未交或多交的增值税自“应交增值税”明细科目转入“未交增值税”明细科目。对于当月应交未交的增值税，借记“应交税费——应交增值税（转出未交增值税）”科目，贷记“应交税费——未交增值税”科目；对于当月多交的增值税，借记“应交税费——未交增值税”科目，贷记“应交税费——应交增值税（转出多交增值税）”科目。

（七）交纳增值税的账务处理。

1. 交纳当月应交增值税的账务处理。企业交纳当月应交的增值税，借记“应交税费——应交增值税（已交税金）”科目（小规模纳税人应借记“应交税费——应交增值税”科目），贷记“银行存款”科目。

2. 交纳以前期间未交增值税的账务处理。企业交纳以前期间未交的增值税，借记“应交税费——未交增值税”科目，贷记“银行存款”科目。

3. 预缴增值税的账务处理。企业预缴增值税，借记“应交税费——预缴增值税”科目，贷记“银行存款”科目。月末，企业应将“预缴增值税”明细科目余额转入“未交增值税”明细科目，借记“应交税费——未交增值税”科目，贷记“应交税费——预缴增值税”科目。

（八）增值税期末留抵税额的账务处理。

兼有销售服务、无形资产或者不动产的原增值税一般纳税人，截止到纳入营改增试点之日前的增值税期末留抵税额按照现行增值税制度规定不得从销售服务、无形资产或不动产的销项税额中抵扣的，应在“应交税费”科目下增设“增值税留抵税额”明细科目。

纳入营改增试点当月月初，原增值税一般纳税人应按不得从销售服务、无形资产或不动产的销项税额中抵扣的增值税留抵税额，借记“应交税费——增值税留抵税额”科目，贷记“应交税费——应交增值税（进项税额转出）”科目。待以后期间允许抵扣时，按允许抵扣的金额，借记“应交税费——应交增值税（进项税额）”科目，贷记“应交税费——增值税留抵税额”科目。

（九）增值税税控系统专用设备和技术维护费用抵减增值税额的账务处理。

按现行增值税制度规定，企业初次购买增值税税控系统专用设备支付的费用以及缴纳的技术维护费允许在增值税应纳税额中全额抵减的，按规定抵减的增值税应纳税额，借记“应交税费——应交增值税（减免税款）”科目（小规模纳税人应借记“应交税费——应交增值税”科目），贷记“管理费用”等科目。增值税税控系统专用设备作为固定资产核算的，则贷记“递延收益”科目；在后续固定资产折旧期间，借记“递延收益”科目，贷记“管理费用”等科目。

三、财务报表相关项目列示

“应交税费——应交增值税”等科目期末借方余额应当在资产负债表中的“其他流动资产”项目列示；“应交税费——未交增值税”科目期末贷方余额应当在资产负债表中的“应交税费”项目列示。

四、附则

本规定自2016年5月1日起施行，《营业税改征增值税试点有关企业会计处理规定》（财会〔2012〕13号）等原有关增值税会计处理的规定同时废止。本规定发布前未按上述规定处理的，应当进行追溯调整。

附件1：

主要纳税申报表

增值税纳税申报表

（适用于增值税一般纳税人）

根据国家税收法律法规及增值税相关规定制定本表。纳税人不论有无销售额，均应按税务机关核定的纳税期限填写本表，并向当地税务机关申报。

税款所属时间：　　　　　填表日期：　　　　　金额单位：元至角分

纳税人识别号				所属行业			
纳税人名称		法定代表人姓名		注册地址		营业地址	
开户银行及账号			登记注册类型			电话号码	

项目		栏次	一般项目		即征即退项目	
			本月数	本年累计	本月数	本年累计
销售额	（一）按适用税率计税销售额	1				
	其中：应税货物销售额	2				
	应税劳务销售额	3				
	纳税检查调整的销售额	4				
	（二）按简易办法计税销售额	5				
	其中：纳税检查调整的销售额	6				
	（三）免、抵、退办法出口销售额	7				
	（四）免税及劳务销售额	8				
	其中：免税货物销售额	9				
	免税劳务销售额	10				
税款计算	销项税额	11				
	进项税额	12				
	上期留抵税额	13				
	进项税额转出	14				
	免、抵、退应退税额	15				
	按适用税率计算的纳税检查应补缴税额	16				
	应抵扣税额合计	17 = 12 + 13 − 14 − 15 + 16				
	实际抵扣税额	18（如 17 < 11，则为 17，否则为 11）				

续表

项目		栏次	一般项目		即征即退项目	
			本月数	本年累计	本月数	本年累计
税款计算	应纳税额	19 = 11 - 18				
	期末留抵税额	20 = 17 - 18				
	简易计税办法计算的应纳税额	21				
	按简易计税办法计算的纳税检查应补缴税额	22				
	应纳税额减征额	23				
	应纳税额合计	24 = 19 + 21 - 23				
税款缴纳	期初未缴税额（多缴为负数）	25				
	实收出口开具专用缴款书退税额	26				
	本期已缴税额	27 = 28 + 29 + 30 + 31				
	①分次预缴税额	28				
	②出口开具专用缴款书预缴税额	29				
	③本期缴纳上期应纳税额	30				
	④本期缴纳欠缴税额	31				
	期末未缴税额（多缴为负数）	32 = 24 + 25 + 26 - 27				
	其中：欠缴税额（≥0）	33 = 25 + 26 - 27				
	本期应补（退）税额	34 = 24 - 28 - 29				
	即征即退实际退税额	35				
	期初未缴查补税额	36				
	本期入库查补税额	37				
	期末未缴查补税额	38 = 16 + 22 + 36 - 37				
授权声明	如果你已委托代理人申报，请填写下列资料： 为代理一切税务事宜，现授权 （地址） 为本纳税人的代理申报人，任何与本申报表有关的往来文件，都可寄予此人。 授权人签字：		申报人声明	本纳税申报表是根据国家税收法律法规及相关规定填报的，我确定它是真实的、可靠的、完整的。 声明人签字：		

以下由税务机关填写：

主管税务机关： 接收人： 税务机关盖章：

增值税纳税申报表附列资料（一）

（本期销售情况明细）

税款所属时间：

纳税人名称：（公章）

金额单位：元至角分

项目及栏次				开具税控增值税专用发票		开具其他发票		未开具发票		纳税检查调整		合计			服务、不动产和无形资产扣除项目本期实际扣除金额	扣除后	
				销售额	销项（应纳）税额	销售额	销项（应纳）税额	销售额	销项（应纳）税额	销售额	销项（应纳）税额	销售额	销项（应纳）税额	价税合计		含税（免税）销售额	销项（应纳）税额
				1	2	3	4	5	6	7	8	9=1+3+5+7	10=2+4+6+8	11=9+10	12	13=11-12	14=13÷（100%+税率或征收率）×税率或征收率
一、一般计税方法计税	全部征税项目	17%税率的货物及加工修理修配劳务	1														
		17%税率的服务、不动产和无形资产	2														
		13%税率	3														
		11%税率	4														
		6%税率	5														
	其中：即征即退项目	即征即退货物及加工修理修配劳务	6														
		即征即退服务、不动产和无形资产	7														
二、简易计税方法计税	全部征税项目	6%征收率	8														
		5%征收率的货物及加工修理修配劳务	9a														
		5%征收率的服务、不动产和无形资产	9b														
		4%征收率	10														
		3%征收率的货物及加工修理修配劳务	11														
		3%征收率的服务、不动产和无形资产	12														
		预征率 %	13a														
		预征率 %	13b														
		预征率 %	13c														
	其中：即征即退项目	即征即退货物及加工修理修配劳务	14														
		即征即退服务、不动产和无形资产	15														
三、免抵退税	货物及加工修理修配劳务		16														
	服务、不动产和无形资产		17														
四、免税	货物及加工修理修配劳务		18														
	服务、不动产和无形资产		19														

增值税纳税申报表附列资料（二）

（本期进项税额明细）

税款所属时间：

纳税人名称：（公章） 金额单位：元至角分

一、申报抵扣的进项税额

项　　目	栏次	份数	金额	税额
（一）认证相符的税控增值税专用发票	1 = 2 + 3			
其中：本期认证相符且本期申报抵扣	2			
前期认证相符且本期申报抵扣	3			
（二）其他扣税凭证	4 = 5 + 6 + 7 + 8			
其中：海关进口增值税专用缴款书	5			
农产品收购发票或者销售发票	6			
代扣代缴税收缴款凭证	7			
其他	8			
（三）本期用于购建不动产的扣税凭证	9			
（四）本期不动产允许抵扣进项税额	10			
（五）外贸企业进项税额抵扣证明	11			
当期申报抵扣进项税额合计	12 = 1 + 4 − 9 + 10 + 11			

二、进项税额转出额

项　　目	栏次	税额
本期进项税转出额	13 = 14 至 23 之和	
其中：免税项目用	14	
集体福利、个人消费	15	
非正常损失	16	
简易计税方法征税项目用	17	
免抵退税办法不得抵扣的进项税额	18	
纳税检查调减进项税额	19	
红字专用发票信息表注明的进项税额	20	
上期留抵税额抵减欠税	21	
上期留抵税额退税	22	
其他应作进项税额转出的情形	23	

续表

三、待抵扣进项税额				
项　　目	栏次	份数	金额	税额
（一）认证相符的税控增值税专用发票	24	—	—	—
期初已认证相符但未申报抵扣	25			
本期认证相符且本期未申报抵扣	26			
期末已认证相符但未申报抵扣	27			
其中：按照税法规定不允许抵扣	28			
（二）其他扣税凭证	29 = 30 至 33 之和			
其中：海关进口增值税专用缴款书	30			
农产品收购发票或者销售发票	31			
代扣代缴税收缴款凭证	32			
其他	33			
	34			
四、其他				
项　　目	栏次	份数	金额	税额
本期认证相符的税控增值税专用发票	35			
代扣代缴税额	36			

增值税纳税申报表附列资料（三）

（服务、不动产和无形资产扣除项目明细）

税款所属时间：

纳税人名称：（公章）：　　　　金额单位：元至角分

项目及栏次		本期服务、不动产和无形资产价税合计额（免税销售额）	服务、不动产和无形资产扣除项目				
			期初余额	本期发生额	本期应扣除金额	本期实际扣除金额	期末余额
		1	2	3	4 = 2 + 3	5（5≤1 且 5≤4）	6 = 4 − 5
17% 税率的项目	1						
11% 税率的项目	2						
6% 税率的项目（不含金融商品转让）	3						
6% 税率的金融商品转让项目	4						
5% 征收率的项目	5						
3% 征收率的项目	6						
免税的项目	7						
免税的项目	8						

注：纳税人在本期发生以前所属期（月份）调整（调增或者调减）应税服务扣除项目金额的，直接在第三列“本期发生额”栏次进行调整。

增值税纳税申报表附列资料（四）

（税额抵减情况表）

税款所属时间：

纳税人名称（公章）： 金额单位：元至角分

序号	抵减项目	期初余额	本期发生额	本期应抵减税额	本期实际抵减税额	期末余额
		1	2	3 = 1 + 2	4≤3	5 = 3 - 4
1	增值税税控系统专用设备费及技术维护费					
2	分支机构预征缴纳税款					
3	建筑服务预征缴纳税款					
4	销售不动产预征缴纳税款					
5	出租不动产预征缴纳税款					

增值税纳税申报表附列资料（五）

（不动产分期抵扣计算表）

税款所属时间：

纳税人名称（公章）： 金额单位：元至角分

期初待抵扣不动产进项税额	本期不动产进项税额增加额	本期可抵扣不动产进项税额	本期转入的待抵扣不动产进项税额	本期转出的待抵扣不动产进项税额	期末待抵扣不动产进项税额
1	2	3≤1 + 2 + 4	4	5≤1 + 4	6 = 1 + 2 - 3 + 4 - 5
0.00	0.00	0.00	0.00	0.00	0.00

增值税减免税申报明细表

税款所属时间：

纳税人名称（公章）： 金额单位：元（列至角分）

一、减税项目

减税性质代码及名称	栏次	期初余额	本期发生额	本期应抵减税额	本期实际抵减税额	期末余额
		1	2	3 = 1 + 2	4≤3	5 = 3 - 4
合计	1					
	2					
	3					
	4					
	5					
	6					

续表

二、免税项目						
免税性质代码及名称	栏次	免征增值税项目销售额	免税销售额扣除项目本期实际扣除金额	扣除后免税销售额	免税销售额对应的进项税额	免税额
		1	2	3 = 1 - 2	4	5
合　计	7					
出口免税	8					
其中：跨境服务	9					
	10					
	11					
	12					
	13					
	14					
	15					
	16					

本期抵扣进项税额结构明细表

纳税人名称（公章）：　　　　税款所属时间：　　　　金额单位：元至角分

项　　目	栏次	金额	税额
合计	1 = 2 + 4 + 5 + 11 + 16 + 18 + 27 + 29 + 30		
一、按税率或征收率归集（不包括购建不动产、通行费）的进项			
17%税率的进项	2		
其中：有形动产租赁的进项	3		
13%税率的进项	4		
11%税率的进项	5		
其中：运输服务的进项	6		
电信服务的进项	7		
建筑安装服务的进项	8		
不动产租赁服务的进项	9		
受让土地使用权的进项	10		
6%税率的进项	11		
其中：电信服务的进项	12		

续表

项　　目	栏次	金额	税额
金融保险服务的进项	13		
生活服务的进项	14		
取得无形资产的进项	15		
5%征收率的进项	16		
其中：不动产租赁服务的进项	17		
3%征收率的进项	18		
其中：货物及加工、修理修配劳务的进项	19		
运输服务的进项	20		
电信服务的进项	21		
建筑安装服务的进项	22		
金融保险服务的进项	23		
有形动产租赁服务的进项	24		
生活服务的进项	25		
取得无形资产的进项	26		
减按1.5%征收率的进项	27		
	28		
二、按抵扣项目归集的进项			
用于购建不动产并一次性抵扣的进项	29		
通行费的进项	30		
	31		
	32		

固定资产（不含不动产）进项税额抵扣情况表

纳税人名称（公章）：

填表日期：　　2016年06月13日　　金额单位：元至角分

项　　目	当期申报抵扣的固定资产进项税额	申报抵扣的固定资产进项税额累计
增值税专用发票		
海关进口增值税专用缴款书		
合　　计		

注：本表一式二份，一份纳税人留存，一份主管税务机关留存

营改增税负分析测算明细表

税款所属时间：

纳税人名称（公章）：

项目及栏次			增值税							营业税						
			不含税销售额	销项（应纳）税额	价税合计	服务、不动产和无形资产扣除项目本期实际扣除金额	扣除后		增值税应纳税额（测算）	原营业税税制下服务、不动产和无形资产差额扣除项目					应税营业额	营业税应纳税额
							含税销售额	销项（应纳）税额		期初余额	本期发生额	本期应扣除金额	本期实际扣除金额	期末余额		
应税项目代码及名称	增值税税率或征收率	营业税税率	1	2=1*增值税税率或征收率	3=1+2	4	5=3-4	6=5÷(100%+增值税税率或征收率)×增值税税率或征收率	7	8	9	10=8+9	11(11≤3且11≤10)	12=10-11	13=3-11	14=13×营业税税率
合计	—	—														

代扣代缴税收通用缴款书抵扣清单

纳税人识别号： 税款所属期：

主管税务机关名称： 主管税务机关编码：

纳税人名称： 金额单位：元至角分

扣缴人纳税人识别号	扣缴人名称	征收机关名称	代扣代缴项目	代扣代缴凭证编号	税额
合计	—	—	—	—	0.00

附件2：现行增值税税率及征收率通用明细表

增值税税率及征收率明细表

纳税人身份	计税模式	税目（应税行为）	税率	发票类型	可否抵扣	备注
一般纳税人	一般计税	提供适用17%税率的行为				
		1. 销售或进口货物	17.0%	专用发票	可以	
		2. 提供应税劳务（加工、修理修配等）	17.0%	专用发票	可以	
		3. 租赁服务（有形动产）	17.0%	专用发票	可以	
		（1）融资租赁服务	17.0%			
		①有形动产融资租赁服务	17.0%			
		（2）经营租赁服务	17.0%	专用发票	可以	
		①有形动产经营租赁业务	17.0%	专用发票	可以	
	一般计税	提供适用13%税率的行为				
		1. 粮食、食用植物油	13.0%	农产品销售发票或收购发票	可以	
		2. 自来水、暖气、冷气、热气、煤气、石油液化气、天然气、沼气、居民用煤炭制品	13.0%	专用发票	可以	
		3. 图书、报纸、杂志	13.0%	专用发票	可以	
		4. 饲料、化肥、农药、农机（整机）、农膜	13.0%	专用发票	可以	
		5. 国务院规定的其他货物	13.0%	专用发票	可以	
		6. 农产品（指各种动、植物初级产品，不含淀粉）；食用盐；二甲醚	13.0%	专用发票	可以	
		7. 音像制品；电子出版物	13.0%	专用发票	可以	

续表

纳税人身份	计税模式	税目（应税行为）	税率	发票类型	可否抵扣	备注
	一般计税	提供适用11%税率的行为				
		1. 交通运输服务	11.0%			
		（1）陆路运输服务	11.0%	专用发票	可以	
		①铁路运输服务	11.0%	专用发票	可以	
		②其他陆路运输服务	11.0%	专用发票	可以	
		（2）水路运输服务	11.0%	专用发票	可以	
		①程租业务	11.0%	专用发票	可以	
		②期租业务	11.0%	专用发票	可以	
		（3）航空运输服务	11.0%	专用发票	可以	
		①航空运输的湿租服务	11.0%	专用发票	可以	
		（4）管道运输服务	11.0%	专用发票	可以	
		①无运输工具承运服务	11.0%	专用发票	可以	
		2. 邮政服务	11.0%	专用发票	可以	
		（1）邮政普遍服务	11.0%	专用发票	可以	
		①函件	11.0%	专用发票	可以	
		②包裹	11.0%	专用发票	可以	
		（2）邮政特殊服务	11.0%	专用发票	可以	
		①邮政特殊服务	11.0%	专用发票	可以	
		（3）其他邮政服务	11.0%	专用发票	可以	
		①邮册等邮品销售、邮政代理业务活动	11.0%	专用发票	可以	

续表

纳税人身份	计税模式	税目（应税行为）	税率	发票类型	可否抵扣	备注
		3. 电信服务（基础）	11.0%	专用发票	可以	
		（1）基础电信服务	11.0%	专用发票	可以	
		①基础电信服务	11.0%	专用发票	可以	
		4. 建筑服务	11.0%	专用发票	可以	
		（1）工程服务	11.0%	专用发票	可以	
		①工程服务	11.0%	专用发票	可以	
		（2）安装服务	11.0%	专用发票	可以	
		①安装服务	11.0%	专用发票	可以	
		（3）修缮服务	11.0%	专用发票	可以	
		①修缮服务	11.0%	专用发票	可以	
		（4）装饰服务	11.0%	专用发票	可以	
		①装饰服务	11.0%	专用发票	可以	
		（5）其他建筑服务	11.0%	专用发票	可以	
		①其他建筑服务	11.0%	专用发票	可以	
		5. 销售不动产	11.0%	专用发票	可以	
		（1）销售建筑物	11.0%	专用发票	可以	
		①建筑物	11.0%	专用发票	可以	
		（2）销售构筑物	11.0%	专用发票	可以	
		①构筑物	11.0%	专用发票	可以	
		6. 销售无形资产（土地使用权）	11.0%	专用发票	可以	

续表

纳税人身份	计税模式	税目（应税行为）	税率	发票类型	可否抵扣	备注
		（1）自然资源使用权	11.0%	专用发票	可以	
		①土地使用权	11.0%	专用发票	可以	
		7. 租赁服务（不动产）	11.0%	专用发票	可以	
		（1）融资租赁服务	11.0%			
		②不动产融资租赁服务	11.0%			
		（2）经营租赁服务	11.0%	专用发票	可以	
		②不动产经营租赁业务	11.0%	专用发票	可以	
	一般计税	提供适用6%税率的行为		专用发票	可以	
		1. 电信服务（增值）	6.0%	专用发票	可以	
		（2）增值电信服务	6.0%	专用发票	可以	
		①增值电信服务	6.0%	专用发票	可以	
		2. 金融服务	6.0%			
		（1）贷款服务	6.0%			
		①贷款	6.0%			
		②融资性售后回租	6.0%			
		（2）直接收费金融服务	6.0%			
		①直接收费金融服务	6.0%			
		（3）保险服务	6.0%	专用发票	可以	
		①人身保险服务	6.0%		不可以	
		②财产保修服务	6.0%	专用发票	可以	

续表

纳税人身份	计税模式	税目（应税行为）	税率	发票类型	可否抵扣	备注
		（4）金融商品转让	6.0%	专用发票	可以	
		①金融商品转让	6.0%			
		②其他金融商品转让	6.0%			
		3. 现代服务	6.0%	专用发票	可以	
		（1）研发和技术服务	6.0%	专用发票	可以	
		①研发服务	6.0%	专用发票	可以	
		②合同能源管理服务	6.0%	专用发票	可以	
		③工程勘察勘探服务	6.0%	专用发票	可以	
		④专业技术服务	6.0%	专用发票	可以	
		（2）信息技术服务	6.0%	专用发票	可以	
		①软件服务	6.0%	专用发票	可以	
		②电脑设计及测算服务	6.0%	专用发票	可以	
		③信息系统服务	6.0%	专用发票	可以	
		④业务流程管理服务	6.0%	专用发票	可以	
		⑤信息系统增值服务	6.0%	专用发票	可以	
		（3）文化创意服务	6.0%	专用发票	可以	
		①设计服务	6.0%	专用发票	可以	
		②知识产权服务	6.0%	专用发票	可以	
		③广告服务	6.0%	专用发票	可以	
		④会议展览服务	6.0%	专用发票	可以	

续表

纳税人身份	计税模式	税目（应税行为）	税率	发票类型	可否抵扣	备注
		（4）物流辅助服务	6.0%	专用发票	可以	
		①航空服务	6.0%	专用发票	可以	
		②港口码头服务	6.0%	专用发票	可以	
		③货运客运场站服务	6.0%	专用发票	可以	
		④打捞救助服务	6.0%	专用发票	可以	
		⑤装修搬运服务	6.0%	专用发票	可以	
		⑥仓储服务	6.0%	专用发票	可以	
		⑦收派服务（收、分、派）	6.0%	专用发票	可以	
		（5）鉴证咨询服务	6.0%	专用发票	可以	
		①认证服务	6.0%	专用发票	可以	
		②鉴证服务	6.0%	专用发票	可以	
		③咨询服务	6.0%	专用发票	可以	
		（6）广播影视服务	6.0%	专用发票	可以	
		①广播影视节目（作品）制作服务	6.0%	专用发票	可以	
		②广播影视节目（作品）发行服务	6.0%	专用发票	可以	
		③广播影视节目（作品）播映服务	6.0%	专用发票	可以	
		（7）商务辅助服务	6.0%	专用发票	可以	
		①企业管理服务	6.0%	专用发票	可以	
		②经纪代理服务	6.0%	专用发票	可以	
		③人力资源服务	6.0%	专用发票	可以	

续表

纳税人身份	计税模式	税目（应税行为）	税率	发票类型	可否抵扣	备注
		④安全保护服务	6.0%	专用发票	可以	
		（8）其他现代服务	6.0%	专用发票	可以	
		①其他现代服务	6.0%	专用发票	可以	
		4. 生活服务	6.0%			
		（1）文化体育服务	6.0%	专用发票	可以	
		①文化服务	6.0%	专用发票	可以	
		②体育服务	6.0%	专用发票	可以	
		（2）教育医疗服务	6.0%	专用发票	可以	
		①教育服务	6.0%	专用发票	可以	
		②医疗服务	6.0%	专用发票	可以	
		（3）旅游娱乐服务	6.0%	专用发票	可以	
		①旅游服务	6.0%	专用发票（非集体福利等）	可以	
		②娱乐服务	6.0%	专用发票（非个人消费等）	可以	
		（4）餐饮住宿服务	6.0%			
		①餐饮服务	6.0%	普通发票、专用发票	不可以	
		②住宿服务	6.0%	专用发票	可以	

续表

纳税人身份	计税模式	税目（应税行为）	税率	发票类型	可否抵扣	备注
		（5）居民日常服务	6.0%	增值税专用发票（用于生产经营）	可以	
		（6）其他生活服务	6.0%	专用发票	可以	
		5. 销售无形资产	6.0%			
		（1）技术	6.0%	专用发票	可以	
		①专利技术	6.0%	专用发票	可以	
		②非专利技术	6.0%	专用发票	可以	
		（2）商标	6.0%	专用发票	可以	
		（3）著作权	6.0%	专用发票	可以	
		（4）商誉	6.0%	专用发票	可以	
		（5）其他权益性无形资产	6.0%	专用发票	可以	
		（6）自然资源使用权	6.0%	专用发票	可以	
		①海域使用权	6.0%	专用发票	可以	
		②探矿权	6.0%	专用发票	可以	
		③采矿权	6.0%	专用发票	可以	
		④取水权	6.0%	专用发票	可以	
		⑤其他自然资源使用权	6.0%	专用发票	可以	
所有纳税人	简易、征收率	提供适用5%征收率的行为				
		1. 销售不动产	5.0%	专用发票	可以	
		（1）取得的不动产（差额纳税）	5.0%	专用发票	可以	

续表

纳税人身份	计税模式	税目（应税行为）	税率	发票类型	可否抵扣	备注
一般纳税人	简易计税	①一般纳税人（2016年4月30日前取得）	5.0%	专用发票	可以	
小规模纳税人	征收率	②小规模纳税人（不含购买的住房和个人销售不动产）	5.0%	专用发票	可以	
小规模纳税人	征收率	③其他个人（不含其购买的住房）	5.0%	专用发票	可以	
所有纳税人	简易、征收率	（2）自建的不动产（全额纳税）	5.0%	专用发票	可以	
一般纳税人	简易计税	①一般纳税人（2016年4月30日前取得）	5.0%	专用发票	可以	
小规模纳税人	征收率	②小规模纳税人	5.0%	专用发票	可以	
所有纳税人	简易、征收率	（3）房地产开发企业销售自行开发的项目（全额纳税）	5.0%	专用发票	可以	
一般纳税人	简易计税	①一般纳税人（2016年4月30日前取得）	5.0%	专用发票	可以	
小规模纳税人	征收率	②小规模纳税人	5.0%	专用发票	可以	
小规模纳税人	征收率	（4）个人销售住房（购买不足2年）（全额纳税）	5.0%	专用发票	可以	
所有纳税人	简易、征收率	2. 不动产经营租赁	5.0%	专用发票	可以	
		（1）取得的不动产	5.0%	专用发票	可以	
一般纳税人	简易计税	①一般纳税人（2016年4月30日前取得）	5.0%	专用发票	可以	
小规模纳税人	征收率	②小规模纳税人（不含个人出租住房）	5.0%	专用发票	可以	
小规模纳税人	征收率	③其他个人（不含住房）	5.0%	专用发票	可以	
一般纳税人	简易计税	3. 中外合作油（气）田开采（含中外双方签定石油合同合作开采陆上）的原油、天然气	5.0%	专用发票	可以	
所有纳税人	简易、征收率	提供适用3%征收率的行为				
小规模纳税人	征收率	1. 小规模纳税人发生的应税行为	3.0%	专用发票	可以	

续表

纳税人身份	计税模式	税目（应税行为）	税率	发票类型	可否抵扣	备注
		（1）小规模纳税人销售货物、劳务、无形资产、服务	3.0%	专用发票	可以	
		①销售货物	3.0%	专用发票	可以	
		②提供劳务	3.0%	专用发票	可以	
		③转让无形资产	3.0%	专用发票	可以	
		④销售服务（建筑、运输、现代服务、生活服务等）	3.0%	专用发票	可以	
		（2）小规模纳税人（除其他个人外）销售自己使用过的除固定资产以外的物品	3.0%	专用发票	可以	
		（3）小规模纳税人销售自己使用过的固定资产（可放弃减税，代开专用发票）	3.0%	专用发票	可以	
一般纳税人	简易计税	2. 一般纳税人可选择按征收率3%计税的行为	3.0%	专用发票		
		（1）有形动产经营租赁	3.0%	专用发票	可以	
		①公路经营企业收取试点前开工（在2016年4月30日前）的高速公路的车辆通行费	3.0%	专用发票	可以	
		②以纳入营改增试点之日前取得的有形动产为标的物提供的经营租赁服务	3.0%	专用发票	可以	
		③在纳入营改增试点之日前签订的尚未执行完毕的有形动产租赁合同	3.0%	专用发票	可以	
		（2）建筑服务	3.0%	专用发票	可以	
		①以清包工方式提供的建筑服务	3.0%	专用发票	可以	
		②为甲供工程提供的建筑服务	3.0%	专用发票	可以	
		③为建筑工程老项目提供的建筑服务（2016年4月30日前）	3.0%	专用发票	可以	
		（3）交通运输服务	3.0%	专用发票	可以	

续表

纳税人身份	计税模式	税目（应税行为）	税率	发票类型	可否抵扣	备注
		①提供的公共交通运输服务（包括轮客渡、公交客运、地铁、城市轻轨、出租车、长途客运、班车）	3.0%	专用发票	可以	
		(4) 现代服务	3.0%	专用发票	可以	
		①提供的电影放映服	3.0%	专用发票	可以	
		②提供的仓储服务	3.0%	专用发票	可以	
		③提供的装卸搬运服务	3.0%	专用发票	可以	
		④提供的收派服务	3.0%	专用发票	可以	
		⑤经认定的动漫企业为开发动漫产品提供的动漫脚本编撰、形象设计、背景设计、动画设计、分镜、动画制作、摄制、描线、上色、画面合成、配音、配乐、音效合成、剪辑、字幕制作、压缩转码（面向网络动漫、手机动漫格式适配）服务，以及在境内转让动漫版权（包括动漫品牌、形象或者内容的授权及再授权）	3.0%	专用发票	可以	
		(5) 生活服务	3.0%	专用发票	可以	
		①提供的文化体育服务	3.0%	专用发票	可以	
		(6) 特殊货物	3.0%			
		①药品经营企业获准从事生物制品经营的药品批发和零售企业销售生物制品	3.0%			
		②兽用药品经营企业获准从事兽用生物制品经营的兽用药品批发和零售企业销售兽用生物制品	3.0%			
		③光伏发电项目发电户（个人和不经常发生应税行为的非企业性单位）销售电力产品（有减免）	3.0%			

续表

纳税人身份	计税模式	税目（应税行为）	税率	发票类型	可否抵扣	备注
		④自 2015 年 9 月 1 日起至 2016 年 6 月 30 日，对增值税一般纳税人销售的库存化肥（在 2015 年 8 月 31 日前生产或购进的尚未销售的化肥）	3.0%			
		（7）由原 4% 征收率改为按 3% 征收率计税的行为（开专用发票）	3.0%	专用发票		
		①寄售商店代销寄售物品（含居民个人寄售的物品）	3.0%			
		②典当业销售死当物品	3.0%			
		（8）由原 6% 征收率改为可选择按 3% 征收率计税的销售货物行为	3.0%	专用发票		
		①县级及县级以下小型水利发电单位生产的电力	3.0%	专用发票		
		②自产的建筑用和生产建筑材料所用的砂、土、石料	3.0%	专用发票		
		③以自己采掘的砂、土、石料或其他矿物连续生产的砖、瓦、石灰（不含黏土实心砖、瓦）	3.0%	专用发票		
		④用微生物、微生物代谢产物、动物毒素、人或动物的血液或组织，自产制成的生物制品	3.0%	专用发票		
		⑤自产的自来水	3.0%	专用发票		
		⑥自产的以水泥为原料生产的商品混凝土	3.0%	专用发票		
		⑦一般纳税人的自来水公司销售自来水（不含桶装水）	3.0%	专用发票		
		⑧一般纳税人（固定业户）未持“外出经营活动税收管理证明”，临时到外省、市销售货物的，经营地税务机关按 3% 的征收率征税，需开具专用发票的回原地补开	3.0%	专用发票		

续表

纳税人身份	计税模式	税目（应税行为）	税率	发票类型	可否抵扣	备注
		⑨属于增值税一般纳税人的单采血浆站销售非临床用人体血液（但不得对外开具增值税专用发票）	3.0%	专用发票		
所有纳税人	简易、征收率	提供减按2%征收的行为				
一般纳税人	简易计税	1. 一般纳税人销售使用过的固定资产及旧货现减按2%计税	2.0%			
		（1）销售旧货（不包括自己使用过的物品）	2.0%			
		（2）销售使用过的固定资产（不含不动产）	2.0%			
		①一般纳税人销售自己使用过的、纳入营改增试点之日前取得的固定资产	2.0%			
		②纳税人购进或者自制固定资产时为小规模纳税人，认定为一般纳税人后销售该自己使用过的固定资产	2.0%			
		③一般纳税人销售其按照规定不得抵扣且未抵扣进项税额的已使用过的固定资产	2.0%			
小规模纳税人	征收率	2. 小规模纳税人（除其他个人外）销售自己使用过的固定资产和旧货	2.0%			
		（1）销售自己使用过的固定资产	2.0%			
		（2）销售旧货（不包括自己使用过的物品）	2.0%			
所有纳税人	征收率	3. 专门从事旧货买卖的企业销售旧货	2.0%			
个人	征收率	提供减按1.5%征收的行为				
个人	征收率	1. 个人出租住房，按照5%的征收率减按1.5%计算应纳税额	1.5%	专用发票	可以	
所有纳税人	简易、征收率	提供适用0%税率和免税的行为				
所有纳税人	简易、征收率	1. 适用零税率的应税行为	0.0%			

续表

纳税人身份	计税模式	税目（应税行为）	税率	发票类型	可否抵扣	备注
		（1）国际运输服务	0.0%			
		（2）航天运输服务	0.0%			
		（3）向境外单位提供的完全在境外消费的下列服务	0.0%			
		①研发服务	0.0%			
		②合同能源管理服务	0.0%			
		③设计服务	0.0%			
		④广播影视节目（作品）的制作和发行服务	0.0%			
		⑤软件服务	0.0%			
		⑥电路设计及测试服务	0.0%			
		⑦信息系统服务	0.0%			
		⑧业务流程管理服务	0.0%			
		⑨离岸服务外包业务	0.0%			
		⑩转让技术	0.0%			
		（4）财政部和国家税务总局规定的其他服务	0.0%			
所有纳税人	简易、征收率	2. 免征增值税的应税行为	0.0%			
所有纳税人	简易、征收率	（1）财政部和国家税务总局规定适用增值税零税率的除外的服务	0.0%			
		①工程项目在境外的建筑服务	0.0%			
		②工程项目在境外的工程监理服务	0.0%			
		③工程、矿产资源在境外的工程勘察勘探服务	0.0%			

续表

纳税人身份	计税模式	税目（应税行为）	税率	发票类型	可否抵扣	备注
		④会议展览地点在境外的会议展览服务	0.0%			
		⑤存储地点在境外的仓储服务	0.0%			
		⑥标的物在境外使用的有形动产租赁服务	0.0%			
		⑦在境外提供的广播影视节目（作品）的播映服务	0.0%			
		⑧在境外提供的文化体育服务、教育医疗服务、旅游服务	0.0%			
		（2）为出口货物提供的邮政服务、收派服务、保险服务	0.0%			
		（3）向境外单位提供的完全在境外消费的下列服务和无形资产	0.0%			
		①电信服务	0.0%			
		②知识产权服务	0.0%			
		③物流辅助服务（仓储服务、收派服务除外）	0.0%			
		④鉴证咨询服务	0.0%			
		⑤专业技术服务	0.0%			
		⑥商务辅助服务	0.0%			
		⑦广告投放地在境外的广告服务	0.0%			
		⑧无形资产	0.0%			
		（4）以无运输工具承运方式提供的国际运输服务	0.0%			
		（5）与境内的货物、无形资产和不动产无关的为境外单位之间的货币资金融通及其他金融业务提供的直接收费金融服务	0.0%			
		（6）财政部和国家税务总局规定的其他服务	0.0%			

附件3： 现行建筑业定额材料增值税税率参照表（节选）

建 筑

序号	材料编码	材料名称	规格	单位	税率	材料单价		出厂价		采购及保管费		平均税率
						含税单价	除税单价	含税原价	除税原价	含税	除税（无抵扣项）	
黑色金属（17%）												
1	01010100	钢筋	综合	t	17%	4 020	3 447.35	3 941.18	3 368.53	78.82	78.82	16.61%
2	01010300	冷轧带肋钢筋		t	17%	4 300	3 687.46	4 215.69	3 603.15	84.31	84.31	16.61%
3	01010601	冷轧扭钢筋		t	17%	4 120	3 533.11	4 039.22	3 452.32	80.78	80.78	16.61%
4	01010901	螺旋筋		只	17%	52	44.59	50.98	43.57	1.02	1.02	16.61%
5	01030200	冷拔钢丝		t	17%	4 205	3 606.00	4 122.55	3 523.55	82.45	82.45	16.61%
6	01030412	碳素钢丝	1 570 级	t	17%	4 200	3 601.71	4 117.65	3 519.36	82.35	82.35	16.61%
7	01050101	钢丝绳		kg	17%	6.7	5.75	6.57	5.61	0.13	0.13	16.61%
8	01070121	无粘结钢绞线	1 570 级	t	17%	5 250	4 502.14	5 147.06	4 399.20	102.94	102.94	16.61%
9	01070131	有粘结钢绞线	1 570 级	t	17%	4 750	4 073.36	4 656.86	3 980.22	93.14	93.14	16.61%
10	01090101	圆钢		kg	17%	4.02	3.45	3.94	3.37	0.08	0.08	16.61%
11	01090174	圆钢	φ15 ~ 24	kg	17%	4.02	3.45	3.94	3.37	0.08	0.08	16.61%
12	01130100	扁钢		t	17%	4 250	3 644.59	4 166.67	3 561.25	83.33	83.33	16.61%

续表

序号	材料编码	材料名称	规格	单位	税率	材料单价		出厂价		采购及保管费		平均税率
						含税单价	除税单价	含税原价	除税原价	含税	除税（无抵扣项）	
13	01130143	扁钢-	30 * 4 ~ 50 * 5	kg	17%	4.25	3.64	4.17	3.56	0.08	0.08	16.61%
14	01130145	扁钢-	40 * 4 ~ 60 * 4	kg	17%	4.25	3.64	4.17	3.56	0.08	0.08	16.61%
15	01150211	六角空心钢		kg	17%	5.5	4.72	5.39	4.61	0.11	0.11	16.61%
16	01210100	角钢		t	17%	3 960	3 395.90	3 882.35	3 318.25	77.65	77.65	16.61%
17	01210101	角钢		kg	17%	3.96	3.40	3.88	3.32	0.08	0.08	16.61%
18	01210313	等边角钢	∟ 40 * 3	kg	17%	3.96	3.40	3.88	3.32	0.08	0.08	16.61%
19	01210315	等边角钢	∟ 40 * 4	kg	17%	3.96	3.40	3.88	3.32	0.08	0.08	16.61%
20	01270100	型钢		t	17%	4 080	3 498.80	4 000.00	3 418.80	80.00	80.00	16.61%
21	01270101	型钢		kg	17%	4.08	3.50	4.00	3.42	0.08	0.08	16.61%
22	01270252	Z 形支撑		m	17%	19.95	17.11	19.56	16.72	0.39	0.39	16.61%
23	01270311	C、Z 轻钢		t	17%	4 600	3 944.73	4 509.80	3 854.53	90.20	90.20	16.61%
24	01270415	槽型彩钢条	[2	m	17%	8.3	7.12	8.14	6.95	0.16	0.16	16.61%
25	01290110	钢板	δ1.0 Q235	t	17%	4 080	3 498.80	4 000.00	3 418.80	80.00	80.00	16.61%
26	01290115	钢板	δ1.5 Q235	t	17%	4 080	3 498.80	4 000.00	3 418.80	80.00	80.00	16.61%
27	01290137	钢板	δ5.0 Q235	kg	17%	4.08	3.50	4.00	3.42	0.08	0.08	16.61%

续表

序号	材料编码	材料名称	规格	单位	税率	材料单价		出厂价		采购及保管费		平均税率
						含税单价	除税单价	含税原价	除税原价	含税	除税(无抵扣项)	
28	01290417	热镀锌钢板	δ0.75 Q235B	m2	17%	33	28.30	32.35	27.65	0.65	0.65	16.61%
29	01290430	热镀锌钢板	δ1.5 Q235B	m2	17%	64.2	55.05	62.94	53.80	1.26	1.26	16.61%
30	01290706	冷轧钢板	δ1.2	m2	17%	30	25.73	29.41	25.14	0.59	0.59	16.61%
31	01291706	8K 不锈钢镜面板	1219 * 2438 * 0.8	m2	17%	174.2	149.39	170.78	145.97	3.42	3.42	16.61%
32	01291713	8K 不锈钢镜面板	1219 * 3048 * 1.0	m2	17%	202.74	173.86	198.76	169.88	3.98	3.98	16.61%
33	01291714	8K 不锈钢镜面板	1219 * 3048 * 1.2	m2	17%	231.3	198.35	226.76	193.82	4.54	4.54	16.61%
34	01292305	彩钢板	T330	m2	17%	22.67	19.44	22.23	19.00	0.44	0.44	16.61%
35	01292306	彩钢板	TX 面板 Y135	m2	17%	30	25.73	29.41	25.14	0.59	0.59	16.61%
36	01292308	单层彩板		m2	17%	49	42.02	48.04	41.06	0.96	0.96	16.61%
37	01292321	压型彩钢楼板	0.5mm	m2	17%	35	30.01	34.31	29.33	0.69	0.69	16.61%
38	01292500	彩钢夹芯板		m2	17%	68	58.31	66.67	56.98	1.33	1.33	16.61%
39	01292501	彩钢夹芯板	δ50	m2	17%	68	58.31	66.67	56.98	1.33	1.33	16.61%
40	01292502	彩钢夹芯板	δ75	m2	17%	73	62.60	71.57	61.17	1.43	1.43	16.61%
41	01292503	彩钢夹芯板	δ100	m2	17%	83	71.18	81.37	69.55	1.63	1.63	16.61%
42	01292505	彩钢夹芯板(EPS 芯材)	δ50 （钢板 0.3 厚）	m2	17%	68	58.31	66.67	56.98	1.33	1.33	16.61%

续表

序号	材料编码	材料名称	规格	单位	税率	材料单价		出厂价		采购及保管费		平均税率
						含税单价	除税单价	含税原价	除税原价	含税	除税(无抵扣项)	
43	01292507	彩钢夹芯板(EPS 芯材)	δ75（钢板 0.3 厚）	m2	17%	73	62.60	71.57	61.17	1.43	1.43	16.61%
44	01292509	彩钢夹芯板(EPS 芯材)	δ100（钢板 0.3 厚）	m2	17%	83	71.18	81.37	69.55	1.63	1.63	16.61%
45	01293501	钢垫板		kg	17%	4.4	3.77	4.31	3.69	0.09	0.09	16.61%
46	01295507	固定支板		只	17%	3.5	3.00	3.43	2.93	0.07	0.07	16.61%
47	01295509	连结支板		只	17%	3.6	3.09	3.53	3.02	0.07	0.07	16.61%
48	01370307	紫铜板	δ3	kg	17%	65	55.74	63.73	54.47	1.27	1.27	16.61%
49	01370407	直角青铜板	5*50	m	17%	45	38.59	44.12	37.71	0.88	0.88	16.61%
50	01430500	铜丝		kg	17%	63	54.03	61.76	52.79	1.24	1.24	16.61%
51	01510151	幕墙铝型材		kg	17%	21.5	18.44	21.08	18.02	0.42	0.42	16.61%
52	01510321	槽铝	50mm	m	17%	22.5	19.29	22.06	18.85	0.44	0.44	16.61%
53	01510322	槽铝	75mm	m	17%	24	20.58	23.53	20.11	0.47	0.47	16.61%
54	01510323	槽铝	100mm	m	17%	25	21.44	24.51	20.95	0.49	0.49	16.61%
55	01510421	地槽铝	50mm	m	17%	28.9	24.78	28.33	24.22	0.57	0.57	16.61%
56	01510422	地槽铝	75mm	m	17%	36.8	31.56	36.08	30.84	0.72	0.72	16.61%
57	01510423	地槽铝	100mm	m	17%	43.5	37.30	42.65	36.45	0.85	0.85	16.61%

续表

序号	材料编码	材料名称	规格	单位	税率	材料单价		出厂价		采购及保管费		平均税率
						含税单价	除税单价	含税原价	除税原价	含税	除税（无抵扣项）	
58	01510505	工字铝		m	17%	10.5	9.00	10.29	8.80	0.21	0.21	16.61%
59	01510611	铝条	86mm	m	17%	12.5	10.72	12.25	10.47	0.25	0.25	16.61%
60	01510612	铝条	17mm	m	17%	12.5	10.72	12.25	10.47	0.25	0.25	16.61%
61	01510700	角铝		m	17%	5	4.29	4.90	4.19	0.10	0.10	16.61%
62	01510705	角铝	∟25*25*1	m	17%	6	5.15	5.88	5.03	0.12	0.12	16.61%
63	01530101	铝合金型材		kg	17%	21.5	18.44	21.08	18.02	0.42	0.42	16.61%
64	01530131	铝合金型材	76.3*44.5*1.5	kg	17%	21.5	18.44	21.08	18.02	0.42	0.42	16.61%
65	01530135	U型铝合金	80*13*1.2	kg	17%	21.5	18.44	21.08	18.02	0.42	0.42	16.61%
66	01530141	L型铝合金	30*12*1.0	kg	17%	21.5	18.44	21.08	18.02	0.42	0.42	16.61%
67	01530151	断桥隔热铝合金型材		kg	17%	23.5	20.15	23.04	19.69	0.46	0.46	16.61%
68	01550303	铅块	100*30*10	块	17%	4	3.43	3.92	3.35	0.08	0.08	16.61%
69	01590205	镀锌铁皮	δ0.34	m2	17%	12.8	10.98	12.55	10.73	0.25	0.25	16.61%
70	01590207	镀锌铁皮	δ0.5	m2	17%	18.62	15.97	18.25	15.60	0.37	0.37	16.61%
71	01590210	镀锌铁皮	δ1	m2	17%	37.25	31.94	36.52	31.21	0.73	0.73	16.61%
72	01590211	镀锌铁皮	δ1.2	m2	17%	44.22	37.92	43.35	37.05	0.87	0.87	16.61%
73	01630200	钨棒		kg	17%	250	214.39	245.10	209.49	4.90	4.90	16.61%

续表

序号	材料编码	材料名称	规格	单位	税率	材料单价		出厂价		采购及保管费		平均税率
						含税单价	除税单价	含税原价	除税原价	含税	除税（无抵扣项）	
74	01630201	钨棒精制		kg	17%	650	557.41	637.25	544.66	12.75	12.75	16.61%
75	01630901	工具钢		kg	17%	12	10.29	11.76	10.06	0.24	0.24	16.61%
76	01670109	不锈钢球	φ100	只	17%	5	4.29	4.90	4.19	0.10	0.10	16.61%
77	01672505	铝合金检修口（成品）	450 * 450	个	17%	40	34.30	39.22	33.52	0.78	0.78	16.61%
78	01690200	钢板桩		t	17%	5 500	4 716.52	5 392.16	4 608.68	107.84	107.84	16.61%
79	01690711	防尘盖		个	17%	2	1.72	1.96	1.68	0.04	0.04	16.61%
80	01690713	底盖		个	17%	2	1.72	1.96	1.68	0.04	0.04	16.61%
橡胶（17%）												
81	02010107	橡胶板	δ2	m2	17%	13	11.15	12.75	10.89	0.25	0.25	16.61%
82	02010108	橡胶板	δ3	m2	17%	18	15.44	17.65	15.08	0.35	0.35	16.61%
83	02010305	夹布橡胶板	δ3	m2	17%	28	24.01	27.45	23.46	0.55	0.55	16.61%
84	02011105	橡胶花纹板	20	m2	17%	48	41.16	47.06	40.22	0.94	0.94	16.61%
85	02030100	橡胶条		m	17%	4	3.43	3.92	3.35	0.08	0.08	16.61%
86	02030103	橡胶条	b = 7.9	m	17%	4	3.43	3.92	3.35	0.08	0.08	16.61%
87	02030107	橡胶条	9 字型	m	17%	4	3.43	3.92	3.35	0.08	0.08	16.61%
88	02030115	橡胶垫条		m	17%	10	8.58	9.80	8.38	0.20	0.20	16.61%
89	02070252	橡皮垫片	宽 25mm	m	17%	1.5	1.29	1.47	1.26	0.03	0.03	16.61%
90	02070255	氯丁橡胶片	2mm	m2	17%	6.23	5.34	6.11	5.22	0.12	0.12	16.61%

续表

序号	材料编码	材料名称	规格	单位	税率	材料单价		出厂价		采购及保管费		平均税率
						含税单价	除税单价	含税原价	除税原价	含税	除税（无抵扣项）	
91	02070261	橡皮垫圈		百个	17%	30	25.73	29.41	25.14	0.59	0.59	16.61%
92	02090101	塑料薄膜		m2	17%	0.8	0.69	0.78	0.67	0.02	0.02	16.61%
93	02090119	保护贴膜		m2	17%	4	3.43	3.92	3.35	0.08	0.08	16.61%
94	02110101	聚氯乙烯板		m2	17%	49.5	42.45	48.53	41.48	0.97	0.97	16.61%
95	02110301	XPS 聚苯乙烯挤塑板		m3	17%	780	668.89	764.71	653.59	15.29	15.29	16.61%
96	02110401	EPS 模塑聚苯板		m2	17%	15.9	13.64	15.59	13.32	0.31	0.31	16.61%
97	02110501	PVC 浮雕塑面板	2100 * 900 * 0.45	m2	17%	25	21.44	24.51	20.95	0.49	0.49	16.61%
98	02170101	有机玻璃	3mm	m2	17%	30.79	26.40	30.19	25.80	0.60	0.60	16.61%
99	02170102	有机玻璃	6mm	m2	17%	36.3	31.13	35.59	30.42	0.71	0.71	16.61%
100	02170301	有机玻璃灯片	白色	m2	17%	18.6	15.95	18.24	15.59	0.36	0.36	16.61%
101	02170302	PS 灯片		m2	17%	60	51.45	58.82	50.28	1.18	1.18	16.61%
102	02170306	有机玻璃字	0.2m2 以内	个	17%	6.5	5.57	6.37	5.45	0.13	0.13	16.61%
103	02170307	有机玻璃字	0.5m2 以外	个	17%	32.4	27.78	31.76	27.15	0.64	0.64	16.61%
104	02170308	有机玻璃字	0.5m2 以内	个	17%	26.8	22.98	26.27	22.46	0.53	0.53	16.61%
105	02190118	塑料帽塞		个	17%	0.1	0.09	0.10	0.08	0.00	0.00	16.61%
106	02190119	塑料透光片		m2	17%	30	25.73	29.41	25.14	0.59	0.59	16.61%
107	02230101	石墨粉高碳		kg	17%	2	1.72	1.96	1.68	0.04	0.04	16.61%
108	02270105	白布		m2	17%	4	3.43	3.92	3.35	0.08	0.08	16.61%
109	02270118	豆色布		m2	17%	7	6.00	6.86	5.87	0.14	0.14	16.61%
110	02270403	脱脂棉		kg	17%	15	12.86	14.71	12.57	0.29	0.29	16.61%

续表

序号	材料编码	材料名称	规格	单位	税率	材料单价		出厂价		采购及保管费		平均税率
						含税单价	除税单价	含税原价	除税原价	含税	除税（无抵扣项）	
111	02270502	毛毡		m2	17%	22	18.87	21.57	18.43	0.43	0.43	16.61%
112	02290301	麻绳		kg	17%	6.7	5.75	6.57	5.61	0.13	0.13	16.61%
113	02290401	麻袋		条	17%	5	4.29	4.90	4.19	0.10	0.10	16.61%
114	02290501	麻刀		kg	17%	2.4	2.06	2.35	2.01	0.05	0.05	16.61%
115	02290505	麻丝		kg	17%	8.6	7.37	8.43	7.21	0.17	0.17	16.61%
116	02310101	无纺布		m2	17%	0.9	0.77	0.88	0.75	0.02	0.02	16.61%
117	02330101	草绳		kg	17%	4	3.43	3.92	3.35	0.08	0.08	16.61%
118	02330104	草袋		m2	17%	1.5	1.29	1.47	1.26	0.03	0.03	16.61%
119	02350101	海绵	δ20	m2	17%	16	13.72	15.69	13.41	0.31	0.31	16.61%
120	02350202	人造革		m2	17%	15	12.86	14.71	12.57	0.29	0.29	16.61%
121	02350213	真皮皮革		m2	17%	150	128.63	147.06	125.69	2.94	2.94	16.61%
122	02350711	无机阻燃型箱体	h≤200mm	套	17%	30	25.73	29.41	25.14	0.59	0.59	16.61%
123	02350713	无机阻燃型箱体	h≤300mm	套	17%	45	38.59	44.12	37.71	0.88	0.88	16.61%
124	02350715	无机阻燃型箱体	h＞300mm	套	17%	60	51.45	58.82	50.28	1.18	1.18	16.61%
五金制品（17%）												
125	03010101	铆钉		十个	17%	0.35	0.30	0.34	0.29	0.01	0.01	16.61%
126	03010103	铆钉	4mm * 10mm	十个	17%	0.28	0.24	0.27	0.23	0.01	0.01	16.61%
127	03010322	铝拉铆钉	LD-1	十个	17%	0.3	0.26	0.29	0.25	0.01	0.01	16.61%
128	03030115	木螺钉	M4 * 30	十个	17%	0.3	0.26	0.29	0.25	0.01	0.01	16.61%
129	03030167	木螺钉	L = 19	十个	17%	0.2	0.17	0.20	0.17	0.00	0.00	16.61%

* 《现行建筑业定额材料增值税税率参照表》共分为建筑、安装、市政、房修、加固、仿古园林、轨道 7 个部分，如需完整版，请扫描本书版权页上的二维码进行下载。